MARIO PUZO

(1920–1999) – prozaik amerykański, urodzony w Nowym Jorku w niezamożnej rodzinie włoskich imigrantów – debiutował w 1955 powieścią *Mroczna arena*. Jego najbardziej znaną książką jest *Ojciec Chrzestny* (1969) – saga o amerykańskiej rodzinie mafijnej, sprzedana w USA w nakładzie ponad 20 milionów egzemplarzy, przetłumaczona na kilkadziesiąt języków. Głośną, nagrodzoną Oscarami, filmową adaptację powieści z wielkimi kreacjami Marlona Brando i Ala Pacino, zrealizował Francis Ford Coppola. Na kanwie książki powstały także filmy *Ojciec Chrzestny II* i *Ojciec Chrzestny III*, do których Puzo napisał scenariusze. Dorobek literacki pisarza obejmuje ponadto powieści *Dziesiąta Aleja*, *Czwarty K*, *Głupcy umierają*, *Sycylijczyk*, *Ostatni don*, wydane pośmiertnie książki *Omerta* (2000) i *Rodzina Borgiów* (2001) oraz scenariusze do cyklu filmów o Supermanie. W latach 2004 i 2006 ukazały się dwie kontynuacje *Ojca Chrzestnego*, *Powrót Ojca Chrzestnego* i *Zemsta Ojca Chrzestnego*, napisane przez Marka Winegardnera w uzgodnieniu ze spadkobiercami pisarza.

Tego autora

**RODZINA BORGIÓW
CZWARTY K
GŁUPCY UMIERAJĄ
MROCZNA ARENA
DZIESIĄTA ALEJA
OMERTA
SZEŚĆ GROBÓW DO MONACHIUM
OSTATNI DON**

Saga rodziny Corleone

**SYCYLIJCZYK
OJCIEC CHRZESTNY
POWRÓT OJCA CHRZESTNEGO**
Mark Winegardner
ZEMSTA OJCA CHRZESTNEGO
Mark Winegardner

MARIO PUZO
rodzina borgiów

Z angielskiego przełożyli
ZYGMUNT HALKA
WŁADYSŁAW MASIULANIS

Tytuł oryginału:
THE FAMILY

Copyright © The Estate of Mario Puzo & Carol Gino 2001
All rights reserved

Polish edition copyright © Wydawnictwo Albatros A. Kuryłowicz 2002

Polish translation copyright
© Dorota Halka 2008 & Władysław Masiulanis 2002

Redakcja: Barbara Syczewska-Olszewska

Ilustracja na okładce: Jacek Kopalski

Projekt graficzny okładki i serii: Andrzej Kuryłowicz

ISBN 978-83-7659-018-9

Wyłączny dystrybutor
Firma Księgarska Jacek Olesiejuk
Poznańska 91, 05-850 Ożarów Maz.
t./f. 022-535-0557, 022-721-3011/7007/7009
www.olesiejuk.pl

Książka przeznaczona do sprzedaży w sieci handlowej Biedronka

**WYDAWNICTWO ALBATROS
ANDRZEJ KURYŁOWICZ**
Wiktorii Wiedeńskiej 7/24, 02-954 Warszawa

2009. Wydanie XVI (kieszonkowe – VI)
Druk: B.M. Abedik S.A., Poznań

Jestem może przeklęty, jestem może nikczemny i podły, ale niech mi wolno będzie przycisnąć usta do skraju szaty, w którą przyobleczon jest mój Bóg; może w tej samej chwili idę za diabłem, przecież jestem synem Twoim, Panie, kocham Ciebie, i czuję radość, bez której świat by nie istniał.

„Bracia Karamazów" Fiodor M. Dostojewski
przekład Aleksander Wat

Dla Berta Fieldsa

Który wydarł zwycięstwo
z paszczy klęski,
i który mógł być
najświetniejszym z wszystkich *consiglieri*

                Z wyrazami podziwu
                      Mario Puzo

For Bert Fields

Who snatched victory
from the jaws of defeat.
And who could be the
greatest Consigliore of
them all.

with admiration
Mario Puzo

PROLOG

Kiedy Czarna Śmierć przetoczyła się przez Europę, unicestwiając połowę jej ludności, wielu mieszkańców kontynentu w przypływie rozpaczy odwróciło wzrok od nieba, kierując go ku ziemi. Ci ze skłonnością do filozofowania, aby zapanować nad światem materialnym, próbowali wedrzeć się w tajniki bytu i odkryć wielką tajemnicę życia. Biedni mieli tylko nadzieję ulżyć swemu cierpieniu.

I Bóg, i człowiek zstąpili zatem na ziemię. Surowa doktryna religijna średniowiecza straciła swą moc. Podjęto natomiast badania nad wielkimi cywilizacjami starożytności — rzymską, grecką i egipską. Gdy gorączka wypraw krzyżowych zaczęła opadać, odżyli mityczni herosi, bój pod Troją rozgorzał na nowo. Umysł ludzki wziął się za bary z pojęciem istoty Boga; zapanowały rządy rozumu.

Był to czas wielkich osiągnięć filozofii, sztuk pięknych, medycyny, muzyki. Wspaniały rozwój kultury odbywał się w podniosłej, nasyconej przepychem atmosferze. Nie obyło się jednak bez kosztów. Stare prawa załamały się, nim stworzono nowe. Przejście od ścisłego trzymania się słowa bożego i wiary w zbawienie wieczne do idei poszanowania człowieka, który za swe cnoty lub grzechy otrzymuje zapłatę w świecie materialnym, zwanej humanizmem — doprawdy nie było łatwe.

Ówczesny Rzym nie był miastem świętym, raczej miastem bezprawia. Na rzymskich ulicach kwitła anarchia i przemoc, złodziejstwo i bandytyzm; szerzyła się prostytucja. Co tydzień mordowano kilkuset obywateli.

Państwo znane nam jako Włochy — jeszcze nie powstało. Pięć najsilniejszych wówczas ośrodków władzy stanowiły: Wenecja, Mediolan, Florencja, Neapol i Rzym. W granicach włoskiego „buta" istniało wiele niezależnych miast-państw rządzonych przez stare rody, na których czele stali miejscowi arystokraci, książęta czy biskupi. Sąsiadujące ze sobą państewka zażarcie walczyły o terytorium. Zwycięzca musiał się mieć na baczności — i na jego ziemię czyhał jakiś nieprzyjaciel.

Krajowi bezustannie zagrażał przy tym najazd obcych mocarstw. Władcy Francji i Hiszpanii współzawodniczyli w rozszerzaniu swoich wpływów i powiększaniu swoich imperiów. „Barbarzyńscy", muzułmańscy Turcy najeżdżali włości papieskie.

Kościół i państwo walczyły o prymat władzy. Po kryzysie papiestwa w okresie wielkiej schizmy — dwóch papieży w dwu miastach, podzielona władza i zmniejszone dochody — tron Piotrowy znów stanął w Rzymie, a zasiadł na nim jeden i jedyny papież. Natchnęło to duchowych przywódców Kościoła nową nadzieją. Silniejsi niż kiedykolwiek, musieli teraz tylko zdominować świecką władzę książąt i hrabiów, panów miast i lenn, roszczących sobie pretensje do niezależności.

Niemniej w świętym Kościele katolickim panował zamęt, jako że nie tylko zwykli obywatele pozwalali sobie na lekceważenie prawa. Kardynałowie wysyłali na ulice swoich pachołków, zbrojnych w kamienie i kusze, by skarcić rzymską młodzież. Dochodziło wówczas do regularnych bitew. Duchowni zajmujący wysokie pozycje w hierarchii kościelnej — którym, rzecz jasna, nie wolno było się żenić — odwiedzali kurtyzany, utrzymywali po kilka kochanek. Dawano i przyjmowano łapówki. Osoby piastujące najwyższe urzędy kościelne za pieniądze gotowe były udzielić dowolnej dyspensy czy zdobyć świętą bullę papieską, umożliwiającą puszczenie w niepamięć najstraszniejszych zbrodni.

Pozbawieni złudzeń obywatele mawiali, że w Rzymie wszystko jest na sprzedaż. Za odpowiednio dużą kwotę można tam było kupić kościół, księdza, darowanie kary, a nawet boskie odpuszczenie grzechów.

Ludzie, którzy przywdziewali szaty duchowne, byli zwykle „drugimi synami", od dziecka przeznaczonymi do służby kościelnej. Zazwyczaj nie czuli prawdziwego powołania, ale ponieważ Kościół nadal miał moc kreowania władzy — ogłaszania królów królami — i udzielania błogosławieństw ziemi i ludziom, żadna arystokratyczna rodzina włoska nie żałowała podarków i łapówek, gdy chodziło o wprowadzenie któregoś z jej synów do Kolegium Kardynałów.

Taki był włoski renesans, epoka kardynała Rodriga Borgii i jego rodziny.

1

Złote promienie letniego słońca nagrzały już bruk rzymskich ulic, kiedy kardynał Rodrigo Borgia opuścił Watykan i raźnym krokiem ruszył w stronę Piazza Pizzo di Merlo. Zmierzał do stojącego tam dwupiętrowego domu o zdobnej stiukami fasadzie, skąd miał dziś zabrać trójkę swych dzieci: synów Cezara i Juana oraz córkę Lukrecję, krew z jego krwi, kość z kości. Tego dnia, całkiem zresztą powszedniego, wicekanclerz Kościoła, drugi po papieżu najpotężniejszy człowiek w Watykanie, wyraźniej niż zwykle czuł, że sprzyja mu łaska pańska.

Znalazłszy się w domu matki swoich dzieci, Vannozzy Cattanei, przyłapał się na radosnym pogwizdywaniu. Jako synowi Kościoła nie wolno mu się było żenić, lecz jako sługa boży miał pewność, iż zna i rozumie zamysły Pana. Bo czyż ojciec w niebiosach nie stworzył Ewy, by towarzyszyła Adamowi nawet w raju? I czy nie wynika z tego, że na tej zdradliwej ziemi, na tym łez padole, mężczyzna tym bardziej potrzebuje ukojenia, jakie dać mu może tylko kobieta? Już wcześniej, jako młody biskup, spłodził troje dzieci, ale te ostatnie, te z Vannozzy, zajmowały szczególne miejsce w jego sercu. Zdawało się, że rozpalają w nim te same namiętności, co ich matka. Już teraz, choć były jeszcze tak małe, wyobrażał je sobie stojące na jego ramionach, tak że razem tworzyli coś na kształt olbrzyma; w jego wizji pomagały mu zjednoczyć posiadłości papieskie i rozszerzyć panowanie Kościoła świętego na cały niemal świat.

Dzieci zawsze, ilekroć je odwiedzał, zwracały się doń „papo", nie znajdując sprzeczności między jego przywiązaniem do nich a lojalnością wobec Stolicy Apostolskiej. Nie widziały niczego dziwnego w tym, że był kardynałem, a zarazem ich ojcem. Przecież syn i córka papieża Innocentego nieraz wspaniałą kawalkadą przemierzali ulice Rzymu, udając się na oficjalne uroczystości.

Kardynał Rodrigo Borgia związany był z Vannozzą od ponad dziesięciu lat. Uśmiechał się na myśl, że niewiele kobiet umiało tak długo rozpalać jego zmysły i budzić zainteresowanie. Nie, żeby Vannozza była jedyną kobietą w jego życiu. Na to nie pozwoliłby jego temperament człowieka namiętnie pożądającego ziemskich rozkoszy. Na pewno jednak znaczyła dlań o wiele więcej niż inne kobiety. Inteligentna, w jego oczach — piękna, była kimś, z kim mógł rozmawiać zarówno o sprawach życia doczesnego, jak i wiecznego. Wielokrotnie służyła mu mądrą radą. On zaś był dla niej hojnym kochankiem i czułym ojcem ich wspólnych dzieci.

Vannozza z progu pomachała dzieciom na pożegnanie. Uśmiechała się dzielnie, choć wcale nie było jej do śmiechu.

Jednym ze źródeł jej siły teraz, kiedy dobiegła czterdziestki, była świadomość, że rozumie tego mężczyznę w kardynalskich szatach. Wiedziała, że zżera go ambicja, nieugaszony ogień płonący w jego piersi. Miał już opracowaną strategię rozszerzenia wpływów świętego Kościoła katolickiego, strategię wspartą odpowiednimi sojuszami politycznymi i obietnicami układów, które miały umocnić jego pozycję i władzę. Rozmawiał z nią o wszystkich tych sprawach. Jego umysł bez wytchnienia rodził nowe pomysły, nowe idee. Przeznaczeniem tego człowieka było stać się jednym z największych przywódców ludzkości, a jego sukces oznaczał także życiowe powodzenie jej dzieci. Vannozza próbowała pocieszać się myślą, że pewnego dnia, jako legalni spadkobiercy kardynała, zdobędą bogactwo i władzę, że otworzą się przed nimi nieograniczone możliwości kariery świeckiej lub duchownej. Tak więc musiała pozwolić im odejść.

Objęła mocniej najmłodszego syna, Jofre. Tylko on jej pozostał — niemowlę przy piersi, zbyt mały, by rozłączyć go z matką. Niedługo jednak i on odejdzie. Ciemne oczy Vannozzy zaszkliły się łzami, kiedy patrzyła za odchodzącą trójką starszych dzieci. Tylko Lukrecja przelotnie spojrzała za siebie. Chłopcy nie obejrzeli się ani razu.

Vannozza widziała, jak kardynał wyciąga ręce i ujmuje małe dłonie dzieci — młodszego syna, Juana, i trzyletniej Lukrecji. Ich najstarszy syn, Cezar, pozostawiony sam sobie, wyglądał na zdenerwowanego. Będą kłopoty, pomyślała, ale z czasem Rodrigo pozna dzieci równie dobrze jak ona. Z wahaniem zamknęła ciężkie, drewniane drzwi.

Przeszli zaledwie kilka kroków, gdy Cezar, teraz już nie zdenerwowany, a po prostu zły, pchnął brata tak mocno, że Juan puścił dłoń ojca, zatoczył się, niewiele brakowało, a byłby upadł. Kardynał przytrzymał chłopca, a następnie odwrócił się i rzekł:

— Cezarze, mój synu, czy zamiast popychać brata, nie mógłbyś powiedzieć, czego sobie życzysz?

Juan, tylko o rok młodszy, ale znacznie delikatniejszej budowy ciała niż siedmioletni Cezar, parsknął wyzywająco, dumny, że sam ojciec wziął go w obronę. Niedługo jednak cieszył się tą przewagą, bo brat przysunął się doń ukradkiem i z całej siły nadepnął mu na stopę.

Juan wrzasnął z bólu.

Kardynał jedną wielką dłonią złapał Cezara za koszulę na karku, uniósł ponad bruk ulicy i potrząsnął nim tak gwałtownie, że kasztanowate loki opadły mu na twarz. Następnie postawił chłopca na ziemi, przyklęknął przed nim, a wyraz jego twarzy złagodniał.

— O co chodzi? — zapytał. — Dlaczego jesteś taki niezadowolony?

Pociemniałe z gniewu oczy chłopca świeciły niczym węgle, kiedy przenikliwym spojrzeniem wpijał się w twarz ojca.

— Nienawidzę go, papo — oznajmił z przejęciem. — Zawsze jego wybierasz...

— No już, uspokój się, Cezarze. — Kardynał był rozbawiony. — Siła rodziny, podobnie jak siła armii, leży we wzajemnej lojalności jej członków. Poza tym, nienawiść do własnego brata to grzech śmiertelny, a nie masz powodu narażać swojej nieśmiertelnej duszy, ulegając takim uczuciom. — Wyprostował się i z góry spojrzał na syna. Uśmiechnął się i poklepał po wydatnym brzuchu. — Przecież jest mnie dość dla was wszystkich... nieprawdaż?

Rodrigo Borgia był olbrzymim mężczyzną — przy takim wzroście nie raziła nawet jego tusza — przystojnym, choć raczej nie na sposób arystokratyczny, bo rysy twarzy miał wyraziste, ale niezbyt regularne. Czarne oczy błyszczały często rozbawieniem. Nos, chociaż duży, nie robił odpychającego wrażenia, a pełne, zmysłowe usta, zwykle uśmiechnięte, nadawały mu wygląd człowieka wielkodusznego. Ale tym, co sprawiało, iż w zgodnej opinii współczesnych uchodził za jednego z najbardziej atrakcyjnych mężczyzn epoki, był jego magnetyzm, niepojęta energia, jaką emanował.

— Możesz zająć moje miejsce, Czarciu — rozległ się nagle głos Lukrecji, tak czysty i dźwięczny, że kardynał odwrócił się ku niej całkowicie urzeczony. Stała z założonymi na piersi rękami i wyrazem zdecydowania na anielskiej twarzyczce. Długie, jasne włosy kaskadą loczków opadały jej na ramiona.

— Nie chcesz trzymać papy za rękę? — Kardynał udał obrażonego.

— Mogę nie trzymać cię za rękę, a i tak nie będę płakała — odrzekła. — Ani się nie rozzłoszczę.

— Kreciu — z uczuciem powiedział Cezar — nie bądź osłem. Juan i tak jest już ulubieńcem papy; raz może iść sam. — Spojrzał z niesmakiem na brata, który szybko otarł zapłakane oczy rękawem jedwabnej koszuli.

Kardynał pieszczotliwie rozwichrzył czarne włosy Juana, próbując go pocieszyć.

— Przestań płakać. Możesz wziąć mnie za rękę. — Odwrócił się i spojrzał na Cezara. — A mój mały wojownik może trzymać za drugą. — Następnie zerknął na Lukrecję i obdarzył ją szerokim uśmiechem. — A ty, aniołeczku? Co mam począć z tobą?

Wyraz twarzy dziewczynki nie uległ zmianie; nie okazywała żadnych uczuć. Kardynał był zachwycony. Uśmiechnął się z uznaniem.

— Prawdziwa córeczka papy. W nagrodę za szlachetność i odwagę możesz usiąść na honorowym miejscu.

Rodrigo Borgia pochylił się, a potem szybko uniósł córkę nad głowę i usadowił na swoich ramionach. Zaśmiała się rozradowana. Kardynał szedł teraz w fantazyjnie rozwianych eleganckich szatach i z córką, niczym nową, piękną koroną, na głowie.

Jeszcze tego samego dnia Rodrigo Borgia umieścił dzieci w pałacu Orsinich, naprzeciwko własnego pałacu w Watykanie. Opiekowała się nimi Adriana Orsini, owdowiała siostrzenica Rodriga. Biorąc na siebie obowiązki guwernantki, zajęła się także ich edukacją. Syn Adriany, Orsino, w wieku trzynastu lat zaręczył się z piętnastoletnią Giulią Farnese, która niebawem wprowadziła się do pałacu przyszłej teściowej, by pomóc jej piastować potomstwo Borgii.

Na co dzień dzieci pozostawały pod opieką kardynała, ale nadal odwiedzały matkę, obecnie żyjącą u boku trzeciego męża, Carla Canale. Dwu poprzednich wybrał Vannozzy Rodrigo Borgia, podobnie rzecz się miała z Carlem. Kardynał wiedział, że wdowa musi mieć męża, który zapewni jej opiekę i zadba o reputację rodziny. Rodrigo był zawsze dobry dla Vannozzy; czego nie dostała od niego, odziedziczyła po dwu poprzednich mężach. W odróżnieniu od pięknych, ale pustogłowych kurtyzan, nałożnic niektórych arystokratów, Vannozza była kobietą praktyczną. Rodrigo zawsze podziwiał tę jej cechę. Kilka sprawnie zarządzanych gospód i posiadłość ziemska przynosiło Vannozzy znaczny dochód. A jako kobieta pobożna, własnym sumptem wybudowała poświęconą Madonnie kaplicę, w której odmawiała codziennie modlitwy.

Niemniej po dziesięciu z górą latach związku namiętność łącząca Rodriga z Vannozzą przygasła. Stali się dobrymi przyjaciółmi.

Nie minęły dwa miesiące, a mały Jofre, niepocieszony po stracie rodzeństwa, także musiał opuścić dom matki. I tak wszystkie dzieci Rodriga Borgii znalazły się pod opieką jego siostrzenicy.

Przez następne kilka lat, jak przystało potomkom możnego kardynała, pobierały nauki u najzdolniejszych rzymskich pedagogów. Zdobywały wiedzę z zakresu nauk humanistycznych, astronomii i astrologii, historii starożytnej. Uczyły się kilku języków, w tym hiszpańskiego, francuskiego i angielskiego, oraz, rzecz jasna, języka Kościoła, łaciny. Dzięki swej inteligencji i zamiłowaniu do współzawodnictwa, Cezar regularnie osiągał celujące wyniki. Najlepiej jednak zapowiadała się Lukrecja. Poza wszystkim innym miała bowiem niezłomny charakter, którego głównym rysem była nieskażona prawość. Większość dziewcząt zdobywała wykształcenie w klasztorach; posyłano je tam, oddając pod opiekę świętym. Lukrecję — za radą Adriany i za zgodą kardynała — oddano pod opiekę muzom. O jej rozwój dbali ci sami wybitni pedagodzy, którzy kształcili Cezara i Juana. Ponieważ kochała sztukę, uczyła się gry na lutni, tańca i rysunku. Po mistrzowsku opanowała sztukę haftu na przetykanych srebrem i złotem tkaninach.

Lukrecja wiedziała, że ma poniekąd obowiązek rozwijać

swój osobisty czar i te talenty, które podniosą jej wartość na matrymonialnym „rynku". W przyszłości, poprzez jej małżeństwo, rodzina Borgiów będzie mogła zawiązać korzystne sojusze. Jedną z ulubionych rozrywek Lukrecji stało się pisanie wierszy. Długie godziny spędzała na układaniu strof przepojonych ekstatyczną miłością do Boga albo, dla odmiany, poświęconych ziemskiej, romantycznej miłości. Szczególną inspiracją były dla niej żywoty świętych. Bywało, że słowa przepełniały jej serce i umysł w takiej obfitości, iż nie nadążała przelewać ich na papier.

Giulia Farnese traktowała Lukrecję jak młodszą siostrę; Adriana i kardynał otaczali ją czułą opieką, toteż wyrastała na dziecko szczęśliwe i obdarzone miłym usposobieniem. Ciekawa świata i łatwa we współżyciu, nie znosiła wszelkiej dysharmonii i niezgody. Robiła, co mogła, by przyczynić się do zachowania pokoju w rodzinie.

Pewnej pięknej niedzieli, po mszy odprawionej w Bazylice Świętego Piotra, kardynał Borgia zaprosił swoje dzieci do Watykanu. Było to posunięcie odważne i raczej niespotykane, gdyż od kiedy papieżem został Innocenty VIII Cibo, dzieci księży zaczęto przedstawiać jako ich bratanków i siostrzenice. Otwarte przyznanie się do ojcostwa mogło uniemożliwić mianowanie na jakikolwiek wysoki urząd kościelny. Oczywiście ludzie wiedzieli, że kardynałowie, a nawet papieże mają dzieci — nikt nie wątpił, iż oni też grzeszyli. Ale dopóki fakt ten pozostawał ukryty, zamaskowany mówieniem o „rodzinie", a prawda o pochodzeniu dzieci widniała jedynie w tajnych dokumentach, godność urzędu nie była splamiona. Kardynał wszakże, zbyt niecierpliwy, by stać się prawdziwym hipokrytą, nie bardzo dbał o opinię publiczną. Bywało, rzecz jasna, że i on zmuszony był zmieniać lub upiększać prawdę. To jednak zrozumiałe u kogoś, kto para się dyplomacją.

Na tę specjalną okazję Adriana ubrała dzieci w najlepsze

szatki: Cezara w czarne atłasy, Juana w biały jedwab, a dwuletniego Jofre w niebieskie śpioszki, atłasowe, bogato zdobione haftem. Lukrecja miała na sobie wybraną przez Giulię długą koronkową sukienkę brzoskwiniowej barwy, na głowie zaś, przypięty do jasnoblond loków, niewielki, wysadzany drogimi kamieniami diadem.

Kardynał skończył czytać dokument przywieziony z Florencji przez jego głównego doradcę, Duarte Brandao, a dotyczący pewnego dominikańskiego mnicha nazwiskiem Savonarola. Podobno był on prorokiem, natchnionym przez Ducha Świętego. Co jednak bardziej zagrażało zamysłom kardynała, prości obywatele Florencji tłumnie stawiali się na kazaniach Savonaroli i nadzwyczaj żywo na nie reagowali. Okrzyknięty wizjonerem, święty mówca i kaznodzieja w pełnych żaru kazaniach występował często przeciw cielesnym i finansowym nadużyciom watykańskiej hierarchii.

— Tego niby prostego braciszka musimy mieć na oku — powiedział Rodrigo Borgia. — Już się zdarzało, że wielkie dynastie upadały za sprawą prostych ludzi, którzy uwierzyli, iż znaleźli się w posiadaniu jedynej, świętej prawdy.

Brandao był wysokim, szczupłym mężczyzną, o długich, czarnych włosach i rasowym, arystokratycznym obliczu. Wyglądał na łagodnego i przyjacielskiego, ale w Rzymie mówiło się, że nie było odeń straszniejszego gwałtownika, gdy spotykał się z przejawami nielojalności czy zuchwalstwa. Panowała opinia, iż tylko głupiec zrobiłby sobie z niego wroga. Teraz Duarte pogładził wskazującym palcem wąsa, rozważając ukryty sens słów kardynała.

— Chodzą słuchy — rzekł — że ten mnich w swoich kazaniach napada także na Medyceuszy, przy pełnej, zresztą, aprobacie obywateli Florencji.

Rozmowę przerwało pojawienie się dzieci. Duarte Brandao przywitał je z uśmiechem, a następnie usunął się w kąt komnaty.

Lukrecja, podniecona tą niezwykłą chwilą, od razu rzuciła się ojcu w objęcia. Chłopcy jednak zostali z tyłu; stali sztywno, z rękami założonymi na plecy.

— Chodźcie, synkowie — rzekł Rodrigo, tuląc córkę w ramionach. — Chodźcie i dajcie papie buziaka. — Przywołał ich ruchem dłoni, uśmiechając się przy tym ciepło i serdecznie.

Cezar pierwszy zbliżył się do ojca. Rodrigo Borgia postawił Lukrecję na złotym karle u swoich stóp i objął syna. Był silnym chłopcem, wysokim, muskularnym. Ojciec lubił dotyk jego ciała; przywracał mu ufność we własną przyszłość. Uściskał syna, a następnie odsunął go na odległość ramienia, aby mu się przyjrzeć.

— Cezarze — rzekł z czułością — co dzień odmawiam modlitwę dziękczynną do Najświętszej Panienki, bo raduje się moje serce, ilekroć cię widzę.

Chłopiec uśmiechnął się radośnie, uszczęśliwiony ojcowską aprobatą. Potem odsunął się na bok, robiąc miejsce Juanowi. I być może sprawił to przyspieszony rytm uderzeń dziecięcego serca, które kardynał czuł na własnej piersi, może spazmatyczny oddech, świadczący o zdenerwowaniu, ale jakaś część Rodriga przypływem czułości zareagowała na te objawy słabości Juana. Kiedy więc objął syna, uściskał go delikatniej niż Cezara, ale trzymał w ramionach nieco dłużej.

Jedząc samotnie w swoich apartamentach, kardynał zazwyczaj pospiesznie spożywał prosty posiłek złożony tylko z chleba, owoców i sera. Tego jednak dnia przykazał służącym zastawić stół pastą i pieczonym drobiem, wołowiną z konfiturami, smażonymi w cukrze kasztanami.

Kiedy dzieci, Adriana i jej syn Orsino oraz piękna i czarująca Giulia Farnese usiedli wokół stołu, śmiejąc się i paplając beztrosko, Rodrigo Borgia poczuł się szczęśliwy. Otoczony przez rodzinę i przyjaciół nabierał oto pewności, że warto było żyć na tej ziemi. Odmówił bezgłośnie modlitwę, wyrażając swą wdzięczność boskiej opatrzności. Kiedy służący lał czerwone niczym krew wino do srebrnego puchara kardynała, ten jak nigdy czuł się przepełniony życzliwością. Roztkliwił się nieco i jakby dając wyraz swoim uczuciom, pierwszy łyk wina odstąpił siedzącemu obok niemu Juanowi.

Chłopiec jednak skosztował napoju i skrzywił się.

— Za gorzkie, papo — powiedział. — Nie smakuje mi.

Rodrigo Borgia, jak zawsze czujny, zmartwiał z przerażenia. To było słodkie wino, nie powinno zawierać przymieszki goryczy...

Bardzo szybko Juan jął się skarżyć, że mu niedobrze, zgiął się wpół, dręczony bólem brzucha. Ojciec i Adriana próbowali go pocieszać, ale chwilę później zaczął wymiotować gwałtownie. Kardynał wziął chłopca na ręce, zaniósł do przedpokoju i ułożył na obitej brokatem sofie.

Niezwłocznie wezwano watykańskiego medyka; nim jednak przybył, Juan stracił przytomność.

— Trucizna — oświadczył lekarz, zbadawszy dziecko.

Juan był blady jak śmierć, rozpalony gorączką, czarna żółć cienką strużką sączyła mu się z ust. Wyglądał jak bezbronne niemowlę.

Zwykle spokojny i opanowany, kardynał wpadł we wściekłość.

— Trucizna przeznaczona dla mnie... — powiedział.

Na te słowa stojący nieopodal Duarte Brandao dobył miecza i rozejrzał się czujnie, gotów odeprzeć każdy kolejny zamach na życie i zdrowie kardynała i jego rodziny.

— Wróg jest w pałacu — zwrócił się doń Rodrigo. — Zbierz całą służbę w wielkiej sali. Każdemu daj kielich wina i każ wypić. A potem przyprowadź tu tego, kto odmówi.

— Drogi kuzynie — zatroskanym tonem szepnęła Adriana — Wasza Dostojność, rozumiem twój żal, ale w ten sposób utracisz swych najbardziej zaufanych ludzi. Wielu z nich będzie chorować, niektórzy umrą...

— Nie dam im wina, które podsunięto memu biednemu, niewinnemu dziecku. Dostaną czysty napój. Ale winny grzechu, i tylko on, odmówi wypicia, bo strach ściśnie go za gardło, nim doniesie puchar do ust.

Duarte oddalił się spiesznie, by wypełnić rozkazy kardynała.

Juan, przeraźliwie blady, wciąż leżał nieruchomy jak głaz. Siedziały przy nim Adriana, Giulia i Lukrecja, ocierając mu czoło wilgotnymi ręcznikami.

Kardynał Rodrigo Borgia ujął bezwładną, drobną dłoń syna i ucałował ją. Następnie udał się do prywatnej kaplicy i klęknął przed figurą Matki Boskiej. Zwracał się do niej, gdyż wiedział, że rozumiała, co to znaczy utracić syna, i zaznała bólu po takiej stracie.

— Zrobię wszystko, co w mojej mocy — błagał — wszystko, czego może dokonać człowiek, aby przywieść tysiące nieśmiertelnych dusz na łono jedynego prawdziwego Kościoła. Twojego Kościoła. Dopilnuję, by wielbiły twego syna, jeśli tylko ty oszczędzisz życie mojego...

W drzwiach kaplicy stanął Cezar. Kiedy kardynał odwrócił się, by nań spojrzeć — miał łzy w oczach.

— Pójdź, Cezarze. Pójdź, synu. Pomódl się za swego brata.

Chłopiec zbliżył się do figury, by klęknąć obok ojca.

Kardynał z Cezarem wrócili z kaplicy, ale w komnacie panowało milczenie, dopóki nie pojawił się Duarte.

— Winowajca został odkryty — obwieścił. — To zwykły kuchcik, ostatnio zatrudniony na dworze w Rimini.

Rimini była to niewielka *signoria* na wschodnim wybrzeżu Italii, której władca, Gaspare Malatesta, miał opinię zagorzałego wroga Rzymu i papiestwa. Ten olbrzymiej postury mąż, o ciele dość wielkim, by pomieścić dwie dusze, i obrzmiałej, dziobatej twarzy, nosił przydomek Lwa, a to dla zwykle splątanych, rudych włosów.

Kardynał Borgia opuścił swe miejsce u boku chorego syna i szepnął do Duarte:

— Zapytaj kuchcika, dlaczego w takiej pogardzie ma Jego

Świątobliwość. A potem każ mu wypić butelkę wina z naszego stołu. Dopilnuj, by opróżnił ją do dna.

Duarte skinął głową.

— A co mamy z nim zrobić, kiedy już wino zadziała? — spytał.

Oczy kardynała płonęły, a twarz poczerwieniała, gdy mówił:

— Posadź go na osła, przywiąż mocno i poślij Lwu z Rimini z taką wiadomością: niech Malatesta zacznie się modlić o odpuszczenie grzechów i pojedna się z Bogiem.

Jeszcze kilka tygodni Juan przeleżał jakby pogrążony w głębokim śnie. Kardynał zarządził, by pozostał w pałacu w Watykanie, gdzie mógł się nim opiekować jego osobisty lekarz. Adriana czuwała nad chłopcem, mając do pomocy kilka służebnych. Rodrigo Borgia tymczasem całymi godzinami modlił się w swej kaplicy do Najświętszej Panienki.

— Tysięczne rzesze natchnę wiarą jedynego prawdziwego Kościoła — obiecywał żarliwie. — Tylko przebłagaj Chrystusa, by oszczędził życie mojego syna.

Jego modlitwy zostały wysłuchane; Juan wyzdrowiał. Zwiększyło to jeszcze oddanie kardynała Kościołowi świętemu i rodzinie.

Niemniej Rodrigo Borgia był świadom, że sama przychylność niebios nie zapewni już bezpieczeństwa jego bliskim. Wiedział, że należało zatem podjąć dodatkowe działania.

Kardynał zrozumiał, iż musi posłać do Hiszpanii po Miguela Corella, znanego również jako don Micheletto, od włoskiego odpowiednika jego imienia — Michele.

Miguel był nieślubnym synem siostry Rodriga Borgii. Już od najmłodszych lat przeczuwał, jak potoczą się jego losy. Wychowywał się w Walencji i jako dziecko nie był ani podły, ani nie zdradzał skłonności sadystycznych. Często natomiast stawał w obronie tych, którzy przez swą dobroć stawali się bezbronni wobec brutalności otoczenia, jako że zwykle łagodność bywa mylona ze słabością.

Wcześnie pogodził się ze swoim przeznaczeniem: będzie chronił tych, którzy w imię świętego Kościoła rzymskiego niosą światu pochodnię wiary.

Miguel był silnym chłopcem, a niezłomność jego lojalności dorównywała gwałtowności uczynków. Opowiadano, że jako nastolatek, co prawda krzepki i mocno zbudowany, w obronie matki, właśnie siostry kardynała, stawił czoło najdzikszemu bandycie w mieście.

Miał wówczas ledwie szesnaście lat. Wspomniany bandyta z grupą młodocianych rzezimieszków wtargnął do ich domu i próbował odpędzić chłopca od skrzyni, w której jego matka przechowywała cenne święte relikwie i rodzinną bieliznę. Kiedy Miguel, zazwyczaj raczej małomówny, sklął bandytów i odmówił ruszenia się z miejsca, przywódca napastników ciął go sztyletem w twarz. Ostrze rozpłatało policzek i krew chlusnęła na pierś chłopca. Jego matka krzyknęła rozpaczliwie, siostra zaniosła się głośnym łkaniem, ale on nieporuszony stał na posterunku.

Na koniec, kiedy na ulicy zaczęli się gromadzić sąsiedzi i ich krzyki dotarły do izby, bandyci w obawie przed ujęciem wycofali się; umknęli z miasta w kierunku pobliskich skał.

Kilka dni później ta sama banda spróbowała wrócić do Walencji, lecz napotkała zorganizowany opór. Większość łotrów zbiegła, ale ich przywódca został pochwycony przez Miguela. Rankiem znaleziono pechowego zbója wiszącego na grubej linie na dużym drzewie zdobiącym miejski rynek.

Odtąd Miguel Corella zyskał sobie w okolicy reputację człowieka gwałtownego. W obawie przed zemstą nikt nie śmiał mu się narazić czy skrzywdzić któregoś z jego przyjaciół lub krewnych. Twarz mu się zagoiła, ale naznaczona została tak ogromną blizną, że usta Miguela na zawsze pozostały wykrzywione; innych szkód nie poniósł. I choć u kogoś innego taki zgoła szyderczy grymas robiłby przerażające wrażenie, opinia Miguela jako sprawiedliwego wśród ludzi, a także miłosierne spojrzenie jego złotobrązowych oczu sprawiały, iż każdy rozpoznawał w nim człowieka w gruncie rzeczy poczciwego. To wtedy mieszkańcy miasta zaczęli z sympatią nazywać go „don Micheletto". Stał się postacią znaną i otoczoną powszechnym szacunkiem.

Kardynał Rodrigo Borgia uważał, że w każdej rodzinie ktoś musi działać zupełnie jawnie, w pełnym świetle dnia, i głosić słowo boże. Jednakże za nim muszą stać inni, którzy zadbają o bezpieczeństwo i o to, by ich wspólny zbożny trud zrodził owoce. Ci, co władali Kościołem, nie mogliby się sami obronić przed złem, kryjącym się w ich otoczeniu, bez ludzkiej pomocy, bo taka była natura świata, w jakim przyszło im żyć.

Że młody don Micheletto był powołany do odegrania roli złoczyńcy, nie zaskoczyło ani jego samego, ani kardynała; Miguel słusznie miał opinię niepospolitego człowieka. Jego umiłowanie zarówno ojca w niebiosach, jak i Stolicy Apostolskiej oraz jego lojalność wobec nich nigdy nie podlegały wątpliwości, niezależnie od wad charakteru przypisywanych mu przez wrogów. Rodrigo Borgia nie wątpił, że don Micheletto zawsze podda się jego woli i chętnie zrobi wszystko, czego zażąda odeń Kościół święty.

A że kardynał uważał, że działa z boskiej inspiracji, to i don Micheletto wierzył, iż jego rękami kieruje ta sama niebiańska siła; nie było więc problemu grzechu. Bo czyż ilekroć sprawiał, że przestawał oddychać któryś z wrogów kardynała lub Kościoła, nie odsyłał po prostu jego duszy tam, skąd przyszła, i pod osąd ojca w niebiosach?

Tak więc wkrótce po wyzdrowieniu Juana Rodrigo Borgia, sam wychowany w Walencji i świadom więzów krwi, łączących go z tym Hiszpanem, wezwał siostrzeńca do Rzymu. Zdając sobie sprawę z niebezpieczeństw życia w obcym kraju, los i pomyślność swej rodziny składał w ręce dwudziestojednoletniego don Micheletta. Kiedy zaś dzieci kardynała podrosły, rzadko się zdarzało, by odwróciwszy się, nie spostrzegły za sobą cienia — don Micheletta.

Ilekroć kardynał był w Rzymie i pozwalały mu na to obowiązki wicekanclerza Kościoła, co dzień odwiedzał dzieci. Rozmawiał i bawił się z nimi, często z don Michelettem u boku. Przy pierwszej zaś okazji, chcąc uciec przed zaduchem upalnego rzymskiego lata, przed tłokiem wąskich uliczek Wiecznego Miasta, zabierał dzieci do swojego cudownego wiejskiego zacisza, samotni ukrytej wśród bujnej zieleni.

2

Dzień drogi od Rzymu, skryty u podnóża Apeninów, znajdował się pokaźny szmat terenu porośniętego cedrowo-sosnowym lasem, otaczającym niewielkie, czyste jezioro. Rodrigo Borgia dostał ową ziemię w prezencie od swego stryja, papieża Kaliksta III. W ostatnich latach przemienił to miejsce w luksusową wiejską rezydencję, a zarazem azyl, w którym on i jego rodzina mogli się kryć przed całym światem.

Lago di Argento, magiczne miejsce. Pełne odgłosów natury i kolorów stworzenia, dla Rodriga — zaiste raj na ziemi. O świcie i ponownie o zmierzchu, kiedy ciemniał błękit nieba, powierzchnia jeziora stawała się srebrzystoszara. W momencie gdy ujrzał to po raz pierwszy, kardynał był oczarowany. Miał nadzieję, że spędzi tu z dziećmi najszczęśliwsze chwile.

W upalne letnie dni o barwie cytryny dzieci pływały dla ochłody w jeziorze, a potem uganiały się po zielonych łąkach, porośniętych bujną trawą. Kardynał przechadzał się tymczasem po cytrusowych gajach ze złotym różańcem w dłoni. W ten czas spokoju przepełniało go zdumienie urodą życia, zwłaszcza jego życia. Owszem, ciężko pracował; od czasu gdy jako młodzieniec został biskupem, nie ustawał w dbałości o szczegóły, ale nie był pewien, jak dalece zadecydowało to o jego szczęściu i pomyślności. Iluż bowiem biedaków pracuje w pocie czoła, a przecież ich trudu niebiosa na ziemi nie nagradzają. Wdzięczność wypełniała serce kardynała. Wznosił oczy ku czystemu, błękitnemu niebu i odmawiał modlitwę, błagając o błogosławieństwo. Albowiem pod powierzchnią jego wiary, po wszystkich tych latach łaski, pozostał ukryty strach, że za takie życie jak jego człowiek musi kiedyś słono zapłacić. To oczywiste, że Bóg hojnie szafował swoimi darami, lecz by się stać godnym kierowania duszami, zmierzającymi ku Kościołowi świętemu, człowiek musiał poddać próbie szczerość własnej duszy. Bo jak inaczej ojciec w niebiosach miałby ocenić jego wartość? Kardynał miał nadzieję, że sprosta tej próbie.

Pewnego wieczoru, po zjedzonej wspólnie wystawnej kolacji, Rodrigo zafundował dzieciom wspaniały pokaz ogni sztucznych. Małego Jofre trzymał na ręku; Juan kurczowo uczepił się ojcowskiej sutanny.

Srebrne gwiazdy rozjaśniały niebo, mknąc po nim olbrzymimi, świetlistymi łukami, by wreszcie opaść kaskadą wesołych kolorów. Cezar ujął dłoń siostry i poczuł, że ta drży. Słyszał okrzyki strachu, jakie wydawała przy każdym wybuchu, kiedy wielkie snopy światła rozpryskiwały się nad ich głowami.

Przerażenie córki nie uszło uwagi kardynała. Podał niemowlę Cezarowi, pochylił się i objął Lukrecję.

— Papa cię przytuli — powiedział. — Teraz będziesz bezpieczna.

Cezar stał tuż obok ojca z malutkim Jofre na rękach i słuchał, jak kardynał objaśnia układ poszczególnych konstelacji gwiezdnych. Mówił nadzwyczaj żywo, barwnie, gestykulując przy tym zamaszyście. Cezara dźwięk ojcowskiego głosu napawał tak wielką otuchą, że już wtedy zrozumiał, iż te chwile spędzone w Lago di Argento zawsze będą dlań bezcennym skarbem. Tej bowiem nocy był najszczęśliwszym dzieckiem na świecie; i nagle poczuł, że wszystko jest możliwe.

Wszystko, co robił kardynał Borgia, robił z zamiłowaniem i niekłamaną przyjemnością. Należał do tych rzadkich ludzi, pełnych ognia i twórczej pasji, którzy wszystkich dookoła potrafią zarazić swoim entuzjazmem. Kiedy jego dzieci podrosły i były w stanie ogarnąć umysłem problemy bardziej skomplikowane, szczegółowo omawiał z nimi najróżniejsze kwestie związane z religią, polityką i filozofią. Spędzał długie godziny z Cezarem i Juanem, rozprawiając na temat sztuki dyplomacji i pożytków płynących z religijnej i politycznej strategii. Cezar lubił te intelektualne poszukiwania, ale Juan często się nudził. Z powodu swoich wcześniejszych obaw kardynał pobłażał Juanowi we wszystkim. Jak się z czasem okazało — ze szkodą dla chłopca, bo wyrósł z niego młokos krnąbrny i zepsuty. To z Cezarem Rodrigo wiązał swoje największe nadzieje, a spodziewał się po nim zaiste wiele.

Dużą przyjemność sprawiały Rodrigowi wizyty w pałacu Orsinich, jako że zarówno jego kuzynka Adriana, jak i młoda Giulia podziwiały go i darzyły wielką atencją. Ta ostatnia wyrastała na wcale piękną kobietę. Jej jasne włosy, raczej złociste niż płowe, jak włosy Lukrecji, sięgały niemal podłogi. Patrząc na wielkie, niebieskie oczy i pełne usta Giulii, trudno było się dziwić, że w całym Rzymie, mówiąc o niej, posługiwano się przydomkiem La Bella. Kardynał stwierdził, że zaczyna odczuwać pewien pociąg do tej dziewczyny.

Giulia Farnese pochodziła ze starej szlachty prowincjonalnej. Zaręczona z młodszym od niej o kilka lat Orsinem Orsinim, wniosła mu w posagu trzysta florenów — na owe czasy kwotę całkiem niebagatelną. Perspektywa ujrzenia ojca zawsze radowała dzieci Rodriga, ale i Giulia zaczęła tęsknić do jego odwiedzin. Pojawienie się kardynała wywoływało rumieniec na jej policzkach. Podobnie działo się z większością kobiet, które napotykał na swej drodze. Bywało, że pomógłszy Lukrecji umyć włosy i przebrać się w najlepsze szaty na powitanie ojca, Giulia sama dokładała wielu starań, by wyglądać możliwie najatrakcyjniej. Rodrigo Borgia był oczarowany tą młódką. Różnica wieku nie miała tu żadnego znaczenia.

Nadszedł czas oficjalnej ceremonii zaślubin Orsina — notabene chrześniaka kardynała — z Giulią Farnese. Powodowany szacunkiem dla kuzynki Adriany oraz afektem do piętnastoletniej panny młodej, Rodrigo zaproponował, by uroczystość odbyła się w Sali Gwiaździstej jego własnego pałacu.

Odniósł później wrażenie, iż tego dnia Giulia, która wystąpiła w białej, atłasowej sukni ślubnej ze srebrnym, naszywanym perłami welonem, osłaniającym słodką twarzyczkę, przeistoczyła się z dziecka w najpiękniejszą kobietę, jaką kiedykolwiek zdarzyło mu się widzieć. Tak świeżą, tak pełną życia, że kardynał tylko wysiłkiem woli panował nad swoją namiętnością.

Wkrótce potem Orsino wysłany został do wiejskiej samotni kardynała w Bassanello, gdzie pod okiem watykańskich doradców odbywał szkolenie, które miało zeń zrobić dowódcę wojsk zaciężnych. Jeśli zaś chodzi o Giulię Farnese, to niebawem wylądowała w ramionach Rodriga, a następnie w jego łożu. Uczyniła to ochoczo i bez oporów.

Kiedy Cezar i Juan mieli po kilkanaście lat, posłano ich do szkół, by zaczęli wypełniać swoje przeznaczenie. Juanowi nauka przychodziła z największym trudem i kardynał doszedł do wniosku, że nie jest mu pisana przyszłość kapłana czy uczonego. Będzie zatem żołnierzem. Inaczej rzecz się miała z Cezarem. Niezwykła inteligencja zawiodła go do szkoły w Perugii, gdzie uczył się przez dwa lata, objawiając przy tym prawdziwe zdolności. Następnie wysłano go do Pizy, by na tamtejszym uniwersytecie pogłębiał swą wiedzę z zakresu teologii i prawa kanonicznego. Kardynał miał nadzieję, że Cezar pójdzie w jego ślady i dobije się wysokich godności w Kościele.

Choć Rodrigo Borgia wypełnił swój obowiązek wobec trójki starszych dzieci z nieznanych kobiet (być może kurtyzan), w swych aspiracjach na przyszłość skupiał się na dzieciach, które dała mu Vannozza: Cezarze, Juanie i Lukrecji. Znacznie większą trudność sprawiało mu ustanowienie silnej więzi z najmłodszym synem, Jofre. Próbując usprawiedliwić przed sobą ten brak ojcowskich uczuć, zaczął się zastanawiać i wtedy właśnie na dnie umysłu Rodriga zrodziła się wątpliwość, czy istotnie najmłodszy chłopiec Vannozzy był jego synem. Któż bowiem wie, jakie sekrety kryje serce kobiety?

Kardynał Borgia pełnił funkcję wicekanclerza Kościoła za pontyfikatu czterech papieży. Od ośmiu lat służył aktualnemu następcy Świętego Piotra, Innocentemu VIII, i w tym czasie zrobił, co było możliwe, dla umocnienia potęgi papiestwa i nienaruszalności jego władzy.

Przyszedł jednak dzień, gdy biedny Innocenty legł na łożu śmierci i nawet świeże kobiece mleko i transfuzja krwi trzech młodzianków nie mogły uratować mu życia. Chłopcom zapłacono za krew po dukacie, ale medyczny eksperyment nie powiódł się i zakończył katastrofą. Nagrodzono ich wówczas wystawnymi pogrzebami, a rodzinom wypłacono po czterdzieści dukatów.

Nieszczęściem Innocenty VIII pozostawił skarbiec papieski pusty, a Kościół święty bezbronny wobec zniewag katolickiego króla Hiszpanii i najbardziej chrześcijańskiego króla Francji. W watykańskich finansach panował taki nieład, że sam Ojciec Święty zmuszony był zastawić swoją tiarę, by kupić palemki, które zwyczajowo rozdawał w Niedzielę Palmową. Wbrew radom Rodriga Borgii pozwalał władcom Mediolanu, Neapolu, Wenecji, Florencji i innych miast-państw i lenn zwlekać z wypłatą należnych Kościołowi danin. Sam zresztą roztrwonił krociowe sumy, przygotowując krucjaty, na które nikt nie miał ochoty się wypuszczać.

Jedynie prawdziwy geniusz strategii i skarbowości byłby w stanie przywrócić świętemu Kościołowi katolickiemu dawną chwałę. Ale kto miałby to być? To pytanie zadawali sobie wszyscy. Niemniej decyzję w tej kwestii mogło podjąć tylko Kolegium Kardynałów, prowadzone przez Ducha Świętego i działające z boskiej inspiracji. Papieżem bowiem nie mógł zostać zwykły człowiek. Musiały go zesłać niebiosa.

Szóstego sierpnia tysiąc czterysta dziewięćdziesiątego drugiego roku w wielkiej sali Kaplicy Sykstyńskiej rozpoczęło się konklawe Kolegium Kardynałów, mające na celu obranie nowego papieża. Przed intruzami i ewentualnymi naciskami z zewnątrz chronili obradujących halabardnicy, rzymscy arystokraci i zagraniczni ambasadorowie.

Zgodnie z tradycją, wkrótce po śmierci Innocentego VIII wszyscy książęta Kościoła, członkowie świętego kolegium w liczbie dwudziestu trzech zgromadzili się, aby wybrać rzecznika niebios, następcę Świętego Piotra, i opiekuna jego kluczy, Wikariusza Chrystusa na ziemi. Musiał on być nie tylko duchowym przewodnikiem świętego Kościoła rzymskokatolickiego, ale i politycznym przywódcą państwa kościelnego. Zadaniom tym mógł podołać jedynie człowiek obdarzony ogromną inteligencją, zdolnościami przywódczymi i talentem negocjacyjnym.

Nakładając papieską tiarę, nowo wybrany zwierzchnik Kościoła wchodził w posiadanie olbrzymich bogactw, lecz jednocześnie brał na siebie odpowiedzialność za sytuację polityczną w centralnej części półwyspu, która za jego sprawą mogła ulec albo zjednoczeniu, albo dalszemu rozbiciu na poszczególne miasta-państwa i prowincje. Tak czy inaczej papież Innocenty jeszcze nie skonał, a już zawierano układy, obiecywano posiadłości i tytuły w zamian za poparcie i lojalność. W ten sposób poszczególne stronnictwa starały się zapewnić sobie wybór tych, a nie innych kandydatów.

Z grupy kardynałów, którzy — przynajmniej teoretycznie — mogliby zasiąść na tronie Piotrowym, tylko kilku cieszyło się odpowiednio dużym prestiżem i miało na swoim koncie istotne zasługi: kardynał Ascanio Sforza z Mediolanu, kardynał Cibo z Wenecji, kardynał della Rovere z Neapolu i kardynał Borgia z Walencji. Ten ostatni był jednak cudzoziemcem, Hiszpanem z pochodzenia, toteż jego szanse oceniano jako mizerne. Uważano go za Katalończyka i to stanowiło największą jego wadę. I choć zmienił nazwisko z hiszpańskiego „Borja" na włosko brzmiące „Borgia", nie uzyskał akceptacji starych rodów rzymskich.

Niemniej nie można go było nie brać pod uwagę. Od ponad trzydziestu pięciu lat wspaniale służył Kościołowi. Jako jego wicekanclerz odnosił sukcesy w służbie dyplomatycznej, a za pontyfikatu poprzedniego papieża, mimo trudnej sytuacji międzynarodowej, wynegocjował kilka układów korzystnych dla Watykanu. Każde takie zwycięstwo nie pozostawało także bez wpływu na zamożność i pozycję jego rodziny. Wielu swoich krewnych umieścił na najwyższych stanowiskach, zapewniając beneficja i nadania, które w odczuciu przedstawicieli starych rodów italskich prawnie im się nie należały. Hiszpański papież? Bzdura! Siedzibą Stolicy Apostolskiej jest Rzym, zrozumiałe więc, że papież musi pochodzić z jednej z prowincji Italii.

W atmosferze tajemnicy konklawe podjęło swój zbożny trud. Odizolowani w pojedynczych celach we wnętrzu ogromnej, zimnej kaplicy, kardynałowie nie mogli się kontaktować ani między sobą, ani z zewnętrznym światem. Mogli się jedynie modlić o natchnienie od Boga, ale ostateczną decyzję musieli podjąć samodzielnie. Przebywali w wilgotnych, mrocznych celach, gdzie oprócz niewielkich, oświetlonych kilkoma świecami ołtarzyków z wiszącym na ścianie krucyfiksem znajdowała się prycza dla potrzebujących odpoczynku, sedes pokojowy, urynał, dzbanek wody, sól i misa słodyczy — migdałów w cukrze, marcepanu, słodkich ciasteczek, cukru trzcinowego. W kaplicy nie było zaplecza kuchennego, toteż posiłki dla uczestniczących w konklawe kardynałów przygotowywano w ich pałacach: przyniesione w drewnianych naczyniach podawano im przez otwór w drzwiach. Każdy z kardynałów musiał rozstrzygnąć we własnym sumieniu, kto najlepiej przysłuży się swojej rodzinie, swojej prowincji i Kościołowi świętemu. Brak ostrożności przy podejmowaniu decyzji nie musiał, co prawda, grozić utratą dóbr doczesnych, ale mógł wystawić na szwank nieśmiertelną duszę głosującego.

Nie należało tracić czasu, po tygodniu bowiem deliberującym w samotności kardynałom obcinano racje żywnościowe; podawano im tylko chleb, wino i wodę. Nie działo się tak bez powodu. Po śmierci papieża w Rzymie królował chaos. Pozbawione władcy miasto ogarniał zamęt, ulice stawały się sceną zamieszek i niepokojów. Łupiono sklepy, plądrowano pałace, mnożyły się gwałty i morderstwa. Co więcej, dopóki tron Piotrowy pozostawał pusty, sam Rzym łatwo mógł paść ofiarą podboju wrogów zewnętrznych.

Rozpoczęło się głosowanie. Tysiące Rzymian zgromadziło się na placu przed kaplicą. Stali, modląc się głośno i śpiewając pobożne pieśni, ożywiani nadzieją, że nowy papież ubłaga niebiosa, by położyły kres diabelstwu panoszącemu się na ulicach. Wymachiwali chorągwiami, czekając, aż na balkonie pojawi się wysłannik kolegium, by obwieścić, iż zostali ocaleni.

Pierwsza tura głosowania trwała trzy dni, ale żaden z kardynałów nie zdobył wymaganej większości dwu trzecich głosów. Najwięcej — po osiem — otrzymali: kardynał Ascanio Sforza z Mediolanu i kardynał della Rovere z Neapolu. Rodriga Borgię większość kolegium uznała za kandydata „rezerwowego": dostał siedem głosów. Gdy zakończono liczenie głosów i stało się jasne, że wyłonienie zwycięzcy nie jest możliwe — ceremonialnie spalono kartki do głosowania.

Rankiem tłum zgromadzony na placu przyglądał się, jak dym unosi się z komina górującego nad Kaplicą Sykstyńską i układa się w coś na kształt czarnego znaku zapytania, wiszącego na czystym, błękitnym niebie. Dopatrując się w tym jakiegoś znaku, obywatele żegnali się i wznosili ku niebu drewniane krzyże. Z Watykanu nie nadchodziły żadne wieści; zebrani przed kaplicą modlili się z coraz większym żarem, śpiewali coraz głośniej.

Kardynałowie wrócili do cel, aby raz jeszcze się zastanowić.

Drugie liczenie głosów, dwa dni później, przyniosło wynik zbliżony do pierwszego: nikt nie poszedł na znaczące ustępstwa. Tym razem, gdy z wiadomego komina uniósł się czarny dym, modłom zabrakło nagle żarliwości, śpiew przycichł. Plac przed kaplicą płonął w ciemności, rozjaśnianej jedynie przez kilka latarń i migoczących ulicznych lamp.

Po Rzymie zaczęły krążyć szalone plotki. Ludzie przysięgali, że rankiem następnego dnia na niebie ukazały się trzy jednakowe słońca. Uznano to za znak, iż następny papież ustanowi równowagę pomiędzy trzema dziedzinami władzy papieskiej: ziemską, duchową i boską. Widziano w tym dobry omen.

Ale w nocy, na szczycie wieży pałacu kardynała Giuliana della Rovere, gdzie nikomu nie wolno było wchodzić, samorzutnie zapłonęło szesnaście pochodni. Po chwili na oczach zrazu pełnego nadziei, potem zaś strwożonego tłumu wszystkie pochodnie oprócz jednej — zgasły. Zły omen! Która z władz papiestwa miała się ostać? Nad placem zapadła przepełniona grozą cisza.

Konklawe znalazło się w impasie. W pomieszczeniach kaplicy robiło się coraz zimniej, panowała wilgoć. Co starsi kardynałowie zaczynali odczuwać skutki przemęczenia. To było nie do zniesienia: jak tu myśleć i wnioskować poprawnie, kiedy człowieka męczy biegunka i rwie w kolanach?

Tej nocy część kardynałów opuściła cele, by chyłkiem przemknąć się do sąsiednich pomieszczeń. Negocjacje zostały wznowione. Na nowo targowano się o kościelne posiadłości i urzędy, składano obietnice, kuszono majątkami, godnościami, perspektywami na przyszłość — byle kupić choć jeden głos. Zawierano nowe układy, rodziły się nowe zależności. Tyle że ludzkie umysły i serca są zmienne i nigdy nie można wykluczyć pojawienia się kłopotów i nieporozumień. Bo jeśli ktoś może sprzedać duszę jednemu diabłu, dlaczego nie miałby dobić targu z drugim?

Tłum przed kaplicą znacznie się przerzedził. Zmęczeni

i zniechęceni Rzymianie w trosce o własne bezpieczeństwo i o spokój swoich domów tłumnie opuszczali plac i wracali do rodzin. Tak więc gdy o szóstej rano z komina buchnął wreszcie biały dym, a z zamurowanych okien zaczęły wypadać kamienie, oświadczenia watykańskiego kamerlinga wysłuchało niewielu.

— Z wielką radością staję przed wami, by ogłosić: mamy nowego papieża.

Ci, którzy wiedzieli o impasie konklawe, zastanawiali się, który z prowadzących kandydatów został wybrany. Kardynał Ascanio Sforza czy kardynał della Rovere? Wtedy jednak w oknie ukazała się inna postać, roślejsza, bardziej okazała. Z jej rąk niczym konfetti posypały się karteczki z pospiesznie nabazgranymi słowami: „Naszym papieżem został kardynał Rodrigo Borgia z Walencji, Aleksander VI. Jesteśmy ocaleni!".

3

Papież Aleksander VI — do niedawna kardynał Rodrigo Borgia — wiedział, że najpilniejszą sprawą było teraz zaprowadzenie porządku na ulicach Rzymu. Od śmierci Innocentego w mieście popełniono z górą dwieście morderstw. Aleksander musiał położyć kres temu bezprawiu, przykładnie ukarać grzeszników, żeby pozostali, ci poczciwi Rzymianie, mogli zanosić modły w pokoju.

Pierwszego ujętego zabójcę osądzono w trybie doraźnym i natychmiast powieszono. Mało tego. Powieszono także jego brata, a dom zrównano z ziemią, co stanowiło największe poniżenie dla każdego Rzymianina. Domownicy mordercy zostali bez dachu nad głową.

W ciągu tygodnia na ulice Rzymu wrócił spokój. Obywateli cieszyło, że ich Ojcem Świętym został człowiek tak silny i zdecydowany, że pod tiarą kryje się tak mądra głowa. Wybór kardynałów stał się teraz wyborem ludu.

Aleksander musiał jednak podjąć jeszcze inne decyzje. Miał też do rozwiązania dwa niezwykłej wagi problemy, a żaden z nich nie dotyczył spraw duchowych. Przede wszystkim należało stworzyć armię, by Kościół katolicki stał się ziemską potęgą i odzyskał kontrolę nad państwem kościelnym. A poza tym, obowiązkiem Aleksandra było materialne zabezpieczenie przyszłości dzieci.

Siedząc na tronie w Sali Wiary Pałacu Watykańskiego, zadumał się nad sensem boskich wyroków, nad losami świata, narodów i rodzin. Bo czyż nie był nieomylnym Wikariuszem Chrystusa na ziemi? A zatem czyż nie powinien zająć się sprawami całego świata, narodów i ich władców, wszystkich niezależnych miast Italii, republik i oligarchii? Ba, nawet sprawami nowo odkrytych Indii. Czyż nie było jego obowiązkiem służyć im wszystkim możliwie najlepszą radą? Zbadać, czy nie stanowią zagrożenia dla władzy Boga?

A własna rodzina, Borgiowie, z mrowiem krewnych, o których trzeba zadbać, i jego dzieci, złączone z nim więzami krwi, a przecież nieposkromione, niepoddające się żadnej kontroli z powodu ich własnych namiętności — co z nimi? Co było jego pierwszym obowiązkiem? I czy obydwa jego cele mogły zostać osiągnięte jednocześnie?

Obowiązek Aleksandra wobec Boga był oczywisty. Musi uczynić Kościół silnym. Wspomnienie Wielkiej Schizmy sprzed siedemdziesięciu pięciu lat, kiedy to było dwu papieży i dwa Kościoły — obydwa słabe — umacniało go w tym przekonaniu.

Miastami Italii należącymi do Kościoła władali teraz tyrani, myślący raczej o wzbogaceniu swoich rodzin niż o płaceniu danin należnych Kościołowi świętemu, który sankcjonował ich władzę. Królowie posługiwali się Kościołem jak narzędziem, mającym służyć wzmocnieniu ich władzy. Nikt nie myślał o zbawieniu nieśmiertelnych dusz poddanych. Nawet bogaci królowie Hiszpanii i Francji pozbawiali Kościół jego dochodów, gdy byli niezadowoleni z papieża. Jak śmieli! A co, jeśli Kościół pozbawi swego błogosławieństwa ich władzę? Przecież lud był posłuszny królom, bo uważał ich za wybrańców Boga, i tylko papież, jako przedstawiciel Kościoła i Wikariusz Chrystusa, mógł to potwierdzić. Aleksander wiedział, że musi kontynuować zabiegi o prymat swej władzy nad władzą królów Francji i Hiszpanii. Nigdy więcej soborów zwoływanych przez królów. Kościół i papież muszą dysponować świecką potęgą, by móc wykonywać wolę Boga. Krótko mówiąc — potrzebna im wielka armia.

Aleksander bardzo drobiazgowo przemyślał kwestie swej władzy jako papieża. I ułożył pewien plan.

Tuż po wstąpieniu na tron Stolicy Piotrowej, Aleksander mianował swego syna Cezara kardynałem. Jeszcze jako dziecko Cezar otrzymał godność biskupa, z którą wiązały się beneficja w wysokości kilku tysięcy dukatów rocznie. Teraz, choć ukończył ledwie siedemnaście lat i nieobce mu były wszelkie cielesne namiętności i występki młodości, ciałem i umysłem stał się dojrzałym mężczyzną. Ukończył prawo i teologię na uniwersytetach w Perugii i Pizie, a jego dysputy uznano za najbardziej błyskotliwe w dziejach tych uczelni. Jego wielką miłością była jednak historia wojen i wojskowości. Brał udział w kilku pomniejszych bitwach i w jednej z nich udało mu się odznaczyć. Całkiem nieźle opanował rzemiosło wojenne.

Aleksander był szczęśliwy. Bóg pobłogosławił jego syna bystrym umysłem, silną wolą i pewną naturalną drapieżnością, bez której nie sposób przetrwać na tym podłym świecie.

Cezar Borgia otrzymał wiadomość o wyniesieniu go do godności kardynała świętego Kościoła katolickiego, gdy nadal przebywał w Pizie, studiując prawo kanoniczne. Nie zaskoczyła go, bo przecież był synem nowego papieża. Ale też bynajmniej nie uszczęśliwiła. Owszem, dzięki temu mianowaniu stawał się bogatszy, ale w głębi serca czuł się żołnierzem. Chciał prowadzić do boju zbrojne hufce, zdobywać twierdze i ufortyfikowane miasta. Chciał się też ożenić i mieć dzieci, które nie byłyby bękartami jak on sam.

Dwaj jego najbliżsi przyjaciele i koledzy ze studiów, Gio Medici i Tila Baglioni, pogratulowali mu, a potem wzięli się do organizowania wieczornej biesiady, jako że w nadchodzącym tygodniu Cezar miał wyjechać do Rzymu, aby formalnie odebrać kardynalską nominację.

Gio został mianowany kardynałem w wieku lat trzynastu, a to dzięki wpływom ojca, pana Florencji, wielkiego Lorenza il Magnifico — Wawrzyńca Wspaniałego. Z trójki przyjaciół jedynie Tila Baglioni nie piastował żadnego urzędu kościelnego, za to był jednym ze spadkobierców i ewentualnych następców książąt Perugii. Tu, na uniwersytecie w Pizie, byli zwykłymi, pełnymi wigoru żakami. Choć mieli służbę i zbrojne poczty dla ochrony, każdy z nich potrafiłby obronić się sam. Cezar sprawnie władał mieczem, toporem i piką, ale nie posiadał jeszcze pełnej zbroi bojowej. Dysponował niezwykłą siłą fizyczną, a wzrostem przewyższał większość mężczyzn. Był świetnym studentem, dumą swoich nauczycieli. Zresztą niczego innego nie spodziewano się po synu papieża.

Gio był dobrym studentem, ale nie imponował posturą czy sprawnością fizyczną. Miał za to poczucie humoru, choć w obecności przyjaciół miarkował swój dowcip. Już w wieku siedemnastu lat Cezar swą stanowczością budził lęk rówieśników. Tila Baglioni natomiast był niespotykanie zawzięty, miał skłonność do napadów okrutnej furii, jeśli poczuł się znieważony.

Tego wieczoru przyjaciele biesiadowali w willi rodziny de Medici pod Pizą. Ze względu na świeżo przyznany Cezarowi czerwony kapelusz było to dyskretne przyjęcie, niewielka bibka z ledwie sześcioma kurtyzanami. Przyjaciele zjedli skromną kolację — pieczeń baranią, wino, trochę słodyczy — oddając się przy tym lekkiej, miłej konwersacji.

Wcześnie poszli do łóżek, gdyż zostało ustalone, że następnego dnia, przed wyruszeniem w podróż powrotną do domów — Gio Medici do Florencji, Cezar Borgia do Rzymu — pojadą z Tilą Baglionim do Perugii na wielki festyn i bankiet z okazji ślubu jego stryjecznego brata. Ciotka Tili, księżna Atalanta Baglioni, przysłała mu specjalne zaproszenie na tę uroczystość. Ponieważ brzmiało ono raczej jak żądanie — musiał się zgodzić.

Następnego ranka trójka przyjaciół ruszyła w stronę Perugii. Cezar dosiadał swego najlepszego wierzchowca, którego podarował mu Alfonso, książę Ferrary. Gio jechał na białym mule, jako że nietęgi był zeń kawalerzysta. Tila miał pod sobą bojowego rumaka o uszach przyciętych, dla nadania mu dzikszego wyglądu. Razem, koń i jeździec, stanowili wspaniały widok. Żaden z młodzieńców nie miał na sobie zbroi, choć wzięli miecze i sztylety. Towarzyszył im poczet trzydziestu zbrojnych w kolczugach. Najęci przez Cezara, nosili jego barwy — żółć ze szkarłatem.

Miasto Perugia leży nad górnym Tybrem, niedaleko Jeziora Trazymeńskiego. Rodzina Baglionich i samo miasto wysoko cenili sobie niezależność, mimo iż w Rzymie tereny te uważano za należące do jednej z legacji państwa kościelnego. Cezar, choć pewny siebie i ufny w swą przebiegłość, nigdy nie odważyłby się przyjechać tu sam, bez ochrony Tili. Teraz z niecierpliwością oczekiwał przybycia do miasta, by poweselić się, nim wyruszy do Rzymu objąć swój nowy urząd.

Widziana z oddali, Perugia stanowiła piękny, ale i groźny widok. Twierdza broniąca dostępu do miasta wznosiła się na olbrzymim wzgórzu i była niemal nie do zdobycia.

Znalazłszy się w mieście, młodzi przybysze zauważyli, iż z okazji ślubu przystrojono kościoły i pałace, a posągi przybrano złotogłowiem. Cezar gawędził z przyjaciółmi; zadowolony, nawet próbował żartować. Jednocześnie z uwagą przyglądał się fortyfikacjom, w myśli zabawiając się układaniem planów szturmu na miasto.

Panią Perugii była wdowa, księżna Atalanta Baglioni. Ta wciąż jeszcze piękna kobieta znana była jako okrutna i surowa władczyni, rządząca w oparciu o zaciężną armię, którą dowodził jej syn Netto. Wymarzyła sobie, że wyda bratanka Torina za Lavinię, jedną ze swoich ulubionych dam dworu. Czuła, że Torino może się przyczynić do wzmocnienia władzy rodziny Baglionich.

W zamku zebrali się członkowie wszystkich gałęzi tego licznego rodu. Grała orkiestra, niebawem rozpoczęły się tańce.

Odbył się turniej rycerski, w szranki stanęli zapaśnicy. Cezar, który lubił popisywać się siłą, przyjmował każde wyzwanie i regularnie zwyciężał.

Kiedy zapadła noc, większość Baglionich udała się do twierdzy, podczas gdy Cezar, Gio i Tila zebrali się w apartamentach tego ostatniego, aby przed snem wychylić ostatni dzban wina.

Zbliżała się północ i wszyscy trzej byli już senni od wypitego trunku, kiedy usłyszeli krzyki i nawoływania niosące się po zamku. Tila zerwał się na równe nogi i z mieczem w dłoni rzucił się ku wyjściu z komnaty, ale Cezar powstrzymał go.

— Pozwól mi zobaczyć, co się dzieje. Może grozi ci niebezpieczeństwo. Zaraz wrócę.

Już usłyszawszy pierwsze krzyki, Cezar instynktem odgadł, że doszło do wielkiej zdrady. Wychodząc z komnaty Tili, nie dobył miecza. Choć rodzina Baglionich miała reputację morderców, wiedział, że nikt nie odważy się zabić syna papieża. Szedł spokojnie korytarzami zamku, kierując się tam, skąd wciąż dochodziły krzyki. Na koniec znalazł się przed sypialnią nowożeńców.

Wszędzie była krew. Figura Dziewicy Marii, obraz przedstawiający Dzieciątko Jezus, białe prześcieradła i poduszki małżeńskiego łoża — nawet jego baldachim — zalane były krwią. Na posadzce leżały ciała Lavinii i Torina. Ich nocne koszule splamiła krew, pchnięcia miecza przebiły płótno i ciało. Śmiertelne rany zadano im w głowę i serce.

Nad zwłokami stał Netto z czwórką zbrojnych, każdy z ubarwionym szkarłatem mieczem w dłoni. Matka Netta, księżna Atalanta, wykrzykiwała przekleństwa pod adresem syna. Ten próbował ją uspokoić. Cezar nasłuchiwał.

— Mamo — tłumaczył Netto — Torino był zbyt potężny, a jego rodzina spiskowała z myślą o odsunięciu cię od władzy. Wszystkich ich zabiłem. — Następnie próbował pocieszyć matkę, mówiąc, że chociaż będzie musiała ustąpić i to on zostanie panem Perugii, zawsze znajdzie się dla niej honorowe miejsce w jego rządzie.

Wymierzyła mu policzek.

— Mój własny syn mnie zdradził! — krzyknęła.

— Otwórz oczy, mamo. Nie tylko Torino, ale i braciszek Tila spiskował przeciw tobie.

Cezar usłyszał już dość. Opuścił swoje stanowisko i pospiesznie wrócił do komnaty Tili.

Dowiedziawszy się, co zaszło, Tila wpadł w furię.

— Plotki, wszystko plotki! — wykrzykiwał. — Ten bękart Netto próbuje ukraść koronę własnej matce. Mnie też chce zamordować.

Wspólnymi siłami zabarykadowali drzwi, a następnie wyszli przez okno i po nierównej, kamiennej ścianie wspięli się na dach zamku. Cezar i Tila zeskoczyli w mrok tylnego dziedzińca i pomogli zejść Giowi, który nie dorównywał im sprawnością. Cezar musiał powstrzymywać Tilę, który chciał wracać do zamku, by zmierzyć się z Nettem. Ostatecznie poprowadził przyjaciół na błonia, gdzie obozowała ich eskorta. Wiedział, że w obecności jego trzydziestu zbrojnych będą bezpieczni. Musiał jeszcze podjąć tylko jedną decyzję. Czy powinien zostać i ratować Tilę, czy też zabrać go do Rzymu, gdzie nic mu już nie będzie groziło? Obie te możliwości przedstawił przyjacielowi w formie propozycji, ale ten odmówił. Prosił tylko, by Cezar ochraniał go w drodze do Palazzo Comunale w centrum miasta, gdzie będzie mógł zebrać swoich zwolenników. Z nimi wystąpi w obronie swojego honoru i zwróci zamek ciotce.

Cezar zgodził się, ale wprzód rozkazał dziesięciu ludziom z eskorty odwieźć bezpiecznie Gia Medici do Florencji. Następnie z resztą zbrojnych odprowadził Tilę Baglioniego do Palazzo Comunale.

Czekała tam na nich czwórka wiernych Tili żołnierzy. Natychmiast rozesłał ich z wiadomościami i o świcie pod jego dowództwem znajdowało się ponad stu zbrojnych.

Wzeszło słońce. Cezar przyglądał się, jak Netto prowadzi oddział konnych przez miejski plac. Ostrzegł swoich ludzi, by w razie jakiejkolwiek bitwy nie brali w niej udziału. Tymczasem Tila obstawił plac żołnierzami, a sam ruszył naprzeciw Netta.

Bitwa nie trwała długo. Tila najechał koniem prosto na Netta, przytrzymał jego zbrojne w miecz ramię i pchnął sztyletem w udo. Netto spadł z siodła. Tila także zeskoczył z konia i nie czekając, aż przeciwnik się podniesie, przygwoździł go mieczem do ziemi. Żołnierze Netta próbowali uciekać, ale zostali schwytani. Wówczas Tila dosiadł swego ostrouchego bojowego rumaka i rozkazał postawić przed sobą ujętych wrogów.

Pozostało ich przy życiu piętnastu, większość ranna, tak że ledwo stali na nogach.

Cezar słyszał, jak Tila nakazuje ściąć ludzi Netta, a ich głowy przybić do muru otaczającego katedrę. Patrząc na Tilę, Cezar nie mógł wyjść z podziwu. Jak to się stało, że ten gburowaty, zawzięty żak w ciągu jednego dnia przeistoczył się w bezlitosnego oprawcę? Zaledwie siedemnastoletni Tila Baglioni został oto tyranem Perugii.

Kiedy Cezar wrócił do Rzymu i spotkał się z ojcem, opowiedział mu o wydarzeniach, których był świadkiem, a potem zapytał:

— Skoro Dziewica Maria jest najukochańszą świętą mieszkańców Perugii, dlaczego są tacy bezlitośni?

Papież Aleksander uśmiechnął się. Wydawał się bardziej rozbawiony opowiadaniem Cezara niż zdjęty grozą.

— Ci Baglioni, to ludzie szczerze wierzący — rzekł. — Wierzą w raj. To wielki dar. Bo inaczej jak człowiek mógłby znieść życie nieuchronnie zmierzające ku śmierci? Nieszczęściem taka wiara ośmiela także złych ludzi do popełniania wielkich zbrodni w imię dobra i Boga.

Papież Aleksander nie kochał zbytku tylko dla niego samego. Pałac Watykański miał przywodzić na myśl nieskończoną rozkosz niebiańskiego bytowania. Aleksander wiedział, że nawet na tych o wyższej duchowości robiły wrażenie czysto ziemskie przejawy dostojeństwa Boga ukazywane im przez święty Kościół katolicki. Lud widział w papieżu Wikariusza Chrystusa, nieomylnego i czczonego bez zastrzeżeń, ale wiara królów i książąt była słabsza. Do szlachetnie urodzonych najbardziej przemawiał zbytek — złoto, klejnoty, jedwabie i pyszne brokaty; także wielka mitra papieska i bogato zdobione szaty biskupa Rzymu, złote i srebrne hafty na jego ornatach i pelerynie, uszyte przed wiekami, przechowywane i chronione z czułą pieczołowitością i cenne ponad wszelkie wyobrażenie.

Jedną z najwspanialszych komnat Watykanu była Sala Papieży — tysiące metrów kwadratowych ścian przeładowanych ozdobami i stropów pokrytych najwyższej próby freskami i złoceniami. Cały ten przepych krył w sobie obietnicę życia wiecznego dla cnotliwych. W tej właśnie sali papież przyjmował pielgrzymów z całej Europy, którzy przybyli, każdy z nieodzowną garścią dukatów — błagać o odpust zupełny. To tu wisiały obrazy z podobiznami sławnych papieży koronujących wybitnych władców, takich jak Karol Wielki, albo wiodących wyprawy krzyżowe lub zanoszących modły do Najświętszej Marii Panny o wstawiennictwo za ludzkością.

Z wszystkich tych obrazów jasno wynikało, że owi wielcy królowie zawdzięczali swą władzę papieżom, przez których zostali pomazani świętymi olejami. Królowie z pochylonymi głowami klęczeli przed papieżem wznoszącym wzrok ku niebiosom.

Z przedsionka sali tronowej wchodziło się do prywatnych komnat Aleksandra VI. Tam właśnie wezwał teraz swego syna Juana. Nadszedł czas, by dowiedział się, że niebawem wypełni się jego los: zostanie hiszpańskim arystokratą.

Juan Borgia był niemal równie wysoki jak Cezar, ale znacznie delikatniejszej budowy ciała. Podobnie jak brat i ojciec, mógł uchodzić za atrakcyjnego mężczyznę, choć wyraźnie się od nich różnił. Miał nieco skośne oczy i wysoko osadzone kości policzkowe swoich hiszpańskich przodków. Długie godziny spędzał w siodle lub na łowach, toteż skóra zbrązowiała mu od słońca. W szeroko rozstawionych, ciemnych oczach pojawiał się niejednokrotnie wyraz podejrzliwości. Ale jego największą słabością było to, że nie miał w sobie ani odrobiny wdzięku Cezara czy Rodriga. Usta wykrzywiał mu często cyniczny uśmieszek — choć nie teraz, kiedy klęczał przed ojcem.

— Czym mogę ci służyć, papo? — zapytał.

Aleksander uśmiechnął się ciepło. Ten bowiem młody człowiek — jak owe dusze zagubione w otchłani — najbardziej potrzebował jego przewodnictwa, aby osiągnąć zbawienie.

— Nadszedł czas, abyś wziął na siebie odpowiedzialność, jaka dotąd spoczywała na barkach twego świętej pamięci przyrodniego brata, Pedra Luisa. Jak wiesz, Pedro zapisał ci w testamencie swoje księstwo i tytuł księcia Gandii. W chwili śmierci był zaręczony z Marią Enriquez, krewną króla Hiszpanii, Ferdynanda. Jako twój ojciec — i jako Ojciec Święty — postanowiłem utrzymać w mocy tamto zobowiązanie, aby umocnić nasz sojusz ze świeżo zjednoczoną Hiszpanią i ponownie zapewnić dom Aragoński o naszej przyjaźni. Dlatego w najbliższym czasie pojedziesz do Hiszpanii po swoją królewską pannę młodą. Zrozumiałeś?

— Tak, papo — odrzekł Juan, ale minę miał ponurą.

— Nie jesteś zadowolony z mojej decyzji? To małżeństwo przyniesie nam wiele pożytku, tobie także. Rodzina Marii jest bogata, ma nie byle jaką pozycję. Alians z Enriquezami da nam same polityczne korzyści. Poza tym w Gandii jest wielki zamek zbudowany w stylu hiszpańskim i wiele bogatych terenów, które teraz będą należały do ciebie.

— Czy pojadę tam jako człowiek bogaty, tak żeby widzieli, że mnie trzeba szanować?

Aleksander ściągnął brwi.

— Jeśli chcesz, by cię szanowano, musisz być pobożny i bogobojny. Musisz wiernie służyć swojemu królowi, szanować żonę i wystrzegać się hazardu.

— Czy to wszystko, ojcze? — W głosie Juana pobrzmiewała nuta sarkazmu.

— Kiedy będę miał do ciebie coś jeszcze, wezwę cię ponownie — sucho oznajmił papież. Rzadko złościł się na tego syna, ale w tej chwili czuł się w najwyższym stopniu zirytowany. Próbował sam sobie tłumaczyć, że Juan jest młody, a przy tym pozbawiony smykałki do dyplomacji. Powiedział więc z powściąganą czułością: — A tymczasem ciesz się życiem, synu. Będzie wspaniałą przygodą, jeśli właściwie do niego podejdziesz.

W dniu wyświęcenia Cezara Borgii na kardynała świętego Kościoła rzymskokatolickiego obszerne wnętrze Bazyliki Świętego Piotra wypełnili strojnie odziani arystokraci. Nie zabrakło tu przedstawicieli żadnego z wielkich italskich rodów.

Z Mediolanu przybył śniady Ludovico Sforza, zwany Il Moro, oraz jego brat Ascanio. Ascanio Sforza, obecnie wicekanclerz Kościoła, miał na sobie ornat z kosztownego brokatu barwy kości słoniowej, na głowie zaś czerwony kardynalski kapelusz. Jego pojawienie się wywołało szmery wśród zgromadzonych w bazylice świadków mającej się odbyć ceremonii.

Z Ferrary przyjechali d'Este'owie, a był to jeden z najmożniejszych i najbardziej konserwatywnych starych rodów Italii. Na ich prostych, szarych lub czarnych szatach wspaniale prezentowały się połyskujące klejnotami łańcuchy. Odbyli trudną podróż nie tylko po to, by okazać szacunek Borgiom, ale i żeby zrobić wrażenie na papieżu i tym nowym kardynale — będą bowiem potrzebowali jego przychylności.

Ale najżwawiej głowy zebranych w bazylice odwracały się na widok młodzieńca, który wkroczył do świątyni za d'Este'ami. Piero Medici ze sławnego grodu Florencji, poważny i władczy, arystokrata w każdym calu, miał na sobie szmaragdowy kubrak wyszywany w fantastyczne słońca z dwudziestodwukaratowego złota, opromieniające jego twarz zgoła nieziemską poświatą. Szedł na czele siódemki dumnych krewniaków, wśród których znajdował się także przyjaciel Cezara, Gio Medici. We Florencji Piero był obecnie potęgą, choć mówiło się, że pozycja rodziny w mieście nie jest już tak mocna, jak za życia jego ojca, Lorenza il Magnifico. Krążyły pogłoski, że wkrótce młody książę zostanie odsunięty od władzy i rządy Medicich skończą się na dobre.

Z Rzymian obecni byli przedstawiciele rodów Orsinich i Colonnów. Chwilowo panował między nimi pokój, choć od dziesięcioleci ostro ze sobą rywalizowały. Niemniej na wszelki wypadek ich reprezentanci zajęli miejsca na przeciwległych krańcach nawy. I nie bez powodu: podczas uroczystości wyświęcenia jednego z wcześniej mianowanych kardynałów doszło między nimi do krwawej bijatyki.

Siedzący w pierwszym rzędzie ław Guido Feltra, potężny książę Urbino, rozmawiał po cichu z najprzebieglejszym wrogiem papieża, kardynałem Giulianem della Rovere, bratankiem świętej pamięci Sykstusa IV, a obecnie papieskim posłem w Awinionie.

Feltra pochylił się i szepnął kardynałowi do ucha:

— Podejrzewam, że nasz Cezar jest raczej żołnierzem niż uczonym. Ten chłopak stałby się kiedyś wielkim wodzem, gdyby nie było mu przeznaczone zostać papieżem.

Della Rovere najeżył się.

— Jak ojciec, niewiele wznosi się ponad sprawy ciała. W ogóle kawał z niego łajdaka. Walczy z bykami, mocuje się z wieśniakami na jarmarkach. Bardzo to nieprzyzwoite...

Feltra skinął głową.

— Słyszałem, że jego koń zwyciężył w *palio* w Sienie.

Kardynał della Rovere wyglądał na zirytowanego.

— Podstępem, nie w uczciwym współzawodnictwie. Kazał jeźdźcowi zeskoczyć na finiszu, ulżyć koniowi, co uczyniło go szybszym. Wynik, oczywiście, został oprotestowany. Utrzymał się jednak.

Feltra uśmiechnął się.

— Niebywałe...

Della Rovere zmarszczył brwi i rzekł:

— Wspomnisz moje słowa, Guido Feltra. Ten syn Kościoła to diabeł wcielony.

Giuliano della Rovere był teraz zawziętym wrogiem Borgii. Bardziej nawet niż przegrana elekcja jego wściekłość podsycała lista ostatnio nominowanych przez Aleksandra pro-Borgiowskich kardynałów. Mimo to niewzięcie udziału w dzisiejszej ceremonii było nie do pomyślenia. Oczyma duszy della Rovere spoglądał już w przyszłość.

Papież Aleksander VI stał przed ołtarzem Bazyliki Świętego Piotra, wysoki, barczysty, emanujący mesmerycznymi fluidami. Nieskazitelna biel szat, podkreślona przez szkarłat i złoto — *opus anglicanum* — stuły, nadawała mu majestatyczny wygląd. W tej chwili jego oczy lśniły dumą i pewnością siebie; tu, w tym monumentalnym domu bożym, zbudowanym przed wiekami nad grobem świętego Piotra, on był panem, jedynym i nieomylnym.

Kiedy potężne organy zabrzmiały triumfalnym *Te Deum*, Aleksander postąpił krok naprzód, uniósł oburącz czerwony kardynalski kapelusz i nosowym głosem wyśpiewując łacińskie błogosławieństwo, ceremonialnym gestem nałożył go na głowę klęczącego przed nim syna.

Cezar Borgia ze spuszczonym wzrokiem przyjął święte błogosławieństwo, następnie wstał i wyprostował się dumnie, a dwaj starsi kardynałowie oblekli jego szerokie ramiona w czerwony płaszcz, symbol nowego urzędu. Gdy skończyli, podszedł do papieża; dwaj świątobliwi mężowie zwrócili się ku zgromadzeniu.

Cezar, smagłolicy, przystojny i potężnie zbudowany, wyższy był nawet niż jego solidnej postury ojciec. Twarz miał nieco kanciastą i mocno zaznaczone kości policzkowe, ale wydatny, orli nos nie ustępował w niczym nosom antycznych posągów.

Ciemnopiwne oczy promieniały inteligencją. Nad zebranym w bazylice tłumem zapadła cisza.

Tymczasem w tonącym w półmroku ostatnim rzędzie ław siedział samotnie bardzo otyły mężczyzna dostatnio odziany w srebro i biel: Gaspare Malatesta, Lew z Rimini. Miał sprawę do tego hiszpańskiego papieża, a dotyczyła ona pewnego chłopca, który pojawił się u jego bram, zamordowany i przywiązany do oślego grzbietu. Co znaczył dla Malatesty papież z jego pogróżkami? Nic. Co znaczył dla niego Bóg? Nic! Lew nie wierzył w takie rzeczy. Aleksander był tylko człowiekiem, a ludzie umierają. Malatesta puścił wodze wyobraźni, wspominając, jak to w czas Wielkiego Postu nalał atramentu do naczyń ze święconą wodą, żeby zobaczyć plamy na wytwornych szatach kardynała i jego gości, żeby sprowadzić ich wszystkich na ziemię. To wspomnienie sprawiało mu przyjemność, ale teraz miał ważniejszą sprawę do załatwienia. Z uśmiechem odchylił się na oparcie ławy.

Stojący za nim, ukryty w cieniu don Micheletto przyglądał mu się uważnie. I kiedy ostatnie porywające akordy *Te Deum* zabrzmiały ogłuszającym *crescendo*, niski, masywnie zbudowany mężczyzna wśliznął się w ciasny, nieoświetlony kąt za plecami Gaspare Malatesty. Bezszelestnie przerzucił mu przez głowę sznur garoty i jednym płynnym ruchem zacisnął śmiercionośną pętlę na szyi grubasa.

Lew z Rimini na próżno starał się złapać oddech, wciągnąć powietrze przez ściśniętą sznurem tchawicę. Próbował walczyć, ale pozbawione tlenu mięśnie szybko wiotczały. Ostatnie, co usłyszał, nim ciemność wymazała wszystkie myśli z jego mózgu, to były wyszeptane mu prosto do ucha słowa:

— Posłanie od Ojca Świętego.

Po chwili dusiciel utonął w tłumie, znikając równie szybko, jak się pojawił.

Cezar Borgia szedł za ojcem środkowym przejściem między ławami. Ich śladem podążała matka Cezara, Vannozza, jego siostra Lukrecja i bracia Juan i Jofre, a dalej pozostali krewni i powinowaci. Wszyscy minęli ostatni rząd ław bez zwracania uwagi na siedzącą tam postać, choć podbródek Gaspare Malatesty spoczywał na jego wielkim brzuchu, jakby gość z Rimini pogrążony był we śnie.

Wreszcie kilka kobiet przystanęło obok ławy, pokazując sobie palcami ten komiczny widok. Bratowa Gaspare, zawstydzona tym — jak sądziła — kolejnym błazeńskim żartem szwagra, pochyliła się, aby go obudzić. A kiedy ciężkie, bezwładne ciało Gaspare runęło na posadzkę, a wybałuszone oczy niewidzącym wzrokiem jęły się wpatrywać w pokryty freskami sufit bazyliki — krzyknęła przeraźliwie.

4

Żądza zemsty kardynała Giuliana della Rovere z wolna przybierała rozmiary obsesji. Często budził się w nocy zmarznięty i rozdygotany, bo Aleksander nawiedził jego sny. Toteż rankiem, odmawiając codzienne modlitwy, a nawet klęcząc w kaplicy pod bacznym spojrzeniem olbrzymich marmurowych posągów miłosiernych świętych i barwnych portretów męczenników, planował zniszczenie papieża.

U źródła tych uczuć leżała nie tylko porażka w wyścigu do papieskiej tiary, choć i to, oczywiście, miało jakieś znaczenie. Najważniejsze było przekonanie, że Aleksander w samej istocie swego jestestwa jest człowiekiem niemoralnym.

Niewymuszony wdzięk papieża i jego charyzma zdawały się sprawiać, że wszyscy wokół niego obojętnieli na obowiązek zbawiania dusz bliźnich, niezdolni mu się przeciwstawić, kiedy nadawał swoim dzieciom najwyższe urzędy kościelne. Wielu kardynałów i większość królów oraz obywateli Rzymu wybaczała mu jego wybryki. Najwyraźniej bawiły ich organizowane przezeń gigantyczne procesje, bale, bankiety, widowiska i wyszukane uroczystości pochłaniające środki, które mogły być spożytkowane dla obrony państwa kościelnego i wysłania armii Kościoła na nowe terytoria.

W przeciwieństwie do zawsze uprzejmego Aleksandra, della Rovere był człowiekiem niecierpliwym i gwałtownym, który nigdy nie wydawał się szczęśliwy — chyba że na polowaniu lub na wojnie. Był niestrudzenie pracowity i nie znosił zabawy w jakiejkolwiek formie. Właśnie z powodu tej wady charakteru uważał siebie za uosobienie wszelkich cnót. Niewiele dbał o cokolwiek czy kogokolwiek, choć miał trzy córki. I w całym swoim życiu tylko raz szczerze kogoś pokochał.

Trzeba przyznać, że kardynał della Rovere nosił się z pewną godnością, co mogłoby budzić zaufanie do jego osoby, gdyby nie błysk fanatyzmu w dużych, czarnych oczach. Nie był urodziwy. Głowę miał sztywno osadzoną na karku, twarz o ostro zarysowanych liniach, kanciastą, o sterczących, spiczastych kościach policzkowych. Rzadko się uśmiechał, a zęby miał ładne, drobne i równe. Jedynie cofnięty podbródek przydawał jego obliczu nieco łagodności. W sumie była to twarz człowieka średniowiecza, żyjącego w oczekiwaniu dnia Sądu Ostatecznego. Nawet jego masywna, jak wyciosana z kamienia sylwetka kojarzyła się raczej z niezłomnością i niezależnością poglądów niż siłą. Że jest odważny i inteligentny — temu nikt nie przeczył. Nie był szczególnie lubiany ze względu na skłonność do grubiaństwa i obraźliwych uwag, co jakże mocno kontrastowało z naturalną elegancją i uprzejmością papieża. Tak czy inaczej, był nietuzinkowym wrogiem.

W swoich listach do króla Francji, Karola, Ferrante, króla Neapolu i innych władców, della Rovere bezustannie oskarżał Aleksandra o symonię — kupienie papieskiego urzędu. Przy okazji padały oskarżenia o korupcję, oszustwa, nepotyzm, chciwość, obżarstwo i wszelkie formy grzechu nieczystości. To, że on sam popełnił wiele z grzechów, które zarzucał Aleksandrowi, dla kardynała zdawało się nie mieć znaczenia.

Faktem jest, że niektóre z tych oskarżeń nie były bezpodstawne. Po elekcji Aleksander oddał ważne zamki w ręce kardynałów, którzy go poparli, i mianował ich na najważniejsze watykańskie urzędy. Ascanio Sforza otrzymał urząd wicekanclerza Kościoła, gdyż pomógł utrwalić pozycję Aleksandra podczas ostatniego głosowania. Dostały mu się także zamki, kościoły i kilka lenn. Mówiło się, że ciemną nocą przed ostatnim głosowaniem dwa obładowane srebrem osły przeprowadzono z pałacu kardynała Rodriga Borgii do pałacu kardynała Sforzy. Głosując tak, jak głosował, kardynał Antonio Orsini zapewnił sobie tytuł własności dwu miast przynoszących dochody idące w dziesiątki tysięcy dukatów; inni kardynałowie dostali urzędy kościelne, beneficja i lenna. Sam Giuliano della Rovere został obdarowany stanowiskiem legata papieskiego w Awinionie, fortecą Ronciglione, różnymi dochodowymi prebendami i zamkiem Nenci.

Praktyka rozdawania beneficjów i ziem nie była nowa. Weszło w zwyczaj, że po elekcji papieże przekazywali zaufanym osobom część swoich posiadłości, choćby po to, by nie zostały złupione przez rzymski motłoch. A czyż to nie logiczne, że nagradzani owymi posiadłościami byli ci, którzy wykazali się lojalnością podczas konklawe?

Niemniej oskarżenie o symonię było oburzające. Kardynał della Rovere pochodził bowiem ze znacznie bogatszej i bardziej ustosunkowanej rodziny niż Rodrigo Borgia. Gdyby urząd papieża był do kupienia, gdyby hojnymi darami można było zdobyć głosy — della Rovere mógłby bez trudu przelicytować Aleksandra i zmienić ostateczny wynik głosowania.

Teraz, powodowany złością i goryczą przyćmiewającą rozsądek i polityczne wyczucie, Giuliano della Rovere oraz kilku innych niezadowolonych z istniejącego stanu rzeczy kardynałów umyślili sobie, by nakłonić króla Francji, Karola VIII, do zwołania soboru.

Przed laty sobór miał moc rozkazywania papieżowi, a nawet pozbawienia go urzędu. Zgromadzenie to, złożone z kardynałów, biskupów i świeckich władców miało wówczas służyć jako przeciwwaga dla władzy Rzymu i środek ograniczenia supremacji papiestwa. Jednakże od czasów Piusa II, a więc od lat trzydziestu, broń ta wyszła z użycia.

Mimo to widok nowego papieża wyświęcającego swego syna na kardynała tak rozjuszył della Rovere i jego sojuszników, że postanowili tchnąć nowe życie w ideę soboru, widząc w niej narzędzie zniszczenia Aleksandra.

Aby podkreślić swój dystans do bieżących wydarzeń, della Rovere opuścił Rzym tuż po ceremonii wyświęcenia Cezara i wrócił do swojej siedziby w Ostii, żeby rozpocząć ofensywę przeciw Aleksandrowi. Gdy nawiąże już odpowiednie sojusze i dopracuje strategię, pojedzie do Francji oddać się pod opiekę króla Karola.

Teraz, gdy nadał już określony kierunek biegowi losów Cezara i Juana, Aleksander musiał zacząć ustalać miejsce córki w swoim wielkim planie. Doskonale wiedział, co powinien zrobić. Lukrecja nie była jeszcze kobietą, miała ledwie trzynaście lat, ale nie mógł czekać dłużej. Musiał obiecać wydać ją za Giovanniego Sforzę, hrabiego Pesaro. Jeszcze będąc kardynałem, obiecał ją był dwu młodym Hiszpanom. Jednakże od kiedy został papieżem, jego polityczna pozycja uległa zmianie i teraz musiał tak planować swoje posunięcia, by zapewnić sobie przychylność Mediolanu. Obietnice złożone wcześniej młodzieńcom z Hiszpanii muszą zostać złamane — tak uprzejmie, jak to możliwe.

Lukrecja była najcenniejszym dobrem, jakim dysponował, przystępując do matrymonialnych przetargów. A dwudziestosześcioletni Giovanni, właśnie owdowiały, gdyż jego żona zmarła w połogu, był wymarzonym kandydatem do jej ręki. Aleksander musiał działać szybko, bo stryj Giovanniego, Il Moro, był najpotężniejszym człowiekiem w Mediolanie. Należało uczynić zeń przyjaciela Borgiów, zanim sprzymierzy się z królem Hiszpanii lub Francji.

Aleksander wiedział, że jeśli nie będzie w stanie zjednoczyć feudalnych miast-państw w jedne Włochy, rządzące się prawami Stolicy Apostolskiej, bez wątpienia podbiją je tureccy barbarzyńcy, niewierni. Ruszą na rzymskie terytoria, jeśli tylko da im się po temu okazję. Ileż dusz uległoby wtedy zatracie, jak bardzo zmalałyby dochody jedynego prawdziwego Kościoła. A co najważniejsze — gdyby nie potrafił zachować lojalności ludu i obronić Rzymu przed najazdem obcych, gdyby nie umiał posłużyć się papieskim autorytetem dla wzmocnienia Świętej Matki Kościoła, inny kardynał — bez wątpienia Giuliano della Rovere — zająłby jego miejsce na tronie Stolicy Piotrowej i cała rodzina Borgiów znalazłaby się w poważnym niebezpieczeństwie. Niechybnie zostaliby oskarżeni o herezję i torturami zmuszeni do przyznania się do winy. Majątek, nad którego zdobyciem tak ciężko pracował przez wiele, wiele lat, zostałby rozkradziony, a oni zostaliby bez niczego. Był to znacznie gorszy los niż ten, jaki miała znosić jego ukochana córka.

Po bezsennej nocy spędzonej na krążeniu po komnatach, modlitwach o boską poradę i wszechstronnej analizie planu Aleksander posłał po dzieci: Cezara, Juana i Lukrecję. Jofre wciąż jeszcze był zbyt dziecinny, a przy tym nie mógł uchodzić za najbystrzejszego z jego chłopców. Rozmowy o strategii politycznej wprawiłyby go jedynie w pomieszanie.

W towarzystwie obcych Lukrecja składała ojcu dworski ukłon, całowała jego pierścień i na znak szacunku przed nim klękała. Ale gdy byli sami, podbiegała do niego i zarzuciwszy ręce na szyję, całowała czule. Dalibóg, to dziecko umiało trafić do jego serca.

Dzisiaj, zamiast odpowiedzieć córce uściskiem, papież Aleksander odsunął ją i przytrzymał za ramiona, aż stanęła przed nim wyprostowana.

— Co się stało, papo? — zapytała, a na jej twarzy pojawił się wyraz zdziwienia. Trapiła się, ilekroć sądziła, że ojciec jest z niej niezadowolony. Wysoka jak na trzynastoletnią dziewczynkę, mogła uchodzić za skończoną piękność o porcelanowej cerze i rysach twarzy tak doskonałych, jakby ukształtowała je dłoń Rafaela. W jej jasnych oczach skrzyła się inteligencja, a każdy ruch znamionowały płynność i wdzięk. Lukrecja była światłem życia swego ojca; w jej obecności papieżowi dużo trudniej przychodziło myślenie o Piśmie Świętym i strategii politycznej.

— Papo — niecierpliwie powtórzyła Lukrecja — co się stało? Co takiego zrobiłam, że jesteś niezadowolony?

— Musisz wkrótce wyjść za mąż — odrzekł po prostu.

— Och, papo. — Lukrecja przypadła do kolan ojca. — Nie mogę cię jeszcze opuścić. Nie odejdę.

Aleksander wstał, podniósł córkę z klęczek i objął, starając się pocieszyć płaczącą jak dziecko.

— Ćśśś, ćśśś — szepnął. — Lukrecjo, nie mogę nie zawrzeć tego aliansu, ale to nie znaczy, że już teraz musisz odejść. No, otrzyj łzy. Papa ci wszystko wytłumaczy.

Siadła u stóp ojca na przetykanej złotą nicią poduszce i uważnie wsłuchiwała się w jego słowa.

— Rodzina Sforzów z Mediolanu jest bardzo potężna, a bratanek Il Mora, młody Giovanni, właśnie stracił żonę. Teraz zgodził się na skoligacenie naszych rodzin. Wiesz, że papa chce jak najlepiej dla nas wszystkich. Jesteś już wystarczająco dorosła, by rozumieć, że bez takich powiązań z wielkimi, wpływowymi rodami moje panowanie jako papieża nie potrwa długo. Wszyscy znajdziemy się wtedy w niebezpieczeństwie, a na to nie mogę pozwolić.

Lukrecja pochyliła głowę, skinęła nią na znak zrozumienia. Wyglądała teraz bardzo dziecinnie.

Aleksander wstał i zaczął przechadzać się po komnacie, zastanawiając się, jak możliwie najdelikatniej przedstawić kolejną sprawę.

Na koniec odwrócił się w stronę córki i zapytał:

— Czy wiesz, co kobieta robi w łóżku z mężczyzną? Czy ktoś ci już to wyjaśnił?

— Nie, papo — odparła i po raz pierwszy uśmiechnęła się filuternie. Taki uśmiech nieraz widział na twarzach kurtyzan.

Pokręcił głową, pełen podziwu dla córki. Równie uczuciowa jak jej matka, mimo młodego wieku umiała być sprytna i figlarna.

Przywołał gestem Cezara i Juana. Zbliżyli się i klęknęli przed nim, z szacunkiem pochylając głowy.

— Wstańcie, synowie — powiedział. — Musimy porozmawiać. Mamy do podjęcia ważne decyzje, a przyszłość nas wszystkich będzie zależeć od tego, o czym dzisiaj mówimy.

Cezar, rozważny, o wysokim poziomie samoświadomości, nie był jednak tak swobodny i sympatyczny, jak jego siostra. Wszędzie widział pole do współzawodnictwa i zawsze nastawiał się na zwycięstwo za wszelką cenę i przy pomocy wszelkich dostępnych środków. Juan natomiast był bardziej wrażliwy na własną krzywdę, choć całkowicie obojętny na krzywdę innych. W jego usposobieniu wyczuwało się przymieszkę okrucieństwa, a na jego twarzy gościł zwykle sardoniczny uśmieszek. Nie miał nawet odrobiny niewymuszonego wdzięku Lukrecji ani charyzmy starszego brata. Niemniej Aleksander bardzo był do niego przywiązany, wyczuwając jego bezbronność, której brakło Cezarowi i Lukrecji.

— Papo, dlaczego nas tutaj wezwałeś? — zapytał Cezar, wyglądając przez okno. Rozpierała go energia; dzień był piękny, pogodny — chciałby w tej chwili znajdować się w mieście. — W południe na placu odbędzie się świetna zabawa karnawałowa, w której powinniśmy wziąć udział...

Aleksander podszedł do ulubionego fotela w rogu komnaty.

— Usiądźcie, moje dzieci, usiądźcie koło mnie — polecił łagodnym głosem. Wszyscy troje siedli u jego stóp na dużych jedwabnych poduszkach.

Uśmiechnął się i zatoczył ręką łuk ponad ich głowami.

— Oto najświetniejsza rodzina w całym chrześcijaństwie — powiedział. — Wzniesiemy się ponad przeciętność i zdobędziemy władzę dzięki wielkim dziełom, jakich dokonamy dla świętego Kościoła rzymskiego. Zbawimy wiele dusz. A trudząc się dla chwały bożej, będziemy całkiem nieźle żyć. Ale jak każde z was wie, pociąga to za sobą konieczność poświęcenia. Mogliśmy to wyczytać z żywotów wielu świętych... Wielkie czyny wymagają wielkich poświęceń. — Aleksander uczynił znak krzyża.

Spojrzał na Lukrecję, która siedziała na dywanie u jego stóp, opierając się o ramię Cezara. Obok, ale osobno od pozostałej dwójki, zajął miejsce Juan, polerując sztylet otrzymany niedawno w prezencie.

— Cezarze, Juanie? Spodziewam się, że każdy z was miał już sprawę z kobietą?

Juan zmarszczył brwi.

— Oczywiście, papo. Dlaczego zadajesz takie pytania?

— Zanim podejmie się ważną decyzję, powinno się zebrać tyle informacji, ile to możliwe — odrzekł papież, a następnie zwrócił się do najstarszego syna: — A ty, Cezarze? Byłeś w łóżku z kobietą? — zapytał.

— Z wieloma — odparł zwięźle Cezar.

— A czy były zadowolone? — To pytanie Aleksander skierował do obu synów.

Juan skrzywił się, wyraźnie zniecierpliwiony.

— Skąd miałbym wiedzieć? — zaśmiał się. — Czy powinienem był zapytać?

Papież pochylił głowę i zapytał:

— Cezarze, czy kobiety, z którymi spałeś, były zadowolone?

Nieco rozbawiony, ale nie tracąc kontenansu, Cezar odrzekł:

— Sądzę, że były, ojcze. Każda z nich błagała, bym spotkał się z nią raz jeszcze.

Papież Aleksander spojrzał na córkę, która przyglądała mu się z mieszaniną ciekawości i oczekiwania. Następnie odwrócił wzrok ku synom.

— Który z was zgodziłby się dzielić łoże z waszą siostrą?

— Papo — odrzekł Juan znudzonym tonem — wolałbym raczej wstąpić do klasztoru.

Aleksander uśmiechnął się i rzekł:

— Jesteś młody i głupi.

Teraz Lukrecja zrobiła zagniewaną minę.

— Dlaczego pytasz o to moich braci, nie pytając najpierw mnie? Jeśli jeden z nich ma iść ze mną do łóżka, czy nie ja powinnam dokonać wyboru?

Cezar uspokajająco poklepał ją po dłoni.

— Papo, co się za tym wszystkim kryje? Dlaczego żądasz

od nas czegoś takiego? I czy nie obawiasz się, że za taki czyn nasze dusze czeka potępienie i piekło?

Papież Aleksander podniósł się z krzesła i podszedł do portyku ozdobnych drzwi, łączących dwie ogromne komnaty. Wskazał złożone z pięciu płycin *panneau* nad łukowato sklepionym przejściem i zapytał:

— Czy w czasie studiów niczego nie dowiedzieliście się o wielkich egipskich dynastiach, o czasach, gdy bracia i siostry zawierali związki małżeńskie w celu zachowania czystości krwi? Czy nie słyszeliście o młodej Izydzie, która poślubiła swego brata, króla Ozyrysa, najstarszego syna nieba i ziemi? Izyda i Ozyrys spłodzili dziecko imieniem Horus i razem stworzyli wielką Trójcę, poprzedniczkę chrześcijańskiej Świętej Trójcy: Ojca, Syna i Ducha Świętego. Izyda, Horus i Ozyrys pomagali ludziom uniknąć podstępów diabła i dbali o to, by dobrzy otrzymali nagrodę w postaci odrodzenia do życia wiecznego. Jedyna różnica między nimi a naszą Świętą Trójcą jest taka, że jedno z nich było kobietą. — Tu Aleksander uśmiechnął się do Lukrecji. — Egipcjanie stworzyli jedną z najbardziej rozwiniętych cywilizacji w dziejach i możemy brać z nich przykład.

— To nie może być jedyny powód, ojcze — powiedział Cezar. — Egipcjanie byli poganami i czcili pogańskich bogów. Musiałeś mieć na uwadze coś, o czym nam nie powiedziałeś.

Aleksander podszedł do Lukrecji i pogłaskał jej długie, jasne włosy. Czuł wyrzuty sumienia. Nie mógł powiedzieć żadnemu z nich, co tak naprawdę nim kierowało. A było to przeświadczenie, że zna naturę kobiety. Wiedział, że mężczyzna, któremu ulegnie jako pierwszemu, zawładnie jej miłością i oddaniem. Bo kiedy raz odda się mężczyźnie, powierzy mu klucze do swego serca i duszy. On jednak musiał zadbać o to, by jednocześnie nie powierzyła mu kluczy do królestwa. A że Aleksander nigdy nie pozwoliłby obcemu rościć sobie prawa do swoich najcenniejszych dóbr, nadszedł czas, by sam nimi zawładnął.

— Jesteśmy rodziną — zwrócił się do dzieci — a lojalność wobec rodziny musi mieć prymat nad lojalnością wobec czegokolwiek i kogokolwiek innego. Musimy uczyć się od siebie, ochraniać się i czuć, że przede wszystkim z sobą nawzajem jesteśmy związani. Bo jeśli uszanujemy ten związek, nikt nigdy nas nie zwycięży. Ale jeśli nasza wzajemna lojalność zawiedzie, wszyscy będziemy potępieni. — Tu papież zwrócił się do Lukrecji. — I masz rację, moje dziecko. W tej chwili to jest twój wybór. Nie możesz wybrać tego, którego poślubisz, ale możesz wybrać swego pierwszego mężczyznę.

Lukrecja zerknęła na Juana i skromnie pochyliła głowę.

— Wolałabym raczej zostać posłana do klasztoru, niż pójść do łóżka z Juanem. — Następnie odwróciła się do Cezara. — Musisz obiecać, że będziesz delikatny, bo to, co nas czeka, to miłość, nie wojna, braciszku.

Cezar uśmiechnął się i skłonił żartobliwie.

— Masz moje słowo. A ty, siostrzyczko, możesz mnie więcej nauczyć na temat miłości i lojalności, niż nauczyłem się przez całe życie. To mi się także przyda.

— Papo — spytała, obracając na ojca szeroko rozwarte oczy — czy będziesz tutaj, aby mieć pewność, że wszystko idzie jak należy? Bez ciebie może mi zabraknąć odwagi. Słyszałam bowiem różne rzeczy na ten temat, i od Giulii, i od moich dwórek.

— Będę tutaj — odrzekł Aleksander. — Tak samo jak będę przy tobie w noc poślubną. Albowiem kontrakt ślubny nie jest ważny, jeśli nie ma świadków...

— Dziękuję, papo. — Zerwała się, aby uścisnąć ojca, i zapytała: — Czy mogę dostać jakąś ładną nową suknię i pierścień z rubinem jako prezent z okazji tego święta?

— Oczywiście — odrzekł. — Możesz dostać dwa...

Minął tydzień i Aleksander zasiadł na swoim tronie spowity w szaty z połyskliwego białego atłasu, bez ciężkiej tiary na głowie, zamiast której miał małą, atłasową myckę. Podnóżek tronu wznosił się wysoko ponad posadzkę; pod przeciwległą ścianą, na tle subtelnej urody gobelinu stało łóżko. Rzecz działa się w jednej z najwspanialszych, urządzonych z największym zbytkiem komnat świeżo odnowionych apartamentów Borgii. Wezwani przez Aleksandra zjawili się Cezar i Lukrecja. Służbie natomiast przykazano usunąć się i czekać na wezwanie.

Papież przyglądał się, jak syn i córka zdejmują szaty. Lukrecja zachichotała, kiedy Cezar, wyzbywszy się odzienia, stanął nagi.

Spojrzał na nią z uśmiechem. Aleksander pomyślał, że to dziwne i poniekąd wzruszające, iż wyraz prawdziwej czułości pojawiał się na twarzy jego syna tylko w obecności Lukrecji. Z natury agresywny, w każdej innej sytuacji był stroną atakującą. Tylko ona — nawet w tej chwili — zdawała się mieć nad nim władzę.

Lukrecja była najprawdziwszym skarbem. Nie tylko ze względu na swą urodę, choć nie znalazłoby się jedwabiu delikatniejszego niż złote loki spadające jej na ramiona. Jej oczy świeciły tak jasno, że zawsze miało się wrażenie, iż skrywają jakąś tajemnicę. Jaką, tego papież jeszcze nie zdołał dociec. Doskonale proporcjonalnej budowy, o pączkujących piersiach i gładkiej, nieskalanej skórze, Lukrecja wciąż jeszcze była odrobinę za szczupła. Radość dla oczu, marzenie każdego mężczyzny.

A Cezar? Żaden z olimpijskich bogów nie mógł się pochwalić doskonalszą figurą. Wysoki i muskularny, był ucieleśnieniem młodej męskości i siły. Gdybyż tak inne cnoty wzięły w nim górę nad niedającą mu spokoju ambicją. Ale w tej chwili rysy twarzy Cezara zmiękły, z łagodnym uśmiechem patrzył na stojącą przed nim siostrę.

— Czy jestem dość piękna? — spytała, a kiedy przytaknął ruchem głowy, zwróciła się do ojca. — Jestem, papo? Czy uważasz, że dorównuję urodą innym młodym kobietom, które widziałeś?

Papież skinął głową i uśmiechnął nieznacznie.

— Jesteś piękna, moje dziecko. Doprawdy, jesteś jednym z najdoskonalszych dzieł Boga. — Powoli uniósł prawą rękę, nakreślił w powietrzu znak krzyża i wypowiedział błogosławieństwo. Następnie polecił młodym zaczynać.

Serce Aleksandra przepełniała radość i wdzięczność dla dzieci, które tak głęboko ukochał. Wyobrażał sobie, iż tak właśnie musiał się czuć Bóg Ojciec, patrząc na Adama i Ewę w ogrodach raju. Ale tylko przez kilka chwil bawił się tą myślą. Przyszło mu bowiem do głowy, że może dopadła go owa *hybris*, nieokiełznana pycha, prześladująca tylu pogańskich herosów. Szybko przeżegnał się, prosząc o przebaczenie. Jednakże spoglądając na swoje dzieci, widział tylko niewinność niesplamioną jakimkolwiek występkiem. Ich młode twarze rozjaśniała ciekawość i rozkosz. Nigdy już nie znajdą się tak blisko raju. I czyż nie to było przeznaczeniem mężczyzny i kobiety? Czuć radość Boga. Czy nie dość już cierpień, których przyczyną była religia? Czy cierpienie to jedyny sposób oddawania czci Stwórcy? Ludzki świat jest tak głupi, pełen niegodziwości i zdrady; tylko tu, w pałacu ojca, w Stolicy Apostolskiej, jego dzieci zawsze będą się czuły bezpieczne, otoczone opieką. Miał obowiązek zadbać o to. Te chwile wielkiej rozkoszy pomogą im przejść przez wszystkie trudy i niedole, jakie nieuchronnie wcześniej czy później napotkają na swojej drodze.

Aleksander modlił się, a kiedy podniósł wzrok, Cezar i Lukrecja leżeli na łóżku, nadzy i wyczerpani.

— Dzieci — powiedział słabym głosem — włóżcie szaty i zbliżcie się do mnie...

A kiedy klęknęli przed nim, Lukrecja ze łzami w oczach popatrzyła na ojca i szepnęła:

— Dziękuję, ojcze. Nie wyobrażam sobie, jak mogłabym w ten sam sposób oddać się innemu, nie zaznawszy wpierw tego, co zaznałam. — Teraz zwróciła się do brata. — Cezarze, mój bracie. Tobie także dziękuję. Nie przypuszczam, bym kogokolwiek pokochała tak, jak kocham w tej chwili ciebie.

Cezar uśmiechnął się, ale nie odpowiedział.

Za to spoglądając z góry na swoje dzieci, papież Aleksander dostrzegł w oczach syna coś, co go zmartwiło. Nie pomyślał o tym, by przestrzec Cezara o pewnej pułapce miłości: prawdziwa miłość przydaje mocy kobiecie, mężczyznę zaś wystawia na niebezpieczeństwo. Tak więc choć ten dzień mógł być błogosławieństwem dla Lukrecji i przyczynić się do wzmocnienia dynastii Borgiów, pewnego dnia może się okazać przekleństwem dla jego syna.

5

Nadszedł dzień, w którym do Rzymu miał przybyć Giovanni Sforza, hrabia Pesaro, przyszły mąż Lukrecji. Z tej okazji papież zorganizował wielki, uroczysty pochód. Wiedział, że stryj Giovanniego, Il Moro, uzna ten gest za przejaw szacunku, dowód szczerości w jego zabiegach o sojusz z Mediolanem.

Aleksandrem kierowały także inne względy. Jako Ojciec Święty znał serca i dusze swego ludu i wiedział, że Rzymianie uwielbiają parady. Przypominały im o jego łaskawości, jak również o łaskawości ich ojca w niebiosach, i pomagały znieść nudę bezbarwnego życia. Każda świąteczna okazja oznaczała dla miasta nową nadzieję i wielokrotnie powstrzymywała co bardziej zdesperowanych obywateli od wzajemnego mordowania się z byle powodu.

Życie mniej zamożnych obywateli było tak dalece pozbawione wszelkich przyjemności, że Aleksander czuł się w obowiązku zapewnić im choć odrobinę szczęścia, swego rodzaju pokarmu dla duszy. Bo też co innego mogło zapewnić papiestwu ich poparcie? Jak władca może żądać lojalności od ludzi zmuszonych przyglądać się, z jakich to luksusów korzystają inni, gorsi od nich, ale szczodrzej obdarowani przez los? Tylko wspólne przyjemności, dzielone przez panów z ludem, były sposobem na powstrzymanie zdesperowanej biedoty.

Dzień był rozkosznie ciepły, w powietrzu unosiła się woń róż. Cezar, Juan i Jofre jechali w kierunku bram Rzymu, aby powitać hrabiego Pesaro. Towarzyszyli im wszyscy członkowie senatu rzymskiego. Zarówno po królewsku wystrojeni ambasadorowie Florencji, Neapolu, Wenecji i Mediolanu, jak i dyplomatyczni przedstawiciele Francji i Hiszpanii.

Za tą czołówką miał podążyć pochód w powrotnej drodze — mijając pałac stryja pana młodego, wicekanclerza Kościoła, Ascania Sforzy, w którym hrabia miał przebywać aż do nocy poślubnej. Następnie kawalkada skieruje się w stronę Watykanu. Aleksander polecił synom przejechać obok siedziby Lukrecji, by panna mogła zobaczyć przyszłego męża. Choć ojciec próbował rozwiać jej obawy, obiecując, że po ślubie będzie mogła zostać w swoim pałacu Santa Maria in Portico z Giulią i Adrianą i przez rok nie wyjeżdżać do Pesaro — Lukrecja wciąż wydawała się przygnębiona. Aleksander nigdy nie czuł się dobrze, kiedy jego córka była nieszczęśliwa.

Przygotowania do pochodu trwały wiele tygodni, ale teraz wszystko było zapięte na ostatni guzik. W wesołym orszaku nie zabrakło błaznów w zielono-żółtych aksamitnych kostiumach i kuglarzy żonglujących kolorowymi pałkami i ciskających w powietrze jaskrawe kule z papier-mâché. Fleciści i trębacze w zawrotnym tempie wygrywali skoczne melodie, ożywiając ducha Rzymian, których tłumy zebrały się na trasie przejazdu kawalkady. Wszyscy chcieli zobaczyć owego pana Pesaro, który miał poślubić młodziutką córkę papieża.

Cezar obudził się tego dnia w podłym humorze i z paskudnym, pulsującym bólem głowy. Próbował wykręcić się od przykrego obowiązku witania przyszłego szwagra, ale ojciec nie chciał o tym słyszeć.

— Jesteś przedstawicielem Ojca Świętego. Nie zostaniesz zwolniony ze swoich obowiązków wcześniej niż na łożu śmierci, kiedy będziesz umierał na dżumę czy malarię — rzekł surowo i opuścił komnatę syna.

Cezar jeszcze by się spierał, gdyby nie ugłaskały go prośby siostry. Przybiegła wewnętrznym przejściem ze swojego pałacu, jak tylko usłyszała, że jest chory. Teraz siedziała na jego łóżku, delikatnie masując mu głowę.

— Kto oprócz ciebie powie mi prawdę o człowieku, którego mam poślubić? Komu innemu mogę zaufać?

— A co to za różnica? — odparł. — Zostałaś mu już obiecana i nic na to nie mogę poradzić.

Lukrecja uśmiechnęła się i przeczesała dłonią włosy brata. Pochyliła się i czule ucałowała jego usta.

— Czy dla ciebie to jest równie trudne jak dla mnie? — spytała. — Nienawidzę samej myśli o innym mężczyźnie w moim łóżku. Rozpłaczę się i zamknę oczy, a choć nie będę w stanie powstrzymać go od spełnienia ślubnego kontraktu, nie pocałuję go. Przysięgam, że nie, braciszku.

Cezar wziął głęboki oddech i postanowił zrobić to, o co prosiła siostra.

— Mam nadzieję, że nie jest bydlęciem — powiedział. — Inaczej będę musiał go zabić, zanim cię dotknie.

Lukrecja zachichotała.

— Ty i ja rozpoczynamy świętą wojnę — odparła, zadowolona z reakcji Cezara. — Papa będzie miał teraz jeszcze więcej roboty. Jak zabijesz Giovanniego, będzie musiał ugłaskać Mediolańczyków. Potem Neapol przyjdzie błagać o sojusz. Il Moro może cię ująć, wtrącić do lochu i poddać torturom. A kiedy papa użyje papieskiej armii, żeby cię uratować, Wenecjanie na pewno znajdą jakiś pretekst do najechania naszych terytoriów. Najświetniejsi artyści Florencji namalują nasze karykatury, a tamtejsi prorocy wyklną nas, skazując na wieczne potępienie. — Zaniosła się tak głośnym, niepohamowanym śmiechem, że aż przewróciła się na łóżko.

Cezar uwielbiał słuchać, jak jego siostra się śmieje. Zapominał wtedy o wszystkim, ulatniała się nawet złość na ojca. Pulsowanie w jego głowie jakby osłabło. I tak zgodził się pojechać...

Z oddali napłynęły dźwięki muzyki; świąteczny pochód był coraz bliżej. Lukrecja pobiegła schodami na drugie piętro, do głównej komnaty pałacu, z której wychodziło się na loggię czy też balkon, wystający ze ściany niczym zaciśnięta pięść olbrzyma. Giulia Farnese, już od ponad dwu lat faworyta papieża, pomogła Lukrecji włożyć zieloną, atłasową suknię z kremowymi rękawami i zdobionym drogimi kamieniami stanikiem. Następnie uczesała Lukrecję, upinając jej włosy na czubku głowy. Pojedynczym kosmykom pozwoliła opaść na czoło i kark, co wyglądowi przyjaciółki miało przydać wyrafinowania.

Giulia od kilku miesięcy próbowała wyjaśnić Lukrecji, czego ma się spodziewać podczas nocy poślubnej, ale ta niezbyt uważnie słuchała tych pouczeń. Kiedy Giulia z najdrobniejszymi szczegółami tłumaczyła jej, jak zadowolić mężczyznę, myśli Lukrecji wracały do Cezara. Chociaż nigdy nikomu nie powiedziała o tym ani słowa, miłość do niego była czymś wciąż obecnym w jej świadomości.

Wyszła na balkon i zdziwiła się, widząc oczekujące jej tłumy. Już wcześniej ojciec przysłał strażników dla ochrony pałacu, ci jednak niewiele mogli poradzić, gdy spadł na nią deszcz kwiatowych płatków, grubą warstwą zaściełając rozległy balkon. Uśmiechnęła się i gestem dłoni pozdrowiła zebranych.

Przyglądała się nadciągającej kawalkadzie. Roześmiała się na widok idących ulicą błaznów i radośnie klaskała w dłonie, gdy trębacze i fleciści zagrali najweselszą ze znanych sobie melodii. A potem, w tyle, ujrzała ich.

Pierwszy Cezar, przystojny i postawny, jechał na białym koniu, wyprostowany w siodle i z poważnym wyrazem twarzy. Podniósł głowę i uśmiechnął się do siostry. Jadący za nim Juan nie zwrócił na nią uwagi, bo pochylony odbierał kwiaty od wołających go po imieniu ulicznych „dam". Jej najmłodszy brat, Jofre, pomachał do niej z tępawym, ale radosnym uśmiechem.

Za nimi spostrzegła jego: Giovanniego Sforzę. Miał długie, ciemne, kręcone włosy, starannie przyciętą brodę i kształtny nos. Był niższy, bardziej krępej budowy niż jej bracia. Na jego widok poczuła się skrępowana i zażenowana, gdy jednak spojrzał w kierunku balkonu, ściągnął wodze i pozdrowił ją ukłonem, odpowiedziała dwornym reweransem, tak jak ją nauczono.

Za trzy dni będzie mężatką. Kiedy więc pochód minął pałac, zmierzając w stronę siedziby ojca, postanowiła natychmiast się dowiedzieć, co Adriana i Giulia mają do powiedzenia na temat jej narzeczonego. Adriana, oczywiście, będzie ją pocieszać i mówić, że wszystko będzie dobrze. Wiedziała jednak, że Giulia powie jej prawdę.

Znalazłszy się na powrót w pałacu, Lukrecja zapytała:

— I co sądzicie? Czy uważacie, że jest bydlęciem?

— Myślę, że jest całkiem przystojny — ze śmiechem odrzekła Giulia — choć to dość duży mężczyzna... może zbyt duży dla ciebie. — Lukrecja wyczuła kpinę w głosie przyjaciółki; wiedziała, co ta ma na myśli. Wtedy Giulia objęła ją. — Nie jest taki zły. Wychodzisz za mąż tylko dla Ojca Świętego i naszego ojca w niebiosach. Dla reszty twojego życia nie ma to wielkiego znaczenia.

Oficjalną rezydencją papieża był Pałac Watykański. Tuż po przeprowadzce z pałacu wicekanclerskiego Aleksander wybrał kilka starych i dawno opuszczonych komnat i przekształcił je we wspaniały apartament; tę część pałacu papieskiego nazwano później „apartamentem Borgii". Ściany salonu, *Sald dei Misteri*, pokrywały wspaniałe freski autorstwa ulubionego malarza Aleksandra, Pinturicchia.

Na jednym z tych fresków, przedstawiającym scenę wniebowstąpienia, pojawia się sam Aleksander, jako jeden z tych niewielu wybranych, którzy widzieli wstąpienie Chrystusa do nieba. Okryty obszernym, naszywanym klejnotami płaszczem klęczy z oczyma wzniesionymi ku górze, przyjmując błogosławieństwo Zbawiciela. Obok niego stoi na ziemi złota papieska tiara.

Na pozostałych freskach odnaleźć można podobizny innych Borgiów przedstawionych jako dawno zmarli święci, męczennicy i różne postaci biblijne. Lukrecja występuje jako uderzająco piękna, wiotka, jasnowłosa święta Katarzyna, Cezar jako imperator siedzący na złotym tronie, Juan jako turecki bogacz, Jofre zaś jako niewinny cherubinek. Na większości fresków pojawia się także szarżujący czerwony byk — herb rodziny Borgiów.

Na drzwiach innej komnaty Pinturicchio namalował portret Madonny, Dziewicy Marii, jaśniejącej spokojnym pięknem. Była to ulubiona Madonna Aleksandra, gdyż jako modelka pozowała do tego obrazu Giulia Farnese. Tak oto jedno malowidło zaspokoiło dwie namiętności Aleksandra.

W olbrzymiej Sali Wiary o powierzchni tysiąca metrów kwadratowych freski wypełniały wszystkie lunety i medaliony sklepionego stropu. Na każdym z owych fresków widniała podobizna jednego z apostołów, odczytującego starożytne zwoje przed gorliwymi prorokami, którzy poniosą w świat wieść o boskości Chrystusa. Prorocy mieli twarze Aleksandra, Cezara, Juana i Jofre.

Wszystkie te pokoje były bogato zdobione jedwabnymi makatami i złoceniami. W Sali Wiary znajdował się papieski tron, na którym zasiadał Aleksander, przyjmując ważnych gości. Wokół tronu stały ozdobne podnóżki; na nich klękali szlachetnie urodzeni, by ucałować pierścień i stopy papieża. Na ustawionych pod ścianami wyściełanych ławach mogli usiąść ci, których spotkał zaszczyt dłuższej audiencji poświęconej planowaniu przyszłych wypraw krzyżowych czy zastanawianiu się, kto i jak powinien władać takim czy innym miastem Italii.

I oto na papieskie pokoje wprowadzono hrabiego Pesaro, Giovanniego Sforzę. Pochylił się, by ucałować stopę Jego Świątobliwości i święty pierścień. Giovanni był niezwykle poruszony pięknością Watykanu i bogactwem, które wkrótce miał posiąść. Wraz z ręką Lukrecji miał bowiem otrzymać posag w wysokości trzydziestu tysięcy dukatów — dość, by urządzić znaczną część jego siedziby w Pesaro i zaspokoić potrzebę luksusu.

Kiedy papież Aleksander witał Giovanniego w rodzinie, ten myślał o braciach swojej nowej żony. Z dwu najstarszych zdecydowanie bliższy był mu Juan; Jofre, jeszcze dziecko, nie wchodził w rachubę. Cezar nie wydawał się wcale zadowolony z jego przybycia, za to Juan obiecał, że przed ślubem zabawią się w mieście. Tak więc hrabia doszedł do wniosku, że może nie będzie tak źle, jak sobie wyobrażał. Zresztą, tak czy inaczej w żaden sposób nie mógłby przeciwstawić się stryjowi Il Moro. Gdyby spróbował, Mediolan odebrałby mu Pesaro, tak że straciłby swoje hrabstwo równie szybko, jak je uzyskał.

Po południu, gdy w Watykanie pojawili się goście zaproszeni na uroczystości przedślubne, Cezar nagle zniknął. Opuścił pałac, siedząc na grzbiecie swego wierzchowca, i pogalopował poza mury Rzymu, na wieś. Bardzo niewiele czasu spędził w towarzystwie Sforzy, a mimo to już zdążył go znienawidzić. Co to za prostak, bufon i dureń! Tępszy nawet niż Jofre — o ile to w ogóle możliwe — i bardziej arogancki niż Juan. Co jego słodka siostra pocznie z takim mężem? A on, co jej powie, kiedy znów się z nią spotka?

Cezar zdecydowanie nie akceptował przyszłego szwagra, ale Juana wyraźnie do niego ciągnęło. Na dworze Juan miał niewielu przyjaciół; jedynym stałym jego towarzyszem był turecki książę Djem, zakładnik i jeniec papieża, przebywający w Watykanie na prośbę brata, panującego sułtana.

Sułtan Bajazet w obawie przed krucjatami, a zwłaszcza przed zdjęciem z tronu pod pretekstem przywrócenia władzy jego bratu, Djemowi, zawarł był swego czasu odpowiednią umowę z papieżem Innocentym. Za przetrzymywanie Djema w Watykanie papież otrzymywał czterdzieści tysięcy dukatów rocznie. Po śmierci Innocentego papież Aleksander utrzymał umowę w mocy, traktując Djema jak honorowego gościa. Bo i czyż jest lepszy sposób napełniania skarbca świętego Kościoła rzymskiego niż branie pieniędzy od niewiernych Turków?

Trzydziestoletni Djem, ciemnoskóry, z czarnym, zakręconym wąsem, nie podobał się Rzymianom. Zwykle w turbanie na głowie, uparł się nosić w Watykanie orientalne stroje i Juan, poza oficjalnymi wystąpieniami, zaczął ubierać się podobnie. I choć Djem był niemal dwukrotnie starszy od Juana, wkrótce stali się nierozłączni, a książę wywierał olbrzymi wpływ na zepsutego i rozpieszczonego syna papieża. Aleksander tolerował ich przyjaźń nie tylko ze względu na dochody, jakich Turek przysparzał Watykanowi, ale głównie dlatego, że w obecności księcia na zwykle ponurej twarzy Juana gościł uśmiech. Cezar natomiast uważał ich towarzystwo za nie do wytrzymania.

Wieczorem w przeddzień ślubu Juan zaproponował Giovanniemu Sforzy wypad we trójkę do Rzymu. Celem było odwiedzenie kilku karczm i zabawienie się z dziwkami. Giovanni zgodził się bez wahania. Djem i hrabia Pesaro zdawali się dobrze rozumieć, przerzucali się zabawnymi historyjkami, gawędzili przyjaźnie, objadając się przy tym i pijąc bez umiaru. Napotkani Rzymianie starali się w miarę możności trzymać od nich z daleka i nie zapraszali do swoich kramów czy domów.

Inaczej rzecz się miała z prostytutkami. Juan znał wiele z nich, one zaś zakładały się między sobą, która najczęściej będzie gościć go w swoim łożu. Krążyły plotki, że Juan był kochankiem Djema, ale kurtyzany, które zarabiały na chleb powszedni, oddając się wysoko urodzonym mężczyznom, zupełnie o to nie dbały, kiedy bowiem odwiedzał je w poszukiwaniu przyjemności — nie żałował grosza.

Jedną z dziewcząt najczęściej wybieranych przez Juana była piętnastoletnia Avalona, brunetka o długich włosach i podkręconych rzęsach. Ta córka szynkarza szczerze przywiązała się do Juana. Ale tej nocy, gdy trzej młodzieńcy z Watykanu zawitali do miasta, Juan zaproponował Avalonę najpierw szwagrowi, a następnie Djemowi. Zabrali ją do sypialni na górze, a Juan przyglądał się, kiedy z nią baraszkowali. Był jednak zbyt pijany, by zastanawiać się, jak ona się czuje. I kiedy przyszedł do niej, oczekując ciepła i uczucia, odwróciła się doń plecami i nie chciała go pocałować. Juana, jak zwykle przewrażliwionego na punkcie miłości własnej, rozwścieczyła myśl, że może bardziej podobał jej się jego szwagier niż on sam. Spoliczkował ją za tę obrazę, na co przestała się doń odzywać. Juan dąsał się przez całą drogę powrotną do pałacu, ale zarówno Giovanni Sforza, jak i książę Djem bawili się tego wieczoru znakomicie i prawie nie zauważyli, że syn papieża czuje się urażony.

Szybko nadszedł dzień ślubu. W obszytej futrem czerwonej aksamitnej sukni Lukrecja wyglądała niczym królowa. W jej srebrnoblond włosy wpleciono złote nitki, ozdobiono je rubinami i brylantami. Giulia Farnese miała na sobie prostą, atłasową sukienkę, która tylko podkreślała jej urodę. Adriana wybrała błękitną, aksamitną suknię bez ozdób, aby nie rywalizować z obsypanym klejnotami strojem Lukrecji. Tylko pan młody, Giovanni Sforza, z pożyczonym ciężkim złotym łańcuchem na szyi, Juan i jego przyjaciel Djem byli ubrani wytworniej i dostatniej. Wszyscy trzej mieli na głowach turbany z kremowego atłasu i długie szaty ze złotego brokatu, na tyle ozdobne, by przyćmić nie tylko suknię panny młodej, ale i mszalne szaty papieża.

Aleksander zdecydował, że Juan przyprowadzi Lukrecję; wiedziała, że to rozzłości Cezara. Uznała jednak, że to może i lepiej, bo Cezar nigdy nie przekazałby jej narzeczonemu z wdziękiem. Zastanawiała się teraz, czy w ogóle weźmie udział w ceremonii, choć rozkazy ojca nie zostawiały mu wielkiego wyboru.

Ślub odbywał się w jednej z największych sal Watykanu, i to mimo obiekcji konserwatywnie nastawionych dostojników kościelnych i kardynałów, którzy uważali, że te święte komnaty winny służyć jedynie ludziom zajmującym się sprawami Kościoła. Papież jednak chciał, by Lukrecja wzięła ślub w Watykanie, i tak też się stało.

Z przodu, na wysokim podwyższeniu stał tron papieski; z każdej jego strony sześć obitych czerwonym atłasem krzeseł czekało na świeżo mianowanych kardynałów. W przylegającej do sali prywatnej kaplicy papieża, mniejszej i ciaśniejszej niż główna kaplica Bazyliki Świętego Piotra, Aleksander polecił zapalić mnóstwo oprawionych w srebro i złoto pochodni, które oświetlały marmurowe posągi świętych, ustawione obok ołtarza.

Biskup celebrujący obrzęd ślubny, odziany w powłóczyste mszalne szaty i w srebrnej mitrze na głowie, odśpiewał łacińskie modlitwy i pobłogosławił nowożeńców.

Palone w tym czasie kadzidło wydawało się nadzwyczaj gryzące. Przywieziono je ze Wschodu przed kilkoma zaledwie dniami, a był to dar od brata księcia Djema, sułtana Bajazeta II. Gęsty, biały dym drażnił gardło Lukrecji, zmuszając do ukradkowego pokasływania w jedwabną chusteczkę. Widok olbrzymiego, drewnianego krzyża z przybitą doń figurą Jezusa wydawał się Lukrecji złowieszczy, podobnie jak szpada, którą hrabia Pitigliano trzymał nad głowami nowożeńców w chwili, gdy składali przysięgę małżeńską.

Na koniec Lukrecji udało się wypatrzyć Cezara w wejściu do kaplicy. Martwiła się jednak, że jego miejsce przed ołtarzem, obok innych kardynałów, świeciło pustką.

Minioną noc Lukrecja spędziła, modląc się do Najświętszej Panienki, prosząc ją o przebaczenie. Potem przekradła się wewnętrznym przejściem łączącym pałac Santa Maria in Portico z Watykanem do pokoju Cezara, by jeszcze raz mu się oddać. Zastanawiała się, dlaczego z nim sprawia jej to taką radość, podczas gdy myśl o innym mężczyźnie przejmuje ją lękiem. Nie znała nawet człowieka, który miał zostać jej mężem. Widziała go tylko raz, z balkonu, a kiedy dzień wcześniej znaleźli się w tym samym pokoju, nie odezwał się do niej ani słowem i zachowywał się tak, jakby nie wiedział o jej istnieniu.

Kiedy klęknęli na złotych poduszkach przed ołtarzem i usłyszała pierwsze słowa padające z ust jej narzeczonego: „Biorę tę kobietę za żonę..." — uznała jego głos za pozbawiony wdzięku i nieprzyjemny w brzmieniu.

Jakby w transie, Lukrecja złożyła przysięgę małżeńską, ale jej wzrok był utkwiony w Cezarze. Odziany w prostą, białą sutannę biskupią, stał teraz obok Juana. Ani razu na nią nie spojrzał.

Nieco później, w sali tronowej, Lukrecja zasiadła uroczyście do stołu ustawionego na specjalnym podwyższeniu. Obok siebie miała pana młodego, swoją opiekunkę Adrianę i Giulię Farnese, którą wybrała na damę dworu. Przy jej stole zajęła także miejsce wnuczka papieża Innocentego, Battistina Cibo, i pozostałe drużki, ale trzej bracia Lukrecji siedzieli w przeciwległym końcu sali. Wielu gości usadowiło się na poduszkach, których kilkaset rozłożono na podłodze. Stojące pod ścianami stoły uginały się od jadła i słodyczy. Kiedy goście podjedli, opróżniono środek sali, robiąc miejsce dla aktorów. Po nich mieli bawić zebranych tancerze i śpiewacy.

Kilkakrotnie Lukrecja spoglądała na świeżo poślubionego męża, ale ten całkowicie ją ignorował, zajęty głównie pakowaniem jedzenia i wlewaniem wina do ust. Zdegustowana odwróciła wzrok.

Tego dnia, zaplanowanego jako wielkie święto, Lukrecja zatęskniła za matką. Dotąd zdarzyło jej się to ledwie kilka razy. Od kiedy bowiem Giulia została metresą popieża, dla Vannozzy nie było miejsca w pałacu.

Spoglądając ponownie na męża, zastanawiała się, czy kiedykolwiek przyzwyczai się do jego ponurej miny. Myśl o opuszczeniu rodzinnego Rzymu i życiu z nim w Pesaro napełniała ją rozpaczą. Była wdzięczna ojcu, że obiecał przez rok nie odsyłać jej do męża.

Otoczona przez wesołych, roześmianych gości, czuła się niewiarygodnie samotna. Nie była głodna, ale wypiła kilka łyków czerwonego wina i wnet zakręciło jej się w głowie. Wdała się w niezobowiązującą pogawędkę z drużkami i na koniec zaczęła się dobrze bawić. Mimo wszystko to było przyjęcie, a ona miała trzynaście lat.

W pewnym momencie papież ogłosił, że wieczorem w jego prywatnych apartamentach odbędzie się kolacja, podczas której zaprezentowane zostaną podarki dla młodej pary. Zanim opuścił salę tronową, udając się do swoich komnat, polecił służbie rzucić resztki słodyczy z balkonu w ręce tłoczącego się na placu pospólstwa. Niech i lud rzymski czuje się uczestnikiem tego święta.

Dopiero po północy Lukrecja miała okazję porozmawiać z ojcem. Siedział samotnie przy biurku, gdyż większość gości już wyszła i tylko jej bracia wraz z kilkoma kardynałami czekali jeszcze w przedpokoju.

Lukrecja z wahaniem zbliżyła się do papieża. Nie chciała go obrazić, ale też nie mogła zwlekać, sprawa była zbyt ważna. Klęknęła i pochyliła głowę, czekając na pozwolenie zwrócenia się do ojca.

Papież Aleksander uśmiechnął się i rzucił zachęcającym tonem:
— Śmiało, moje dziecko. Powiedz papie, co cię gryzie.

Lukrecja podniosła wzrok; oczy miała błyszczące, ale twarz bladą po pełnym wydarzeń dniu.
— Papo — powiedziała ledwo słyszalnym głosem — czy właśnie tej nocy muszę spać z Giovannim? Czy już teraz musisz zaświadczyć, że małżeństwo zostało spełnione?

Papież podniósł wzrok ku niebu. On także o tym myślał, i to więcej, niż miałby ochotę przyznać.
— Jeśli nie teraz, to kiedy? — zapytał.
— Choćby troszeczkę później.
— Nieprzyjemności dobrze jest jak najszybciej mieć za sobą. — Aleksander uśmiechnął się łagodnie. — Można wtedy wrócić do normalnego życia bez miecza wiszącego nad głową.
Lukrecja wzięła głęboki oddech i westchnęła.
— Czy Cezar musi być przy tym obecny? — zapytała.
Papież zmarszczył brwi.
— A jakie to ma znaczenie, skoro będzie tam twój papa? Aby kontrakt ślubny nabrał ważności, wystarczy trzech dowolnych świadków dopełnienia sakramentu małżeństwa.
Lukrecja skinęła głową, ale zaraz oświadczyła stanowczo:
— Wolałabym, żeby go tam nie było.
— Jeśli taka jest twoja wola...
Oboje młodzi, tak Giovanni, jak i Lukrecja, ociągali się z udaniem do sypialni. On, ponieważ wciąż tęsknił za pierwszą, zmarłą żoną; ona z powodu zażenowania wywołanego świadomością, że podczas aktu małżeńskiego będzie obserwowana. Przy tym pamiętała swoje przysięgi, że nie pozwoli się dotknąć nikomu oprócz Cezara. W tej chwili jednak czuła się tak oszołomiona, że było jej właściwie wszystko jedno. Rozglądała się za Cezarem, ale ten gdzieś przepadł. Szybko wypiła zatem jeszcze trzy kielichy wina i dopiero wtedy nabrała odwagi do zrobienia tego, co zrobić musiała.

W sypialni Lukrecja i Giovanni rozebrali się z pomocą służących i wśliznęli między białe atłasowe prześcieradła. Uważali, żeby ich ciała nie zetknęły się, dopóki nie przybędą świadkowie.

Wszedł papież i usiadł w obitym aksamitem fotelu twarzą do dużej makaty z wyobrażeniem sceny z wypraw krzyżowych; na niej mógł skupić uwagę i modlić się. W dłoni trzymał zdobiony drogimi kamieniami różaniec. Drugi fotel zajął kardynał Ascanio Sforza, trzeci zaś — kardynał Alessandro

Farnese, brat Giulii, po wyświęceniu przez Aleksandra nazywany przez nieprzychylnych sobie złośliwców „kardynałem-spódniczką".

Giovanni Sforza nawet słowem nie odezwał się do Lukrecji; tylko pochylił się nad nią, nieprzyjemnie blisko przysunął twarz do jej twarzy, a potem chwycił za ramiona i brutalnie przyciągnął do siebie. Próbował ją pocałować, ale odwróciła głowę, kryjąc twarz w zagłębieniu między jego barkiem i szyją. Cuchnął jak wół. A kiedy począł błądzić dłońmi po jej ciele, wstrząsnęła się z odrazy. Przez chwilę obawiała się, że zwymiotuje, i miała tylko nadzieję, iż ktoś pomyślał o postawieniu nocnika obok łóżka. Nagle ogarnął ją przytłaczający smutek, niewiele brakowało, a zalałaby się łzami. Ale kiedy wlazł na nią, nie czuła nic. Zamknęła oczy i pozwoliła myślom ulecieć daleko stąd, tam gdzie biegła przez wysokie trzciny, gdzie tarzała się w miękkiej, zielonej trawie łąki... do Lago di Argento, jedynego miejsca, gdzie czuła się wolna.

Następnego ranka, gdy Lukrecja pobiegła przywitać Cezara, zmierzającego właśnie w stronę watykańskiej stajni, od razu spostrzegła, że jest przygnębiony. Próbowała dodać mu otuchy, ale nie chciał jej słuchać. Zastygła więc bez ruchu i w milczeniu przyglądała się, jak siodła konia.

Wrócił dopiero dwa dni później. Powiedział jej, że spędził ten czas na wsi, rozmyślając o swojej przyszłości i o niej. Oznajmił, że przebaczył jej, co rozzłościło Lukrecję nie na żarty.

— A co tu jest do wybaczania? Zrobiłam to, co musiałam zrobić, podobnie jak ty. Zawsze narzekałeś, że nie chcesz być kardynałem. Otóż ja wolałabym być kardynałem niż kobietą!

— Oboje musimy być tym, czym chce nas widzieć Ojciec Święty, choć ja wolałbym zostać żołnierzem niż kardynałem. Tak więc żadne z nas nie ma tego, czego pragnie!

Cezar wiedział, że czeka go teraz najważniejsza bitwa — o odzyskanie wolnej woli; miłość bowiem potrafi jej pozbawić, nie używając innej broni oprócz siebie samej. A Cezar kochał ojca. Niemniej obserwował jego intrygi na tyle długo, że wiedział, do czego jest zdolny i że on sam nigdy nie zniżyłby się do takiej perfidii. W odczuciu Cezara pozbawienie mężczyzny posiadłości, majątku, nawet życia — było mniejszą zbrodnią niż ograbienie go z wolnej woli. Bez niej staje się bowiem tylko marionetką, niewolnikiem własnych potrzeb, bydlęciem roboczym, pogonianym trzaśnięciami bata dzierżonego przez innego człowieka. Cezar przysiągł sobie, że nie będzie takim bydlęciem.

Chociaż Cezar rozumiał intencje ojca, gdy ten zażądał, by poszedł do łóżka z Lukrecją, uważał, iż podoła miłości do siostry. Po pierwszym razie oszukiwał sam siebie, że był to jego wybór. Ale cała ta sprawa miała drugą, ukrytą stronę. Lukrecja pokochała go całym sercem, z siłą wystarczającą do oswojenia najdzikszej bestii, i tak, nie wiedząc o tym, stała się batem w ręku ojca.

Teraz zaczęła płakać, a Cezar objął ją, próbując pocieszyć.

— Wszystko będzie dobrze, siostrzyczko — powiedział. Długo trzymał ją w ramionach, głaszcząc jasne loki. Na koniec otarł siostrze łzy i rzekł: — Nie przejmuj się tym bęcwałem Sforzą. Mimo wszystko zawsze będziemy mieć siebie.

6

Ludovico Sforza, zwany Il Moro, był potęgą w Mediolanie, wówczas jednym z przodujących miast-państw Italii. Chociaż występował jako regent, nie książę, to on sprawował rzeczywistą władzę, odsunąwszy od rządów słabego i pozbawionego ducha bratanka.

Przydomek „Il Moro" powinien się kojarzyć z ciemną, smagłą cerą, tymczasem Ludovico był wysokim, wytwornym mężczyzną, dość przystojnym urodą jasnowłosych mieszkańców północnej Italii, inteligentnym i wrażliwym na świat myśli i rozumu. Można by rzec, iż bardziej umiłował antyczną mitologię niż religię rzymskokatolicką. Śmiały i pewny siebie, gdy wszystko układało się po jego myśli, w obliczu przeciwieństw tracił nieco wiary w swoje możliwości. Mediolańczycy szanowali go i poważali, choć czasami był władcą pozbawionym skrupułów, a często podstępnym w swych działaniach politycznych. Miał jednak opinię miłosiernego księcia — opodatkował miejscowych bogaczy, by wesprzeć schroniska i szpitale dla biedoty.

W Mediolanie, uważanym za ojczyznę wielu wynalazków, nowa kultura humanistyczna święciła triumfy. Il Moro i jego żona, Beatrice d'Este, zrobili wiele dla poprawienia warunków życia obywateli. Odnawiali i upiększali pałace, na ich polecenie stare domy pomalowano na jasne, modne aktualnie kolory, oczyszczono ulice, usuwając wszechobecny odór, wcześniej tak dokuczliwy, że szlachetnie urodzeni poruszali się po mieście z rękawiczkami nasyconymi olejkiem cytrynowym lub połówkami pomarańczy przy twarzy. Ludovico osobiście zadbał o ściągnięcie do miejscowego uniwersytetu najlepszych wykładowców; zawsze doceniał wagę edukacji.

To żona Il Mora, piękna i ambitna Beatrice d'Este, przed laty nakłoniła męża do przejęcia władzy formalnie należnej jego bratankowi, Gianowi Galeazzo. Po urodzeniu syna Beatrice trapiła się myślą, że jej potomkowie nie będą mieli prawa do tytułu książąt Mediolanu.

Przez trzynaście lat Ludovico rządził, nie napotykając żadnego sprzeciwu ze strony bratanka, właściwego księcia. Mediolan stał się w tym czasie miastem sztuki i kultury. Potem jednak Gian Galeazzo poślubił kobietę młodą, pełną temperamentu i zdecydowania, Izabelę Aragońską, wnuczkę groźnego króla Neapolu, Ferrante I.

Izabela miała dwóch synów, za sprawą Il Mora — jak twierdziła — zmuszonych żyć niczym prostacy. Jej wyrzekania nie działały jednak na męża; Gian Galeazzo, zadowolony z istniejącego stanu rzeczy, nie zdobył się na przeciwstawienie stryjowi. Izabela nie miała więc wyboru, przedstawiła swoje kłopoty dziadkowi, królowi Ferrante. Słała doń list za listem i w końcu Ferrante wpadł w gniew; ostatecznie był królem i nie mógł tolerować takiego poniżenia swojej wnuczki. Postanowił wywrzeć zemstę na Mediolanie i przywrócić Izabeli należne jej prawa.

Wieść o gniewie znanego z okrucieństwa Ferrante za pośrednictwem szpiegów dotarła do Il Mora. Regent poczuł się zmuszony raz jeszcze rozważyć swoją sytuację. Neapol zawsze słynął z silnej, doskonale wyszkolonej armii. Mediolan nigdy nie byłby w stanie obronić się przed nią bez pomocy z zewnątrz.

I wtedy, niczym oznaka łaski niebios, nadeszła wiadomość, że Karol VIII, król Francji, zgłasza pretensje do korony Neapolu i właśnie szykuje wojska do wyprawy. Zmuszony imać się drastycznych środków, Il Moro zerwał z tradycją i niezwłocznie wysłał zaproszenie do Karola, proponując mu i jego oddziałom bezpieczne przejście przez terytoria Mediolanu w drodze na południe, ku Neapolowi.

W świetle wiadomości o najeździe Francuzów i krótkowzrocznych posunięciach Il Mora, także polityczna sytuacja Watykanu wymagała rewizji. Papież Aleksander wezwał Cezara, aby przedyskutować z nim nową strategię, i właśnie podczas tej rozmowy przybył Duarte Brandao z informacją o pojawieniu się nowego zagrożenia.

— Doszło do moich uszu, że król Ferrante w posłaniu do swojego krewniaka, króla Hiszpanii Ferdynanda, twierdzi, iż czuje się zaniepokojony sojuszem Watykanu z Il Morem i stanowiskiem Waszej Świątobliwości wobec Mediolanu teraz, gdy Francuzi szykują się do wyprawy wojennej.

Cezar ze zrozumieniem pokiwał głową.

— Niewątpliwie dowiedział się o małżeństwie Lukrecji z Giovannim Sforzą. I martwi go nasz sojusz z Mediolanem.

— Niewykluczone — zgodził się Aleksander. — A jaka była odpowiedź dobrego króla Ferdynanda?

— Jak dotąd, odmówił mieszania się w nasze sprawy — odrzekł Duarte.

Papież Aleksander wybuchnął śmiechem.

— Ferdynand jest człowiekiem honoru. Pamięta, że to ja udzieliłem mu dyspensy, dzięki której mógł poślubić Izabelę Kastylijską mimo ich bliskiego pokrewieństwa. Umożliwiło to zjednoczenie Aragonii i Kastylii i rozszerzenie władztwa domu Aragońskiego.

— Warto by rozważyć zasadność wysłania ambasadora do Neapolu z propozycją kompromisu — podsunął Duarte —

i ponownego zapewnienia Ferrante o naszej lojalności wobec Hiszpanii i dynastii Aragońskiej.

— Zaproponujemy mu także skoligacenie naszych rodzin. No bo w czym Mediolan jest lepszy od Neapolu?

— Żałuję, ojcze, że tu moja osoba ci się nie przyda — Cezar był wyraźnie zadowolony. — W końcu jestem kardynałem świętego Kościoła katolickiego.

Późnym wieczorem Aleksander siedział w pustej komnacie zadumany i wpatrzony w czarne nocne niebo. Myśląc o człowieku, dochodził do wniosku, który jako Ojciec Święty musiał uznać za mrożący krew w żyłach: strach potrafi zmusić człowieka nawet do działania wbrew swoim oczywistym interesom. Zmienia rozumnego mężczyznę w bełkocącego głupca. Czym bowiem, jeśli nie strachem, wytłumaczyć sojusz Il Mora z Francją, skoro nie istniała dlań nawet najmniejsza szansa zwycięstwa? Czyż Ludovico nie umiał przewidzieć, co się stanie, gdy obce wojska wkroczą do miasta? Że wszyscy obywatele — mężczyźni, kobiety i dzieci — znajdą się w niebezpieczeństwie? Papież westchnął. W takich chwilach czerpał otuchę z przekonania o własnej nieomylności.

Nawet w czasach najgłębszego upadku obyczajów niektórzy ludzie okazywali się gorsi od pozostałych. Okrucieństwo mieli we krwi i tylko ono pobudzało ich do życia, drażniło zmysły. Z taką samą radością torturowali swoich bliźnich, z jaką większość ludzi uprawia miłość. Oddani wymyślonemu przez siebie karzącemu i potężnemu Bogu, w niezdrowym religijnym uniesieniu przenosili się do urojonego świata swych iluzji. Takim właśnie człowiekiem był Ferrante I, król Neapolu. Przy czym, nieszczęściem dla jego wrogów, szczególnie upodobał sobie psychiczne dręczenie swych ofiar, bardziej nawet niż zadawanie tortur fizycznych.

Był niskim, krępym mężczyzną o oliwkowej cerze i krzaczastych, czarnych brwiach, które nadawały mu prawdziwie przerażający wygląd. Szczecinowate włosy, widoczne często pod szyją lub w rozcięciu rękawów, okrywały całe jego ciało, niczym u jakiegoś małpoluda. Za młodu doznał niebezpiecznej infekcji szczęki i usunął sobie dwa przednie zęby. Później wiedziony próżnością rozkazał królewskiemu kowalowi wykuć nowe, ze złota. Rzadko się uśmiechał, ale gdy się to zdarzyło, wyglądał nadzwyczaj groźnie. Po całej Italii krążyła plotka, że Ferrante nie nosi broni i właściwie nie potrzebuje gwardii przybocznej, bo tymi złotymi kłami potrafi rozszarpywać ciała swoich wrogów.

Jako władca Neapolu, największego i najsilniejszego państwa na półwyspie, Ferrante budził powszechną trwogę. Ujętych wrogów zamykał w klatkach i co dzień odbywał rozkoszną przechadzkę po lochach, które nazywał swoim „zoo". A kiedy dusze owych nieszczęśników, ulegając jego woli, opuszczały wreszcie udręczone ciała, Ferrante kazał balsamować zwłoki i na powrót umieszczać w klatkach. Niech przypominają tym, których serca jeszcze biją, że kres ich życia nie oznacza końca jego przyjemności.

Nawet najbardziej lojalni poddani nie mogli czuć się bezpieczni w obliczu takiego zamiłowania do okrucieństwa. Brał od nich, co chciał, żądał posług albo pieniędzy, a potem kazał uśmiercić śpiących we własnych łóżkach.

Niewiarygodności całej tej sytuacji przydawał fakt, że Ferrante był wybitnym mężem stanu, politykiem, który umiał obronić integralność terytorialną Neapolu przed roszczeniami Watykanu. Przez wiele lat odmawiał płacenia dziesięcin Kościołowi, przystając jedynie na coroczne wysyłanie do Rzymu tradycyjnego podarku — jednego białego konia dla armii papieskiej.

I właśnie z pozycji męża stanu, nie zaś okrutnego wojownika, król Neapolu rozważał możliwość aliansu z papieżem. Aby jednak zabezpieczyć się przed wszelkimi niespodziankami i zapewnić sobie wsparcie militarne, wysłał kolejny list do kuzyna, króla Hiszpanii, Ferdynanda Katolickiego.

— Jeśli nie zadowolą mnie propozycje papieża i jeśli Watykan odmówi nam poparcia, wyruszymy w pole i po drodze do Mediolanu weźmiemy Rzym.

Król Ferdynand, świadom napięć między Rzymem, Mediolanem i Neapolem, czuł się zmuszony interweniować. Dla zachowania pokoju niezbędna była pomoc papieża, a w jego przekonaniu pokój zawsze był lepszy niż wojna. Jeśli wszystko pójdzie dobrze, będzie okazja donieść Aleksandrowi o nie byle jakim oszustwie, o którym dowiedział się od Ferrante.

Ferdynand był wysokim mężczyzną o władczej postawie. Swoją pozycję króla Hiszpanii traktował bardzo poważnie. Uważał się za katolickiego monarchę, nie miał żadnych wątpliwości w kwestiach wiary i bez zastrzeżeń przyjmował rodzący się właśnie dogmat o nieomylności papieży. Niemniej jego wiara nie osiągała natężenia ewangelicznego zapału małżonki, królowej Izabeli; nie uważał za konieczne prześladować niewierzących. W sumie był człowiekiem rozsądnym i przestrzegał wskazań doktryny kościelnej pod warunkiem, że służyło to potędze Aragonów. Z Aleksandrem szanowali się nawzajem, uważając za godnych zaufania — na tyle, na ile można ufać jakiemukolwiek śmiertelnikowi.

Król Ferdynand, elegancki, w prostym płaszczu z obszytego futrem niebieskiego aksamitu, siedział naprzeciw papieża, sącząc wino.

— Jako gest dobrej woli — rzekł — król Ferrante przesyła za moim pośrednictwem pewną informację, która dotarła doń ostatnimi czasy, a która może być przydatna Waszej Świątobliwości. Mój kuzyn jest przekonany, że Kościół jest sprzymierzeńcem nie tylko Hiszpanii, ale i Neapolu.

Aleksander uśmiechnął się, ale w jego spojrzeniu znać było ostrożność, gdy odpowiedział:

— Niebiosa zawsze nagradzają tych, którzy szczerze wierzą

— Tuż po konklawe — ciągnął spokojnie Ferdynand — głównodowodzący wojsk Neapolu, Virginio Orsini, spotkał się z kardynałem Cibo, by sfinalizować kupno zamków Cerveteri i Anguillata, które Cibo odziedziczył po papieżu Innocentym.

Teraz Aleksander ściągnął brwi, ale odezwał się dopiero po dłuższej chwili milczenia.

— I dokonano tej transakcji bez mojej zgody? Bez zatwierdzenia przez Stolicę Apostolską? Takiej zdrady dopuścił się książę Kościoła świętego?

Prawdę mówiąc, bardziej niż zdrada kardynała Cibo zaskoczyło Aleksandra postępowanie Orsiniego. Ten bowiem nie tylko był szwagrem Adriany; papież zawsze uważał go za przyjaciela. Nawet w najpodlejszych czasach znajdują się ludzie wzbudzający zaufanie. Virginio Orsini był właśnie jednym z takich ludzi.

Wieczorem przy kolacji król Ferdynand uzupełnił swoją rewelację pominiętym szczegółem.

— Umowa sprzedaży zamków zawarta została w Ostii, w pałacu Giuliana della Rovere.

Ach tak! Teraz Aleksander zrozumiał. To della Rovere stał za tym niecnym czynem. Ktokolwiek wszedł bowiem w posiadanie owych zamków — a były to fortece nie do zdobycia, usytuowane na północ od Rzymu — trzymał w swoich rękach klucz do Rzymu.

— Ten problem trzeba będzie rozwiązać — rzekł Aleksander.

Król Ferdynand był podobnego zdania.

— Pojadę do Neapolu i rozmówię się z Ferrante w imieniu Waszej Świątobliwości. Dowiem się, co można zrobić w tej sprawie.

Przed odejściem król ucałował pierścień papieża i zapewnił,

iż użyje wszystkich swoich wpływów, by rozwiązać powstały problem. A potem, już niemal stojąc w drzwiach, rzekł:

— Jest jeszcze jedna kwestia, Wasza Świątobliwość. Chodzi o Nowy Świat. Do nowo odkrywanych ziem wysuwa roszczenia zarówno Portugalia, jak i Hiszpania. Królowa i ja bylibyśmy ogromnie wdzięczni Waszej Świątobliwości za mediację, jako że niezbędne wydaje tu się przewodnictwo boże.

Ferdynand udał się do Neapolu, gdzie odbył rozmowę ze swym kuzynem królem Ferrante. Niemal natychmiast po jego przybyciu między Rzymem a Neapolem zaczęły krążyć listy. Gońcy nie mieli ani chwili wytchnienia. Na koniec Ferrante łaskawie zapewnił papieża, że Virginio Orsini w żaden sposób nie zamierzał zaszkodzić Aleksandrowi. Przeciwnie, wzmiankowane zamki zapewnią Rzymowi bezpieczeństwo. Mogły mu służyć obroną w wypadku francuskiego najazdu, ponieważ leżały nieopodal granic miasta.

Tak więc uzgodniono, że Virginio Orsini zatrzyma zamki, ale będzie płacił Watykanowi podatek, czy też dziesięcinę, w wysokości czterdziestu tysięcy dukatów rocznie, jako dowód szczerych intencji i lojalności wobec papieża Aleksandra.

Teraz przyszła kolej odpowiedzieć na pytanie, co papież skłonny jest zaproponować w zamian za poparcie królów Hiszpanii i Neapolu.

Ferrante chciał, by mężem jego szesnastoletniej wnuczki, Sancii, został Cezar Borgia.

Aleksander odmówił, przypominając Ferrante, że Cezar pełni urząd kardynalski. W zamian zaproponował swego najmłodszego syna Jofre.

Tym razem odmówił Ferrante. Kto bowiem chciałby młodszego syna zamiast starszego?

Większość poprzednich papieży bała się czegokolwiek odmówić królowi Neapolu, ale papież Aleksander był nieugięty. Miał swoje plany co do Cezara i nie zamieniłby złota na pospolity metal.

Ferrante, który dużo słyszał o biegłości Aleksandra w sztuce prowadzenia negocjacji i o jego przebiegłości, był już mocno zirytowany. Wiedział, że jeśli przepuści tę okazję do zawarcia sojuszu, Aleksander szybko znajdzie innego sprzymierzeńca, co naraziłoby Neapol na niebezpieczeństwo. Nie wierząc w osiągnięcie zwycięstwa innymi sposobami, po długich deliberacjach niechętnie wyraził zgodę. Miał tylko nadzieję, że dwunastoletni Jofre będzie zdolny skonsumować małżeństwo z szesnastoletnią Sancią i uprawomocnić umowę małżeńską, zanim Aleksander znajdzie dlań lepszą partię.

Jednakże pięć miesięcy po zawarciu małżeństwa *per procura* król Ferrante I, najbardziej przerażający człowiek w Neapolu — zmarł. Jego syn Alfons, niedorównujący ojcu ani inteligencją, ani okrucieństwem, znalazł się teraz na łasce papieża Aleksandra. Neapol bowiem był lennem papieskim i tylko papież, jako suzeren tamtejszych królów, miał prawo ich koronować. Niezadowolony, mógłby wybrać innego kandydata.

Również Aleksander musiał się w tym czasie borykać z różnymi przeciwnościami. Młody król Francji, Karol VIII, także ogłosił się dziedzicem korony Neapolu. Wysłał ostrzegawcze posłanie, grożąc Aleksandrowi pozbawieniem urzędu i mianowaniem innego papieża, jeśli zwycięży sprawa potomka Ferrante. Papież jednak wiedział, że francuskie panowanie w Neapolu mogłoby oznaczać kres niepodległości państwa kościelnego.

Źródłem dodatkowych zmartwień papieża było narastające wrzenie w kręgach antyhiszpańsko nastawionych mieszkańców półwyspu i tradycyjnych wrogów papiestwa. Aleksander zdawał sobie sprawę, że może to doprowadzić do zburzenia kruchego pokoju, panującego w Italii od początku jego pontyfikatu.

I wtedy nadeszła wiadomość, która ułatwiła mu podjęcie decyzji. Przyniósł ją Duarte Brandao.

— Chodzą słuchy o kolejnym najeździe Francuzów. Młody król Karol, zapalczywy i pełen entuzjazmu, postanowił zostać największym chrześcijańskim władcą naszych czasów

Zamierza poprowadzić następną krucjatę do Ziemi Świętej i odbić Jerozolimę.

Aleksander szybko zorientował się, w czym rzecz.

— A zatem młody król musi najpierw podbić Neapol, gdyż graniczy on z ziemiami opanowanymi przez pogan.

Duarte skinął głową.

— Karol jednoznacznie dał też do zrozumienia, że chce reformy papiestwa, a może to osiągnąć tylko w jeden sposób, Wasza Dostojność.

Papież zadumał się na chwilę nad słowami Duarte.

— Aby zrealizować swoje plany, musi mnie pozbawić tiary...

W tej sytuacji papież Aleksander postanowił nie zrażać do siebie syna Ferrante. Zależało mu na tym, by wojska neapolitańskie zajęły pozycje na północ od Rzymu i odpierały ataki Karola.

Niebawem Aleksander zaczął formułować inny plan: z wolna nabierał pewności, że w celu obrony swojej pozycji w Watykanie i uchronienia Rzymu przed obcą inwazją, musi zjednoczyć miasta-państwa Italii. To wtedy w jego umyśle zrodziła się koncepcja stworzenia Świętej Ligi. Zamierzał pokierować sojuszem kilku największych z nich — razem będą na pewno silniejsze niż każde z osobna.

Wszelako chwila, w której zaprezentował swoją propozycję władcom owych miast-państw, okazała się niefortunnie wybrana. Wenecja, jak zwykle, pozostała neutralna; Mediolan już opowiedział się po stronie Francuzów, a Florencja była zbyt słaba militarnie i na dodatek miała swojego proroka, Savonarolę, który zdobył wystarczająco duży wpływ na obywateli miasta, by odstręczyć Medyceuszy od przyłączenia się do koalicji. Napotkawszy tak silny opór, Aleksander doszedł do ostatecznego wniosku — musi szybko koronować Alfonsa, bo niebawem kto inny zasiądzie na tronie Stolicy Piotrowej.

Cztery dni po koronacji Alfonsa na króla Neapolu Jofre Borgia poślubił jego córkę Sancię.

Stojąc u boku swej szesnastoletniej narzeczonej przed ołtarzem kaplicy Castel Nuovo, dwunastoletni Jofre starał się wyglądać możliwie najdoroślej. Wyższy od niej i dość urodziwy, obdarzony przez naturę gęstymi ciemnoblond włosami i jasnymi oczyma, nie odznaczał się ani inteligencją, ani wdziękiem. Piękna i pełna temperamentu Sancia była obrażona wyborem ojca. Odmówiła włożenia na ślub jakiejkolwiek nowej sukni, a podczas ceremonii wpatrywała się niecierpliwie w wypełniający kaplicę tłum gości. Kiedy biskup zwrócił się do Jofre z sakramentalnym pytaniem: „Czy bierzesz sobie tę kobietę..." — ten nie pozwolił mu dokończyć zdania i porwany entuzjazmem rzucił bez tchu: „Tak".

Goście wybuchnęli głośnym śmiechem. Sancia czuła się upokorzona i jej przysięga małżeńska była ledwo słyszalna. Co ona tu robi z tym głupim dzieciuchem?

Jednakże podczas składania życzeń na widok mnóstwa złotych monet i klejnotów, które rozdawał hojną ręką, wyraz twarzy Sancii złagodniał. A gdy pozwolił jej drużkom wyciągać sobie z kieszeni kolejne złote monety, ciemnowłosa Sancia obdarowała go uśmiechem.

Wieczorem, w sypialni nowożeńców, w obecności króla Alfonsa i dwu innych świadków, Jofre Borgia wgramolił się na swoją świeżo poślubioną żonę i ujeżdżał ją niczym nowego kucyka. Leżała bez ruchu, zawzięta i sztywna jak trup. Jeszcze raz, i jeszcze — czterokrotnie — dosiadał jej, aż sam król kazał mu przestać i uznał, że kontrakt małżeński został uprawomocniony.

Na wezwanie Aleksandra Cezar i Juan przybyli do Sali Wiary, gdzie zgodnie z porozumieniem zawartym z królem Ferdynandem miał on się spotkać z ambasadorami Hiszpanii i Portugalii, by pośredniczyć w rozstrzygnięciu sporu o nowo odkryte ziemie.

Ich oczom ukazał się ojciec w całym swym papieskim splendorze — w mitrze na głowie i bogato haftowanym szkarłatem i złotem płaszczu na ramionach. Na widok synów oznajmił:

— Może to być dla was dobra lekcja dyplomacji, a każdy z was nieraz będzie negocjował, broniąc interesów Kościoła.

Nie powiedział tylko, że prośba króla Ferdynanda o arbitraż papieski nie była pustym gestem, ale odzwierciedlała pozycję papiestwa w epoce odkryć geograficznych — zarówno na polu religii, jak i polityki. Aktualnie papieżowi opłacało się poprzeć Hiszpanię, której pomocy mógł pilnie potrzebować, w razie gdyby król Karol zdecydował się najechać Italię.

Aleksander podniósł wzrok, bo oto do komnaty wkroczyli ambasadorowie. Przywitał ich ciepło i rzekł:

— Mniemamy, iż znacie naszych synów, kardynała Borgię i księcia Gandii?

— Znamy, Ojcze Święty — odparł Hiszpan, poważny kastylijski grand w czarnej, bogato zdobionej brokatem szacie. Skinął głową Cezarowi, następnie Juanowi; podobnie wysłannik Portugalii.

Na dużym, intarsjowanym stole Aleksander rozłożył mapę, na której pospołu z ambasadorami wskazywali rozmaite punkty.

— Moi synowie, rozwiązaliśmy problem, który wielkim niepokojem napawał te dwie godne nacje.

Posłowie raz jeszcze skinęli głowami, Aleksander zaś ciągnął:

— Obydwa te wielkie narody wysłały dzielnych odkrywców do najdalszych krańców nieznanych mórz. Obydwa zgłosiły roszczenia do bogactw Nowego Świata. Nasz Kościół święty za pośrednictwem Kaliksta Trzeciego przyznał królestwu Portugalii prawo do wszystkich niechrześcijańskich ziem leżących nad Atlantykiem. Stąd Portugalia rości sobie prawo do całego Nowego Świata. Hiszpania z kolei utrzymuje, iż Kalikst miał na myśli jedynie ziemie na wschodnim wybrzeżu wielkiego oceanu, nie świeżo odkryte krainy na zachodzie. Pragnąc uniknąć konfliktu pomiędzy tymi wielkimi narodami, król

Ferdynand poprosił nas, abyśmy wystąpili w roli arbitra. Obydwa zaś narody, licząc na wskazanie boskiej opatrzności, zgodziły się zaakceptować naszą decyzję. Czy tak?

Ambasadorowie przytaknęli skwapliwie.

— Otóż rozważaliśmy sprawę nadzwyczaj szczegółowo i długie godziny spędziliśmy na modlitwie. Ostatecznie podjęliśmy decyzję. Musimy podzielić Nowy Świat wzdłuż tej oto południowej linii.

Tu Aleksander wskazał na mapie linię biegnącą sto sześćdziesiąt kilometrów na zachód od Azorów i Wysp Zielonego Przylądka.

— Wszystkie niechrześcijańskie kraje leżące na wschód od tej linii, w tym wiele cennych wysp, należeć mają do królestwa Portugalii. Tak więc ludy tamtejsze mówić będą po portugalsku. Wszystkie takie kraje na zachód od linii staną się własnością Ich Katolickich Mości Ferdynanda i Izabeli.

Aleksander spojrzał na ambasadorów.

— Wydaliśmy już bullę *Inter Caetera*, w której zawarte są nasze rozporządzenia w tej kwestii. Plandini, pisarz watykański, przy wyjściu wręczy każdemu z was kopię bulli. Mam nadzieję, że jej rozstrzygnięcia uznane zostaną za satysfakcjonujące i przyczynią się do ocalenia wielu ludzkich żywotów. — Papież uśmiechnął się swym olśniewającym, charyzmatycznym uśmiechem. Posłowie ucałowali jego pierścień, on zaś pozwolił im się oddalić.

Gdy wyszli, zwrócił się do Cezara.

— Co sądzisz o mojej decyzji?

— Myślę, ojcze, że Portugalczycy są stratni, ponieważ otrzymali znacznie mniejsze terytorium.

Twarz Aleksandra rozjaśnił zły uśmieszek; jakby wilk wyszczerzył kły.

— Cóż, synu, to król Ferdynand prosił nas o interwencję, a poza tym, czyż w gruncie rzeczy nie jesteśmy Hiszpanami? Musimy także pamiętać o tym, że Hiszpania jest dziś prawdopodobnie najpotężniejszym krajem świata. Teraz, gdy król Francji za radą naszego wroga kardynała della Rovere zamierza najechać Italię i szykuje swoje oddziały do przeprawy przez Alpy — możemy potrzebować hiszpańskiej pomocy. Portugalia wydaje na świat dzielnych żeglarzy, ale nie stworzyła wielkiej armii.

Zanim Cezar i Juan wyszli, papież położył dłoń na ramieniu Juana i rzekł:

— Mój synu, dzięki pomyślnemu zakończeniu dzisiejszej mediacji sprawa twojego małżeństwa z Marią Enriquez ruszyła z miejsca. Jeszcze raz więc powiadam: przygotuj się. Nie obraź naszego przyjaciela króla Ferdynanda, bo doprowadzenie do zbliżenia z nim wymagało wielu zabiegów dyplomatycznych. Codziennie dziękujemy Bogu za pomyślność, jaką obdarzył naszą rodzinę, za możliwość głoszenia dobrej nowiny na całym świecie, a to dla umocnienia papiestwa, więc i dla dobra ciał i dusz wiernych.

Minął tydzień i Juan na czele karawany wozów załadowanych olbrzymim bogactwem wyruszył do Hiszpanii na spotkanie z rodziną Enriquezów w Barcelonie.

Papież czuł się zmęczony. Zarówno niebo, jak i ziemia zdawały się spoczywać na jego barkach. Niemniej pewna drobna przyjemność mogłaby tchnąć weń nowe życie...

Tej nocy Aleksander zamierzał wystąpić w swojej najlepszej, jedwabnej koszuli nocnej; jego młoda kochanka, Giulia Farnese, otrzymała zaproszenie do spędzenia nocy w papieskim łożu. Kiedy służący mył mu włosy perfumowanym mydłem, Aleksander stwierdził, że się uśmiecha na myśl o jej słodkiej twarzyczce i oczach wpatrzonych weń z admiracją i — jak sądził — szczerym uwielbieniem.

Owszem, dziwił się, że młoda kobieta o takiej urodzie została oczarowana przez mężczyznę, który najlepsze lata miał już za sobą, ale uznawszy to za fakt, godził się z nim, jak godził się z wieloma zagadkami w swoim życiu. Nie był, rzecz jasna, tak głupi, by nie wiedzieć, że ubiegając się o względy mężczyzny o jego pozycji, kobieta może się zdobyć na pewne poświęcenie. Związek z nim, w końcu Ojcem Świętym, mógł poprawić kondycję całej rodziny, wzbogacić ją i w ten sposób podwyższyć także status społeczny kobiety. Serce podpowiadało mu jednak, że w tym wypadku chodziło o coś więcej. Kiedy bowiem kochali się z Giulią, to było tak, jakby przekazywali sobie nawzajem bezcenny dar. Jej niewinność była urzekająca; jej potrzeba uczenia się, dogadzania, ciekawość wszelkiego rodzaju zmysłowych eksperymentów czyniły ją szczególnie pociągającą.

Aleksander miał do czynienia z wieloma pięknymi kurtyzanami, znacznie bardziej doświadczonymi, wiedzącymi, jak zadowolić mężczyznę, odwołując się jedynie do zawodowej biegłości. Spontaniczna reakcja Giulii na zmysłową rozkosz miała w sobie coś z radości dziecka. Choć Aleksander nie mógłby uznać tego związku za najbardziej namiętny w jego życiu, czerpał zeń mnóstwo zadowolenia.

I oto do papieskiej sypialni wprowadzono Giulię. Miała na sobie szkarłatną, aksamitną suknię, rozpuszczone włosy opadały swobodnie na plecy. Szyję ozdobiła prostym sznurem drobnych pereł, który podarował jej po ich pierwszej miłosnej nocy.

Usiadł na skraju łoża, a ona zaczęła rozsznurowywać suknię. Bez słowa wstępu odwróciła się i poprosiła:

— Czy kochana Świątobliwość zechce podnieść mi włosy?

Aleksander dźwignął z łoża masywne ciało i stanął tuż za nią, ciesząc zmysły lawendową wonią jej włosów. Gęste loki Giulii ujął w dłonie, te same, w których spoczywał los tak wielu dusz, i po chwili jej suknia opadła na posadzkę.

Odwróciła się i uniosła twarz do pocałunku; musiał się pochylić, by dosięgnąć jej ust. Była nawet niższa od Lukrecji i delikatniejszej budowy. Zarzuciła mu ręce na szyję, a kiedy się wyprostował, jej stopy oderwały się od podłogi.

— Moja słodka Giulio, czekam na ciebie od tylu godzin... Trzymać cię w ramionach to taka sama przyjemność, jak odprawiać mszę, chociaż gdybym wyjawił tę prawdę komukolwiek poza tobą, najdroższa, uznano by mnie za świętokradcę.

Giulia uśmiechnęła się i położyła obok niego na atłasowej pościeli.

— Otrzymałam dzisiaj wiadomość od Orsina — powiedziała. — Chce wrócić do Rzymu i nieco czasu spędzić ze mną.

Aleksander starał się nie okazać niezadowolenia; ta noc była zbyt piękna.

— To niefortunne, ale uważam, że jeszcze przez pewien czas obecność twojego młodego męża w Bassanello będzie zgoła konieczna. Mogę go potrzebować do poprowadzenia któregoś z moich oddziałów wojskowych.

Giulia wiedziała, że papież jest zazdrosny; każde jego uczucie odbijało się w oczach. Aby go pocieszyć, nachyliła się i pocałowała mocno. Miała słodkie, chłodne usta, młode i cokolwiek niedoświadczone, ale on starał się obchodzić z nią bardzo delikatnie, bo za nic w świecie nie chciałby jej przerazić. Kochali się już kilkakrotnie, ale on nie dbał dotychczas o swoją rozkosz, aby mieć pewność, że wyczuje, kiedy ona osiągnie swoją. Nie chciał się całkowicie zapamiętać, by w przypływie niekontrolowanej namiętności nie sprawić jej bólu. Zesztywniałby wtedy i cała ich rozkosz by się ulotniła.

— Czy będzie ci przyjemnie, jeśli położę się na brzuchu? — zapytała. — A potem ty byłbyś nade mną.

— Obawiam się, że mógłbym zrobić ci krzywdę. Wolę położyć się na plecach, a ty siądziesz na mnie, jak będziesz chciała. W ten sposób możesz panować nad swoją namiętnością i wziąć tyle rozkoszy, ile możesz znieść.

Często się zastanawiał, gdzie ulatniała się dziewczęca niewinność Giulii, gdy ta pozwalała opaść włosom na jego pierś, niczym owe boginie z antycznych mitów, te kusicielki, które za pomocą czarów potrafiły uwięzić księcia, wbrew jego woli zatrzymać na zawsze.

Rankiem, nim Giulia opuściła komnatę, dał jej złoty filigranowy krzyżyk, który zamówił u najlepszego złotnika Florencji. Usiadła naga na łożu i pozwoliła mu założyć go sobie na szyję. Siedząc tak, wyglądała jak ucieleśnienie wdzięku. Uroda jej twarzy i ciała sprawiła, iż papież Aleksander poczuł nagle pewność, że Bóg istnieje. Albowiem nikt na ziemi nie umiałby stworzyć czegoś tak doskonałego.

7

Osobisty medyk papieża w wielkim pośpiechu przybył do Watykanu z pilnym doniesieniem o wybuchu zarazy w Rzymie. Aleksander przyjął go, siedząc na tronie w Sali Wiary. Wiadomość o nadejściu Czarnej Śmierci bardzo go zaniepokoiła. Niezwłocznie wezwał do siebie córkę.

— Nadeszła pora, byś wyjechała do Pesaro i znalazła schronienie u boku męża — oznajmił bez ogródek.

— Ależ papo — zawołała, rzucając mu się do nóg — jak mogę cię opuścić? Jak mogę opuścić braci, moją najdroższą Adrianę i naszą Giulię? Jak mogę żyć tak daleko od miasta, które kocham?

W innych okolicznościach Aleksander jeszcze by się targował z ukochaną córką, ale w obliczu niebezpieczeństwa musiał zdobyć się na stanowczość.

— Razem z tobą papa wyśle do Pesaro Adrianę i naszą drogą Giulię — powiedział. — Będziemy do ciebie pisać co dzień, toteż żadne z nas nie będzie samotne.

Lukrecja była jednak niepocieszona. Wstała, jej zwykle łagodne oczy płonęły.

— Wolałabym umrzeć na dżumę w Rzymie, niż żyć z Giovannim Sforzą w Pesaro. On jest niemożliwy. Nigdy na mnie nie patrzy, rzadko się odzywa, a jeśli już, to mówi tylko o sobie albo każe mi zrobić coś, czego nienawidzę.

Papież Aleksander czule objął córkę, próbując ją pocieszyć.

— Czy już o tym nie rozmawialiśmy? O poświęceniu, na jakie wszyscy musimy się godzić dla dobra rodziny i dla zachowania władzy bożej na ziemi? Giulia powiedziała mi, że podziwiasz świętą Katarzynę. Czy ona, tak jak ty, opierałaby się żądaniu ojca w niebiosach? A czyż twój papa nie jest jego rzecznikiem na ziemi?

Lukrecja cofnęła się i popatrzyła na ojca. Wciąż nadąsana, z odętą dolną wargą, powiedziała:

— Katarzyna ze Sieny jest świętą, a ja jestem zwykłą dziewczyną. Dziewczęta nie muszą postępować jak święte. To, że jestem córką papieża, nie oznacza, iż muszę być męczennicą.

Aleksandrowi zaświeciły się oczy. Niewielu mężczyzn byłoby w stanie oprzeć się namiętnej argumentacji jego córki. Ujęła go przy tym i rozbawiła swoją niechęcią do rozstania się z nim.

Delikatnie ujął jej dłoń.

— Papa także poświęca się dla ojca w niebiosach, bo nikogo na świecie nie kocham bardziej od ciebie, moje dziecko.

— Nawet Giulii? — Lukrecja nieśmiało zerknęła na ojca.

Papież uczynił znak krzyża na piersi.

— Bóg mi świadkiem, że nikogo nie kocham bardziej od ciebie.

— Och, papo! — Lukrecja zarzuciła ojcu ręce na szyję i wdychając woń kadzidła z wyszywanej złotej szaty, zapytała: — Czy obiecasz pisać do mnie list za listem bez żadnych przerw? I czy obiecasz posłać po mnie, gdy dowiesz się, że dłużej już nie mogę wytrzymać? Bo jeśli nie, umrę z rozpaczy i nigdy już mnie nie zobaczysz.

— Obiecuję — odrzekł. — Teraz zbierz swoje damy dworu, a ja zawiadomię twojego męża, że natychmiast wyjeżdżasz do Pesaro.

Przed wyjściem Lukrecja pochyliła się, by ucałować pierścień papieża, a podniósłszy głowę, zapytała:
— Mam powiedzieć Giulii czy ty to zrobisz?
Papież uśmiechnął się.
— Możesz jej powiedzieć — odrzekł z udawaną powagą. — A teraz już idź...

Ostatniego dnia niespełna tygodniowej podróży do Pesaro spadł ulewny deszcz. Lukrecja, Giulia i Adriana przemokły do suchej nitki. Podobnie wszystkie ich służące i zapasy. Lukrecja była rozczarowana. Miała nadzieję przybyć do Pesaro w całej krasie swej urody; w końcu była tu panią. Dumna i podniecona niczym dziecko bawiące się w naśladowanie dorosłych, chciała nacieszyć się podziwem i uwielbieniem ludzi, którzy teraz mieli być jej poddanymi.

Podróżowali konno; kobiety jechały na chłopskich wozach. Wyboiste gruntowe drogi wiodły ich przez piękne wiejskie okolice. Lukrecji i jej dworowi towarzyszył Micheletto z grupą zbrojnych dla obrony przed rabusiami. Mimo to co wieczór z chwilą zapadnięcia zmroku zmuszeni byli stawać na postój. Wzdłuż drogi łączącej Rzym z Pesaro znajdowało się jednak niewiele zajazdów, toteż często rozbijali obóz w polu.

Kilka godzin przed kresem podróży Lukrecja poprosiła o rozstawienie namiotu, tak by ona i Giulia mogły się przygotować. Znajdowały się w drodze już od wielu dni i jej świeża, młoda twarz oraz czyste zazwyczaj włosy nosiły ślady wystawienia na wiatr, słońce i deszcz — nie mówiąc o błocie oblepiającym jej buty i dół sukni. Kazała służącym rozpuścić sobie włosy, wysuszyć bawełnianym ręcznikiem i wetrzeć w nie specjalny balsam, który jej złotym lokom przydawał szczególnego blasku. Kiedy jednak zrzuciła suknię, by włożyć inną, nagle zrobiło jej się słabo.

— Mam dreszcze — rzuciła w stronę damy dworu, przytrzymując się jej ramienia, by nie upaść.

Adriana zrobiła zmartwioną minę; policzki Lukrecji zaróżowiły się od gorączki.

— Czy nie czujesz się chora? — zapytała.

Lukrecja uśmiechnęła się, jej oczy błyszczały mocniej niż zwykle.

— Nic mi nie jest — skłamała, ale Adriana dostrzegła gęsią skórkę na jej ramionach. — Jak tylko dojedziemy i napiję się gorącej herbaty, od razu poczuję się lepiej. Ruszajmy już, bo na pewno czekają nas różne uroczystości, a przecież nie chcemy męczyć naszych lojalnych poddanych.

Zbliżali się do Pesaro. Kilka kilometrów przed miastem natknęli się na tłum mężczyzn, kobiet i dzieci stojących wzdłuż drogi. Niektórzy trzymali nad głowami deski lub kawałki płótna, osłaniając się przed ulewnym deszczem. Mimo to śpiewali, klaskali i pozdrawiali Lukrecję radosnymi okrzykami. Rzucali w jej stronę kwiaty i podnosili dzieci, by mogła ich dotknąć.

Kiedy jednak dotarli do miejskiej bramy, Lukrecji zaczęło się kręcić w głowie. A gdy Giovanni pozdrowił ją z uśmiechem i rzekł:

— Witaj, moja hrabino — prawie go nie słyszała, a w chwilę później zemdlała.

Któryś ze służących pochwycił ją w ramiona i zaniósł do pałacu. Dziwił się, że jest taka lekka, a jej świetlista uroda zrobiła na nim wielkie wrażenie. Delikatnie ułożył ją na zasłanym futrami łożu we wspaniałej sypialni i wrócił do swoich, opowiadając na lewo i prawo o nowej żonie hrabiego. Wokół Lukrecji zakrzątnęły się Adriana i Giulia. Kazały podać herbatę i zupę, by rozgrzać chorą. Tymczasem Giovanni wyszedł do poddanych i ogłosił, że pani oficjalnie przywita się z nimi następnego dnia, kiedy już odpocznie i nabierze sił.

Tej nocy, spędzonej w ciemnej komnacie pośród obcego miasta, Lukrecja leżała w łóżku, modląc się i na próżno próbując zasnąć. Ogromnie tęskniła za ojcem, a jeszcze bardziej — za Cezarem.

W dniu jej wyjazdu z Rzymu Cezar przyrzekł odwiedzić ją w Pesaro, a gdyby z jakichś powodów okazało się to niemożliwe, obiecał przysłać don Micheletta, by towarzyszył jej do Lago di Argento, leżącego akurat w połowie drogi z Rzymu do Pesaro. Tam mogliby pobyć tylko we dwoje; swobodnie rozmawiać; bawić się na łąkach tak jak wtedy, gdy byli dziećmi, z dala od wszystkowidzących oczu papieża i tych, którzy mieli ich chronić.

Wspomnienie Cezara przyniosło jej ukojenie. Zamknęła oczy i wyobraziła sobie, że czuje na wargach dotyk jego ust; wkrótce potem zasnęła.

Rano wciąż jeszcze gorączkowała, ale odmówiła pozostania w łóżku. Nie chciała zmarnować kolejnego dnia; pragnęła zobaczyć Pesaro i przywitać się z jego obywatelami. Wiedziała, że na nią czekają. Deszcz ustał, do komnaty wpadały promienie słońca. W ich świetle wydawała się ciepła i przytulna. Grupa mieszczan przez całą noc czekała na Lukrecję na placu przed zamkiem; teraz śpiewali dla niej, przez otwarte okno słyszała ich głosy.

Giovanni obiecał Lukrecji wspaniałe bale i przyjęcia na jej cześć. Musiała się przygotować. Przy pomocy Giulii, Adriany i dam dworu udało jej się wybrać suknię zarazem prostą i elegancką — z różowego atłasu i najprzedniejszej weneckiej koronki. Na głowie miała nieduży diadem ze złota i pereł. Włosy, związane na skroniach, z tyłu swobodnie opadały na plecy. Już wystrojona, Lukrecja zakręciła przed Giulią radosny piruet i spytała:

— Czy wyglądam jak hrabina?

— Moim zdaniem raczej jak księżniczka — odparła Giulia, patrząc na przyjaciółkę rozniskrzonymi oczyma.

— Prawdziwy anioł — zgodziła się Adriana.

Lukrecja wyszła na balkon i pomachała dłonią zgromadzonym na placu. Rozległy się oklaski i wiwaty, w stronę nowej pani Pesaro poleciały wianki z kwiatów. Podniosła jeden z nich i nałożyła na głowę. Wiwaty rozległy się ze zdwojoną siłą.

Niebawem miasto opanowali muzykanci, kuglarze i błazny — zupełnie jak w Rzymie przy podobnych okazjach. Lukrecja czuła się uszczęśliwiona, bo oczy wszystkich zwrócone były na nią. Zawsze się zastanawiała, dlaczego ojciec i bracia tak przepadają za uroczystymi pochodami przez miasto, dlaczego tyle satysfakcji czerpią z władzy i pozycji. Teraz zaczynała rozumieć. Patrząc na wzniesione ku niej twarze mężczyzn, kobiet i dzieci, Lukrecja czuła się mniej samotna. Może i ona urodziła się do takiego życia?

Pesaro było pięknym miastem. Otaczały je gaje oliwne, zielone, żyzne pola. Granic hrabstwa strzegły olbrzymie, lecz przyjazne góry — Apeniny. Lukrecja pomyślała, że mogłaby tu być szczęśliwa — zwłaszcza gdyby nauczyła się znosić obecność męża.

Niemal wszyscy we Francji wiedzieli, że król Karol wierzy nie tylko w Boga chrześcijan i święty Kościół katolicki, ale i w układ gwiazd. Nic więc dziwnego, że jego najbardziej zaufanym doradcą był lekarz i astrolog Szymon z Pavii. Szymon odczytał z mapy nieba horoskop Karola w chwili jego narodzin i to on przepowiedział młodemu królowi, że jest mu przeznaczone dowodzić kolejną krucjatą przeciw pogańskim Turkom. Od wczesnego dzieciństwa Karol nie podejmował żadnej istotnej decyzji bez zasięgnięcia rady astrologa.

Zdobycie tej ważnej informacji Duarte Brandao zawdzięczał nie tylko swoim talentom, ale także wielkiemu szczęściu. W jego umyśle natychmiast zrodził się wspaniały plan. Czując przypływ entuzjazmu, pospieszył do apartamentu papieża, aby z nim pomówić.

Aleksander siedział przy biurku zasłanym dokumentami, podpisując kolejne egzemplarze bulli. Podniósł wzrok i ujrzawszy Duarte, uśmiechnął się przyjaźnie. Następnie polecił oddalić się pozostałym obecnym w komnacie.

Wstał i podszedł do ulubionego fotela. Ale kiedy Duarte pochylił się, by ucałować pierścień papieża, ten niecierpliwym ruchem cofnął rękę.

— Zachowaj te wszystkie ceregiele na publiczne uroczystości, przyjacielu. Wiesz, że nikomu nie ufam tak jak tobie, nawet moim dzieciom. Wspólna odpowiedzialność poniekąd zrównuje ludzi i dotyczy to nawet Wikariusza Chrystusa. Jako człowiek, ja, Aleksander, wysoko cenię twoją lojalność i przyjaźń.

Wskazał gestem krzesło naprzeciw siebie, ale Duarte nie był w stanie usiedzieć spokojnie, kiedy opowiadał, czego się dowiedział.

Papież Aleksander słuchał uważnie, wreszcie spytał:

— A ty, czy ty wierzysz, że gwiazdy żądzą naszym życiem? Duarte pokręcił głową.

— W co ja wierzę, nie ma wielkiego znaczenia, Wasza Świątobliwość.

— A jednak...

— Wierzę, że gwiazdy w jakiś sposób wpływają na ludzkie życie, ale rządzi nim sam człowiek i nasz ojciec w niebiosach.

Papież sięgnął do bursztynowego amuletu, który zawsze nosił zawieszony na szyi, i pogłaskał go czule.

— Każdy z nas wierzy, że naszym życiem kierują jakieś tajemne siły, tak więc Karol nie jest tu specjalnym wyjątkiem. — Uśmiechnął się do Duarte. — Ale widzę z twojej twarzy, że przyszedłeś do mnie z gotowym planem, więc teraz mi o nim opowiedz.

Duarte ściszył głos niemal do szeptu.

— Nim nadciągną Francuzi, pozwól mi udać się do tego człowieka, tego Szymona z Pavii, i wręczyć mu „honorarium". Bez nadawania sprawie rozgłosu.

— W jakiej wysokości? — zapytał Aleksander.

Duarte zawahał się, znał bowiem oszczędność papieża, kiedy chodziło o cokolwiek poza uroczystościami państwowymi i rodziną.

— Zaproponowałbym dwadzieścia tysięcy dukatów...

Aleksander spojrzał nań rozszerzonymi oczyma, a gdy przemówił, starał się nie okazywać zaskoczenia.

— Duarte! Za takie pieniądze moglibyśmy wyposażyć w konie całą armię. Dwadzieścia tysięcy dukatów to nie honorarium, to kolosalna łapówka...

Brandao uśmiechnął się.

— Wasza Świątobliwość, nie powinniśmy się trząść nad kilkoma sztukami złota. Musimy mieć pewność, że ten lekarz ułoży korzystny dla nas horoskop, bo zdobył zaufanie króla Francji.

Przez kilka minut papież milczał zamyślony.

— Duarte — rzekł wreszcie — jak zwykle masz rację. Zapłać *dottore* to honorarium. Astrologia zaprzeczy istnieniu wolnej woli, darowanej człowiekowi przez Boga. Jest zakazana przez prawo kanoniczne. Nie można więc nam zarzucić, że sprzeciwiamy się zakonowi chrześcijańskiemu. Tą interwencją nie splamimy naszych nieśmiertelnych dusz.

Późną nocą Duarte, przebrany za Francuza, przejechał linię wrogich pikiet. Po kilku dniach osiągnął cel podróży — niewielką chatę pośród lasu. Szymon z Pavii baraszkował właśnie w pościeli z tłuściutką dziwką. Brandao, który nigdy nie zapominał o wymogach dobrego wychowania, przekonał go grzecznie, by przeprosił damę i udał się z nim do sąsiedniego pomieszczenia, jako że ma mu do przekazania wiadomość niezwykłej wagi.

Przedstawienie warunków umowy i wypłacenie lekarzowi honorarium zajęło Duarte ledwie kilka chwil.

Wciąż w przebraniu, przekonany o sukcesie swej misji, Brandao dosiadł wierzchowca i wyruszył w drogę powrotną do Rzymu.

O, gdyby tylko papież miał serce i duszę świętego, miast być zwykłym śmiertelnikiem, pożądającym ziemskich rozkoszy!

Choć wplątany w misterną sieć własnych intryg politycznych, co rusz rzucał wszystko dla spraw osobistych. Jego młoda faworyta, Giulia Farnese, musiała zostać w Pesaro o kilka tygodni dłużej, niż się spodziewał, by zaopiekować się chorą Lukrecją. Gdy ta wyzdrowiała na tyle, że można ją było z czystym sumieniem zostawić samą, Giulia postanowiła odwiedzić męża, Orsina, przebywającego w zamku Bassanello. Po co? — Aleksander nie miał pojęcia. Ale najpierw — prosiła — niech papież zezwoli jej spotkać się z matką i chorym bratem w Capodimonte.

Aleksander odmówił prośbom Giulii. Orsino jest żołnierzem — przekonywał — i został wysłany do Bassanello służbowo, ma tam dbać o sprawy papiestwa. Wszelako Giulia, młoda i pełna temperamentu, zbuntowała się przeciw papieskiemu żądaniu natychmiastowego powrotu do Rzymu. Napisała kolejny list, w którym błagała Aleksandra o wybaczenie jej nieposłuszeństwa, ale upierała się, że na razie wrócić nie może. Jakby nie dość było tej zdrady, zabrała do Capodimonte swoją teściową, Adrianę.

Aleksander wpadł w furię. Jeśli on nie mógł wytrzymać bez Giulii, jakim cudem ona wytrzymywała bez niego? Niewierna dziewczyna! Całemu otoczeniu papieża dane było odczuć jego gniew. W nocy dręczyła go bezsenność spowodowana nie żadnym politycznym zagrożeniem, ale tęsknotą za dotknięciem dłoni Giulii, zapachem jej włosów, za niosącym ukojenie ciepłym ciałem. Na koniec, nie mogąc już dłużej wytrzymać, klęknął przed ołtarzem i modlił się o oczyszczenie serca z nienasyconej żądzy. Gdy kardynał Farnese próbował przemówić mu do rozsądku, wyjaśniając, że siostra nie miała wyboru, Orsino bowiem zwyczajnie po nią posłał, a w końcu jest jej mężem — papież odprawił go, na pożegnanie wrzasnąwszy:

— *Ingrazia!* Niewdzięcznica!

Dąsał się przez kilka dni. Błąkał się po komnatach, powtarzając w myślach długą listę występków kochanki, jej męża i swojej ulubionej siostrzenicy. Ekskomunikuje ich! Za tę zdradę niechybnie trafią do piekła.

Ostatecznie to nie kto inny, tylko młody Orsino przyczynił się do uśmierzenia boleści papieża. Dowiedziawszy się o jego strapieniu, a obawiając się o własną pozycję, zabronił żonie przyjeżdżać do Bassanello. Polecił jej natomiast bez zwłoki udać się do Rzymu, zanim drogi opanują francuscy żołdacy. A ponieważ był jej mężem, musiała go posłuchać.

Kiedy król Karol z blisko czterdziestotysięczną armią ruszył przez Alpy w kierunku Italii, kardynał della Rovere, zły i zgorzkniały, znajdował się u jego boku. Judził młodego władcę przeciwko papieżowi, dowodził, że atak na Borgię jest znacznie ważniejszy niż jakaś tam krucjata przeciw Turkom.

Nikt nie próbował powstrzymać wojsk francuskich w ich marszu na południe, w kierunku Neapolu — ani Mediolan, ani Bolonia, ani Florencja.

Na wieść o postępach Francuzów papież Aleksander podjął przygotowania do obrony Rzymu i Watykanu. Postanowił zaufać Virginiowi Orsiniemu, który był głównodowodzącym sił zbrojnych króla Ferrante i głową rodziny Orsinich. Virginio przekonał papieża o swej dobrej woli, płacąc podatek ze swoich zamków. Aleksander wiedział, że może on wezwać pod broń ponad dwadzieścia tysięcy ludzi, a dzięki wielkiej, niezdobytej twierdzy Bracciano jego armia była wręcz nie do pokonania.

Jednakże ziarna chciwości i zdrady mogą się kryć także w sercach najodważniejszych i nawet Ojciec Święty nie mógł przewidzieć, że nagle wykiełkują.

Zdyszany Duarte Brandao wbiegł do komnaty papieża Aleksandra.

— Wasza Dostojność, otrzymałem wiadomość, że nasz były przyjaciel Virginio Orsini przeszedł na stronę Francuzów.

— Musiał postradać zmysły... — skwitował tę wiadomość Aleksander.

Znany ze swego opanowania Duarte tym razem wyglądał na przygnębionego.

— O co chodzi, przyjacielu? — zapytał papież. — Po prostu winniśmy teraz zmienić naszą strategię. Zamiast walczyć z królem Karolem, musimy go przechytrzyć.

Duarte opuścił głowę i ściszył głos.

— Mam bardziej niepokojącą wiadomość, Wasza Omnipotencjo. Na drodze z Capodimonte Francuzi ujęli Giulię Farnese i Adrianę. Do tej chwili przetrzymują je w kwaterze dowództwa jazdy Karola.

Papież Aleksander zbladł z wściekłości. Na długą chwilę całkiem zaniemówił, umysł zaćmiła mu mgła troski i przerażenia.

— Duarte — powiedział w końcu — upadek Rzymu byłby tragedią, ale jeśli jakaś krzywda stałaby się mojej drogiej Giulii, to byłaby całkowita klęska. Musisz się postarać, żeby ją uwolniono, bo na pewno będą żądali za nią okupu.

— Jakie są warunki Waszej Świątobliwości? — zapytał Duarte.

— Zapłacisz, ile będziesz musiał — odrzekł Aleksander. — Albowiem Karol ma teraz w swoich rękach moje serce i moje oczy.

Francuzi znani byli jako znakomici żołnierze, ale słynęli także ze swej rycerskości. Uwięziwszy Giulię Farnese i Adrianę Orsini, zwolnili całą towarzyszącą im służbę. Następnie próbowali oczarować piękne panie poczęstunkiem i zabawnymi historyjkami. Kiedy jednak Karol dowiedział się, kim są branki, rozkazał natychmiast zwrócić je papieżowi.

— Jakiego zażądamy okupu? — zapytał dowódca francuskiej konnicy.

Karol akurat był w nastroju do wspaniałomyślnych gestów.

— Trzy tysiące dukatów — oznajmił.

— Papież Aleksander zapłaci pięćdziesiąt razy tyle — zaprotestował dowódca.

— Jesteśmy tutaj, aby zdobyć koronę Neapolu — przypomniał mu Karol — która jest warta dużo więcej.

Trzy dni później Giulia Farnese i Adriana całe i zdrowe wróciły do Rzymu pod eskortą czterystu francuskich kawalerzystów. U bram miasta, rozradowany i nareszcie wolny od obaw, czekał na nie Aleksander.

Wieczorem, odziany niczym dworski galant, z puginałem i szpadą u pasa, w czarnych walenckich ciżmach i również czarnym, oblamowanym złotem kaftanie — Aleksander spotkał się z Giulią. Po raz pierwszy od kiedy wyjechała z Rzymu, czuł spokój.

Skutkiem oburzającej zdrady Virginia Orsiniego koncepcja stawienia oporu Francuzom straciła wszelki sens. Papież wiedział, że bez jego warowni, broniących dostępu do Rzymu, nie ma sposobu zatrzymania Karola. Teraz potrzebował czasu na opracowanie nowej strategii, mającej na celu przechytrzenie młodego króla, nie zaś pokonanie Francuzów w bitwie.

Z właściwą sobie dalekowzrocznością, natychmiast po wstąpieniu na tron Piotrowy Aleksander przygotował się na możliwość obcego najazdu. Kazał zbudować korytarz łączący pomieszczenia Watykanu z zamkiem Świętego Anioła i zaopatrzył ową warownię w zapas żywności i wody wystarczający na przetrwanie co najmniej jednej zimy — właśnie tak długo zdecydowany był teraz w razie potrzeby stawiać opór.

Pod nadzorem Duarte Brandao i don Micheletta służący spakowali co cenniejsze przedmioty należące do Aleksandra i Cezara — złote tiary, papieskie klejnoty, relikwie, łóżka, skrzynie i kobierce — by przenieść je do zamku Świętego Anioła, który uchodził za twierdzę nie do zdobycia. Zabrali ze sobą całą rodzinę. Nawet Vannozza porzuciła swój pałac dla bezpiecznego schronienia za murami Świętego Anioła. Kardynał Farnese wykazał się wielką mądrością i wrażliwością, wysyłając swą siostrę Giulię poza Rzym, aby broń Boże nie dopuścić do powstania sytuacji niezręcznej dla papieża. Konfrontacja pomiędzy byłą a obecną kochanką mogłaby bowiem przyczynić Aleksandrowi więcej kłopotów niż przybycie króla Karola. Co prawda, Vannozza pogodziła się z faktem, że młodsza rywalka zajęła jej miejsce, aczkolwiek nigdy nie umiała traktować jej poważnie. Giulia jednak była bardzo zazdrosna o matkę dzieci Aleksandra.

W dzień Bożego Narodzenia papież rozkazał wszystkim neapolitańskim oddziałom niezwłocznie opuścić Rzym. Nie były dość silne, by zwyciężyć najeźdźców, a Aleksander obawiał się, że ich obecność w mieście zostanie przez Francuzów poczytana za przejaw wrogości. Karol mógłby się wtedy posunąć do splądrowania Rzymu, zrabowania wszystkiego, co ma jakąś wartość i nadaje się do wywiezienia — a przynajmniej nie powstrzymywałby od grabieży swoich żołdaków.

— Zaniesiesz Karolowi wiadomość — polecił papież Duarte. — Powiesz mu, że Jego Świątobliwość papież Aleksander życzy sobie powitać go, gdy będzie przejeżdżał przez nasze miasto w drodze do Neapolu.

Duarte ściągnął brwi, oczy mu się zwęziły.

— Przejeżdżał?

— Można tak powiedzieć — rzekł Aleksander, ale wyglądał na zamyślonego, gdy dodawał: — choć nie jestem pewien, że to właśnie chodzi po głowie poczciwemu królowi Francuzów.

W końcu grudnia Francuzi wkroczyli do Rzymu. Papież Aleksander w minorowym nastroju, z Cezarem u boku, przyglądał się z okna swojej fortecy armii maszerującej w równym ordynku.

Miasto zalała prawdziwa ludzka powódź: szwajcarscy piechurzy, uzbrojeni w śmiercionośne dziesięciostopowe piki, Gaskończycy z kuszami i arkabuzami, niemieccy najemnicy, każdy z toporem i pałką, oraz lekka konnica wyposażona w budzące lęk kopie. Dalej ciężkozbrojni z mieczami i stalowymi buzdyganami i francuscy artylerzyści, maszerujący szeregiem obok gigantycznych brązowych dział.

Przygotowując się do „wizyty" Karola, Aleksander oddał wspaniały pałac Wenecki na królewską kwaterę. Najlepszy — jakiego udało się znaleźć — kucharz został skierowany do pałacu; o wygodę francuskiego monarchy miało dbać kilkuset służących. W rewanżu za papieską gościnność Karol zakazał swoim wojskom grabieży i zapowiedział, iż wszelkie akty przemocy wobec mieszkańców miasta będą karane śmiercią.

Karol czuł się w Rzymie doskonale, a szacunek, okazany mu przez papieża, zrobił na nim duże wrażenie. Jednak kardynał della Rovere i jego sojusznicy w Kościele sączyli jad do królewskich uszu, ostrzegając przed chytrością Aleksandra i nalegając na zwołanie soboru.

Papież wysłał jednego z wielu lojalnych kardynałów, obdarzonego szczególnym darem przekonywania, by porozmawiał z królem, bronił swego zwierzchnika przed oskarżeniem o symonię, z którym wystąpił della Rovere. Wyglądało na to, że Karolowi bardziej trafiły do przekonania argumenty obrońcy Aleksandra niż powtarzane aż do znudzenia zarzuty oszalałego z nienawiści della Rovere.

Tak czy inaczej, żaden sobór nie został zwołany.

Natomiast kilka dni później Karol przesłał papieżowi zapieczętowaną wiadomość. Aleksander rozpakował przesyłkę i na początek wziął głęboki oddech. Uważnie przebiegł wzrokiem królewskie pismo, starając się określić nastrój piszącego. Było to żądanie; król Karol chciał, by papież udzielił mu audiencji.

Aleksander odetchnął z ulgą. Osiągnął to, czego się spodziewał.

Jego strategia zdała egzamin; wszystko wskazywało na to, że w drodze rokowań tę niemal beznadziejną sytuację uda się obrócić na jego korzyść. Mimo iż wojska Karola najechały terytorium państwa kościelnego, papież wiedział, że z tym krewkim Francuzem musi rozmawiać z pozycji pewnej wyższości. Nie, żeby chciał zrobić wrażenie aroganta; musiał jednak unikać pokazywania po sobie, jak dalece mu ulżyło.

Spotkanie miało się odbyć w ogrodach watykańskich. Teraz najważniejsza była koordynacja. Aleksander nie mógł zjawić się pierwszy, by nie wyglądało, że czeka. Nie mniej ważne było, żeby pierwszy nie przybył król i nie musiał czekać. W rozegraniu tej sytuacji geniusz Aleksandra ujawnił się w całym jego wyrafinowaniu.

Na miejsce spotkania przyniesiono go z zamku Świętego Anioła w lektyce. Polecił jednak swoim tragarzom, by ukryli się z nim za dużym krzewem rosnącym przy ścianie jednego z budynków. Czekał tam cicho przez dwadzieścia minut. Na widok króla Karola wkraczającego do ogrodu i idącego długą alejką obsadzoną krzewami różanymi, Aleksander polecił tragarzom wynieść lektykę z ukrycia.

Papież miał na sobie jeden ze swoich najwspanialszych strojów: trzy złote korony połyskiwały na okrytej mitrą głowie, na piersi zwieszał się wielki, wysadzany klejnotami krucyfiks.

Potężny król Francji, najsilniejszego pod względem militarnym państwa w całym chrześcijaństwie, był drobnym, niemal karłowatym mężczyzną, chodził w butach na wysokim obcasie i zdawał się ginąć w obszernych szatach wszystkich kolorów tęczy. Wspaniała postawa papieża Aleksandra najwyraźniej wzbudziła w nim nabożny lęk, bo aż ślina pociekła mu na brodę.

I tak w owym pełnym świętych róż ogrodzie papież Aleksander rozpoczął negocjacje o ocalenie Rzymu.

Następnego dnia papież i król spotkali się ponownie, by sfinalizować umowę — tym razem w Sali Papieży. Aleksander wiedział, że to miejsce daje mu pewną przewagę, gdyż Karol uzna je za święte.

Papież zadbał o takie sformułowanie preambuły do umowy, by Karol nigdy nie mógł usunąć go z urzędu. „Nasz Ojciec Święty — stwierdzał dokument — pozostanie dobrym ojcem króla Francji, a król Francji pozostanie oddanym synem naszego Ojca Świętego". Teraz można było wziąć się do pozostałych spraw.

Aleksander umożliwi armii francuskiej swobodne przejście przez terytorium państwa kościelnego i dodatkowo zadba o jej aprowizację. Jeśli Karol zdoła pokonać Neapol, Aleksander udzieli jego poczynaniom aprobaty Kościoła. W formie gwarancji papież odda w ręce Karola swego umiłowanego syna Cezara jako zakładnika. Cezar Borgia zostanie też uprawniony do koronowania Karola na króla Neapolu, gdy miasto zostanie podbite.

Książę Djem, wciąż przetrzymywany przez papieża, również zostanie oddany w ręce Karola, lecz Aleksandrowi wolno będzie zatrzymać czterdzieści tysięcy dukatów, które sułtan turecki płacił corocznie za więzienie brata. Król Francji uczyni z Djema jednego z przywódców krucjaty, osłabiając w ten sposób ducha obrony pogan.

Największym pragnieniem Karola było zostać mianowanym przez papieża oficjalnym głównodowodzącym wypraw krzyżowych. Aleksander zgodził się, ale nalegał, by wpierw Karol przysiągł mu posłuszeństwo i uznał go za prawdziwego Wikariusza Chrystusa.

Tak też zostało ustalone, z tym wszakże wyjątkiem, że Karol otrzyma tytuł głównodowodzącego krucjat dopiero po podbiciu Neapolu.

Karol wykonał przepisową liczbę ukłonów i ucałował pierścień Aleksandra. Następnie rzekł:

— Przysięgam posłuszeństwo i cześć Waszej Świątobliwości, jak przede mną wszyscy królowie Francji. Uznaję ciebie, Ojcze Święty, za papieża wszystkich chrześcijan i spadkobiercę apostołów Piotra i Pawła. Wszystko, co posiadam, ofiaruję Stolicy Apostolskiej.

Aleksander wstał, uścisnął Karola i rzekł:

— Spełnię trzy twoje prośby. — Zgodnie ze zwyczajem, nim wasal złoży przysięgę posłuszeństwa nowemu panu, ma prawo prosić o trzy przysługi. By uniknąć naruszenia godności świętego urzędu, owe przysługi, rzecz jasna, wcześniej uzgadniano; ceremonia nie mogła wyglądać na transakcję, dobijanie targu.

— Proszę zatem — ciągnął Karol — byś potwierdził wszystkie królewskie przywileje mojej rodziny i ogłosił, że władamy z woli Boga. Po drugie, byś pobłogosławił moją wyprawę do Neapolu. I po trzecie, abyś trzech wybranych przeze mnie kandydatów mianował kardynałami, pozwalając kardynałowi della Rovere osiąść we Francji.

Papież Aleksander zgodził się spełnić wszystkie trzy prośby. Wówczas rozradowany król z grupy towarzyszących mu możnowładców wywołał rosłego, chudego jak tyczka mężczyznę o długiej twarzy i ponurym spojrzeniu.

— Wasza Świątobliwość, chciałbym przedstawić mojego lekarza i astrologa, Szymona z Pavii. Jego horoskop w większym stopniu wpłynął na moją decyzję niż jakikolwiek inny czynnik. Dlatego odrzuciłem naleganie kardynała della Rovere i w tobie złożyłem swą ufność.

Tak oto, startując z beznadziejnej pozycji, Aleksander wynegocjował rozsądny pokój.

Wieczorem Aleksander wezwał Cezara, by wyjaśnić mu sens popołudniowej umowy z królem Karolem.

Słuchając ojca, Cezar poczuł nagły przypływ gniewu, ale tylko pochylił głowę. Jako kardynał i syn papieża wiedział, że z oczywistych powodów był najwłaściwszym zakładnikiem. Nie mógł nim zostać jego brat Juan, który wkrótce miał objąć stanowisko kapitana generalnego armii papieskiej. Gniew

Cezara nie brał się z obawy przed czekającymi go niebezpieczeństwami. Transakcja zawarta między papieżem a królem Karolem przypomniała mu natomiast, iż jest pionkiem, który inni mogą przestawiać według swojego widzimisię.

Aleksander usiadł na stojącej w nogach łóżka skrzyni. Jej wieko pięknie ozdobił Pinturicchio zawiłymi płaskorzeźbami. Wewnątrz znajdowały się napoje, puchary, nocne stroje, luksusowe perfumy i olejki — wszystko to, co zdawało się niezbędne, gdy papież sprowadzał do sypialni swoje kochanki. Wolał siedzieć na tej skrzyni niż na jakimkolwiek krześle.

— Wiesz, synu, że nie mogę oddać na zakładnika twego brata Juana, gdyż ma on zostać kapitanem generalnym Kościoła. Przeto musisz to być ty — oznajmił Aleksander, potwierdzając domysły Cezara i pogłębiając jego irytację. — Karol zażądał także drugiego zakładnika, Djema. Będziesz więc miał towarzystwo. Uszy do góry! Neapol to rozkoszne miasto dla młodzieńca takiego jak ty. — Aleksander przerwał na chwilę, następnie dodał z rozbawieniem w oczach: — Nie przepadasz za Juanem, co?

Cezar jednak znał tę sztuczkę ojca — uciekanie się do jowialności, która miała maskować prawdziwe intencje.

— Jest moim bratem — odrzekł z szacunkiem. — Kocham go więc jak brata.

Cezar miał sekrety dużo gorsze niż nienawiść wobec brata. Mogły mu one zrujnować życie, zepsuć stosunki z ojcem, przyjaciółmi, Kościołem. Nie próbował więc nazbyt gorliwie skrywać niechęci do Juana.

— Oczywiście — powiedział ze śmiechem — gdyby nie był moim bratem, uważałbym go za wroga.

Aleksander zrobił niezadowoloną minę.

— Nigdy tego nie mów, nawet w żartach. Rodzina Borgiów ma wielu wrogów. Możemy przetrwać pod warunkiem, że będziemy sobie nawzajem ufać. — Wstał, podszedł do

Cezara i objął go. — Wiem, że wolałbyś być żołnierzem niż księdzem. Wierz mi, w planach dotyczących rodziny przyznano ci ważniejszą rolę niż Juanowi, a wiesz, jak kocham twojego brata. Gdy umrę, wszystko się zawali, jeśli mnie nie zastąpisz. Tylko ty z wszystkich moich dzieci możesz tego dokonać. Nie brak ci rozumu, śmiałości, potrafisz walczyć. Byli już papieże-wojownicy i na pewno możesz takim zostać.

— Jestem za młody — niecierpliwie odrzekł Cezar. — Musiałbyś żyć jeszcze dwadzieścia lat...

Aleksander odepchnął syna na wyciągnięcie rąk.

— A czemuż by nie? — rzekł i odsłonił zęby w łajdackim uśmiechu, którym zdobywał serca swoich dzieci i kochanek. Jego głęboki baryton zabrzmiał z całą mocą. — Kto lepiej ode mnie bawi się na ucztach i bankietach? Kto dłużej potrafi bez wytchnienia uganiać się za zwierzyną? Kto lepiej wygodzi kobiecie? Ilu miałbym teraz bękartów, gdyby posiadanie dzieci przez papieża nie było sprzeczne z prawem kanonicznym? Będę żył jeszcze dwadzieścia lat, a ty zostaniesz papieżem. Już to sobie zaplanowałem.

— Wolałbym walczyć, niż się modlić. Taką już mam naturę.

— Zdążyłeś tego dowieść — westchnął Aleksander. — Mówię ci to wszystko, byś wiedział, że cię kocham. Jesteś moim synem i moją największą nadzieją. Pewnego dnia ty, nie Karol, odzyskasz Jerozolimę. — Umilkł, ogarnięty wzruszeniem.

Najskuteczniejszą bronią Aleksandra była zdolność wywoływania w otaczających go ludziach poczucia sukcesu, umiejętność sprawiania, że wierzyli, iż ich pomyślność ma dla niego pierwszorzędne znaczenie. W ten sposób zdobywał ich zaufanie, dzięki temu wierzyli weń bardziej niż w samych siebie. Oto była prawdziwa perfidia.

Postępował tak zarówno z odwiedzającymi go władcami, jak i ze swoimi dziećmi i poddanymi — dopóki był papieżem, cały świat uważał za swoje dominium.

Na chwilę urok Aleksandra zawładnął Cezarem, ale wzmianka o kolejnej krucjacie sprawiła, że czar prysnął. Papieże i królowie często posługiwali się obietnicą wyprawienia krucjaty, by wyciągnąć pieniądze z kieszeni ufnego ludu; było to dodatkowe źródło ich dochodów. Tymczasem epoka krucjat minęła, gdyż islam stał się zbyt silny. Zagrażał już samej Europie. Wenecjanie żyli w strachu, że wojna z Turkami przerwie światowe szlaki handlowe, że poganie mogą nawet zaatakować ich miasto. Francja i Hiszpania bezustannie żarły się o koronę Neapolu, a papież robił, co mógł, by utrzymać świecką władzę nad państwem kościelnym. Aleksander był zbyt mądry, by tego wszystkiego nie wiedzieć. Cezar zdawał też sobie sprawę z tego, że Juan zajmował pierwsze miejsce w sercu ojca — i nie bez powodu, pomyślał teraz. Juan miał zgoła kobiece zamiłowanie do krętactwa i przebiegłych sztuczek oraz serce dworaka. Czasami udawało mu się nawet oczarować samego Cezara, choć ten gardził nim, uważając za tchórza. Głównodowodzący papieskiej armii? Wolne żarty!

— Kiedy poprowadzę krucjatę, każę sobie wystrzyc na głowie tonsurę — powiedział Cezar. Był to żart zrozumiały tylko dla niego i ojca. Cezar nigdy nie nosił księżej tonsury.

Aleksander roześmiał się.

— Może po tej krucjacie potrafisz przekonać Kościół, by odrzucił i celibat, i obowiązek noszenia tonsury. Może to i zdrowe praktyki, ale tak czy inaczej nienaturalne. — Papież milczał przez chwilę, zatopiony w myślach. Wreszcie rzekł: — Pozwól, że ci o czymś przypomnę. W drodze do Neapolu musisz strzec bezpieczeństwa drugiego zakładnika, Djema. Pamiętaj, że sułtan turecki płaci mi czterdzieści tysięcy dukatów rocznie za jego przetrzymywanie. Jeśli umrze, nie będzie pieniędzy; jeśli ucieknie, także. A jest więcej wart niż kardynalski kapelusz.

— Będę strzegł i jego, i siebie — odparł Cezar. — Ufam, że wpłyniesz na Juana, by nie poczynał sobie zbyt śmiało w Hiszpanii. Niech nie próbuje wejść w sojusz z królem

Ferdynandem, dopóki będziemy towarzyszyć Karolowi, bo w ten sposób zagrozi naszemu bezpieczeństwu.

— Twój brat robi tylko to, co mu rozkażę. A nigdy nie wydam rozkazu, który naraziłby ciebie na niebezpieczeństwo. W końcu to ty, mój synu, trzymasz w ręku przyszłość rodziny Borgiów.

— Zawsze zrobię dla ciebie wszystko, co w mojej mocy — rzekł Cezar. — Dla ciebie i dla Kościoła.

Cezar wiedział, że przed wieczorem zostanie wydany Francuzom i zmuszony do opuszczenia Rzymu. Wyjechał więc z Watykanu przed świtem, kierując się ku odległym od miasta okolicom. Nurtowała go teraz tylko jedna myśl.

Po dłuższej jeździe przez wzgórza i las pełen szelestów, odgłosów umykających zwierząt i pohukiwania sów, dotarł do skraju niewielkiej wioski. Właśnie słońce wychyliło się zza horyzontu, rozpraszając cienie nocy. Koń Cezara był spocony i wyczerpany szybkim biegiem.

Zajechali przed małą chatę z kamienia.

— Noni, Noni! — zawołał Cezar, ale nie doczekał się odpowiedzi. O ile mógł się zorientować, wokół nie było nikogo. Skierował się na tył chaty.

Stara kobieta, niemal zgięta wpół pod brzemieniem lat i ciężko wsparta na kosturze z gałęzi głogu, dreptała przez ogród z wiklinowym koszem pełnym świeżo zerwanych ziół i kwiatów. Na chwilę przystanęła skulona, a potem ostrożnie uniosła nieco głowę i rozejrzała się dokoła. Jej słabe oczy nikogo jednak nie wypatrzyły. Postawiła kosz na mokrej ziemi, zerwała jeszcze jeden pęczek ziół i ułożyła ostrożnie na kwiatach. Skierowała wzrok ku niebu i przeżegnała się. Następnie, jakby zmieszana, ruszyła przed siebie, powłócząc po błocie obutymi w sandały stopami.

— Noni! — zawołał ponownie Cezar, podjeżdżając bliżej. — Noni!

Kobieta zatrzymała się i szybko uniosła kostur jak do uderzenia. Nagle rozpoznała gościa i dopiero wtedy się uśmiechnęła.

— Zejdź, mój chłopcze — powiedziała głosem drżącym ze starości i wzruszenia. — Zbliż się i pozwól mi się dotknąć.

Cezar zsiadł z konia i delikatnie objął starą kobietę, jakby obawiał się połamać jej kruche kości.

— Co mogę dla ciebie zrobić, mój synu?

— Potrzebna mi twoja pomoc — odrzekł. — Chodzi o zioło, które uśpi rosłego mężczyznę na wiele godzin, ale bez szkody dla jego zdrowia. Musi być pozbawione smaku i koloru.

Starucha zachichotała i czułym gestem dotknęła policzka Cezara.

— Dobry chłopiec. Jesteś dobrym chłopcem — powtórzyła. — Nie chcesz trucizny? Nie to, co twój ojciec... — mamrotała. Znów zaniosła się chichotem, a jej twarz zmarszczyła się niczym cienki arkusz brązowego pergaminu.

Cezar znał Noni całe swoje życie. W Rzymie mówiło się, że była mamką jego ojca i że Aleksander darzył ją takim przywiązaniem, że opuszczając Hiszpanię, zabrał starą z sobą i obdarował tą chatką na wsi i ogrodem, w którym mogła uprawiać swoje zioła.

Nikt już nie pamiętał, jak długo żyła w samotności, ale też nikt jej nie niepokoił — nawet grasujący po nocy bandyci, którzy czasem zapuszczali się w te okolice rabować słabych i bezbronnych wieśniaków. Aż dziw, że Noni przetrwała tak długo. Jeśli jednak wierzyć innym plotkom, miała obrońców potężniejszych nawet niż Ojciec Święty. Mówiono, że ciemną nocą z jej chaty dochodziło dziwne wycie — i zdarzało się to nie tylko podczas pełni księżyca. Cezar wiedział, że przynajmniej jedna z plotek o Noni była prawdziwa: nigdy nie polowała ani nie kupowała jedzenia. Martwe ptaki i niewielkie zwierzęta same pojawiały się na progu jej domostwa lub w ogrodzie, świeże i gotowe do pieczenia.

Cezar rzadko słyszał ojca mówiącego o tej kobiecie, a jeśli już — to zawsze ciepło i z czułością. Co roku jednak przyjeżdżał do tej chaty na dalekiej prowincji, a Noni kąpała go w niewielkim stawie w ogrodzie. Ci, którzy mu towarzyszyli, czekali daleko od chaty, ale przysięgali, że słyszeli szum dzikiej wichury i łopot skrzydeł oraz widzieli wirowanie gwiazd.

Po Rzymie krążyły jeszcze inne opowieści. Aleksander nosił na szyi bursztynowy amulet, który dostał od Noni, gdy był młodym kardynałem. Kiedy pewnego razu go zgubił, wpadł w istny szał. Tego samego popołudnia podczas polowania spadł z konia, uderzył się w głowę i przez wiele godzin nie odzyskiwał przytomności. Zdawało się, że umrze.

Cała służba, wielu kardynałów — wszyscy w jego pałacu szukali zaginionego amuletu i po wielu ślubach i żarliwych modlitwach zguba została odnaleziona. Aleksander wyzdrowiał i gdy tylko odzyskał siły, kazał watykańskiemu złotnikowi zaopatrzyć gruby, złoty łańcuch, na którym wisiał bursztynowy amulet, w mocne zapięcie. Później owo zapięcie zlutowano, tak że było nie do otwarcia. Aleksander przysięgał, że amulet chroni przed złem, i nikt nie mógł mu tego wyperswadować.

Noni weszła powoli do mrocznego wnętrza chaty; Cezar postępował za nią. Na wbitych w ściany kołkach wisiały powiązane wstążkami pęczki wszelkiego rodzaju ziół. Z jednego z nich stara kobieta delikatnie oderwała kilka liści, umieściła je w moździerzu i zacisnąwszy sękate, powykrzywiane palce na kamiennym tłuczku, utarła je na drobny proszek. Przesypała go do małego woreczka, który wręczyła Cezarowi.

— Wielką tajemnicą tej rośliny — powiedziała — jest to, że sprowadza ona głęboki sen. Dla jednego człowieka wystarczy szczypta, tu jednak daję ci dość, by uśpić całą armię.

Cezar podziękował starej kobiecie, ponownie ją objął. Kiedy dosiadał konia, położyła mu dłoń na ramieniu i rzekła:

— Śmierć mieszka w twoim domu. Umrze ktoś młody. Strzeż się, bo i tobie grozi niebezpieczeństwo.

Cezar skinął głową i próbując dodać starej otuchy, odparł:
— Śmierć zawsze jest blisko, żyjemy bowiem w niebezpiecznych czasach.

8

Cezar podróżował w otoczeniu żołnierzy francuskiej jazdy. Przyglądał się, jak zdyscyplinowane oddziały armii Karola pochłaniają, jeden po drugim, kolejne kęsy terytorium wroga, zatrzymując się tylko dla zdobycia zamków. Wycinały sobie drogę do Neapolu z precyzją gigantycznej kosy.

Choć Cezar był zakładnikiem, żołnierze traktowali go z wielkim szacunkiem i nawet w nocy strażnicy pozostawiali mu sporo swobody. Podczas dziennego marszu nie był w stanie ukryć swej miłości do wojny. Obserwował francuskich dowódców planujących kolejne operacje, studiował ich strategię. Tu, na polu bitwy nie był kardynałem, lecz wojownikiem, i po raz pierwszy w życiu czuł, że znalazł się we właściwym miejscu.

Gdyby to zależało tylko od Cezara, nie miałby nic przeciwko towarzyszeniu Francuzom aż do zdobycia Neapolu. Ale i jako syn, i jako książę Kościoła świętego miał inne sprawy na głowie. Wiedział, że mimo zawarcia paktu z królem Karolem, jego ojciec nie chciał, by Francja — czy jakiekolwiek inne obce mocarstwo — władała choćby najmniejszym lennem w Italii. Był pewien, że kiedy on zmierza do Neapolu, Aleksander spotyka się z ambasadorami Hiszpanii, Wenecji, Mediolanu i Florencji, starając się doprowadzić do zawiązania Świętej Ligi miast-państw, która stawi opór agresorowi.

Wiedział też, że choć on, syn papieża, jedzie z Francuzami, Hiszpanie szykują statki i wojsko, by ich powstrzymać. A gdyby jakimś sposobem oddziały francuskie dotarły do Neapolu i zdołały wytrzymać atak dzikich i spragnionych krwi obrońców na tyle długo, by zdobyć miasto i pozbawić tronu króla Alfonsa, papież Aleksander wspierany przez króla Ferdynanda i Wenecję mógł odzyskać koronę i zmusić Francuzów do odwrotu.

Tu jednak pojawiała się nadzwyczaj trudna kwestia. Wszystko to można by osiągnąć, gdyby stawką nie było życie Cezara. Teraz, gdy został zakładnikiem, czuł, że ojciec gotów się zawahać, nawet odmówić wystąpienia przeciw Francuzom z jego powodu. Rozwiązanie tej kwestii było oczywiste. Musi uciec. Niemniej pozostawał jeszcze Djem. Czy może zabrać go z sobą? Czy Turek zgodzi się odejść?

W ostatnich dniach Djem wyglądał na zadowolonego ze swojej sytuacji. Nawet minionej nocy Cezar słyszał, jak rozmawia z żołnierzami, pije z nimi i z zapałem snuje plany obalenia własnego brata, aktualnego sułtana. Niełatwo będzie przekonać Djema do powrotu do Rzymu. Samo zaufanie mu wiązało się z pewnym niebezpieczeństwem.

Cezar rozważył stojącą przed nim alternatywę. Ucieczka we dwóch oznaczała podwojenie zagrożenia, a on nie mógł sobie pozwolić na porażkę. Djemowi nic nie groziło ze strony Francuzów, bo tylko żywy miał dla nich wartość jako środek nacisku na papieża; gdyby zaś plan Aleksandra i Hiszpanów zawiódł, Turek byłby Karolowi pomocny w czasie krucjaty. Tak więc Cezar podjął decyzję.

Około północy wyszedł z namiotu. Dwaj wartownicy — młodzi ludzie, dobrze mu znani, gdyż spędził z nimi wiele nocy — siedzieli na ziemi przy niewielkim ognisku.

Cezar przywitał się z nimi, potem rzekł:

— Piękna noc. Pogodna i rześka, nieprawdaż? — Mruknęli

coś na znak zgody, a wówczas udał, że przygląda się niebu. — Pełnia księżyca — powiedział — a jednak nie słyszę żadnego wycia... — Roześmiał się, by zrozumieli, że żartuje.

Jeden z młodych ludzi wyciągnął ku niemu manierkę. Cezar jednak odmownie pokręcił głową.

— Mam coś lepszego.

Cofnął się do namiotu i po chwili wrócił z butelką dobrego czerwonego wina i trzema srebrnymi pucharkami.

Oczy żołnierzy zabłysły, kiedy podawał im naczynia.

Mężczyźni przepili do siebie, a potem siedzieli w ciemności przed namiotem, popatrując na gwiazdy. Niebawem jednak wartownicy zaczęli ziewać, toteż Cezar życzył im dobrej nocy i zniknął w namiocie. Ukrył na powrót otrzymany od Noni woreczek, usiadł i czekał cierpliwie.

Po dwudziestu minutach wyjrzał ostrożnie na zewnątrz i stwierdził, że strażnicy śpią jak zabici.

Już w pełni ubrany przemknął się bezgłośnie wzdłuż długiego rzędu namiotów do miejsca, gdzie wiązano konie. Tam natknął się na kolejnego strażnika, który siedział zwrócony doń plecami, obserwując uśpiony obóz. Cezar podkradł się do żołnierza, zakrył mu dłonią usta, drugą ręką zaś tak skutecznie ścisnął za szyję, że ten po chwili stracił przytomność.

Cezar odszukał swego konia — szybkiego i wytrzymałego karego ogiera — i ostrożnie wyprowadził go poza obóz, starając się unikać wszelkiego hałasu. Tam dosiadł konia na oklep, jak to po wielekroć robił wcześniej w Lago di Argento. Wkrótce dotarł do gościńca i pognał przez noc w kierunku Rzymu.

Następnego dnia wykąpany i przebrany Cezar wprowadzony został do gabinetu ojca. Aleksander wstał, aby go przywitać. Miał łzy w oczach i uściskał syna tak mocno, że Cezar poczuł się zaskoczony.

— Cezarze, mój synu — w głosie Aleksandra brzmiało autentyczne wzruszenie — nie wyobrażasz sobie, co przeżyłem w ostatnich dniach. Oszczędziłeś mi najtrudniejszego wyboru w moim życiu. Od dnia pierwszego zgromadzenia członków Świętej Ligi wiedziałem, że Karol uzna, iż nasza umowa została złamana, i bałem się o twoje bezpieczeństwo. Rzadko mi się to zdarza, ale tym razem naprawdę dręczyło mnie niezdecydowanie. Czy miałem zrezygnować ze swoich planów dotyczących ligi, poświęcić nasz kraj i papiestwo? Czy też iść dalej w obranym kierunku, narażając na niebezpieczeństwo życie mojego drogiego syna?

Cezar rzadko widział ojca tak przybitym, sam jednak czuł się rozbawiony.

— I co zdecydowałeś? — zapytał żartobliwym tonem.

— Teraz, mój synu, nie ma to wielkiego znaczenia — odrzekł Aleksander, uśmiechając się łagodnie. — Jesteś bezpieczny, tak więc mój dylemat został rozwiązany.

Reakcja króla Karola na ucieczkę Cezara była mniej gwałtowna, niż się papież spodziewał. Dlaczego — zrozumiał dopiero wtedy, gdy dotarły doń wieści o wynikach kampanii neapolitańskiej Karola.

Oddziałom francuskim udało się zająć Neapol; król Alfons II bez walki zrzekł się tronu i uciekł. Karol triumfował. Pokonał pierwszą przeszkodę na drodze do odbicia Jerozolimy i obalenia władzy pogan. Nie miał zamiaru psuć sobie humoru zamartwianiem się ucieczką Cezara. Chciał się nacieszyć pięknem Neapolu, jadłem, kobietami i winem.

Po ucieczce Cezara Aleksander przyspieszył realizację planów dotyczących Świętej Ligi. Król Ferrante nie żył i Mediolan nie musiał już się obawiać najazdu Neapolitańczyków, toteż Il Moro znów skłonny był sprzymierzyć się z Rzymem. Na północy zaczęły się gromadzić wojska Mediolanu i Wenecji. Miały działać wspólnie z korpusem hiszpańskim, który zejdzie na ląd na południe od Neapolu, by ruszyć w górę półwyspu.

Aleksander wezwał Cezara i Duarte Brandao, by wspólnie

z nimi dokonać przeglądu strategii wojskowej i planów dotyczących Świętej Ligi.

— Czy nie obawiasz się, ojcze — zapytał Cezar — że król Karol uzna za straszliwą obrazę fakt, iż złamałeś słowo w kwestii Neapolu?

Aleksander zrobił zdziwioną minę, potem zmarszczył brwi.

— Złamałem słowo? O czym ty mówisz, Cezarze? Zobowiązałem się nie przeszkadzać mu w podboju Neapolu. Ani razu nie powiedziałem, że pozwolę mu go zatrzymać.

— Wątpię — uśmiechnął się Duarte — czy młody król jest w stanie wychwycić tę subtelność.

— A więc twój plan zakłada — ciągnął Cezar — że wojska Świętej Ligi odetną Francuzom drogę odwrotu, tak by ich armia została zgnieciona między siłami hiszpańskimi następującymi z południa a weneckimi i mediolańskimi nacierającymi z północy? Ależ ojcze, to oznacza, że znajdziemy się pomiędzy młotem a kowadłem.

— A jeśli istotnie — zapytał Duarte — armii francuskiej uda się przemknąć pomiędzy oddziałami hiszpańskimi i neapolitańskimi?

Aleksander zamyślił się.

— Jeśli umkną naszym wojskom na południu i dotrą do Rzymu, to choćby zatrzymali się tu jedynie na kilka dni, mogą narobić znacznych szkód. Na pewno złupiliby miasto...

— I wątpię, Ojcze Święty, czy tym razem król Karol by ich powstrzymywał...

Cezar zastanawiał się przez chwilę, a następnie zaproponował własne rozwiązanie.

— Karol nie może nie zdawać sobie sprawy z tego, że jeśli chce dochodzić swoich praw do Neapolu, musi nakłonić cię do zerwania aliansu ze Świętą Ligą. Musi także zostać przez ciebie koronowany i otrzymać twoje błogosławieństwo, jako że ty jesteś suzerenem królów Neapolu.

Aleksander był pod wrażeniem analizy syna, niemniej czuł, że Cezar czegoś jeszcze nie powiedział.

— Cóż więc, mój synu, proponujesz? Jaka byłaby twoja strategia?

Cezar uśmiechnął się chytrze.

— Jeśli król Francji, wycofując się z południa, zastanie Waszą Świątobliwość w Rzymie, może wykorzystać okazję i zmusić cię do ustępstw. Ale jeśli będziesz gdzie indziej...

Straż przednia armii francuskiej wkroczyła do Rzymu. Niebawem Karol otrzymał wiadomość, że papież odjechał na północ, do Orvieto. Zdecydowany zmusić Aleksandra do spełnienia swej woli, Karol nakazał wojsku przemaszerować przez Rzym i ruszyć na Orvieto. Kiedy jednak papiescy zwiadowcy dostrzegli nadciągających Francuzów, Aleksander był gotów do drogi. Chwilę później zmierzał spiesznie w kierunku Perugii, gdzie miał się spotkać z Lukrecją.

Już z Orvieto Aleksander wysłał do Pesaro don Micheletta, by towarzyszył córce w przeprawie przez góry. Nie widział jej od kilku miesięcy i chciał się nacieszyć jej szczęściem, a także porozmawiać na temat jej męża. Papież czuł, że miło będzie mieć Lukrecję przy sobie; pomogłoby mu to przetrwać czas oczekiwania na wynik wojny z Francuzami.

Wkraczając do Orvieto, król Karol niczego nie pragnął bardziej, niż nakłonić Aleksandra do podpisania nowego traktatu. Dowiedziawszy się, że papież udał się do Perugii, wściekły i zdezorientowany, rozkazał swojej armii ruszyć w kierunku Perugii.

Niespodziewanie na drodze ukazał się jeden ze zwiadowców awangardy. Żołnierz bez tchu wyrzucił z siebie wiadomość, że oddziały Świętej Ligi w znacznej liczbie koncentrują się na północy. Karol musiał zmienić plany. Wtedy dotarła doń kolejna zła nowina. Jego nowy sojusznik, Virginio Orsini, został ujęty przez Hiszpanów podążających za Francuzami na północ.

Karol nie mógł tracić więcej czasu na uganianie się za

fantomem papieża. W każdej chwili mogła się zatrzasnąć pułapka, której tak się obawiał. Nie zwlekając, forsownym marszem ruszył w kierunku Alp; bezlitośnie popędzał swoje oddziały. Dotarli do celu w ostatniej chwili. I tak jednak w drodze do granicy Francuzi musieli się przebić przez mur żołnierzy Świętej Ligi.

Król Karol, wstrząśnięty i pokonany, wracał do Francji.

9

W Rzymie chwilowo panował spokój, papież udał się więc do Lago di Argento na zasłużony odpoczynek. Niezwłocznie też wezwał dzieci, by przybyły na rodzinne święto.

Lukrecja przyjechała z Pesaro, Juan — z Hiszpanii (choć bez żony, Marii), Jofre i Sancia — z Neapolu. Rodzina Borgiów znów była w komplecie. Giulia Farnese i Adriana miały się zjawić nieco później; pierwszy tydzień na wsi Aleksander chciał spędzić tylko z dziećmi.

W Lago di Argento Rodrigo Borgia zbudował ogromną murowaną willę, domek myśliwski ze stajniami dla swoich cennych koni oraz kilka małych willi dla dzieci i kobiet, które często towarzyszyły mu, gdy uciekał z Rzymu przed dławiącym upałem letnich miesięcy. Papież Aleksander uwielbiał otaczać się pięknymi, wytwornymi niewiastami, toteż wiele takich dworskich ślicznotek dotrzymywało mu towarzystwa, gdy tymczasem ich mężowie bawili w odległych stronach. Niektóre zabierały ze sobą dzieci; widok ich jasnych twarzyczek, tak świeżych i nieskażonych złem, napawał papieża nadzieją.

Ponad sto osób otaczało papieża i jego gości: grupa szlachty z żonami, dworzanie i damy dworu, służba i pałacowi kucharze serwujący obfite posiłki, stali członkowie dworu papieskiego. Do tego muzycy, aktorzy, kuglarze i błazny, jako że Aleksander przepadał za komediami i różnego rodzaju widowiskami.

Wiele czasu papież spędził z dziećmi nad jeziorem. W te spokojne dni często bawił je opowieściami o wielkich cudach, jakie zdarzały się w czasach, gdy przybywali tu grzesznicy z Rzymu, by wykąpać się w wodach jeziora, zmywając z siebie występne żądze.

Przed laty, gdy po raz pierwszy opowiadał te historie, Cezar zapytał:

— A ty, ojcze, także kąpałeś się w jeziorze?

— Nigdy — uśmiechnął się Aleksander, wówczas jeszcze kardynał. — Bo i jakież to grzechy popełniłem?

— W takim razie i ja, jak mój ojciec, nie potrzebuję się kąpać.

Lukrecja przyglądała się ojcu i bratu, wreszcie z chytrym uśmieszkiem rzuciła:

— Przypuszczam, że żaden z was nie tęskni za cudem?

Rodrigo Borgia odrzucił do tyłu głowę i zaniósł się radosnym śmiechem.

— Wręcz przeciwnie, moje dziecko — odrzekł. A potem z dłonią przy ustach wyszeptał: — Ale w tej chwili ważniejsze są dla mnie moje ziemskie pragnienia i drżę ze strachu, że zostaną zmyte nazbyt wcześnie. Przyjdzie i na to czas. Nie wtedy jednak, gdy łaknienie pełni życia, tkwiące w moim brzuchu, jest większe niż łaknienie zbawienia w mojej duszy... — Przeżegnał się wtedy, jakby obawiając się świętokradztwa.

Teraz każdy dzień zaczynał się polowaniem. Prawo kanoniczne zabraniało polować papieżowi, lecz Aleksander powoływał się w tym wypadku na swoich lekarzy, których zdaniem potrzebował ruchu na świeżym powietrzu. Robił już inne zakazane rzeczy, myślał, a większości z nich nie lubił tak jak polowania. Na utyskiwania pokojowca, iż nosi buty, które niemożliwym czynią okazywanie mu szacunku przez ucałowanie stóp, odpowiedział żartem, że przynajmniej psy myśliwskie nie odgryzą mu palców.

Teren otaczający domek myśliwski — około stu akrów — z trzech stron ogrodzony był płotem z drewnianych pali i grubego żaglowego płótna; stopniowo, w sposób naturalny, gromadziła się tam pewna ilość zwierzyny. Przed każdym polowaniem nęcono ją surowym mięsem w pobliże szerokiego wyjścia z zagrody.

O świcie zebrali się myśliwi. Każdy dla pokrzepienia wypił po pucharze mocnego wina z Frascati i wreszcie Aleksander dał znak papieską chorągwią. Przy wtórze trąb i bębnów brama zagrody stanęła otworem i zwierzęta runęły ku wyjściu, które zdało się prowadzić ku wolności. Wnet jednak wszystkie te jelenie, dziki, wilki, zające i jeżozwierze spotkały na swej drodze myśliwych. Zbrojni w dzidy, oszczepy i miecze — co bardziej krwiożerczy nawet w topory bojowe — ludzie puścili się w pogoń za zdobyczą.

Lukrecja i Sancia oraz ich damy dworu mogły przyglądać się tej rzezi z bezpiecznego podwyższenia. Kobiety na polowaniu — to dodaje mężczyznom odwagi i fantazji. Lukrecja jednak, zdegustowana, zasłoniła oczy i odwróciła się. Coś w niej się wzdragało na myśl, że między losem tych biednych, zapędzonych w pułapkę zwierząt i jej własnym istnieje pewne podobieństwo. Sancia natomiast nie przypisywała głębszego znaczenia temu, co działo się przed jej oczyma. Zgodnie z oczekiwaniami mężczyzn oklaskiwała widowisko i nawet wręczyła szwagrowi, Juanowi, jedwabną chusteczkę, by zamoczył ją we krwi ubitego przez siebie dzika. Nie tak zręczny we władaniu bronią jak Cezar, Juan miał jednak to upodobanie do okrucieństwa, które w połączeniu z próżnością czyniło zeń najzagorzalszego myśliwego w rodzinie. Dał popis odwagi, nie cofając się przed szarżującym nań wielkim odyńcem; ugodził zwierzę dzidą i dobił toporem.

Cezar zabrał z sobą dwa swoje ulubione charty: Wrzosa i Konopie. Udawał, że poluje, ale w rzeczywistości przyjemność sprawiała mu dopiero konna gonitwa z psami. Tego dnia zaś był nazbyt zajęty swoimi myślami, by interesować się zwierzyną. Zazdrościł Juanowi. Jego brat mógł żyć pełnią życia, normalnego życia, i liczyć na wojskową karierę. Tymczasem Cezar na dobre związany był z Kościołem, czekała go kariera, której sobie nie wybrał i której nie chciał. Czuł, jak żółć podchodzi mu do gardła, a jednocześnie narastała w nim nienawiść do brata. Szybko jednak sam siebie przywołał do porządku. Dobry człowiek, w szczególności sługa boży, nie mógł nienawidzić brata. To nie tylko coś sprzecznego z naturą, nie tylko mogło unieszczęśliwić ojca, to także było niebezpieczne. Juan, jako kapitan generalny armii papieskiej, dysponował większą władzą niż jakikolwiek kardynał Kościoła katolickiego. I jeszcze ta prawda pozostała niezmieniona: nawet po tylu latach, mimo wszystkich jego wysiłków, by sprostać wymaganiom, żeby stać się najlepszym — nadal to Juan, nie on, był ulubieńcem ojca.

Cezar, głęboko zamyślony, oprzytomniał nagle, słysząc przeraźliwy skowyt jednego z chartów. Ruszył w kierunku źródła tych dźwięków i niebawem dostrzegł wspaniałe zwierzę przyszpilone do ziemi ostrzem lancy. Zsiadł z konia, by pomóc rannemu psu i wtedy kątem oka dostrzegł twarz Juana wykrzywioną w ponurym grymasie. I nagle zrozumiał, co się stało. Juan chybił uciekającego jelenia i trafił w charta. Przez chwilę Cezar sądził, że było to zrobione celowo, ale wtedy podjechał doń brat i rzucił przepraszającym tonem:

— Za tego jednego kupię ci parkę.

Wciąż ściskając w dłoni wyrwaną z ziemi lancę, Cezar opuścił wzrok na zabitego charta i na mgnienie oka owładnęła nim mordercza furia.

W tym momencie dostrzegł ojca, który przejeżdżał nieopodal, kierując się w stronę zaplątanego w liny sieci odyńca.

— Przy tym dziki myśliwy nie ma już nic do roboty! — zawołał. — Muszę poszukać innego...

Uderzył piętami w boki konia, zawrócił i pognał za następnym dużym odyńcem. Inni myśliwi, zaniepokojeni brawurą papieża, ruszyli w jego stronę. Ten jednak już dopadł dzika i zadał mu potężne pchnięcie dzidą w bok. Rana była śmiertelna, ale papież jeszcze dwukrotnie uderzał i na koniec grot broni przeszył serce zwierzęcia. Odyniec zaprzestał walki o życie i znieruchomiał. Pozostali myśliwi rzucili się na jego zwłoki i posiekali je na strzępy.

Obserwując ten popis odwagi, Cezar dziwił się sile niemłodego przecież mężczyzny i czuł się dumny z ojca. Jeśli nawet Cezar nie żył tak, jak chciał, to przynajmniej żył tak, jak tego sobie życzył Aleksander. Wiedział, że było to dla niego źródłem wielkiej radości. Spoglądając na powalone zwierzę, Cezar pomyślał, że ma szczęście, bo jest takim człowiekiem, jakim ojciec chciałby go widzieć.

Nad Lago di Argento zapadał zmierzch. Cezar i Lukrecja, trzymając się za ręce, spacerowali brzegiem jeziora. Tworzyli piękną parę: on — wysoki, smagły, ciemnowłosy, przystojny południową urodą; ona — jakby dla kontrastu jasnowłosa, o błękitnych oczach, które często błyszczały inteligencją i rozbawieniem. Tego jednak wieczoru była smutna.

— To był błąd, Cezarze — powiedziała — że papa zmusił mnie do poślubienia Giovanniego. On nie jest dobrym człowiekiem. Prawie się do mnie nie odzywa, a jeśli już coś powie, jest wulgarny i grubiański. Na co ja liczyłam? Wiedziałam, że to małżeństwo polityczne, ale nie miałam pojęcia, iż będę tak nieszczęśliwa.

— Wiesz, siostrzyczko — Cezar starał się być delikatny — że Ludovico Sforza nadal jest najpotężniejszym człowiekiem w Mediolanie. W krytycznym momencie Giovanni pomógł nam utrwalić związek ze swoją rodziną.

Lukrecja skinęła głową.

— Ja to rozumiem. A jednak sądziłam, że będę się czuła

inaczej. Tymczasem nawet podczas tego nieprzyzwoicie wystawnego ślubu, gdy klęczeliśmy na idiotycznych złotych podnóżkach i spojrzałam na mężczyznę, który miał zostać moim mężem, wiedziałam, że zaszła jakaś straszliwa pomyłka. Kiedy zobaczyłam wszystkich tych kardynałów w purpurowych szatach, drużbów w tureckich strojach ze srebrnego brokatu... nie mogłam się zdecydować: śmiać się czy płakać. Miała to być uroczystość, święto, a ja czułam się taka przygnębiona.

— Czy było tam cokolwiek, co by ci się spodobało? — zapytał z uśmiechem.

— Owszem. Ty w czarnej sutannie i weneckie gondole ozdobione dwudziestoma tysiącami róż.

Cezar przystanął i odwrócił się ku siostrze.

— To było nie do wytrzymania, Lukrecjo — powiedział. — Nie mogłem znieść myśli, że niebawem znajdziesz się w ramionach innego mężczyzny. Wszystko jedno dlaczego. Gdybym mógł nie wziąć udziału w tej katastrofie... Ale papa nalegał, żebym przyszedł. Tego dnia moje serce oblekł smutek czarny jak sutanna, którą miałem na sobie...

Lukrecja delikatnie pocałowała brata w usta.

— Giovanni to arogancki bufon. Do tego jest okropnym kochankiem. Ryczałam jak bóbr, byle tylko uniknąć jego uścisków. Nie znoszę nawet jego zapachu.

— Miłość z nim nie sprawia ci tyle uciechy, co ze mną? — zapytał Cezar, starając się ukryć uśmiech.

Lukrecja zachichotała mimo woli.

— Och, najdroższy, to różnica jak między niebem a piekłem.

Znów zaczęli się przechadzać. Minęli niewielki most i weszli do lasu.

— Twój mąż przypomina mi Juana — powiedział Cezar.

Lukrecja z powątpiewaniem pokręciła głową.

— Juan jest młody, może jeszcze wyrośnie ze swoich wad. To, że ma ciebie za brata, nie jest dla niego takim błogosławieństwem jak dla mnie.

Cezar milczał przez chwilę, wreszcie bardzo poważnym tonem rzekł:

— Prawdę mówiąc, uważam, że to Jofre jest zakałą rodziny, nie Juan. Pogodziłem się już z jego głupotą, ale dom, jaki prowadzą z Sancią, to doprawdy skandal. Ponad stu służących na rozkazy tylko ich dwojga. Złote talerze i wysadzane klejnotami puchary dla setki gości, bo akurat im się spodobały. To szaleństwo i w złym świetle ukazuje naszą rodzinę. A co ważniejsze, dla syna papieża takie ekstrawagancje są niebezpieczne.

— Wiem, braciszku. Papę też to gryzie, choć rzadko się do tego przyznaje. Nie kocha Jofre tak jak nas. Znając jego słabość i brak rozumu, więcej mu wybacza.

Cezar raz jeszcze przystanął, by w świetle księżyca przyjrzeć się Lukrecji. Jej porcelanowobiała skóra wydawała się bardziej świetlista niż zazwyczaj. Delikatnie uniósł twarz siostry, aby zajrzeć jej w oczy. Znalazł w nich jednak tyle smutku, że musiał odwrócić wzrok.

— Siostrzyczko — powiedział więc — czy chcesz, żebym porozmawiał z papą o twoim rozwodzie? Ojciec cię uwielbia. Mógłby na to przystać. A Giovanni? Czy by się zgodził?

— Nie mam najmniejszej wątpliwości — uśmiechnęła się Lukrecja — że mój mąż doskonale poradziłby sobie beze mnie; tęskniłby jednak za moim posagiem. To złoto w sakiewce, nie złoto moich włosów budziło zawsze jego namiętność.

Cezara rozbawiła otwartość siostry.

— Zaczekam na odpowiedni moment i wtedy przedstawię rzecz całą papie.

Zmierzch już zapadał nad jeziorem, kiedy Juan wybrał się z Sancią, żoną Jofre do lasu, aby pokazać jej stary domek myśliwski ojca. Ostatnio rzadko go używano, ponieważ powstał nowy, znacznie elegantszy.

Sancia, choć równa wiekiem Juanowi, wydawała się odeń znacznie dojrzalsza. Była pięknością w klasycznym hiszpańskim typie — oczy miała ciemnozielone, długie rzęsy i lśniące, kruczoczarne włosy. Beztroska i figlarna, robiła na wszystkich wrażenie bystrej i obdarzonej poczuciem humoru. Tymczasem wszystko to była płytka poza, narzędzie uwodzenia naiwnych — mocno zresztą nadużywane.

Juan wziął Sancię za rękę i zarośniętą ścieżką poprowadził przez las. Na koniec dotarli do sporej polany i oczom ich ukazał się dom z surowych, z grubsza tylko obciosanych sosnowych bali; nad dachem wznosił się kamienny komin.

— To nie jest odpowiednia siedziba dla księżniczki — powiedział ze śmiechem Juan. Była w końcu córką króla Neapolu, Alfonsa II, najprawdziwszą księżniczką krwi.

— Uważam, że to miejsce jest urocze — odparła Sancia, ani na chwilę nie wypuszczając z uścisku palców Juana.

Weszli do domu i podczas gdy Juan rozpalał ogień na kominku, Sancia obeszła izbę, przyglądając się wiszącym na ścianach licznym łowieckim trofeom w postaci spreparowanych zwierzęcych głów. Pogłaskała serwantkę z wiśniowego drewna, wezgłowie zasłanego puchową pościelą łoża i kilka innych pięknych, wiejskich mebli. Pokrywająca je złocista patyna stanowiła świadectwo wielu lat używania i troskliwej pielęgnacji.

— Dlaczego twój ojciec zostawił tu wszystkie meble, skoro dom nie jest już używany? — zapytała Sancia.

Juan, klęczący przed kominkiem, podniósł głowę i uśmiechnął się.

— Nadal używa go od czasu do czasu. Kiedy ma gościa, z którym chce być sam na sam... tak jak ja teraz. — Wstał, podszedł do niej, objął szybko i przyciągnął do siebie. A potem ją pocałował.

Przez chwilę milczała, ale zaraz odchyliła się, szepcząc:

— Nie, nie, nie mogę. Jofre mógłby...

Podniecony Juan przygarnął Sancię jeszcze mocniej i szepnął:

— Nie bój się. Jofre niczego nie zrobi. Nie jest do tego zdolny!

Juan nie lubił Cezara, szanował go jednak za jego inteligencję i sprawność fizyczną. W stosunku do lekkomyślnego Jofre czuł tylko pogardę.

Ponownie przytulił żonę swojego brata i wsunął rękę pod białą spódnicę. Powoli przesuwając dłoń w górę, pieścił uda Sancii. Kiedy wyczuł jej podniecenie, pociągnął ją w stronę łóżka.

Chwilę później leżeli razem. Długie czarne włosy Sancii lśniły rozrzucone na poduszce, w świetle migoczących płomieni kominka. Wyglądała niezwykle pięknie. Widok uniesionej w górę spódnicy rozpalił Juana do białości. Nakrył Sancię swoim ciałem. Kiedy w nią wszedł, cicho jęknęła. Nie broniła się; zaczęła go zachłannie całować, nie mogła oderwać się od jego ust. Juan nasilił ruchy, wnikał w nią coraz głębiej. Wszelkie myśli o mężu i próbie protestu wyleciały Sancii z głowy. Zapamiętała się w niczym niekontrolowanej przyjemności.

Tego dnia papież z rodziną wieczerzali na łące nad jeziorem. Drzewa wkoło obwieszono kolorowymi lampionami, wzdłuż brzegu migotały pochodnie umocowane na długich tyczkach. Dziczyzna z porannego polowania gwarantowała wspaniałą ucztę; mięsiwa wystarczyło i dla z górą setki domowników Aleksandra, i dla biednych z okolicznych wsi i miasteczek. Biesiadników zabawiali kuglarze i muzykanci, a na koniec podnieśli się z miejsc Juan z Sancią i zaśpiewali w duecie.

Siedzący obok Lukrecji Cezar ciekaw był, kiedy tych dwoje znalazło czas na wspólne próby, bo śpiewali równo i bardzo ładnie. Mąż Sancii robił jednak wrażenie zadowolonego i świetnie się bawił. Cezar zastanawiał się, czy to możliwe, aby był tak tępy, na jakiego wyglądał.

Papież Aleksander cenił ciekawą rozmowę na równi z polowaniem, dobrą kuchnią i kobietami. Po bankiecie, kiedy zaczęły się występy aktorów, a młodzi ruszyli do tańca, Aleksander uraczył dzieci czymś na kształt wykładu. Jeden z aktorów — w przypływie śmiałości, zwykłym u przedstawicieli tego ekscentrycznego ludku — przedstawił dialog, w którym znękany nieszczęściami szlachcic zapytuje, jak Bóg może zsyłać na swoich wiernych wyznawców najsroższe klęski żywiołowe. Jak może dopuszczać do powodzi, pożarów, epidemii? Dlaczego pozwala, by niewinne dzieci padały ofiarą najstraszniejszych okrucieństw? By człowiek, stworzony na jego obraz i podobieństwo, tak krzywdził bliźniego swego?

Aleksander podjął wyzwanie. Jako że znajdował się wśród przyjaciół, nie odwoływał się do Pisma Świętego, aby przedstawić swój punkt widzenia. Odpowiedział raczej jak grecki filozof albo kupiec z Florencji.

— Co by się stało, gdyby Bóg obiecał nam niebo tu, na ziemi, i uczynił je łatwo osiągalnym? — rzekł. — Nie wydawałoby się wówczas specjalnie wielką nagrodą. Po cóż więc człowiek miałby dowodzić swej wiary i szczerości? Bez czyśćca nie ma nieba. Gdyby było, jak powiedziałem, jakież góry zła wyszłyby spod ręki człowieka. Ludzie wymyśliliby tyle sposobów niszczenia się nawzajem, że i samej ziemi by nie stało. To, co osiąga się bez bólu, jest nic niewarte. To, co łatwo osiągalne, jest bez znaczenia. Człowiek stałby się oszustem, grającym w życie fałszywymi kośćmi i znaczonymi kartami. Nie byłby lepszy od zwierząt, na które polujemy. Bez wszystkich tych przeszkód, nazywanych przez nas nieszczęściami, wcale byśmy się nie radowali z dotarcia do nieba. A owe nieszczęścia są właśnie dowodem istnienia Boga, dowodem jego umiłowania rodzaju ludzkiego. Nie możemy go winić za to, co ludzie robią sobie nawzajem. Wszystko to nasza wina i musimy ją okupić pokutą w czyśćcu.

— Ojcze — pierwsza odezwała się Lukrecja; z wszystkich

dzieci Aleksandra ona była najwrażliwsza na problemy wiary i etyki — czym w takim razie jest zło?

— Władza jest złem, moje dziecko — odrzekł papież. — Dlatego mamy obowiązek oczyścić ludzkie serca i umysły z żądzy władzy. Kościół święty może tego dokonać. Nigdy jednak nie odbierzemy zbiorowości jej władzy nad jednostką. Dlatego też nigdy nie wyplenimy całego zła z cywilizowanego społeczeństwa. Zawsze będzie niesprawiedliwe, zawsze będzie okrutne wobec zwykłego człowieka. Ale nie jest wykluczone, że za pięćset lat ludzie przestaną się nawzajem oszukiwać i mordować. Cóż to będzie za radosny dzień! — Tu Aleksander popatrzył na swoich synów, Juana i Cezara, i dodał: — Taka jest jednak natura społeczeństwa, że aby ludzie trzymali się razem i wspólnie służyli Bogu i ojczyźnie, król musi czasem wieszać i palić na stosie poddanych, bo tylko tak może ich nagiąć do swej woli. Rodzaj ludzki jest bowiem równie krnąbrny i nieokiełznany jak przyroda, a niektóre demony nie boją się wody święconej. — Papież uniósł puchar do toastu. — Wypijmy za matkę naszą, święty Kościół rzymski, i za rodzinę. Obyśmy sięgnęli szczytów, niosąc słowo boże do najdalszych zakątków świata.

Wszyscy podnieśli szklanice i zawołali:

— Za papieża Aleksandra! Niechaj Bóg pobłogosławi go zdrowiem, szczęściem oraz mądrością Salomona i wielkich filozofów.

Wkrótce potem biesiadnicy rozeszli się do swoich domków. Nad każdym z nich powiewała flaga Borgiów z czerwonym szarżującym bykiem. Umocowane do tyczek pochodnie rzucały migotliwe światło na powierzchnię jeziora.

Jofre z posępną i nadąsaną miną krążył bez celu po izbie. Po kolacji Sancia nie wróciła z nim do domu. Kiedy wcześniej, podczas zabawy, podszedł do niej i zażądał, by towarzyszyła mu w drodze powrotnej, odmówiła ze śmiechem i przegoniła go rozkazującym gestem. Badając wzrokiem twarze najbliższych gości, czuł, jak na policzki wypełza mu palący rumieniec wstydu.

Ten dzień w Lago di Argento zakończył się dlań upokorzeniem, choć inni świetnie się bawili, śmiali, wznosili toasty i najpewniej niczego nie zauważyli. On sam, oczywiście, klaskał i śmiał się, jak wymagał dworski protokół, ale na widok żony śpiewającej w duecie z tym zarozumialcem Juanem zacisnął zęby, niezdolny cieszyć się urodą pieśni.

Samotnie wrócił do domku. Próbował zasnąć, ale bezskutecznie. Wyszedł na zewnątrz, starając się zapanować nad wzburzeniem. Głosy nocnych ptaków dochodzące z zarośli sprawiły, że poczuł się mniej samotny. Usiadł na ziemi; jej chłód działał nań kojąco, uspokajająco. Głowę pełną miał myśli o ojcu, papieżu, swoich braciach i siostrze...

Zawsze wiedział, że nie jest tak mądry jak Cezar ani tak silny i sprawny jak Juan. W głębi serca skrywał jednak przekonanie, iż pojął coś, czego oni nie pojmowali: że grzechy, których się dopuścił — zachłanność, nieumiarkowanie w jedzeniu i piciu — nie są tak ciężkie jak grzechy Juana i Cezara — okrucieństwo i ambicja.

Jeśli zaś chodzi o bystry umysł... Jakież on mógł mieć znaczenie dla kierunku drogi życiowej Jofre? Lukrecja była odeń nieporównywalnie bystrzejsza, inteligentniejsza, a przecież nie decydowała o swoim życiu w większym stopniu niż on. Patrząc na to, co działo się w rodzinie, Jofre doszedł do wniosku, że inteligencja nie jest tak ważna. Liczy się głos serca, podszept czystej duszy.

Juan zawsze był bardzo niemiły wobec braci i siostry; od dziecka znieważał ich, przezywał. Zgadzał się uczestniczyć tylko w tych grach, w których mógł bez trudu zwyciężyć. Cezar, jako książę Kościoła, czuł się czasem zobowiązany zganić Jofre za jego wybryki, ale była w tym raczej szorstka czułość, a nie okrucieństwo i chęć poniżenia typowe dla Juana. Najbardziej Jofre lubił Lukrecję. Zawsze traktowała go łagodnie, z miłością, dawała mu odczuć, iż cieszy ją spotkanie z młodszym bratem. Ojciec, papież, zdawał się go prawie nie zauważać.

Jofre poczuł, że znów ogarnia go niepokój. Postanowił udać się na poszukiwanie Sancii. Przekona ją, by wróciła z nim do domku. Wstał i ruszył wąską ścieżką między drzewami. Tuż za ostatnimi zabudowaniami dostrzegł na tle nieba dwie ciemne sylwetki. Już miał zawołać, pozdrowić napotkanych, ale coś go powstrzymało.

Usłyszał cichy śmiech, a potem światło księżyca wydobyło z mroku twarze Juana i Sancii idących pod rękę. Jofre zawrócił i bezszelestnie podążył za nimi w kierunku domku. Widział, jak przystanęli, by się objąć, i usta wykrzywił mu grymas pogardy. Jak skamieniały, przyglądał się bez słowa, gdy Juan pochylił się i żegnał Sancię namiętnym pocałunkiem.

W tym momencie Jofre uświadomił sobie rozmiar niegodziwości Juana. Lecz chyba jeszcze wyraźniej dotarło doń, że w jego bracie jest coś szatańskiego, nieczystego. I oto świadomie i z całą stanowczością, na jaką było go stać, przeklął w duchu Juana i raz na zawsze wyrzucił go ze swego serca. Nie miał już brata. I nagle wszystko zrozumiał. Tak, nie miał już wątpliwości. Jak zarodek Chrystusa, umieszczony w łonie Matki-Dziewicy przez Ducha Świętego, tak zasiane być może ziarno zła. Niezauważone lub nierozpoznane, odkryte zostaje dopiero w porze owocowania.

Juan już się oddalał. W przypływie rzadkiej u niego radości dobył sztylet i zatoczył nim koło w powietrzu. Zaśmiał się i tonem przechwałki rzucił w stronę Sancii:

— Niedługo zostanę kapitanem generalnym papieskiej armii. Zobaczysz, co wtedy zrobię.

Jofre potrząsnął głową, starając się powściągnąć wściekłość. Dopiero po dłuższej chwili udało mu się zapanować nad emocjami. I wtedy, nienaturalnie zgoła beznamiętny, pogrążył się w rozmyślaniach. Nie interesowały go bezsensowne batalie o polityczne korzyści; nie sprawiały mu przyjemności i, w gruncie rzeczy, nudziły go. Odbieranie życia bliźniemu, narażanie się na wieczne potępienie dla osiągnięcia jakiegoś celu strategicznego, militarnego — też nie miało sensu. Takie ryzyko, myślał Jofre, warto podjąć tylko wtedy, gdy ma się na widoku nagrodę znacznie cenniejszą, o bardziej osobistym charakterze.

Także Cezara nurtował niepokój. Rozmowa z Lukrecją nieznośnym ciężarem legła na jego sercu, nie pozwalając usnąć. Ustalił, że papież udał się już do swojej kwatery, lecz czuł, że musi się z nim rozmówić.

Aleksander siedział przy biurku, czytał i podpisywał dokumenty, podsuwane mu przez dwójkę sekretarzy; odesłał ich, gdy Cezar wszedł do gabinetu. Młodzieńca zdziwiła świeżość i energia ojca, który miał przecież za sobą cały wypełniony zajęciami dzień. Zbliżył się doń i został obdarzony czułym uściskiem. Na olbrzymim palenisku kominka płonęło pięć masywnych kłód.

Papież miał już na sobie strój do spania: długą wełnianą koszulę nocną, na którą zarzucił bogato haftowany jedwabny szlafrok obszyty futrem. Twierdził, że szata owa broni jego ciało przed utratą ciepła i chroni przed malarycznymi rzymskimi wiatrami. Na głowie miał rubinowej barwy niewielki, pozbawiony ozdób berecik. Aleksander nieraz powtarzał, że choć papież musi od czasu do czasu — kierując się racją stanu — ukazać ludowi bogactwo Kościoła, to przynajmniej spać mógł w stroju równie prostym, jak pierwszy lepszy wieśniak.

— I z czegóż to moja córka zwierzyła się swemu ulubionemu bratu? — ozwał się papież. — Czy skarżyła się na męża?

Cezar wychwycił w głosie ojca nutę ironii i pojął, że papież doskonale orientuje się w sytuacji. Niemniej zdziwiło go, iż tak dobrze zna stan uczuć Lukrecji.

— Jest z nim nieszczęśliwa — odparł.

Aleksander zamyślił się na chwilę.

— Muszę przyznać, że i ja nie jestem już zadowolony z tego małżeństwa. Nie spełniło moich oczekiwań w sferze politycznej. — Wyglądało na to, że papież z ukontentowaniem powitał okazję do poruszenia tego tematu. — Do czego może nam się przydać ten chłopak Sforzów? Właściwie nigdy go nie lubiłem. A i żołnierz z niego byle jaki. Il Moro nie jest dla nas teraz wiele wart; nielojalny i niegodny zaufania. Oczywiście musimy się z nim liczyć, bo zależy nam na jego uczestnictwie w Świętej Lidze. Ale to człowiek nieprzewidywalny. A przy tym musimy także brać pod uwagę uczucia twojej siostry, nieprawdaż?

Cezar pomyślał, że Lukrecja byłaby szczęśliwa, słysząc słowa ojca, i myśl ta sprawiła mu przyjemność. Siostra pewnie uznałaby go za bohatera.

— Jak więc to rozegramy? — zapytał.

— Król Ferdynand prosił mnie, bym zaprzyjaźnił się z domem Aragonów neapolitańskich. Żeniąc się z Sancią, Jofre, oczywiście, znalazł się w obozie popleczników władcy Neapolu, ale to niekoniecznie jest dla nas korzystne. Chyba że... — papież uśmiechnął się i dokończył myśl — ...zdołamy zatkać ten wyłom w naszych szeregach, zawiązując nowy alians.

Cezar, zdziwiony, ściągnął brwi.

— Nie bardzo rozumiem, ojcze.

— Mam na myśli brata Sancii, Alfonsa. — Oczy papieża błyszczały, zdawał się radować swoim najnowszym pomysłem. — Mógłby stanowić znacznie korzystniejszą partię dla Lukrecji. Zawsze to kłopotliwe, tak obrażać Sforzów, ale gra może być warta świeczki. Powiedz siostrze, iż biorę pod uwagę dokonanie radykalnej odmiany jej położenia.

Aleksander odsunął się z krzesłem od biurka, wstał i podszedł do kominka, by żelaznym pogrzebaczem przesunąć drwa na palenisku. Odwróciwszy się, spojrzał na syna.

— Wiesz, Cezarze, iż musimy sprawować stałą kontrolę

nad legacjami państwa kościelnego. Papiescy wikariusze są chciwi niczym najemni żołdacy, bezustannie żrą się między sobą, podważają moją nieomylność, łupią i uciskają poddanych. Musimy coś zrobić, by przywołać ich do porządku.

— Masz jakiś plan?

— Królowie Francji i Hiszpanii jednoczą swoje terytoria, dążą do centralizacji władzy. Musimy robić to samo. Nie ma innego sposobu. Wymaga tego dobro ludu i papiestwa. A także dobro naszej rodziny. Jeśli bowiem nie stworzymy jednolitego, podległego Borgiom rządu, który zmusi lokalnych władców do uznania zwierzchności Rzymu i papieża, ty i reszta rodziny znajdziecie się w wielkim niebezpieczeństwie. — Papież umilkł.

— Potrzeba nam twierdz z liczną załogą — zdecydowanym tonem rzekł Cezar. — Do gaszenia lokalnych buntów i ruchawek oraz powstrzymywania obcych najeźdźców, łakomym okiem spoglądających na centralne obszary półwyspu.

Papież milczał, jakby bez reszty zatopiony we własnych myślach.

— Możesz mną dysponować, ojcze — powiedział Cezar, pochylając głowę. — Jestem kardynałem Kościoła świętego.

Aleksander wrócił na ulubione, obite skórą krzesło i tonem powagi, dobitnie wymawiając każde słowo, rzekł:

— Nie muszę ci mówić, co się stanie, gdy umrę, a papieżem zostanie obrany jakiś wróg naszej rodziny w rodzaju della Rovere; czym to grozi nam wszystkim. Nie chcę nawet myśleć, co stałoby się wówczas z twoją siostrą. Piekło Dantego jest niczym w porównaniu z tym, co by ją czekało...

— Dlaczego mi to mówisz, ojcze? Na razie nie musimy się lękać. Jeszcze nie zacząłeś uzdrawiać Kościoła, czynić dlań tego, co musisz uczynić. Jestem więc pewien, że jeszcze pożyjesz...

Aleksander ściszył głos.

— Pomijając wszelkie zagrożenia, w Watykanie jest tylko

dwóch ludzi, którym możesz ufać bez zastrzeżeń. Jednym jest don Micheletto...

— To dla mnie żadna niespodzianka, ojcze. Twoja sympatia dla niego nie uszła niczyjej uwagi. Ja sam darzę go zaufaniem od dziecka, chociaż... Jego życie stanowi dla mnie tajemnicę. Nigdy cię o to nie pytałem, ale powiedz: jak to się stało, że Hiszpan z Walencji tak głęboko tkwi w sprawach rzymskich?

Aleksander opowiedział synowi dzieje Miguela Corella, znanego jako don Micheletto.

— Ale zwą go także dusicielem.

— To prawda, jednakże on jest kimś więcej. Jest świetnym dowódcą, dzielnym, nieznającym lęku wojownikiem, ale przede wszystkim gotów jest zginąć w obronie naszej rodziny. Jego lojalność jest niewzruszona; równie niepohamowana jest jego furia. Popełniłbyś błąd, biorąc go za pospolitego najemnego zabójcę. Można mu zaufać bez reszty.

— A kim jest ten drugi? — spytał Cezar.

— To Duarte Brandao. Niewiele mogę ci powiedzieć o jego przeszłości. Był już jeńcem, kiedy go do mnie przyprowadzono. Potrzebowałem tłumacza z angielskiego, a mój stały znawca angielszczyzny gdzieś się zawieruszył. Brandao został ciężko pobity przez naszych żołnierzy; przysięga, że sam niczego nie pamięta ze swojej przeszłości.

— Mimo to zatrzymałeś go przy sobie.

— Kiedy ujrzałem go po raz pierwszy — wspominał Aleksander — był brudny i zarośnięty jak każdy więzień wypuszczony z lochu. Wykąpano go, przyzwoicie ubrano i przyprowadzono do mnie ponownie. Coś w jego postawie przywiodło mi na myśl niejakiego Edwarda Bramptona, nawróconego żyda, który oddał wielkie usługi królowi Anglii Edwardowi Czwartemu. Widziałem go tylko raz, wiele lat wcześniej, ale zwróciłem nań uwagę, jako że był pierwszym żydem pasowanym na rycerza. Podobno służył bratu króla, Ryszardowi Trzeciemu, który, jak wiesz, został zabity przez zwolenników Henryka Tudora. Za Edwarda Czwartego brał udział w wielkich bitwach lądowych i morskich, a Ryszard Trzeci zawdzięcza mu ocalenie dosłownie całej angielskiej floty. Po klęsce Ryszarda Brampton zniknął z Anglii i mniej więcej w tym samym czasie w Rzymie ujęto Duarte Brandao. Tudorowie kazaliby go zabić, gdyby wpadł im w ręce. Wciąż grozi mu niebezpieczeństwo ze strony agentów Tudorów.

— To tłumaczy zmianę nazwiska — zauważył Cezar. — Ale czy w takim razie Brandao jest żydem?

— Jeśli nawet, to żydem nawróconym na wiarę katolicką. Sam widziałem, jak przyjmował komunię. A przez ostatnie siedem lat służył Kościołowi świętemu z niespotykanym oddaniem. Jest najodważniejszym i najinteligentniejszym człowiekiem, jakiego znam, doskonałym żołnierzem i, co dziwniejsze, jednocześnie wielce doświadczonym żeglarzem.

— Nie przeszkadza mi, że jest żydem, ojcze — oznajmił Cezar z nieco rozbawioną miną. — Zastanawiam się tylko, co powiedzą ludzie, kiedy się dowiedzą, że doradcą głowy świętego Kościoła katolickiego został człowiek, który nawet nie jest chrześcijaninem.

Aleksander uśmiechnął się.

— Cieszy mnie, że nie masz nic przeciwko żydom — rzekł z sarkazmem. Wnet jednak spoważniał. — Znasz moje poglądy na kwestię żydowską. Kiedy Ferdynand i Izabela nalegali, bym więził, torturował i zabijał żydów, którzy potajemnie oddają się swoim praktykom religijnym, odmówiłem. Powiedziałem, że moim zdaniem hiszpańska inkwizycja jest czymś odrażającym, podobnie jak obrzydliwe było traktowanie żydów w kraju Ich Wysokości. W końcu ci ludzie dali nam Prawo, dali Jezusa. Mam ich mordować, bo nie uwierzyli, iż jest on Synem Bożym? Nigdy! Nie zawsze mogę powstrzymać swoich poddanych, a nawet swoich urzędników przed napadaniem na żydów, przed lżeniem ich i prześladowaniem. Ale to nie jest moja polityka.

Cezar wiedział, że podczas ceremonii intronizacji każdego nowo obranego papieża starszy rzymskiej gminy żydowskiej uroczyście wręczał elektowi księgę hebrajskiego Zakonu. Ten przyjmował ją, a następnie na znak odrzucenia ciskał na ziemię. Tylko jego ojciec postąpił inaczej. On także odrzucił księgę, ale zamiast cisnąć ją na bruk, z szacunkiem zwrócił ofiarodawcy.

— A jaka jest twoja polityka, ojcze? — zapytał.
— Nie skrzywdzę ich — odrzekł papież — ale też nie będę ich oszczędzał przy ustalaniu wysokości podatków.

10

Virginio Orsini, władca jednego z państw-miast, człowiek, któremu papież ufał, zdradził go w krytycznym dla Aleksandra momencie. Papież nienawidził zdrady. Diabeł owładnął następną duszą, należało więc go zniszczyć. Fakt, że Virginio został schwytany i po torturach zabity w jednym z najstraszniejszych więzień Neapolu, nie zaspokoił żądzy zemsty Aleksandra.

Papież potraktował to jako bitwę między namiestnikiem Chrystusa a upersonifikowanym szatanem. Jako przywódca państw papieskich musiał podejmować działania przeciw miejscowym magnatom, zachłannym, agresywnym dyktatorom, którzy toczyli między sobą niekończące się wojny, a co gorsza, kwestionowali zwierzchnictwo Kościoła świętego. Wiedział, że jeśli słowo Ojca Świętego nie będzie honorowane, jeśli pozwoli, by szerzyło się zło, by prawi ludzie nie mieli nic do powiedzenia — upadnie autorytet Kościoła. Kto wówczas zadba w imię Pana o dusze sprawiedliwych?

Aleksander zdawał sobie sprawę, że potęga ducha musi opierać się na silnej władzy. Chociaż armia francuska się wycofała, a jej niedobitki zostały wytępione przez Świętą Ligę, zdradę należało przykładnie ukarać, żeby więcej się nie powtórzyła.

Po dłuższym namyśle zdecydował się zademonstrować swój punkt widzenia na przykładzie Orsiniego, żeby raz na zawsze zniechęcić podległych mu magnatów do dalszych buntów. Postanowił użyć w tym celu ekskomuniki — najstraszniejszej broni w arsenale duchowego oręża. W istocie nie miał wyboru. Musiał z jak największym rozgłosem wykluczyć całą rodzinę Orsinich z Kościoła świętego.

Ekskomunika była najpotężniejszym narzędziem władzy papieża. Kara nie kończyła się na życiu doczesnym, lecz obejmowała również los pośmiertny. Człowiek wykluczony z łona Kościoła zostawał pozbawiony łaski sakramentów świętych, nie mógł oczyścić duszy przez wyspowiadanie się, jego grzechy nie ulegały odpuszczeniu, nie mógł uzyskać rozgrzeszenia. Małżeństwo przestawało być świętym aktem, dzieci nie mogły zostać ochrzczone, pobłogosławione i zabezpieczone przed złem za pomocą wody święconej. Na domiar złego człowiek nie mógł przed śmiercią poprosić o ostatnie namaszczenie, gdyż nie wolno było go pochować w poświęconym miejscu. Ekskomunika była najbardziej przerażającą karą; przesądzała o tym, że dusza człowieka wędrowała do piekła lub w najlepszym przypadku do czyśćca.

Wygnawszy Orsinich z nieba, Aleksander zabrał się do zburzenia ich potęgi na ziemi. Wezwał z Hiszpanii swojego syna, Juana, kapitana armii papieskiej, nie zwracając uwagi na protesty jego żony, Marii Enriquez, która znów była w ciąży. Uzasadniała je potrzebą opieki nad ich pierworodnym synem, Juanem II, który miał dopiero rok.

Mimo to papież zażądał natychmiastowego powrotu Juana. Po zdradzie Virginia stracił zaufanie do płatnych kondotierów. Juan miał dowodzić armią papieską i zdobyć wszystkie miasta i twierdze należące do Orsinich. Równocześnie Aleksander wysłał list do Pesaro, do swojego zięcia, Giovanniego Sforzy, każąc mu przyprowadzić wszystkie jego oddziały i obiecując mu zapłacić roczne uposażenie, jeśli się pospieszy.

Kiedy Juan został wysłany do Hiszpanii, jego brat, kardynał Cezar Borgia, znów nabrał nadziei, że ojciec wyznaczy mu nową rolę. Był wszak jedyną osobą u jego boku, zajmującą się sprawami państwa. Czuł potrzeby Italii, której Juan nie rozumiał, ponieważ był związany z Hiszpanią. Cezar liczył na to, iż ojciec kiedyś zastanowi się nad własną decyzją i przestanie upierać się przy jego karierze kościelnej.

Aleksander wezwał go do siebie i opowiedział mu, czego oczekuje od Juana: miał zdobyć i utrzymać zamki Orsinich.

Cezar był wściekły.

— Juan? Juan? — powtórzył, nie wierząc własnym uszom. — On nie ma pojęcia o dowodzeniu wojskiem, ojcze. Nie wie nic o strategii. Troszczy się tylko o siebie. Jego życie sprowadza się do uwodzenia kobiet, trwonienia rodzinnego majątku i zaspokajania własnej próżności. Jestem mu winien posłuszeństwo jako mojemu bratu, ale, ojcze, ja potrafię z zawiązanymi oczami poprowadzić wojsko do ataku, więc szansa na zwycięstwo będzie znacznie większa.

Papież Aleksander zmrużył oczy i spojrzał na syna.

— Wiem o tym, Cezarze. Jesteś inteligentniejszy i masz większy talent wojenny, lecz jesteś przede wszystkim kardynałem, księciem Kościoła, a nie żołnierzem. Czy mam alternatywę? Może twojego brata Jofre? On wsiądzie na konia tyłem do przodu. Nie potrafię go sobie nawet wyobrazić z bronią w ręku. Nie mam wyboru. Armią musi dowodzić któryś z Borgiów, gdyż inaczej kara wymierzona Orsinim za ich zdradę nie podziała na innych.

Cezar milczał, zamyślony, zanim się odezwał:

— Czy naprawdę spodziewasz się, że Juan odniesie zwycięstwo? Wiesz przecież, jak kompromituje się w Hiszpanii. Ostrzegaliśmy go, żeby nie uprawiał hazardu, nie zadawał się z prostytutkami i odnosił się z szacunkiem do żony i do rodziny Enriquezów, skoligaconej w prostej linii z królem Ferdynandem. Mimo to nadal upierasz się przy swoim?

W głębokim barytonie Aleksandra było słychać spokój i pewność siebie.

— Rzeczywistym dowódcą będzie Guido Feltra, który jest doświadczonym kondotierem, doskonale znającym wojenne rzemiosło.

Cezar słyszał o Feltrze — mówiono o nim, że był powszechnie lubianym władcą Urbino, sprawiedliwym, lojalnym człowiekiem, mecenasem literatury i sztuki. W rzeczywistości był synem prawdziwego kondotiera, zawodowego żołnierza, który otrzymał księstwo Urbino w nagrodę za zasługi wojenne. Młody Guido stoczył niewiele bitew, w dodatku wygrał je zbyt łatwo, żeby nabyć doświadczenia pozwalającego liczyć na sukces w starciach z brutalnymi żołdakami Orsinich, nie mówiąc o zdobyciu ich najpotężniejszej twierdzy, Bracciano. Cezar zdawał sobie sprawę, że jeśli armia papieska spróbuje zająć Ostię, siedzibę kardynała della Rovere, papież i Rzym znajdą się w poważnym niebezpieczeństwie. Nie podzielił się swoją obawą z Aleksandrem, wiedząc, iż w przypadku Juana ojciec odrzuci wszelkie argumenty.

Wieczorem, po rozmowie z ojcem, nie mogąc się uspokoić, wysłał list do siostry. Poprosił ją o spotkanie w następnym tygodniu w Lago di Argento. Umówił się z don Michelettem, że będzie jej towarzyszył w drodze z Pesaro.

Gdy Lukrecja przybyła do domku, Cezar już na nią czekał. Była ubrana w niebieską, atłasową szatę, podkreślającą złocistość jej warkoczy i błękitny kolor oczu. Miała za sobą długą, półtoradniową drogę. Policzki jej pałały od podniecenia i gorąca. Wbiegła do wewnątrz, zarzucając bratu ręce na szyję.

— Tak do ciebie tęskniłam — powiedziała. Gdy jednak cofnęła głowę, żeby na niego popatrzeć, dostrzegła w jego oczach udrękę. — Co się stało? Czemu jesteś strapiony?

Cezar usiadł w jednym z wielkich, skórzanych foteli i oparł nogi na podnóżku. Lukrecja zajęła miejsce obok niego i ujęła jego rękę, chcąc go podnieść na duchu.

— To czyste szaleństwo. Ojciec kazał Juanowi wrócić, żeby jako kapitan dowodził armią, a ja mu tak zazdroszczę, że mógłbym go zabić...

Lukrecja podniosła się, stanęła z tyłu fotela i zaczęła masować Cezarowi czoło, żeby się uspokoił.

— Kochany — powiedziała — musisz pogodzić się z losem. Jesteś zły nie tylko z powodu Juana. Ty też nie jesteś bez winy. Zachowujecie się, jakbyście byli nadal dziećmi walczącymi o gwiazdkowe pierniczki mamy Vannozzy. Wiem, co czujesz, ale nie szarp się, bo wyrządzasz sobie szkodę. Ojciec i tak zrobi, co zechce. Z nikim się nie liczy.

— Ale jestem lepszym żołnierzem niż Juan. Gdybym ja dowodził, sukces Kościoła świętego i Rzymu byłby pewny. Dlaczego ojciec wybiera dowódcę, który jest aroganckim bufonem... kretynem udającym, że dowodzi armią?

Lukrecja uklękła przed Cezarem i popatrzyła mu w twarz.

— A dlaczego ojciec zgadza się, by jego córka udawała, że jest szczęśliwą żoną władcy Pesaro?

Cezar roześmiał się.

— Chodź — powiedział, przyciągając ją do siebie. — Potrzebuję cię. Jesteś filarem mojego życia. Udaję, że służę Bogu, lecz obawiam się, iż dla kapelusza kardynalskiego i z powodu miłości do ojca zaprzedałem duszę diabłu. Nie jestem sobą i nie potrafię znieść tej sytuacji.

Pocałował ją. Chciał to zrobić delikatnie, ale czekał na tę chwilę tak długo, że nie mógł się opanować. Całował ją raz po raz, coraz namiętniej, aż zaczęła drżeć, a w końcu się rozpłakała.

Spojrzał na nią. Miała oczy pełne łez.

— Wybacz — powiedział. — Zachowałem się jak dzikus.

— Nie płaczę dlatego, że mnie pocałowałeś. Płaczę z tęsknoty. W Pesaro nie marzę o niczym innym, jak tylko o Rzymie, a ty jesteś częścią Rzymu.

Kochali się, po czym długo odpoczywali w łożu. Cezar był rozluźniony, Lukrecja uśmiechnięta — pierwszy raz od długiego czasu. Oparła mu głowę na ramieniu i powiedziała:

— Ojciec wierzy w to, iż Bóg chce, by jego dzieci nie zaznały prawdziwej miłości. Czy ty też w to wierzysz?

— Ojciec tak myśli? — zdziwił się Cezar, bawiąc się włosami siostry. — Nie można by wysnuć takiego wniosku, sądząc po jego zachowaniu.

— Zostałam wydana za mąż za człowieka, którego nie kocham. Nasz brat, Juan, nie ożenił się z miłości. Jofre łatwo się zakochuje, więc on jest jedynym szczęśliwcem, chociaż można by z tym dyskutować. Ciebie uratował tylko kapelusz kardynalski, gdyż inaczej podzieliłbyś mój los.

— To ciężki kapelusz — powiedział Cezar.

— Za to przynoszący korzyści — przypomniała mu.

Ubrali się, po czym zasiedli do posiłku przy małym, drewnianym stole. Cezar nalał Lukrecji wybornego wina, które przywiózł z Rzymu. Podniósł swój kielich.

— Piję za twoje szczęście, droga siostro — rzekł z uśmiechem. Przy niej zawsze czuł się bezpiecznie; wiedział, że jest kochany i akceptowany. Nie potrafił wyobrazić sobie bez niej życia.

Przywiózł z sobą z Rzymu kilka krążków wyśmienitego sera i długi bochenek świeżego chleba o chrupiącej, złocistej skórce, za którym Lukrecja przepadała. Połamał chleb, pokroił ser i podając jej owe delikatesy, powiedział:

— Spróbuję zapanować nad sobą, kiedy Juan wróci do Rzymu. Zrobię, co będę mógł, żeby go traktować jak brata.

Lukrecja uśmiechnęła się nieśmiało.

— Może on ma to, co ty chciałbyś mieć, za to z pewnością nie ma tego, co ty masz...

— Wiem, kochanie — odparł, całując jej nosek. — Wiem... i to mnie ratuje.

Rzym uroczyście witał powrót Juana Borgii. Syn papieża jechał ulicami na gniadej klaczy, okrytej złotogłowiem, trzymając w ręku lejce ozdobione drogimi kamieniami. Miał na sobie brązowy kaftan z najlepszego aksamitu i wysadzaną szmaragdami pelerynę. Ciemne oczy Juana patrzyły władczo, na ustach gościł butny uśmiech bohatera pewnego nadchodzących zwycięstw.

W Watykanie papież uściskał go serdecznie.

— Mój syn, mój syn — powtarzał, prowadząc go do Sali Papieży, gdzie miało się odbyć spotkanie na temat kampanii wojennej. Guido Feltra, Juan, Cezar i Duarte Brandao, i oczywiście papież spędzili kilka godzin, omawiając plany kampanii.

Narada rozciągnęła się na trzy następne dni. Cezar zauważył, że Duarte Brandao rzadko zwracał się bezpośrednio do Juana. Swoje uwagi kierował do papieża. Nie mówił do Juana po imieniu, lecz używał jego tytułu: „kapitan generalny". Po raz pierwszy Cezar zaczął podejrzewać, że Duarte jest niezadowolony. Doszedł do wniosku, że on jeden to odnotował, ponieważ zmiana nastawienia Duarte była subtelna.

Wieczorem ostatniego dnia Aleksander został sam z Brandao.

— Myślisz, że robię błąd, wysyłając Juana przeciw Orsinim? — zapytał wiernego przyjaciela.

Odpowiedź Duarte była zręczna, a zarazem pełna szacunku.

— Szkoda, że z powodu panujących zwyczajów rasowy książę musi zostać żołnierzem, a rasowy żołnierz kardynałem.

— Ależ, drogi przyjacielu, czyżbyś nie wierzył w przeznaczenie? — spytał Aleksander. — W los, który nam wyznaczył ojciec w niebiosach? W nieomylność papieża?

Duarte Brandao odparł pogodnie:

— Któż może wiedzieć, jaki los wyznaczył nam ojciec w niebiosach? Czy zwykli śmiertelnicy mogą być nieomylni? Nawet ci najbardziej czcigodni i cnotliwi?

— Posłuchaj, Duarte. Pedro Luis, Panie, świeć nad jego duszą, był moim pierworodnym. Cezar jest drugim synem. Istnieje zwyczaj, że drugi idzie na służbę Kościoła świętego. Jest to korzystne, gdyż pozwala kontrolować władzę rodzin królewskich, a równocześnie zapewnia specjalne beneficja od

Ojca Świętego. Czy przeznaczenie człowieka nie jest darem, a zarazem brzemieniem? Któż z nas nie musi walczyć z własną wolną wolą, gdy się modli: „Bądź wola Twoja..."?

Śmiech Duarte rozniósł się echem po sali.

— Wybacz, Wasza Świątobliwość, pytam z najwyższym szacunkiem i uwielbieniem: jak możesz być pewny, że Cezar, ów urodzony żołnierz, jest drugim synem? Twoje zainteresowanie kobietami przeszło do legendy, a twoja witalność jest powszechnie znana. Nie wierzę, że nie miałeś przed nim innych, ukrywanych przez ich matki przed światem i przed tobą...

Aleksander uśmiechnął się.

— Jesteś genialnym doradcą, a przy tym dyplomatą — powiedział. — Jeśli przeznaczeniem młodego kardynała jest zostać świętym wojownikiem, to nadejdzie czas, gdy twoje argumenty okażą się słuszne. W tej chwili kapitanem generalnym jest Juan, i on będzie dowodził wojskiem. Nam pozostaje uklęknąć i pomodlić się o zwycięstwo.

Dwudziestojednoletni Cezar stał w swojej szacie kardynalskiej w korytarzu przyległym do Sali Papieży i słyszał całą rozmowę. W duszy zaświtała mu iskierka nadziei. Czy to możliwe, że poza obłudnym światem istnieje jakieś niebo, a w nim Bóg, który go wysłucha? Wracał do swoich komnat z głową pełną marzeń. Pierwszy raz w życiu wyobraził sobie dzień, w którym stanie na czele armii Rzymu.

Juan Borgia, kapitan generalny, i kondotier Guido Feltra prowadzili armię papieską na północ od Rzymu, ku pierwszemu zamkowi Orsinich. Widząc liczebność wojsk papieskich, Orsini, choć byli wytrawnymi żołnierzami, poddali dwa pierwsze zamki bez walki.

Kiedy wieść o tym dotarła do Rzymu, Duarte udał się do Aleksandra.

— Podejrzewam, że Orsini knują podstęp. Zamierzają zmylić

nowego dowódcę: chcą, by uwierzył, że zwycięstwo będzie łatwe. Dopiero potem pokażą, na co ich stać.

Aleksander pokiwał głową.

— Nie masz zaufania do Feltry?

— Widziałem Orsinich w akcji — odparł Duarte.

Aleksander kazał wezwać Cezara, wiedząc, że syn jest znakomitym strategiem.

— Powiedz szczerze, w czym w obecnej sytuacji widzisz największe niebezpieczeństwo?

Cezar starał się ukryć podniecenie.

— Obawiam się, że Feltra nie jest lepszym dowódcą od Juana — powiedział ostrożnie. — Mam wrażenie, że ów łatwy sukces ma za zadanie uśpić czujność obydwu, co doprowadzi do klęski pod Bracciano, gdzie Orsini zgromadzą najlepsze oddziały. Della Rovere powie ich żołnierzom, że toczą świętą wojnę, a to doda im odwagi.

Papież był zdumiony taką oceną sytuacji. Nie wiedział jeszcze, jak dalece była trafna. Parę dni później opór Orsinich znacznie się wzmógł. Della Rovere, największy wróg papieża, wynajął wybitnego dowódcę artylerii, Vita Vitellego, żeby zebrał armię, która miała przyjść z pomocą Orsinim.

Armia Vitellego, maszerując szybko, zaskoczyła wojska papieskie pod Soriano. Obaj dowódcy, Juan i Feltra, okazali się całkowicie niekompetentni, w efekcie czego armia papieska poniosła klęskę. Guido Feltra został wzięty do niewoli i wtrącony do lochu w jednym z zamków Orsinich. Juan uciekł, uniknąwszy większych obrażeń. Miał jedynie poranioną twarz.

Papież, upewniwszy się, że syn nie jest poważnie ranny, wezwał powtórnie Cezara i Duarte do Sali Papieży.

— Wojna nie jest przegrana — uspokoił go Duarte. — Mamy w rezerwie inne możliwości.

— Jeśli Ojciec Święty uzna naszą sytuację za niebezpieczną, możemy z Neapolu wezwać na pomoc Gonsalva de Cordobę i jego doświadczone wojsko — dodał Cezar.

Jednak po naradzie z ambasadorami Hiszpanii, Francji i Wenecji, którzy optowali za pokojem, papież Aleksander, wytrawny dyplomata, z udawaną niechęcią oddał dwa zdobyte zamki Orsinim pod warunkiem, że zdecydują się zapłacić. Po dłuższych targach zgodził się przyjąć pięćdziesiąt tysięcy dukatów. Rekompensata pozwoliła dopełnić nadszarpnięty skarbiec świętego Kościoła katolickiego.

Wydawało się, iż wszystko zakończyło się pomyślnie, jednak po powrocie Juan zaczął się skarżyć, że pozbawiono go następnych zwycięstw i obiecanych przez Aleksandra dóbr. Uznał, że należało się mu owe pięćdziesiąt tysięcy dukatów — tytułem rekompensaty. Ku niezadowoleniu Cezara, Aleksander przyznał synowi rację.

Był jeszcze jeden, znacznie poważniejszy problem. Juan, chcąc poprawić swoją reputację, nalegał, żeby powierzono mu zadanie odzyskania Ostii z rąk garnizonu francuskiego, pozostawionego tam przez króla Karola.

Cezar pospieszył do komnat Aleksandra, żeby go ostrzec.

— Ojcze, wiem, że tam jest bardzo mało wojska, ale jeśli istnieje najmniejsza możliwość niepowodzenia, to Juan się jej nie oprze, klęska zaś przyniesie ujmę papiestwu i rodzinie Borgiów. Della Rovere zastawił pułapkę i czeka na głupca, który da się nabrać.

Aleksander westchnął.

— Cezarze, dyskutowaliśmy o tym wielokrotnie. Czy myślisz, że twój ojciec jest głupcem, który nie widzi tego samego co ty? Tym razem zwycięstwo jest pewne. Wezwę na pomoc Gonsalva de Cordobę. Nie ma na świecie lepszego dowódcy.

Cezar był zawiedziony.

— To nie powstrzyma mojego brata. Będzie się wtrącał, sprzeciwiał. Wiesz, że tak się stanie. Proszę cię, Ojcze Święty, przemyśl to jeszcze raz.

Papież był nieugięty.

— Juan niczego takiego nie zrobi. Wydałem szczegółowe

zarządzenia. Wyjedzie z Rzymu na czele wojska, a po zwycięskiej bitwie wróci pod sztandarem Borgiów jako triumfator. Między tymi pokazami świetności rodziny nie wolno mu będzie wydawać żadnych rozkazów ani nawet udzielać rad.

Juan posłuchał ojca. Wyjechał z miasta na ognistym czarnym rumaku, powiewając czapką do obserwujących wymarsz Rzymian i — jak mu przykazano — nie wtrącił się do doskonale rozegranej bitwy o Ostię. Po bitwie wrócił jako zwycięzca, przy aplauzie zgromadzonych na ulicach tłumów.

Trzy dni później kardynał Ascanio Sforza wydał w pałacu Borgiów wielki bal, na który zaprosił dzieci papieża i wiele ważnych osobistości. W Rzymie przebywali w tym czasie obaj bracia Medyceusze, Piero i Gio, przyjaciele Cezara z uniwersytetu. Rodzina Medyceuszy musiała opuścić domy we Florencji, wypędzona przez Francuzów i kazania Savonaroli.

Ogromny pałac kardynała Sforzy służył za siedzibę Borgiów w czasach, gdy Rodrigo był kardynałem; po wybraniu na papieża dał go w prezencie Ascaniowi. Panowała zgodna opinia, że jest to najpiękniejszy pałac w Rzymie.

Owego wieczoru Cezar przybył do dawnego domu ojca w towarzystwie przyjaciół, z którymi spędził poprzednią noc na jedzeniu, piciu i zabawie w mieście.

Ściany wielkiej sali były obwieszone wyszukanymi arrasami przedstawiającymi wielkie wydarzenia historyczne. Dalej wchodziło się do udekorowanych wspaniałymi gobelinami komnat, których posadzki były zasłane bezcennymi wschodnimi dywanami, starannie dobranymi do aksamitnych i atłasowych obić foteli, a także bogato rzeźbionych drewnianych szaf, stołów i kredensów.

Tego wieczoru wielka sala została zamieniona na salę balową. Do tańca przygrywała mała orkiestra, kryjąca się na antresoli.

Cezar skończył właśnie tańczyć z piękną, znaną kurtyzaną, gdy podszedł doń Gonsalvo de Cordoba. Był postawnym mężczyzną, o niezmiennie poważnym wyrazie twarzy, teraz zaś wyglądał na szczególnie zafrasowanego. Ukłonił się i poprosił Cezara o rozmowę na osobności.

Cezar przeprosił partnerkę i zaprowadził dowódcę na jeden z tarasów, na którym bawił się w dzieciństwie. Taras wychodził na wewnętrzny dziedziniec, po którym spacerowało kilkoro gości, pijąc wino i jedząc przekąski, roznoszone na srebrnych tacach przez lokajów.

Nastrój de Cordoby pozostawał w jaskrawym kontraście wobec beztroskiej atmosfery balu. Twarz dowódcy była wykrzywiona gniewem.

— Cezarze, jestem bardziej wściekły na twojego brata, niż możesz sobie wyobrazić.

Cezar położył mu przyjacielsko rękę na ramieniu.

— Co nowego ma na sumieniu mój brat? — zapytał.

W gardłowym głosie dowódcy brzmiało napięcie.

— Twój brat nie przyłożył ręki do bitwy o Ostię.

Cezar roześmiał się szeroko.

— Tak przypuszczałem, drogi przyjacielu. Inaczej nie wygralibyśmy.

— A czy wiesz, że przypisuje sobie zasługę za zwycięstwo? — Cezar przysłuchiwał się ze współczuciem kipiącemu gniewem dowódcy. — Juan rozpowiada, że to on, a nie my, zmusił Francuzów do ucieczki.

— Juan jest bezmyślnym samochwałą — powiedział Cezar. — Jego przechwałki są śmieszne. Nie ma w Rzymie człowieka, który w nie uwierzy. Niemniej pomyślmy, co zrobić, żeby naprawić tę niesprawiedliwość.

Gonsalvo nadal nie krył wściekłości.

— W Hiszpanii wyzwałbym go na pojedynek, ale tu... — Urwał, żeby zaczerpnąć tchu. — Wiesz, że ten arogant kazał wybić medal z brązu na cześć swojego zwycięstwa i rozdawać go wśród obywateli?

Cezar zasępił się.

— Medal? — powtórzył, zdumiony. Nie miał o tym pojęcia.

— Na medalu jest jego profil, a poniżej napis: „Juan Borgia — zdobywca Ostii".

Cezara ogarnął pusty śmiech na myśl o absurdalności sytuacji, lecz powstrzymał się, nie chcąc jeszcze bardziej rozdrażnić Gonsalva, i powiedział:

— Nie ma ani jednego żołnierza w armii papieskiej ani francuskiej, który by nie wiedział, że jedynie Gonsalvo de Cordoba odniósł zwycięstwo w Ostii.

Hiszpan spojrzał na Cezara pałającymi oczami.

— Juan Borgia? Zdobywca Ostii? Zobaczymy! Powinienem go zabić. Jeszcze mogę... — Obrócił się na pięcie i wszedł do wnętrza pałacu.

Po jego odejściu Cezar został na tarasie, wpatrując się w nocne niebo i zastanawiając, czy to możliwe, żeby on i ten drugi, którego nazywano jego bratem, pochodzili z łona tej samej matki. To ironia losu, pomyślał. Zamierzał właśnie wrócić do sali balowej, gdy jego uwagę zwróciło coś nieoczekiwanego.

Poniżej tarasu, koło fontanny na środku dziedzińca, zobaczył swojego brata, Jofre. Rozmawiał z hiszpańskim dowódcą i wysokim, chudym młodzieńcem. Jofre mówił przyciszonym głosem, tak że Cezar nie mógł usłyszeć słów. De Cordoba słuchał z uwagą, natomiast młody człowiek rozglądał się po dziedzińcu, jakby kogoś szukał. Cezara najbardziej zdumiała twarz brata, zwykle pogodna i apatyczna. Teraz malował się na niej wyraz nienawiści, jakiego Cezar nigdy u niego nie widział.

Chciał się do nich odezwać, lecz w tym momencie poczuł na ramieniu czyjąś rękę. Z tyłu za nim stał don Micheletto, trzymając palec na wargach. Pociągnął Cezara w głąb, skąd mogli niezauważeni obserwować rozmawiających. W pewnym momencie zobaczyli, że de Cordoba uśmiecha się i ściska dłoń Jofre. Kiedy Jofre wyciągnął rękę do młodszego mężczyzny, Micheletto zauważył duży pierścień z topazem o nieregularnym kształcie. Kamień rzucał ostre błyski w świetle księżyca. Micheletto zwrócił nań uwagę Cezarowi.

— Zapamiętaj, Cezarze, to jest Vanni, kuzyn Orsiniego.

W następnym momencie już go nie było.

Cezar przeszedł się po komnatach pałacu, próbując odszukać Jofre, lecz nie mógł go nigdzie znaleźć. Ukłonił się Lukrecji, która tańczyła ze swoim przygłupim mężem, Giovannim. Juan, nieświadomy całego zamieszania, którego stał się przyczyną, tańczył z Sancią, swoją bratową. Najwyraźniej świetnie się czuli w swoim towarzystwie. Jednak tym, co najbardziej zastanowiło Cezara, była widoczna zmiana nastroju de Cordoby. Hiszpan po rozmowie z Jofre odzyskał spokój.

11

Lukrecja przybyła do Watykanu, żeby spędzić Wielkanoc z ojcem i braćmi. Któregoś dnia do jej komnat w pałacu Santa Maria in Portico przybył z pilną wiadomością szambelan Giovanniego Sforzy. Mąż życzył sobie, żeby wróciła wraz z nim do Pesaro, gdyż uznał, że pobyt w Rzymie go deprymuje i że woli umknąć spod papieskiej kontroli.

Lukrecja wysłuchała szambelana przygnębiona, podczas gdy Giulia zaczęła już wybierać niektóre jej rzeczy do zapakowania przez służącą. W Pesaro czuła się przeraźliwie osamotniona; tu, w Rzymie, spodziewała się, że znowu poczuje się sobą.

— Co robić? — zastanawiała się głośno, nerwowo krążąc po komnacie. — Książę nie zwraca na mnie uwagi, czy jesteśmy w Pesaro, czy w Rzymie; w jego spojrzeniu nie ma ani cienia uczucia dla mnie, a tu ni stąd, ni zowąd chce wyjechać i życzy sobie, żebym mu towarzyszyła.

Giulia podeszła, próbując ją pocieszyć.

Szambelan chrząknął, zebrał się na odwagę i poprosił o pozwolenie zabrania głosu. Lukrecja skinęła przyzwalająco głową.

— Władca Pesaro pragnie podkreślić, że darzy księżnę afektem i brak mu jej towarzystwa — wyjaśnił szambelan. —

Będą przebywać pod wspólnym dachem w księstwie, gdzie książę może rządzić tak, jak mu się podoba.

— Dobry człowieku — odparła Lukrecja — rozumiem jego potrzeby i to, że chce, bym się do nich dostosowała. Ale co ze mną się stanie, jeśli wrócę? Zwiędnę i umrę z samotności. W Pesaro nie ma dla mnie nic interesującego.

Giulia, zdając sobie sprawę, jak to dotknie Aleksandra, przeprosiła Lukrecję i wyszła z komnaty.

Nagle ktoś zapukał do drzwi.

— To ja, Cezar. Mogę wejść?

Lukrecja kazała szambelanowi ukryć się za parawanem. Ostrzegła go, żeby nie zdradził swej obecności, bo nieostrożność może przypłacić życiem. Wiedziała, że brat nienawidzi jej męża, księcia Pesaro, i chciała uniknąć awantury.

Niski człowieczek przeszedł bezszelestnie za parawan, owinął się w jedną z sukien Lukrecji i ukrył głowę pod innymi częściami garderoby na wypadek, gdyby Cezar znalazł się zbyt blisko parawanu lub chciał przeszukać komnaty siostry.

Cezar wszedł i pocałował Lukrecję. Widać było, że jest w dobrym humorze.

— Ojciec postanowił przychylić się do twojej prośby o rozwód. Jest całkowicie pewny, że ta świnia, Giovanni Sforza, działała na naszą niekorzyść, więc w obecnej sytuacji, kiedy Mediolan sprzymierzył się z Francuzami, nie mamy z niego żadnego pożytku. Prócz tego — co jeszcze ważniejsze — ojciec irytuje się tym, że twój mąż nie potrafi cię uszczęśliwić.

Lukrecja usiadła na sofie. Wskazała bratu krzesło obok siebie. Cezar nie usiadł; krążył po komnacie.

— Ale co powiemy Giovanniemu? — zapytała. — Jakie będzie uzasadnienie rozwodu? Nie jest heretykiem, nie dopuścił się zdrady — jedynym argumentem jest to, że mnie unieszczęśliwia...

Cezar uśmiechnął się.

— Czyż to nie zbrodnia? — spytał.

W oczach Lukrecji błysnęły iskierki rozbawienia.

— Dla mnie to jest najgorsze, ale obawiam się, że ludzie będą mieli inne zdanie.

Cezar spoważniał.

— Ojciec nie zaryzykuje legalnego rozwodu, który mógłby wywołać skandal. Giovanni musi zniknąć.

Lukrecja wstała z sofy, zasępiona.

— Nie możesz do tego dopuścić. Giovanni jest wprawdzie brutalem i nudziarzem, ale jestem z nim nieszczęśliwa przede wszystkim dlatego, że nie jest tobą, a to za mało, żeby z nim tak okrutnie postąpić.

— Ośmielisz się powiedzieć Ojcu Świętemu, że nie usłuchasz jego rozkazu? Wolisz pójść do piekła, broniąc Giovanniego, który zachowuje się jak bydlę? — spytał Cezar.

Lukrecja popatrzyła badawczo na brata.

— Może, zanim zapadnie ostateczna decyzja i będziesz wybierał między sztyletem a trucizną, zapytać księcia Pesaro, czy nie zgodziłby się dobrowolnie na rozwiązanie małżeństwa?

— Ojciec to zaproponował, lecz Giovanni odmówił. Nie mamy alternatywy.

— W takim razie przekaż Ojcu Świętemu — powiedziała stanowczo Lukrecja — że nie zamierzam skazać się na wieczne potępienie i zgodzić się na takie rozwiązanie. Piekło istnieje, a ja, mimo moich licznych grzechów, wierzę w miłosierdzie boskie i w to, że kiedyś będę zbawiona.

Cezar opuścił głowę i przetarł z rezygnacją oczy.

— Trzeba skończyć z tą maskaradą, i to szybko.

— Nie ma takiej rzeczy, której pragnęłabym bardziej niż uwolnić się od księcia — tłumaczyła bratu Lukrecja. — Wiesz o tym doskonale. Boję się jednak o duszę ojca i twoją nie mniej niż o własną. Nie chcę się przyczynić do odebrania komuś życia dla ziemskich korzyści.

Cezar sądził, że siostra będzie zadowolona, gdy dowie się o decyzji ojca w sprawie jej małżeństwa, poczuł się więc rozczarowany. Miał zamiar uwolnić ją od potwora, który ich rozdzielał, i wystąpić w roli zbawcy. Teraz był wściekły. Zanim wypadł z komnaty, krzyknął:

— Pośredniczyć między tobą a ojcem, droga siostro, to zostać zakleszczonym w szczękach imadła. Nie można się z nich wydostać. Pytam cię po raz ostatni: Co mam dla ciebie zrobić?

— Chcę, drogi bracie, żebyś nie oszukiwał samego siebie, bo wówczas nie oszukasz innych — ostrzegła go Lukrecja.

Upewniwszy się, że Cezar poszedł, pobiegła za parawan. Szambelan Giovanniego trząsł się tak, że podskakiwała leżąca na nim sterta odzieży. Uwolniwszy biedaka, szepnęła:

— Słyszałeś rozmowę?

Odpowiedź padła błyskawicznie.

— Ani słowa, księżno — odparł, z oczami rozszerzonymi ze strachu.

— Nie bądź tępy, na Boga! Idź prędko! Przekaż księciu wszystko, co tu usłyszałeś. Powiedz, żeby się pospieszył. Nie chcę splamić sobie rąk jego krwią. Chodź za mną... — To powiedziawszy, wyprowadziła go bocznymi drzwiami z pałacu.

Zdyszany szambelan dotarł do apartamentów Borgiów, w których rezydował Giovanni Sforza, i opowiedział mu, czego był świadkiem. Sforza natychmiast udał się do papieża. Przeprosił go, że nie weźmie udziału w wieczornych nieszporach, usprawiedliwiając to chęcią przystąpienia do spowiedzi. Powiedział, że ma zamiar udać się do kościoła Świętego Onufrego, znajdującego się za murami Rzymu.

Aleksander przyjął to wytłumaczenie, gdyż było wiadomo, że podczas Wielkiego Tygodnia grzesznik mógł w owym kościele otrzymać specjalny odpust, oczyszczający jego duszę z wszelkich grzechów. Wiedząc, jaki los gotują Giovanniemu, obaj — Cezar i papież — uznali, że powinni mu pozwolić na spowiedź w kościele, który sobie wybrał, wobec czego udzielili zgody na wyjazd Sforzy.

Gdy tylko Giovanni dotarł do kościoła, dosiadł doskonałego tureckiego rumaka, pozostawionego dlań tam przez dowódcę jego wojska. Oszalały ze strachu poganiał konia, aż po dwudziestu czterech godzinach nieprzerwanej jazdy dotarł do Pesaro. Spieniony koń zdechł z wyczerpania przed bramą.

Giovanni bardziej cenił zwierzęta niż ludzi. Kazał pochować konia z wielką pompą, po czym przez wiele dni nie opuszczał swoich apartamentów, nie jadł i nie chciał z nikim rozmawiać. Nikt nie potrafiłby odgadnąć, czy bardziej bolał z powodu braku żony, czy konia.

Lukrecja była zła na ojca za to, że nie powiedział jej prosto w oczy, jakie ma plany, tym samym nie dając jej możliwości podzielenia się z nim swoimi zastrzeżeniami. Kiedy się dowiedziała, że papież wysłał do Pesaro swojego prawnika, domagając się od Giovanniego zgody na unieważnienie małżeństwa na jedynej podstawie, którą komisja mogła uznać, czyli zarzutu impotencji, zdecydowała, co zrobi. Mimo iż nie kochała księcia, rozumiała, że zmuszanie go do przyznania się do impotencji było zawstydzające i nie odpowiadało prawdzie, i że z całą pewnością będzie się opierał, wiedząc o jej związku z bratem. Nie mogła na to pozwolić — zwłaszcza teraz!

Właśnie ze względu na Cezara odmówiła — po pierwszej nocy — dzielenia z Giovannim łoża i rzadko dopełniała obowiązku małżeńskiego. Przyznanie się do impotencji trudno było porównać z trucizną lub sztyletem, zadawało jednak śmiertelny cios człowiekowi tak bardzo próżnemu jak książę. Będzie zmuszony pomścić zniewagę, co może obrócić się przeciwko papieżowi i całej rodzinie Borgiów.

Następnego ranka wstała o świcie i kazała kilku damom dworu towarzyszyć sobie do klasztoru Świętego Sykstusa, wiedząc, że ten zakon jest jedynym schronieniem dla kobiet, które chcą uciec od mężów i ojców. Wybór był zarazem prosty i szlachetny.

Jednak Giulia i Adriana próbowały odwieść ją od tego zamiaru.

— Ojciec Święty nie będzie mógł spać, jeśli nas porzucisz — powiedziała Adriana. — Nie uda ci się odejść bez jego zgody.

— Nie przeszkodzi mi, bo dowie się dopiero wtedy, gdy już będę w drodze — odparła stanowczo Lukrecja.

Giulia zaczęła ją błagać, wiedząc, jak bardzo papież będzie zmartwiony.

— Kochanie, daj ojcu szansę, żeby wyperswadował ci ten pomysł. Niech ci wytłumaczy swoje stanowisko. Wiesz, jaki jest nieszczęśliwy, kiedy cię nie ma w Watykanie...

Lukrecja zirytowała się.

— Już się zdecydowałam. Ty zaś, Giulio, jeśli nie chcesz, żeby Ojciec Święty — a zarazem mój — był zmartwiony, zabaw go tak, jak tego od ciebie oczekuje. Nie mam więcej ochoty uprzyjemniać mu życia, bo jego decyzje są przeciwne intencjom zarówno ojca w niebiosach, jak i moim.

Adriana spróbowała jeszcze raz.

— Lukrecjo, tyle razy skarżyłaś się ojcu, że jesteś nieszczęśliwa. Teraz, kiedy z miłości do ciebie chce wymusić na twoim mężu — na którego sama narzekałaś — zgodę na unieważnienie małżeństwa, ty odwracasz się do niego tyłem. Co się za tym kryje?

Lukrecja poczuła łzy w oczach, lecz wiedziała, że nie może sobie pozwolić na zwątpienie, gdyż wówczas wszyscy, których kocha, byliby zgubieni. Żegnając się z Adrianą i Gulią, przykazała im:

— Nie mówcie nic Ojcu Świętemu, przynajmniej przez pół dnia. Gdyby o mnie pytał, powiedzcie, że modlę się w kaplicy i nie chcę, żeby mi przeszkadzano.

W nocy napisała list, który teraz wręczyła jednej z najwierniejszych dam dworu.

— Oddaj go mojemu bratu, kardynałowi. Dopilnuj, żeby trafił do jego rąk, niczyich innych.

Papież Aleksander we wszystkich sprawach kościelnych i państwowych był trzeźwo myślącym człowiekiem. Opuszczał go racjonalizm, gdy w grę wchodziły sprawy sercowe — zarówno jego, jak i dzieci. Wiadomość, że córka opuściła pałac i postanowiła zamknąć się w klasztorze Świętego Sykstusa, była dla niego ciosem, a równocześnie go rozzłościła.

Co z tego, że człowiek jest papieżem, skoro nie potrafi dać sobie rady z własnym dzieckiem? Jak to możliwe, że jego uwielbiana córeczka, która klękała przed Ojcem Świętym i z prawdziwą czcią całowała jego pierścień i stopę, potrafiła okazać ojcu nieposłuszeństwo?

Wezwał do siebie Cezara i Duarte Brandao. Posłał też po Micheletta.

Kiedy znaleźli się w jego komnacie, zwrócił się do nich z pytaniem:

— Co takiego uczyniłem dziecku, które darzę tak wielką miłością, że ode mnie uciekło?

Cezar opuścił głowę i milczał.

W ciemnych oczach Duarte błysnęło współczucie.

— Wasza Świątobliwość, może poczuła powołanie do służby ojcu w niebiosach.

— Daj spokój, Duarte — odparł papież. — Nie próbuj poprawiać mi humoru. Nie traktuj mnie jak starego osła. Jest w tym coś, o czym nie wiem... coś, czego nie potrafię zrozumieć.

Duarte pokiwał głową.

— Z całym szacunkiem, Ojcze Święty, nie miałem takiego zamiaru. Chciałem tylko wyperswadować ci przypisywanie sobie winy za czyn córki. Uświadom sobie, że ona już nie jest dzieckiem. Sądzę, że albo wybrała obiecującą przyszłość, albo ucieka przed niebezpieczeństwem.

— Co o tym sądzisz? — spytał Aleksander, odwracając się do Cezara.

Popatrzyli sobie w oczy. Spojrzenie syna złagodniało w zetknięciu z płonącym wzrokiem ojca. Nigdy dotąd, przez te wszystkie lata, Cezar nie rozmawiał z ojcem o miłości do Lukrecji, która była dla niego tak bardzo ważna, bojąc się, że jeszcze większe znaczenie miała dla jego ojca. Wiedział, że w pojedynku z ojcem o miłość i władzę musi ustąpić pola. Papież uważał, że nie ma na świecie nic ważniejszego od lojalności dzieci. Prawda o związku Cezara z siostrą nie mogła ujrzeć światła dziennego. Rozpętałoby się piekło.

Cezar nikomu nie powiedział o tym związku; udało mu się zachować tajemnicę nawet wtedy, gdy pijany sypiał z kurtyzanami. Służący, w obawie przed ucięciem głowy, trzymali język za zębami. Cezar zastanawiał się, czy Ojciec Święty potrafi za pośrednictwem swojej boskiej mocy wejrzeć w duszę syna.

W pewnym momencie twarz papieża złagodniała. Uśmiechnął się i powiedział:

— Micheletto, przyjacielu drogi, znajdź posłańca, który codziennie będzie jeździł do klasztoru. Jestem pewny, że moja córka zmieni zdanie. Wybierz młodego człowieka, inteligentnego, o dobrym charakterze. Powinien być szlachetny i pociągający. Może droga Lukrecja zechce przyjmować ode mnie listy i da się namówić na powrót.

Don Micheletto zrobił to, czego od niego oczekiwano. Wybrał młodego człowieka, nazwiskiem Perotto, który cieszył się sympatią Aleksandra. Młodzieniec był poetą i muzykiem; papież wykorzystywał go w charakterze posłańca, dając mu w zamian opiekę i utrzymanie. Przybył do Rzymu z Hiszpanii, słysząc opowieści o pięknie miasta. Był lepiej wykształcony od innych członków dworu, prócz tego uczciwy i głęboko oddany Kościołowi. Aleksander miał do niego tak wielkie zaufanie, że kiedy wręczał mu pierwszy list do Lukrecji, był pewny, iż nie trafi do jej rąk tylko wtedy, gdyby Perotto został zamordowany w drodze do klasztoru, która wiła się wśród wzgórz.

Perotto spotkał się z Lukrecją w ogrodzie klasztornym. Z początku nie chciała przyjąć listu od papieża.

— Nie mam zamiaru wdawać się w jakiekolwiek pertraktacje z Ojcem Świętym — powiedziała. — Ani teraz, ani w przyszłości!

Perotto przytaknął z entuzjazmem. Miał długie jasne włosy, związane w węzeł, i wesołe, iskrzące się, błękitne oczy.

— Rozumiem cię, księżno. Odwołuję się tylko do twojej dobrej woli. Mam wrażenie, że wiadomość dotyczy ważnej sprawy.

Lukrecja spojrzała na niego, pokręciła odmownie głową i odeszła. Usiadła na kamiennej ławeczce w dalekim końcu ogrodu, zastanawiając się, jak postąpić.

Tymczasem Perotto zniknął, zamiast odejść lub położyć list w miejscu, skąd mogłaby go zabrać. Po chwili wrócił, niosąc w ręku gitarę. Spytał Lukrecję, czy pozwoli mu usiąść na trawie i zagrać.

Zmarszczyła czoło, lecz Perotto był miły i przystojny, a życie w klasztorze tak nudne, że się zgodziła.

— Graj, jeśli chcesz.

Ku własnemu zdumieniu skonstatowała, że dźwięk głosu Perotta i muzyka sprawiają jej przyjemność. Uśmiechnęła się. Od dawna nie przebywała w męskim towarzystwie.

Kiedy skończył, poczuła się podniesiona na duchu. Spytała, jaką ma dla niej wiadomość. Perotto z uśmiechem podał jej list.

Wiadomość była lakoniczna. Ojciec informował ją, że negocjacje w sprawie anulowania jej małżeństwa są nadal w toku, ale osiągnięto pewien postęp. Giovanni zastanawia się, czy przyjąć oferowane mu beneficja i odszkodowanie. Na zakończenie Aleksander prosił, żeby napisała, jakie ma życzenia, gdyż posłaniec wróci do niej następnego dnia z nowymi wiadomościami.

Poszła do swojej celi w klasztorze, usiadła przy biurku i napisała krótką, formalną odpowiedź. Życzy ojcu zdrowia i dziękuje za działania, które podejmuje dla jej dobra. Podpisała ją „Lukrecja Borgia". Przeczytawszy podpis, papież uświadomił sobie, że córka nadal się na niego gniewa.

Następnego dnia Aleksander obudził się z mocnym postanowieniem doprowadzenia do końca rozwodu Lukrecji. Codzienne sprawy papiestwa przebiegały bez zakłóceń, zatem po odbyciu porannych modłów mógł poświęcić resztę dnia problemom rodzinnym.

Cezar również obudził się w dobrym nastroju, gdy więc spotkał się z ojcem, rzucił propozycję:

— Może pomyślelibyśmy o zabawie dla ludu, żeby nie sprawiał kłopotów.

— Masz rację — zgodził się Aleksander — ale będę musiał wystąpić w masce karnawałowej, bo sprawy Kościoła przyprawiają mnie o smutek.

W tym momencie przybył Plandini, szef kancelistów, oznajmiając przybycie Ludovica Sforzy i jego bratanka, Giovanniego.

Usiedli przy małym, marmurowym stole. Służba podała półmiski z serami i owocami, a także karafki z winem. Po wymianie uprzejmości Aleksander zwrócił się z poważnym wyrazem twarzy do Sforzy:

— Ludovico, nie chcę bawić się w niedomówienia. Zaprosiłem cię, żebyśmy sfinalizowali sprawę rozwodu.

Ręka Ludovica, w której trzymał kieliszek z winem, zastygła w połowie drogi. Sprawiał wrażenie zaskoczonego, jednak szybko doszedł do siebie.

— Wasza Świątobliwość, jeżeli masz na myśli Giovanniego i twoją ukochaną córkę, Lukrecję, to nie ma potrzeby, żeby się rozwodzili.

Giovanni skinął głową, ale się nie odezwał.

Aleksander wstał od stołu i zaczął chodzić po komnacie.

— Jest taka potrzeba. Giovanni wyjechał do Pesaro, porzucając Lukrecję w Rzymie.

Z kolei Ludovico, a po nim Giovanni wstali od stołu i zaczęli spacerować po sali.

— Mój bratanek wyjechał z Rzymu, gdyż twój syn, ekscelencjo, groził mu śmiercią — usprawiedliwiał się Il Moro.

Cezar siedział niewzruszony przy stole, dopijając kieliszek wina.

Aleksander zwrócił się do niego.

— Czy to prawda, synu? Groziłeś Giovanniemu?

Cezar zachował zimną krew.

— Nigdy nikomu nie grożę. Jeśli ktoś mnie rozzłości, wyzywam go na pojedynek. — Pokręcił głową. — Nie przypominam sobie, żebym cię wyzwał. Chcesz powiedzieć, że kłamię? — spytał, patrząc lodowatym wzrokiem na Giovanniego.

Obaj się nienawidzili.

— Przyznaj, że nie byłeś sympatycznym szwagrem — powiedział prowokująco Giovanni.

Ludovico był wyraźnie zdenerwowany, mimo to starał się mówić łagodnym tonem:

— Wasza Świątobliwość, Giovanni wrócił do Rzymu. Oboje mogli żyć szczęśliwie w Pesaro, gdyby nie Lukrecja. Uparła się, żeby mieszkać w Rzymie.

Aleksander stracił cierpliwość.

— Ludovico, mój przyjacielu. Moglibyśmy się spierać całymi dniami, ale obaj mamy ważniejsze sprawy. Wniosek jest tylko jeden: Giovanni i Lukrecja muszą się rozwieść. Rozumiemy twoje obawy i uczucia twojego bratanka, lecz to musi się stać ze względu na dobro Kościoła.

— Kościoła? — powtórzył zdumiony Il Moro.

Obaj teraz wstali z krzeseł i zaczęli krążyć po sali.

— Ojcze Święty — rzekł cicho Ludovico — jestem pewny, że Giovanni zgodzi się na rozwód, jeśli zostanie orzeczony z powodu nieważności małżeństwa. — Odchrząknął i dodał: — Lukrecja była przedtem zaręczona z Hiszpanem.

Aleksander położył rękę na ramieniu Ludovica.

— Mój przyjacielu — powiedział. — To nie takie proste. Ciało orzekające, czyli Komisja święta, nie uzna takiej podstawy do rozwodu.

Il Moro ściszył głos jeszcze bardziej.

— Mógłbyś ogłosić bullę.

Aleksander skinął głową.

— Masz rację, przyjacielu. Mógłbym, gdyby Lukrecja nie była moją córką. — Papież stanął naprzeciw Ludovica i rzekł tonem nieznoszącym sprzeciwu: — Jedyną możliwą podstawą jest przyznanie, że małżeństwo nie zostało skonsumowane. Zrozumie to zarówno komisja, jak i prości obywatele. Jako dowód mamy pisemne oświadczenie Lukrecji.

Giovanni zerwał się na równe nogi, czerwony jak burak.

— To kłamstwo. Nie jestem impotentem. Nigdy tego nie potwierdzę.

Il Moro zareagował ostro.

— Usiądź, Giovanni. Musimy znaleźć wyjście, które zadowoli Ojca Świętego. — Zdawał sobie doskonale sprawę, że papież może mu okazać pomoc, gdyby Francuzi zaatakowali Mediolan. Potrzebowałby wówczas wsparcia armii papieskiej i hiszpańskich sojuszników Aleksandra.

Spór rozstrzygnął Cezar. Jego słowa zabrzmiały w nagłej ciszy niczym spadające głazy.

— Oto rozwiązanie. Ponieważ Lukrecja twierdzi jedno, a Giovanni drugie, przeprowadzimy test prawdy. Zgromadzimy członków obu rodzin w wielkiej komnacie, w której ustawimy wygodne łóżko. W łóżku będzie się znajdowała zdrowa, ponętna kurtyzana. Giovanni położy się obok niej i udowodni swoją męskość.

Giovanni był przerażony.

— W obecności obu rodzin? Nie ma mowy! Nigdy się na to nie zgodzę.

Papież zwrócił się do Ludovica:

— Uważam, że to przesądza sprawę. Giovanni zrezygnował z szansy udowodnienia swojej męskości, zatem przyjmujemy — co uzna każdy sąd — że oświadczenie Lukrecji jest prawdziwe. Nie będziemy mieli pretensji do Giovanniego, gdyż jako mąż zrobił wszystko, co mógł. Nie mamy zamiaru go zniesławiać — potraktujemy jego ułomność z szacunkiem.

Giovanni chciał zaprotestować, lecz stryj go powstrzymał. Odciągnął go na stronę i powiedział:

— Jeśli się nie zgodzisz, zostaniesz wydziedziczony. Stracisz tytuł i księstwo. Przestaniesz być mężem, ale pozostaniesz władcą, a to niemało.

Później tego samego dnia Cezar usiadł za biurkiem w swojej komnacie. Na jego przystojnej twarzy malowało się przygnębienie, gdyż po rozłące z Lukrecją czuł ból i smutek. Przeczytał list, który otrzymał poprzedniego dnia od siostry. Było w nim coś, co sprawiało, że drżały mu ręce, gdy czytał go po raz kolejny.

Zwłaszcza jedno zdanie wywoływało jego niepokój: „Nie mam w tej chwili możliwości omówienia z tobą najważniejszej dla nas kwestii".

Zwrócił uwagę na oficjalny ton listu, który nie zawierał żadnej informacji. Treść kryła się w tym, co nie zostało napisane. Znając dobrze siostrę, zrozumiał, że poznała sekret, który wyjawiony, mógł ich postawić w obliczu śmiertelnego niebezpieczeństwa.

12

Goście Vannozzy Cattanei siedzieli przy kolorowo udekorowanych stołach biesiadnych, patrząc, jak gorące słońce chyli się ku rudawym, kamiennym ruinom Forum Romanum. W następnym tygodniu Cezar miał wyjechać do Neapolu jako delegat papieski, więc dla uczczenia tego wydarzenia Vannozza zaprosiła do wiejskiej rezydencji swoje dzieci i kilkoro przyjaciół.

Winnica Vannozzy, jak ochrzciły ją dzieci, usytuowana była na wyludnionym Wzgórzu Eskwilińskim naprzeciw majestatycznego kościoła Świętego Piotra, wzniesionego w piątym wieku.

Juan, Jofre i Cezar siedzieli obok siebie. Śmiali się i opowiadali sobie dowcipy, ciesząc się, że są razem. Cezar spostrzegł, że matka po drugiej stronie dziedzińca prowadzi, najwyraźniej intymną, rozmowę z młodym mężczyzną. Uśmiechnął się do siebie, gdyż matka była nadal piękna — wysoka, a przy tym delikatnej budowy. Oliwkowa cera i kasztanowate włosy bez najmniejszych śladów siwizny sprawiały, że wyglądała młodo w długiej, czarnej, jedwabnej sukni, którą ozdobiła sznurem pereł z Morza Południowego — specjalnym prezentem od Aleksandra, który otrzymała z okazji przyjęcia.

Cezar uwielbiał matkę; był dumny z jej urody, inteligencji i niewątpliwych zdolności w prowadzeniu interesów. Potrafiła zarządzać swoimi zajazdami w Rzymie lepiej od niejednego mężczyzny. Przyjrzał się powtórnie młodemu żołnierzowi i w głębi duszy życzył jej z całego serca, żeby była z nim szczęśliwa, ponieważ widać było, że jest nim żywo zainteresowana.

Z okazji przyjęcia Vannozza sprowadziła dwóch najlepszych kucharzy z jej rzymskich zajazdów, którzy sporządzili najróżnorodniejsze smakowite potrawy. Były między innymi gęsie watróbki, smażone z cząbrem, jabłkami i rodzynkami, świeże, gotowane homary w sosie śmietanowo-pomidorowym z dodatkiem bazylii, smażone eskalopki cielęce z truflami i świeże zielone oliwki, prosto z ogrodu.

Młodzi kardynałowie, wśród nich Gio Medici, przy każdej potrawie wznosili entuzjastyczne okrzyki. Kardynał Ascanio Sforza zachowywał się powściągliwie, walcząc z pokusą nałożenia sobie drugiej porcji nowego dania, jak to robił kuzyn Aleksandra, kardynał z Monreal.

Na stołach stały wielkie porcelanowe dzbany pełne wina z burgundzkich winogron — z własnych winnic Vannozzy. Juan wypijał kolejny kielich tak prędko, że ledwo nadążano nalać mu następny. W trakcie uczty przysiadł się do niego młody, bardzo szczupły mężczyzna w czarnej masce na twarzy i szepnął mu coś do ucha.

Cezar widywał go w ciągu ostatniego miesiąca w Watykanie, zawsze w towarzystwie brata, lecz gdy próbował dowiedzieć się, kim jest ów tajemniczy nieznajomy, okazało się, że nikt go nie zna. Gdy spytał o to samo Juana, brat w odpowiedzi roześmiał się szyderczo i oddalił w milczeniu. Cezar przypuszczał, że młodzieniec jest ekscentrycznym artystą z którejś z podrzędnych dzielnic, gdzie Juan często hulał w towarzystwie prostytutek.

Juan wstał chwiejnie — był już bardzo pijany — w rozpiętym mundurze, z włosami mokrymi od potu, przygotowując się do wzniesienia toastu. Podniósł w górę swój kielich. Trzęsła mu się ręka, wino zaczęło wylewać się na stół. Jofre próbował mu pomóc, ale Juan go odepchnął. Następnie, bełkocząc, zwrócił się do Cezara:

— Wypijmy za ucieczkę mojego brata przed Francuzami. Za to, że potrafi z powodzeniem chować się przed każdym niebezpieczeństwem — czasem pod płaszczem kardynalskim, innym razem biorąc nogi za pas. Niektórzy nazywają to sprytem... ja tchórzostwem... — dodał i głośno się roześmiał.

Cezar zerwał się na nogi, sięgając równocześnie po miecz. Ruszył w stronę Juana, lecz Gio Medici, jego przyjaciel, w ostatniej chwili go przytrzymał. Uspokoił się dopiero po prośbach, z jakimi zwrócili się do niego Vannozza i Jofre.

Vannozza próbowała usprawiedliwić Juana.

— Cezarze, nie bierz tego na serio. On jest pijany, nie wie, co mówi.

Oczy Cezara rzucały błyskawice, zacisnął szczęki.

— Dobrze wie, matko, i gdyby nie to, że znajdujemy się w twoim domu, zabiłbym na miejscu tego bękarta, mimo że jest twoim synem i moim bratem.

Gotując się nadal z wściekłości, pozwolił, żeby Gio zaprowadził go na miejsce. Gwar umilkł, goście rozmawiali przyciszonymi głosami, zaniepokojeni i speszeni kłótnią braci.

Zamaskowany mężczyzna wstał i powtórnie szepnął coś Juanowi do ucha. Ów podniósł się z miejsca, tym razem pewniej, otrzeźwiony gniewem brata.

— Wybaczcie mi, mam spotkanie, na które muszę się stawić — oznajmił.

Paź pomógł mu włożyć ciemnoniebieską, aksamitną pelerynę, po czym Juan w towarzystwie giermka i zamaskowanego mężczyzny pospiesznie opuścił zgromadzonych.

Pozostali goście również wkrótce się porozchodzili. Cezar wsiadł na konia i w asyście Jofre, Gia i Ascania Sforzy wyruszył w drogę do Rzymu. Na pożegnanie pomachał ręką do matki, która została na miejscu w towarzystwie młodego żołnierza.

Mężczyźni jechali co koń wyskoczy ku miastu. Minąwszy bramy, zatrzymali sie na skrzyżowaniu ulic, na wprost pałacu Borgiów, po czym przez dłuższą chwilę dyskutowali na temat awantury z Juanem. Cezar oświadczył, iż nie zamierza tolerować pijackiej zniewagi brata i jego nielojalności. Zamierzał porozmawiać z Juanem, a gdyby to nie dało rezultatu, wyzwać go na pojedynek i raz na zawsze zakończyć rodzinną waśń. Juan, zdając sobie sprawę, że w pojedynku z Cezarem nie ma szans, będzie musiał się pokajać — nie tylko przed Cezarem, lecz również przed innymi, których oszkalował, przynosząc ujmę całej rodzinie Borgiów.

Cezar wiedział, że z nich dwóch to właśnie Juan jest tchórzem, pomimo jego bezczelnych pomówień. Zdecydowanie górował nad bratem zarówno determinacją, jak i sprawnością we władaniu mieczem.

Kardynał Ascanio Sforza poskarżył się na Juana, który przed kilkoma dniami, również kompletnie pijany, zabił bez powodu jego majordomusa. Ascanio był nadal wstrząśnięty tym wydarzeniem; zaklinał się, że gdyby nie nosił szat kardynalskich i nie bał się zemsty papieża, sam wyrównałby porachunki z Juanem.

Szesnastoletni Jofre nie wyrażał się źle o bracie, chociaż Cezar wiedział, iż miał pretensje do Juana o to, że romansował z jego żoną. Jofre był swoistą zagadką. Z początku wydał się Cezarowi niezbyt rozgarnięty, ponieważ jego reakcje były nijakie, pozbawione ekspresji. Nie tak dawno temu Cezar stał się przypadkowym świadkiem zmiany, jaka zaszła w Jofre. Było to owej nocy, kiedy Jofre rozmawiał z de Cordobą na dziedzińcu pałacowym.

Kiedy Ascanio i Gio Medici pożegnali się i udali do swoich pałaców, Jofre powiedział:

— Pojadę teraz do getta. Chcę spędzić parę godzin z kobietą, która obdarzy mnie odwzajemnionym uczuciem.

Cezar uśmiechnął się. Poklepał Jofre po ramieniu.

— Nie mam nic przeciwko temu, braciszku. Życzę ci przyjemnego spędzenia czasu.

Patrząc za oddalającym się bratem, spostrzegł coś niepokojącego. Kiedy młody Jofre zniknął za rogiem, kierując się w stronę getta, spomiędzy budynków wyłonili się trzej jeźdźcy i udali się w ślad za nim. Jeden z mężczyzn, wyższy od pozostałych, dosiadał białego ogiera.

Cezar odczekał kilka chwil, nie chcąc, żeby usłyszeli tętent kopyt jego konia, po czym pojechał za nimi. Zatrzymał się na wysoko położonym placu, z którego rozciągał się widok na getto. O kilka ulic dalej zobaczył sylwetki czterech mężczyzn na koniach. Jednym z nich był Jofre. Słyszał, jak toczą ożywioną, przyjazną rozmowę. Uspokoiwszy się, że bratu nie grozi niebezpieczeństwo, zawrócił konia i pojechał do Watykanu.

W środku nocy Cezarowi przyśnił się koszmar. Na wpół obudzony, nie wiedział, co to było. Tętent kopyt? Próbował dojść do siebie, ale w sypialni panowała kompletna ciemność, jak gdyby zabrakło oliwy w latarni.

Spocony, z bijącym sercem, starał się uspokoić, lecz uczucie strachu go nie opuszczało. Wstał z łóżka i trzęsącymi się rękami próbował na oślep zapalić lampę. W głowie miał gonitwę myśli, nękały go irracjonalne obawy. Przerażony, zawołał na swojego służącego, lecz ten się nie pojawił.

Nagle, w niewytłumaczalny sposób, płomień latarni zamigotał i w sypialni zrobiło się jasno. Cezar usiadł na łóżku, nadal w półśnie. Ze ścian sięgały ku niemu ręce jakichś ciemnych postaci. Było mu przeraźliwie zimno. Trząsł się na całym ciele, mimo iż owinął się kocem. Usłyszał głos starej Noni, dobiegający jakby z otchłani: „W twoim domu jest śmierć...".

Próbował otrząsnąć się z przykrego uczucia, wymazać z pamięci głos Noni, lecz był sparaliżowany strachem. Czy coś groziło Lukrecji? Przecież w klasztorze była bezpieczna. Ojciec się o to zatroszczył, każąc don Michelettowi roztoczyć dyskretną opiekę nad klasztorem; niewidoczną, żeby nie rozdrażnić córki.

Potem pomyślał o Jofre, lecz przypomniawszy sobie przyjazny ton rozmowy między jego kompanami, doszedł do wniosku, że nic mu nie grozi.

Juan? Być może, lecz jeśli w niebie istniała sprawiedliwość, niebezpieczeństwo zagrażające Juanowi nie powinno wywoływać koszmarnych snów u Cezara.

Ubrał się szybko i pospieszył do apartamentów papieża. Dwaj halabardnicy, pełniący wartę przed ciężkimi metalowymi drzwiami, stanęli na baczność.

— Czy Ojciec Święty już się położył? — spytał Cezar.

Z przedpokoju dobiegł go głos Jacamina, ulubionego służącego papieża.

— Przed chwilą spał. Wszystko w porządku.

Cezar wrócił do swoich komnat, jednak niepokój go nie opuścił. Postanowił wsiąść na konia i pojeździć po okolicy, co zwykł robić, gdy miał uczucie, że serce wyskoczy mu z piersi. Poszedł do stajni i już miał dosiąść swojego ulubionego ogiera, gdy zauważył, że jeden ze stajennych czyści konia, na którym odjechał Jofre. Kopyta konia były ubabrane czerwonym mułem rzecznym.

— Widzę, że mój brat Jofre jest już do domu? — zagadnął stajennego.

— Tak, kardynale — odparł chłopak.

— A mój brat Juan? Też już wrócił?

— Jeszcze nie, kardynale.

Cezar wyjechał z miasta z niejasnym przeczuciem, że stało się coś złego. W poszukiwaniu śladów Juana gnał na oślep, nie wiedząc, w którą stronę skierować konia. Otaczająca go rzeczywistość wydawała mu się nierealna. W końcu pod wpływem jakiegoś wewnętrznego impulsu pogalopował wzdłuż brzegu rzeki.

Noc była zimna i wilgotna; wody Tybru pachniały solą, co go otrzeźwiło i uspokoiło. Przepatrywał brzeg, próbując dostrzec coś podejrzanego, lecz niczego nie znalazł. Po paru godzinach jazdy dotarł do miejsca, gdzie brzeg pokrywała warstwa czerwonej gliny. Po przeciwległej stronie dużej przystani rybackiej stał pałac hrabiego Mirandelli, a obok niego szpital, przez okna którego widać było migoczące płomyki latarni. Wszędzie panował spokój.

Cezar zsiadł z konia, rozglądając się dookoła w poszukiwaniu kogoś, kogo mógłby zapytać o Juana. W przystani zacumowano parę łodzi rybackich. Ich załogi spały na pokładach bądź piły wino w którejś z wiejskich karczm. Wyobraził sobie spokojne życie rybaka, którego jedynym, codziennym zajęciem jest zarzucenie sieci, a potem już tylko oczekiwanie, czy złapie się ryba. Na myśl o tym poczuł wewnętrzne odprężenie.

Miał już wracać, gdy spostrzegł, że w małej łodzi, przycumowanej do sterty pni, śpi jakiś mężczyzna.

— Hej tam, człowieku! — zawołał.

Kiedy zbliżył się do łodzi, mężczyzna usiadł i spojrzał nań nieufnie.

— Nazywam się Cezar Borgia. Jestem kardynałem. Szukam mojego brata, kapitana armii papieskiej. Nie zauważyłeś dziś w nocy czegoś podejrzanego? — spytał Cezar, wyciągając złotego dukata.

Na widok monety Giorgio, bo tak się nazywał rybak, przestał być nieufny.

Pół godziny później Cezar, odjeżdżając, wręczył Giorgiowi sztukę złota.

— Zapomnij o naszej rozmowie. Nikt nie może się o niej dowiedzieć — ostrzegł go. — Liczę na ciebie.

— Już zapomniałem, kardynale — zapewnił go Giorgio.

Cezar wrócił do Watykanu. Nie powiedział nikomu o tym, czego dowiedział się od rybaka.

Tego ranka papież obudził się wcześniej niż zwykle. Ogarnął go niepokój. Sądził, iż poczucie dyskomfortu bierze się z niepewności co do wyniku najbliższych bitew, w sprawie których zwołał na ten dzień naradę. Jej celem było omówienie strategii wojennej.

Po odprawieniu porannych nieszporów, podczas których prosił Boga o pomoc w przeprowadzeniu zamiarów, udał się do sali obrad, w której zastał jedynie czekającego nań Duarte Brandao.

— Gdzie moi synowie, Duarte? — spytał papież. — Czas zaczynać naradę.

Duarte czuł lęk przed tym, co musiał zakomunikować Aleksandrowi. Jeszcze przed świtem obudził go służący Juana, który doniósł mu, iż jego pan nie wrócił do domu po kolacji w winnicy. Nie było również giermka, który mu towarzyszył.

Duarte uspokoił służącego, każąc mu siedzieć w komnacie jego pana i zameldować, kiedy Juan wróci. Czuł jednakże, że coś wisi w powietrzu. Przewracał się w łóżku, nie mogąc ponownie zasnąć, więc w końcu wstał, ubrał się i jeździł do świtu po ulicach Rzymu, rozpytując o Juana Borgię.

Kiedy wrócił do Watykanu, natychmiast obudził Cezara. Spytał, czy wie, kto ostatni widział Juana.

— Wyjechał z przyjęcia ze swoim giermkiem i zamaskowanym mężczyzną — odparł Cezar. — Wracał do Watykanu. Giermek miał tego dopilnować, bo Juan wypił za dużo wina.

— Nie mogę odnaleźć tego giermka — powiedział Duarte. — Na próżno też szukałem Juana w całym mieście.

— Zaraz się ubiorę — odrzekł Cezar. — Ojciec może mnie potrzebować.

Wychodząc z sypialni Cezara, Duarte rzucił okiem na jego buty. Były wilgotne, zabłocone czerwonym mułem rzecznym.

W ciągu następnych kilku godzin nieobecność Juana napawała Aleksandra coraz większym niepokojem. Chodził tam i z powrotem po komnatach, przesuwając w palcach złote paciorki różańca.

— Ten chłopiec jest niemożliwy — powiedział do Duarte. — Musimy go odszukać. Odpowie mi za to wszystko.

Duarte próbował uspokoić papieża.

— Wasza Świątobliwość, Juan jest młody, a w mieście nie brakuje pięknych kobiet. Może leży pijany w którejś sypialni w Trastevere, do której jeszcze nie dotarliśmy.

Aleksander skinął głową ze zrozumieniem, lecz po chwili przybył Cezar, przynosząc złą nowinę.

— Ojcze, znaleziono giermka Juana. Jest śmiertelnie ranny, nie może mówić.

— Pójdę do tego człowieka i spytam o syna — zdecydował papież. — Komu jak komu, ale mnie z pewnością wyzna, co się stało.

Cezar zwiesił głowę i powiedział ponuro.

— Nic ci nie powie, ojcze. Nie ma języka.

Papież poczuł, że kolana się pod nim uginają.

— Czy jest na tyle ranny, że nie może pisać?

— Niestety nie, ojcze. Nie ma palców.

— Gdzie go znaleziono? — spytał papież.

— Na Piazza della Giudecca — odparł Cezar. — Leżał tam zapewne od wielu godzin, lecz przechodnie prawdopodobnie bali się donieść o wypadku.

— Nadal nie wiadomo, co z twoim bratem? — spytał Aleksander, siadając w fotelu.

— Nie, ojcze — odparł Cezar. — Nikt nic nie wie.

Cezar i Duarte objechali cały Rzym w poszukiwaniu Juana. Pytali o niego dowódców straży, komendanta oddziałów hiszpańskich i halabardników, po czym wrócili do Watykanu.

Aleksander siedział w milczeniu na tym samym miejscu. Rękami ściskał nerwowo paciorki różańca. Wchodząc do komnaty, Cezar rzucił wymowne spojrzenie Duarte Brandao. Pomyślał, iż będzie lepiej, jeśli najświeższe wiadomości przekaże papieżowi zaufany przyjaciel.

Duarte podszedł do fotela. Oparł silną dłoń na ramieniu papieża.

— Przed chwilą dowiedziałem się, Ojcze Święty, że przybłąkał się koń kapitana generalnego. Jedno ze strzemion zostało odcięte mieczem.

Papieżowi zabrakło tchu, jak gdyby otrzymał cios w żołądek.

— A jeździec? — spytał cichym głosem.

— Jeźdźca nie ma, ojcze — włączył się do rozmowy Cezar.

Papież podniósł głowę i popatrzył nań posępnie.

— Zbierz halabardników i każ im przeszukać cały Rzym i okolice. Powiedz, że nie wolno im wracać, dopóki nie znajdą mojego syna.

Cezar wyszedł wydać rozkazy. W korytarzu wiodącym do pałacu spotkał Jofre.

— Juan nie wrócił — oznajmił Cezar. — Ojciec jest zmartwiony. Bądź ostrożny. W żadnym razie nie może się dowiedzieć, dokąd jeździłeś wczoraj wieczorem.

Jofre kiwnął głową.

— Rozumiem.

Nie powiedział nic więcej.

Wieść o zaginięciu Juana, papieskiego syna, obiegła cały Rzym. Wiedziano, że papież jest zrozpaczony i że grozi straszliwą zemstą, gdyby się okazało, że ktoś wyrządził Juanowi krzywdę.

Pozasłaniano witryny i pozamykano kramy, a żołnierze hiszpańscy z mieczami w dłoniach przebiegali ulicę po ulicy. Nawet rodziny Orsinich i Colonnów oraz inni nieprzyjaciele papieża, bojąc się podejrzeń, przyłączyli się do poszukiwań. Żołnierze pod karą śmierci, która im groziła, gdyby nie znaleźli Juana, przeszukiwali najodleglejsze zakątki.

Rankiem następnego dnia jeden z halabardników trafił na rybaka, który spał w swojej łodzi. Rybak nazywał się Giorgio Schiavi. Powiedział, że wieczorem owego dnia, kiedy odbyło się przyjęcie, zauważył czterech jeźdźców. Jeden z nich nosił maskę. Widział ze swojej łódki, że piąty koń niósł ciało przerzucone w poprzek siodła. Koń został zaprowadzony do miejsca, w którym zrzucano śmieci do rzeki, ciało zdjęto i wrzucono do wody.

— Jak wyglądał ów utopiony? — spytał halabardnik. — Spróbuj go opisać.

— Było bardzo ciemno — odparł Giorgio.

Pytany dalej zeznał, że słyszał głos przywódcy, który kazał wrzucić kilka kamieni w miejscu, w którym niebieska peleryna zabitego wypłynęła na powierzchnię, i że jeden z koni był biały.

Dotrzymał jednak słowa danego kardynałowi i nie opisał mężczyzny, który wydał rozkaz. Kiedy żołnierz zarzucił rybakowi, że nikomu nie zameldował o tym wydarzeniu, Giorgio stwierdził z irytacją:

— W ciągu ostatnich lat widziałem tyle trupów wrzuconych do Tybru, że gdybym za każdym razem powiadamiał straże, nie miałbym czasu nie tylko łapać ryb, ale nawet ich jeść!

Do południa rybacy za pomocą sieci i bosaków przeszukali koryto rzeki od brzegu do brzegu, lecz dopiero koło trzeciej jeden z miejscowych rybaków zaczepił o coś ciężkiego. Po chwili na powierzchnię wypłynęło, twarzą do góry, obrzmiałe ciało. Niebieska aksamitna peleryna topielca falowała, szarpana nurtem rzeki. Nieżyjący mężczyzna miał na nogach buty z ostrogami, za pas zatknięte rękawice. Trzydzieści dukatów znajdujących się w sakiewce świadczyło o tym, że motywem morderstwa nie był rabunek. Po zbadaniu ciała okazało się, że miał dziewięć głębokich ran od sztyletu i poderżnięte gardło.

Duarte Brandao przybył zidentyfikować zwłoki. Nie było wątpliwości — wyłowionym mężczyzną był Juan Borgia, syn papieża.

Ciało Juana zostało przetransportowane łodzią do zamku Świętego Anioła. Na widok zwłok ulubionego syna papież padł na kolana, oniemiały z bólu. Szlochał, a jego lament do Boga było słychać w całym Watykanie.

Kiedy doszedł do siebie, zarządził, żeby pogrzeb odbył się tego samego wieczoru. Wcześniej jeszcze zwłoki Juana w kosztownym, brokatowym uniformie kapitana armii świętego Kościoła katolickiego zostały wystawione na widok publiczny.

O szóstej wieczorem Juan, który wyglądał, jakby spał, został umieszczony na paradnych marach i poniesiony mostem na barkach patrycjuszy dworu. Samotny papież patrzył na pochód z wieży zamku Świętego Anioła.

Na czele konduktu postępowało stu dwudziestu giermków, niosących tarcze i pochodnie, za nimi setki zapłakanych szambelanów i duchowieństwo. Procesja przeszła wzdłuż szpaleru hiszpańskich żołnierzy, których wyciągnięte miecze utworzyły lśniący dach nad zwłokami dowódcy, po czym skierowała się do kościoła Santa Maria del Popolo, gdzie Juan, w obecności tysięcy żałobników z pochodniami, został złożony na wieczny odpoczynek w kaplicy, którą jego matka, Vannozza, przeznaczyła na swój własny grób.

Bezpośrednio po pogrzebie Aleksander, nie bacząc na to, iż jest w żałobie, kazał wezwać najstarszego syna.

Cezar przybył natychmiast, w nadziei, że zdoła pocieszyć ojca. Zastał go przy biurku, w jego prywatnym gabinecie. Aleksander był blady, oczy miał zaczerwienione od płaczu. Cezar widział go tylko raz w takim stanie — przed laty, kiedy życie Juana wisiało na włosku. Zamyślił się nad pytaniem, czy modlitwą można zmienić przeznaczenie, czy najwyżej odsunąć w czasie to, co i tak jest nieuniknione.

Gabinet był skąpo oświetlony. Gdy Aleksander zobaczył syna, wstał i ruszył mu naprzeciw. Stanął blisko Cezara, górując nad nim swoją potężną sylwetką. Był wzburzony do granic wytrzymałości. Od dawna zdawał sobie sprawę, że Cezar nie darzy sympatią Juana, gdyż zabrał mu on wszystko, o czym Cezar marzył. Wiedział, że przed dwoma dniami podczas przyjęcia u Vannozzy doszło do scysji między braćmi. Musiał poznać prawdę.

— Przysięgnij, że nie zabiłeś swojego brata — powiedział nieznoszącym sprzeciwu tonem. — Przysięgnij na nieśmiertelność swojej duszy. Wiedz, że jeśli mnie okłamiesz, będziesz po wsze czasy smażył się w piekle.

Cezarowi zabrakło tchu, tak bardzo zabolało go oskarżenie. Nie żałował brata, którego nie cierpiał, lecz nie miał nic wspólnego z jego śmiercią. Zdawał sobie sprawę, że ojciec miał podstawy, żeby go podejrzewać.

Podszedł jeszcze bliżej do Aleksandra i spojrzał mu głęboko w oczy. Położył rękę na piersi i rzekł:

— Przysięgam, że nie zabiłem mojego brata. Jeśli skłamałem, niech będę potępiony na wieki. — Spostrzegł, że ojciec jest zdeprymowany, więc powtórzył: — Nie zabiłem Juana.

Aleksander pierwszy odwrócił wzrok. Usiadł na swoim miejscu za biurkiem, zapadł się w wielkim skórzanym fotelu i zakrył twarz rękami. Po chwili odezwał się, tym razem cicho i smutno.

— Dziękuję. Dziękuję ci, synu. Jak widzisz, jestem zrozpaczony z powodu straty dziecka. Po tym, co mi powiedziałeś, odżyłem na nowo. Muszę ci się przyznać — a to, co powiem, nie jest wyznaniem pogrążonego w bólu ojca, które można zlekceważyć — że gdybyś zabił brata, kazałbym ci powyrywać wszystkie członki. Teraz idź, bo muszę się pomodlić. Może modlitwa przyniesie mi ulgę w cierpieniu.

W życiu każdego człowieka przychodzi taki moment, w którym podejmuje decyzję wpływającą na jego przyszłe losy, kiedy na skrzyżowaniu wielu dróg musi wybrać jedną z nich, nie wiedząc, dokąd ona prowadzi. Tak więc Cezar wolał nie mówić ojcu o rybaku, który znalazł pierścień z niebieskim topazem, i o tym, iż to Jofre zabił Juana. Ojciec nie powinien o tym wiedzieć.

Juan sam zgotował sobie taki koniec. Jofre stał się jedynie instrumentem w rękach sprawiedliwości, która wymierzyła Juanowi karę za jego żałosne życie. Nie tylko nie przyczynił się do wzrostu znaczenia Borgiów, lecz nawet im zagrażał. Morderstwo dokonane przez Jofre na bracie było boską karą za grzechy całej rodziny.

Cezara nie zdziwiło, że ojciec podejrzewał go o ten straszliwy czyn, choć gwałtowność reakcji, a zwłaszcza podanie w wątpliwość posłuszeństwa i miłości Cezara, zabolała go bardziej, niż się spodziewał. Fakt, że Aleksander podejrzewał właśnie jego, Cezara, miała swoje dobre strony — prawda mogła go jeszcze bardziej zranić. Ojciec Święty powinien być nieomylny, bowiem nieomylność była fundamentem jego władzy.

Cezar wiedział, iż ojciec wątpił w szczerość jego zapewnień, lecz jaka byłaby korzyść z tego, gdyby w siebie zwątpił? To by go tylko osłabiło, a słabość papieża zaważyłaby na losach całej rodziny Borgiów. Odpowiedzialny syn nie powinien do tego dopuścić.

Śmierć Juana i wynikające z niej konsekwencje sprawiły, że Cezar postanowił wziąć na swoje barki opiekę nad Rzymem i całą rodziną.

Lukrecja modliła się w kaplicy przed wielkim marmurowym posągiem Świętego Sykstusa, gdy przyszła po nią jedna z zakonnic. Pochodziła z królewskiej rodziny z Neapolu. W zakonie przebywały zarówno bogate młode kobiety z arystokratycznych rodzin europejskich, jaki i biedne, wiejskie dziewczęta, które wstępowały do klasztoru z powołania. Kościół miał pożytek z jednych i drugich. Rodziny bogatych panien łożyły znaczne sumy na rzecz Kościoła, wiejskie dziewczęta zaś modliły się o zbawienie dusz tych bogatych.

Młoda dziewczyna, jąkając się ze zdenerwowania, przekazała Lukrecji, że przybył do niej ktoś z pilną wiadomością.

Lukrecji z obawy mocniej zabiło serce. Szła najszybciej, jak tylko mogła; stukot jej kroków na kamiennej posadzce dźwięczał echem w pustych korytarzach.

Miała na sobie prostą, szarą wełnianą suknię o wysoko zaznaczonej talii, a na niej gładki, bawełniany żakiet. Każdego ranka, kiedy się ubierała, dziękowała Bogu za to, iż strój był na tyle obszerny, że maskował jej brzuch, który z dnia na dzień stawał się coraz większy.

Nim dotarła do przedsionka, przez głowę przeleciało jej tysiąc najprzeróżniejszych domysłów. Czy ojciec jest zdrowy? Co z Cezarem? Czy nie mogąc żyć bez niej przez tyle miesięcy, nie zrezygnował z niej raz na zawsze? A może to tylko posłaniec z kolejnym listem od Ojca Świętego, nakłaniającym ją do powrotu do Rzymu i zajęcia należnego jej miejsca na dworze?

Dotąd otworzyła tylko jeden z tych listów, przyniesiony jej przez młodego Perotta. Spodziewała się, że w następnych ojciec także będzie domagał się posłuszeństwa, a ona nie będzie mogła zastosować się do jego życzenia, nawet gdyby chciała. W tym stanie nie powinna się nikomu pokazywać, zwłaszcza że ojciec — o czym wiedziała od Perotta — uparł się, by podstawą unieważnienia jej małżeństwa była rzekoma impotencja Giovanniego. Idąc, poklepała się delikatnie po brzuchu. Jak mogłabym się wytłumaczyć? — pomyślała.

W przedsionku było zimno. Niczym nieozdobiona marmurowa posadzka, pozasłaniane okna i kilka krucyfiksów wiszących na ścianach sprawiały ponure wrażenie. Lukrecja stanęła jak wryta na widok Cezara w stroju kardynalskim.

Była tak uszczęśliwiona jego widokiem, że chciała mu się rzucić w objęcia, nie bacząc na to, iż ktoś może ich zobaczyć, jednak Cezar przytrzymał ją na wyciągnięcie ramion. Stał, patrząc jej surowo w oczy. Na jego przystojnej twarzy malowała się troska.

— Coś złego się stało? — spytała, bliska płaczu. Nie mogła uwierzyć, że tak szybko się zorientował, albo że dowiedział się o jej stanie od kogoś innego. Kiedy tak stała przed nim, mając w głowie gonitwę myśli, Cezar rzekł:

— Juan nie żyje. Został w nocy zamordowany.

Kolana się pod nią ugięły. Padłaby na marmurową posadzkę, gdyby Cezar jej nie podtrzymał. Klęcząc obok niej, zauważył bladość twarzy i drobne żyłki na powiekach, bardziej widoczne niż zazwyczaj. Przemówił do niej łagodnie:

— Lukrecjo... — ale nie reagowała.

Zdjął z siebie aksamitną pelerynę, rozpostarł na posadzce i oparł na niej głowę siostry.

Ocknęła się w momencie, gdy pieszczotliwie sięgnął ręką do jej brzucha, chcąc ją obudzić i uspokoić.

— Już ci lepiej? — spytał Cezar.

— To straszne, że Juan nie żyje. A co na to ojciec? Jak on to zniósł?

— Niezbyt dobrze — odparł Cezar. Położył dłoń na brzuchu Lukrecji i zasępił się.

— Nie wiedziałem, że jesteś w odmiennym stanie.

— Tak, jestem.

— Niezbyt to szczęśliwie ze względu na ojca, który żąda unieważnienia małżeństwa. Nikt teraz nie uwierzy, że ten bydlak Giovanni jest impotentem, komisja więc może nie wyrazić zgody.

Lukrecja usiadła. W głosie Cezara zabrzmiała nuta zazdrości. Była nadal wstrząśnięta wiadomością o śmierci Juana, a teraz doszło do tego rozgoryczenie Cezara.

— Mój odmienny stan nie ma nic wspólnego z Giovannim — powiedziała chłodno. — Byłam z nim w łóżku tylko raz — w noc poślubną.

— W takim razie kim jest ten łotr? Zabiję go! — zawołał z gniewem Cezar.

Lukrecja pogłaskała go po policzku.

— To twoje dziecko, kochanie. Gorzej być nie mogło!

Milczał przez dłuższy czas.

— Muszę pozbyć się płaszcza kardynalskiego — powiedział w końcu. — Żadne z moich dzieci nie będzie bękartem.

Lukrecja położyła mu palec na wargach.

— Ale żadne z twoich dzieci nie może być moim.

— Musimy się zastanowić i ułożyć plan działania. Czy ktoś o tym wie?

— Absolutnie nikt — odparła Lukrecja. — Wyjechałam z Rzymu tego samego dnia, kiedy się upewniłam, że jestem w odmiennym stanie.

Po śmierci Juana papież zamknął się w swoich komnatach. Mimo próśb Duarte, don Micheletta, Cezara i wszystkich, którzy go kochali, nie jadł i całymi dniami nie rozmawiał z nikim — nawet z Giulią. Przez drzwi było słychać, jak się modlił, prosząc Boga o przebaczenie za grzechy.

Przedtem jednak w proteście potrząsnął pięścią.

— Ojcze w niebiosach, dlaczego mam zbawiać dusze tysięcy wiernych, skoro strata jednej sprawiła mi tak wielki ból? To niesprawiedliwe, że za moje własne grzechy karzesz mnie śmiercią syna. Człowiek jest z natury ułomny, ale Bóg powinien być miłosierny! — krzyczał, jak gdyby wpadł w trans.

Kardynałowie, z którymi był blisko, na zmianę pukali do drzwi, prosząc, żeby ich wpuścił, gdyż chcą połączyć się z nim w cierpieniu, lecz Aleksander uparcie odmawiał. W końcu usłyszeli:

— Tak... wiem, ojcze w niebiosach... twój syn też został zamęczony... — po czym zapadła cisza.

Dwa dni później otworzył drzwi. Był wychudzony i pobladły, lecz wydawał się pogodzony z losem. Zgromadzonym przed jego komnatą oświadczył:

— Ślubowałem Madonnie, że zreformuję Kościół. Zacznę od jutra. Zwołajcie konsystorz. Chcę przemówić do kardynałów.

Aleksander publicznie przyznał się do swojego przywiązania do syna, oświadczając, że oddałby siedem tiar za jego życie. Ponieważ to jest niemożliwe, w zamian postanowił zreformować Kościół, gdyż wstrząs spowodowany śmiercią Juana pozwolił mu dostrzec własne grzechy.

Kiedy mówił o Juanie, widać było, jaką musiał przeżyć udrękę. Przyznał się do nieprawości — własnej i całej rodziny — i przysiągł, że się poprawi. Oświadczył zgromadzeniu kardynałów i ambasadorów, iż zrozumiał, że obraził opatrzność, po czym poprosił o powołanie komisji, która zaproponowałaby zmiany w Kościele.

Następnego dnia napisał listy do wszystkich władców chrześcijańskich, informując ich o swoim dramacie i prosząc o zrozumienie potrzeby wprowadzenia reform. Udało mu się przekonać ich o własnych dobrych intencjach; cały Rzym wyraził mu współczucie i nawet kardynał della Rovere i prorok Savonarola, dwaj jego najwięksi wrogowie, przysłali listy kondolencyjne.

Wydawało się, że wkrótce nadejdą nowe czasy.

13

Aleksander był ciągle jeszcze pogrążony w żałobie po śmierci Juana, więc Duarte namówił Cezara, żeby po koronowaniu króla Neapolu odwiedził Florencję, która podczas inwazji wojsk francuskich została przewrócona do góry nogami. Trzeba było wysłać tam kogoś wiarygodnego w celu nawiązania stosunków między papieżem a *signorią*, ciałem ustawodawczym Florencji, żeby spróbować przywrócić władzę Medyceuszy. Prócz tego należało ocenić stopień niebezpieczeństwa, zagrażającego papiestwu ze strony proroka Savonaroli.

— Krążą pogłoski — powiedział Duarte Cezarowi — że pewien zakonnik dominikański, nazwiskiem Savonarola, ostatnio stał się jeszcze bardziej wywrotowy i zyskuje coraz liczniejsze rzesze słuchaczy. Podżega ludność Florencji do buntu przeciw papieżowi, jeśli nie przeprowadzi daleko idących reform.

Aleksander już wysłał interdykt do Florencji, zabraniający zakonnikowi wygłaszania kazań, jeśli nadal będzie podkopywał autorytet papiestwa. Zakazał mu występować przed wiernymi, dopóki nie przybędzie do Rzymu na rozmowę z papieżem. Nałożył też sankcje na tych kupców florenckich, którzy będą dawać posłuch zakonnikowi. Lecz wszystkie obostrzenia niewiele dały. Fanatyczny prorok nadal wygłaszał kazania.

Buta Piera Medici odstręczała od niego zarówno obywateli Florencji, jak i członków jego dworu. Płomienne przemówienia Savonaroli przeciw Medyceuszom, wygłaszane z ambon i na miejskich placach, wzbudziły w ludności entuzjazm dla reform. Oliwy do ognia dolewała rosnąca w siłę klasa średnia, która żywiła urazę do Medyceuszy, a przy tym uważała, że jej pieniądze upoważniają ją do zabierania głosu w sprawach Florencji. Wszystko razem groziło buntem przeciw władzy papieża.

Cezar uśmiechnął się.

— Czy możesz mi zagwarantować, przyjacielu, że jeśli pojadę do Florencji, to nie zostanę tam zasztyletowany? Mogą to zrobić dla przykładu. Słyszałem, że obywatele Florencji i Savonarola uważają, iż jestem równie zły jak Ojciec Święty.

— Masz tam wrogów, ale nie brakuje przyjaciół — stwierdził Duarte. — Są nawet wielbiciele. Jednym z nich jest genialny mówca, Niccolo Machiavelli. W czasach słabości papiestwa potrzebne jest czyjeś bystre oko, które potrafi odróżnić niebezpieczeństwo rzeczywiście zagrażające Borgiom od wyimaginowanego.

— Doceniam twoją troskę, Duarte — powiedział Cezar. — Daję ci słowo, że gdy tylko załatwię sprawy w Neapolu, udam się do Florencji.

— Będzie cię chronił płaszcz kardynalski — zauważył Duarte. — Nawet przed tak zawziętym wrogiem jak ów prorok. Potrzebujemy relacji naocznego świadka, żebyśmy dokładnie wiedzieli, o co Savonarola oskarża papieża, i mogli zbić jego argumenty.

Medyceusze stracili władzę, rządziła *signoria* — w sumie wpływ papiestwa był zagrożony. Cezar postanowił pojechać do Florencji, żeby spróbować zmienić sytuację na korzyść papieża.

— Zrobię to, o co prosisz — rzekł. — Pojadę tam jak najprędzej.

Niccolo Machiavelli właśnie wrócił do Florencji z podróży do Rzymu. *Signoria* wysłała go tam, żeby zbadał sprawę zamordowania Juana Borgii.

Spotkanie odbywało się w wielkiej sali w Palazzo della Signora, której ściany były udekorowane przepysznymi arrasami, bezcennymi obrazami pędzla Giotta i Boticellego i wieloma innymi dziełami sztuki, ofiarowanymi niedawno radzie przez Lorenza il Magnifico.

Przewodniczący *signorii* zajmował wielki, pokryty krwistym atłasem fotel, obok niego zasiadało ośmiu członków rady. Był już starym człowiekiem — denerwował się, czekając na raport Machiavellego.

Nie tylko on. Wszyscy członkowie *signorii* bali się tego, czego jeszcze nie wiedzieli, a co miał im powiedzieć Machiavelli: jakie losy czekają Florencję — a więc ich samych. Mimo iż znali niepośledni talent młodego człowieka do przejrzystego przedstawiania argumentów, byli świadomi konieczności zachowania najwyższego skupienia, aby w pełni zrozumieć jego wywody. Wiedzieli, że nie mogą sobie pozwolić nawet na moment nieuwagi.

Machiavelli był szczupły, wyglądał młodziej niż na swoje dwadzieścia pięć lat. Długa czarna peleryna, którą był otulony, stwarzała atmosferę dramatyzmu. Przez dłuższy czas spacerował tam i z powrotem przed członkami rady, zanim zaczął mówić.

— W Rzymie wszyscy są przekonani, że mordercą Juana Borgii jest jego brat Cezar. Możliwe, że nawet papież tak myśli. Mam inne zdanie w tej sprawie. Cezar miał motyw — jak wszyscy wiemy, stosunki między braćmi były napięte. Mówi się, że ostatniego wieczoru omal nie doszło między nimi do pojedynku. Mimo to uważam, że to nie Cezar.

Przewodniczący machnął niecierpliwie wyschniętą ręką.

— Młody człowieku, nie interesuje mnie, co myślą Rzymianie. My, Florentczycy, chcemy mieć własny punkt widzenia. Wysłaliśmy cię, żebyś dokonał oceny sytuacji, a nie zebrał plotki, które krążą po Rzymie.

Uszczypliwość przewodniczącego nie zrobiła wrażenia na Machiavellim. Uśmiechnął się chytrze, po czym podjął relację.

— Ekscelencjo, nie wierzę w to, że Cezar Borgia zabił Juana. Jest wielu innych, którzy mieli poważne powody. Mogli to zrobić Orsini, którzy nie zapomnieli mu śmierci Virginia i zajęcia ich twierdz. Albo Giovanni Sforza, w zemście za podstawę do rozwodu z córką papieża, Lukrecją.

— Do rzeczy, młody człowieku — powiedział przewodniczący. — Umrę ze starości, zanim skończysz raport.

Machiavelli nawet nie mrugnął okiem. Mimo że mu przerwano, kontynuował z niesłabnącym zapałem.

— Jest jeszcze Guido Feltra, książę Urbino, który został uwięziony przez Orsinich z powodu niekompetencji Juana i przetrzymywany w lochu przez wiele miesięcy, bo chciwy Juan zwlekał z zapłaceniem okupu. Nie zapominajmy również o dowódcy hiszpańskim, Gonsalvie de Cordobie, który zwyciężył Orsinich, ale to Juan przywłaszczył sobie chwałę i pieniądze. Jednak najpoważniejszy motyw miał hrabia Mirandella. Juan uwiódł jego czternastoletnią córkę, a następnie pochwalił się tym przed zgromadzonym na placu tłumem. Zrozumcie ojca. Jego pałac stoi naprzeciw miejsca, w którym ciało Juana wrzucono do Tybru.

Przewodniczący zaczął drzemać, więc Machiavelli podniósł głos.

— Są jeszcze inni wrogowie... Mógł to zrobić kardynał Ascanio Sforza w odwecie za swojego majordomusa, którego Juan zabił tydzień wcześniej. Przede wszystkim jednak weźmy pod uwagę człowieka, któremu Juan uwiódł żonę... — zrobił wyważoną, złowieszczą pauzę, po czym dokończył tak cicho, że trzeba było dobrze nadstawić ucha — ...jego młodszego brata, Jofre.

— Dosyć, dosyć — przerwał mu zirytowany przewodniczący. — Interesuje nas tylko to, czy Rzym zagraża Florencji — powiedział, objawiając niezwykłą jak na jego wiek jasność umysłu. — Został zamordowany Juan Borgia, kapitan generalny. Chcemy wiedzieć, kto to zrobił. Niektórzy twierdzą, że Cezar. Jeśli on, to grozi nam niebezpieczeństwo. Jest ambitny, a będąc przy tym patriotą, któregoś dnia pokusi się o podporządkowanie sobie Florencji. Podsumowując, młody człowieku, musimy sobie odpowiedzieć na pytanie, czy Cezar Borgia zamordował swojego brata.

Machiavelli potrząsnął przecząco głową.

— Wasza Ekscelencjo — odparł szczerze — nie wierzę, że to zrobił Cezar. Opieram się na następujących faktach: Juan Borgia został dziewięciokrotnie pchnięty sztyletem... od tyłu. To nie w stylu Cezara. Cezar jest bardzo silny. Jest rycerzem, któremu wystarczy jeden cios, żeby zabić. Taki człowiek jak on uznaje tylko walkę twarzą w twarz. Nocne morderstwa w ciemnych zaułkach i topienie ciał w Tybrze nie przystają do jego charakteru. To wszystko skłania mnie do przekonania, iż jest niewinny.

Po śmierci Juana Aleksander przez długi czas miewał częste napady głębokiej depresji. Kiedy go nachodziła, zamykał się w swoich komnatach, nie chciał z nikim rozmawiać i zaniedbywał obowiązki papieskie. Po takich okresach ukazywał się naładowany energią, gotów kontynuować misję zreformowania Kościoła.

Pewnego dnia wezwał do siebie szefa kancelarii, Plandiniego, żeby podyktować pismo z żądaniem powołania komisji kardynalskiej, która miałaby mu przedstawić swoje propozycje reformy Kościoła.

Jako następnego poprosił Duarte. Oświadczył mu, że reforma będzie dotyczyła nie tylko Kościoła, że ma zamiar zająć się również naprawieniem własnego życia i polepszeniem życia mieszkańców miasta. Stwierdził, że w tym drugim dziele nie potrzebuje rad, wystarczy mu boża inspiracja.

Miał rację, iż Rzym wymagał reform. W handlu panowało oszustwo i złodziejstwo. Szerzyły się napady rabunkowe. Na ulicach, w zaułkach i rozmaitych przybytkach kwitły prostytucja, homoseksualizm i pedofilia. Nawet kardynałowie i biskupi paradowali po ulicach ze swoimi ulubionymi chłopczykami, odzianymi w kosztowne bizantyjskie szaty.

Po ulicach krążyło tysiące prostytutek, stwarzając zarówno moralne, jak i medyczne zagrożenie dla Rzymian. Syfilis, który zaczął się w Neapolu wraz z inwazją Francuzów, opanował najpierw Rzym, następnie rozprzestrzeniał się coraz bardziej na północ; dotarł do Bolonii, po czym razem z armią powędrował za Alpy. Bogatsi Rzymianie, dotknięci „francuską chorobą", płacili handlarzom oliwą ogromne sumy za pozwolenie kąpania się godzinami w beczkach z oliwą, co łagodziło wrzody. Na ironię, tę samą oliwę sprzedawano później w modnych sklepach jako „dziewiczo czystą".

Aleksander wiedział, iż musi zmienić przede wszystkim metody administrowania Kościołem. Potrzebna mu była do tego pomoc komisji. Święty Kościół katolicki był olbrzymim, zasobnym przedsiębiorstwem, prowadzącym ogromną liczbę rachunków. Sama kancelaria wysyłała ponad dziesięć tysięcy listów rocznie. Kardynał zajmujący się finansami Kancelarii Apostolskiej odpowiadał za płacenie tysięcy rachunków, a także za wpływy w dukatach, florenach i innych walutach. Liczny, w dodatku rosnący z roku na rok personel Kurii był płatny, prócz tego sprzedawano cenne posady — oficjalnie lub po kryjomu.

Należało jednak postąpić rozważnie. W ostatnich latach zarówno papież, jak i kardynałowie domagali się większej władzy. Reforma pociągnęłaby za sobą osłabienie pozycji papieża, przy równoczesnym wzmocnieniu władzy Kolegium Kardynałów. Ścieranie się obu instytucji w łonie Kościoła ciągnęło się od ponad stu lat.

Aleksander wiedział, że jedną ze spornych kwestii będzie liczba kardynałów. Papież mógł wzmocnić swoją pozycję poprzez naszpikowanie kolegium członkami własnej rodziny. Z ich pomocą mógł decydować o wyborze następcy, rozwijać i chronić interesy rodzinne i pomnażać własny majątek. Z kolei ograniczając liczbę kardynałów, papież dawał każdemu z nich większą władzę osobistą, a także większy dochód, gdyż beneficja Kolegium Kardynałów były równo dzielone pomiędzy jego członków.

Pięć tygodni po rozpoczęciu pracy zespołu, powołanego przez Aleksandra do opracowania projektu reform, komisja zebrała się w Wielkiej Sali Watykanu, aby przedstawić papieżowi propozycje.

W imieniu komisji zabrał głos kardynał Grimani — niski, jasnowłosy Wenecjanin. Mówił ozdobnie modulowanym głosem.

— Wzięliśmy pod uwagę sugestie poprzednich komisji do spraw reform i rozważyliśmy te, które wydawały nam się aktualne — zaczął dyplomatycznie. — Zacznijmy od nas samych. Postanowiliśmy w znacznym stopniu zrezygnować z przyjemności życia doczesnego. Musimy zmniejszyć liczbę posiłków, podczas których spożywamy mięso. Każdy posiłek będzie poprzedzony odczytaniem ustępu z Biblii...

Aleksander słuchał cierpliwie. Na razie nie było to nic rewolucyjnego.

Kardynał Grimani zaproponował następnie ukrócić symonię i rozdarowywanie własności należących do Kościoła, a także pomniejszyć dochody kardynałów — nie te, które pochodziły z rodzinnych majątków — tylko profity z niektórych beneficjów kościelnych. Ponieważ kardynałowie byli na ogół bogaci, ta propozycja nie powinna spotkać się ze sprzeciwem.

Aleksander wiedział, że teraz nastąpią dalej idące sugestie reform.

— Należy ograniczyć władzę papieża — zaczął miękko Grimani. — Kardynałowie powinni mieć prawo mianowania biskupów. Papieżowi nie wolno będzie sprzedawać żadnych urzędów bez zgody Kolegium Kardynałów. Po śmierci któregokolwiek z obecnie urzędujących kardynałów nie będzie wolno wybierać nowego na jego miejsce.

Aleksander zmarszczył czoło.

Grimani mówił teraz tak cicho, że papież musiał pochylić się do przodu i wytężyć słuch.

— Żadnemu z książąt Kościoła nie wolno będzie mieć więcej niż osiemdziesięciu służących i trzydzieści koni. Nie wolno będzie trzymać kuglarzy, błaznów i muzykantów. Żadnemu nie wolno będzie zatrudniać młodych chłopców w charakterze lokajów. Żadnemu duchownemu, niezależnie od jego pozycji w hierarchii kościelnej, nie wolno będzie mieć konkubin — pod groźbą utraty wszelkich dochodów.

Papież słuchał obojętnie, przesuwając w palcach paciorki różańca. Propozycje były bezwartościowe, żadna nie służyła wyższym celom — dobru duszy ani Kościoła. Mimo to się nie wtrącał.

Grimani skończył, po czym zapytał z pokorą:

— Czy Ojciec Święty ma jakieś uwagi?

W ciągu ostatniego miesiąca entuzjazm Aleksandra dla reform stopniowo malał. Teraz, po wysłuchaniu głosu komisji, zgasł całkowicie.

Papież wstał z tronu.

— W tej chwili nie mam żadnych uwag, Grimani. Doceniam twoją pracowitość. Przestudiuję starannie wszystkie propozycje, po czym Plandini, szef mojej kancelarii, zawiadomi was, że jestem gotów do dyskusji.

Uczynił znak krzyża, pobłogosławił komisję i wyszedł.

Sangiorgio, inny kardynał wenecki, podszedł do Grimaniego, który jeszcze stał przy pulpicie.

— Cóż, Grimani — szepnął — wątpię, żebyśmy mogli liczyć na powtórny przyjazd do Rzymu. Mam wrażenie, że byliśmy świadkami ostatniego namaszczenia reformy.

Po powrocie do swoich komnat papież kazał wezwać Duarte Brandao. Duarte zastał papieża przy kieliszku mocnego wina. Aleksander poprosił go, żeby usiadł, gdyż chce z nim porozmawiać o popołudniowych wydarzeniach.

Duarte przyjął kieliszek wina i zajął miejsce.

— To nie do wiary — powiedział Aleksander — że natura ludzka w imię wzniosłych zasad uparcie zwraca się przeciw sobie.

— Rozumiem, że Wasza Świątobliwość nie znalazła w raporcie komisji niczego wartego zastanowienia.

Papież wstał i zaczął chodzić po komnacie z rozbawionym wyrazem twarzy.

— To oburzające, Duarte. Ich propozycje sprowadzają się do zlikwidowania wszelkich ziemskich przyjemności. Zgodziłbym się żyć umiarkowanie, ale nie mam zamiaru stać się ascetą. Czy Bóg byłby szczęśliwy, gdyby jego podwładni nie znali radości?

— Którą z propozycji uważasz, Ojcze Święty, za nie do przyjęcia?

Aleksander zatrzymał się przed Duarte.

— Przyjacielu, oni zabraniają posiadania konkubin. Jako papież nie mogę się ożenić, więc moja ukochana Giulia nie mogłaby spać ze mną w tym samym łożu ani nawet w tym samym domu. Nigdy do tego nie dopuszczę. Jeszcze bardziej perfidne jest to, że moje dzieci zostałyby pozbawione majątku. Nie mógłbym urządzać żadnych zabaw dla ludu. To nonsens, Duarte, kompletny nonsens! Zmartwiło mnie to, że kardynałowie stali się do tego stopnia obojętni na potrzeby wiernych.

Duarte roześmiał się.

— Rozumiem, iż nie zaakceptujesz propozycji komisji?
Aleksander usiadł ponownie, nieco odprężony.
— Chyba byłem otumaniony nieszczęściem, przyjacielu. Ta reforma oddaliłaby mnie, jako papieża, od dzieci, od ukochanej, od ludu, a tym samym zbawiłbym mniej dusz ludzkich. Odczekamy z miesiąc, po czym reforma umrze śmiercią naturalną.
— Więc raport cię zaskoczył?
— Nie zaskoczył, tylko przeraził, drogi przyjacielu. Po prostu przeraził — odparł papież.

W Rzymie i jego okolicach plotki rozrastały się jak chwasty. Mówiono, że śmierć Juana była karą opatrzności za występki braci, którzy — nie wyłączając ojca — sypiali z Lukrecją.

Giovanni Sforza, zmuszony do rozwodu, oskarżył rodzinę Borgiów o kazirodztwo, chcąc w ten sposób podważyć wiarygodność pogłosek o powodach unieważnienia małżeństwa. Twierdził, że Lukrecja była kochanką nie tylko Cezara, lecz również papieża. Wieści te były tak skandaliczne, że powtarzał je cały Rzym. Wkrótce dotarły do Florencji, stając się wodą na młyn Savonaroli, który z nowym zapałem wygłaszał kazania na temat „zła, które pośle do piekieł wiernych obłudnemu papieżowi".

Aleksander nie przejmował się plotkami. Rozglądał się za najbardziej odpowiednim konkurentem do ręki Lukrecji. Jego wybór padł na Alfonsa Aragońskiego, syna króla Neapolu.

Alfons był przystojnym młodzieńcem, wysokim, jasnowłosym, o pogodnym usposobieniu. Podobnie jak jego siostra, Sancia, pochodził z nieprawego łoża, lecz żeby mu zapewnić status i dochód, ojciec uczynił go władcą Bisceglii. Pokrewieństwo rodziny Alfonsa z Ferdynandem związałoby papieża z Hiszpanią, przynosząc Aleksandrowi przewagę taktyczną w rozgrywkach z wojowniczymi książątkami i baronami na południu.

Papież wytyczał przyszłość Lukrecji, a młody Perotto, kursując między klasztorem Świętego Sykstusa a Watykanem, przywoził jej codziennie nowe wieści, dotyczące postępowania rozwodowego i toczących się negocjacji ślubnych. Córka papieża i sympatyczny młodzieniec szybko stali się dobrymi przyjaciółmi. Codziennie spacerowali po klasztornych ogrodach, wymieniając się opiniami na temat literatury i muzyki. Lukrecja pierwszy raz w życiu znalazła się poza kontrolą i dominacją ojca — wreszcie była panią samej siebie. Perotto zachęcał ją do korzystania z wolności.

Lukrecja i Perotto spacerowali, trzymając się za ręce i dzieląc najbardziej osobistymi sekretami. Siadywali na trawie, żeby spożyć razem południowy posiłek, po którym Perotto wplatał różnokolorowe kwiaty w długie, jasne włosy Lukrecji. Ona zaś uśmiechała się — czuła się znów młoda i pełna życia.

Pewnego dnia Perotto przywiózł jej list, z którego dowiedziała się, że musi wrócić do Rzymu, by wziąć udział w uroczystym ogłoszeniu unieważnienia jej małżeństwa przez rzymską Rotę — najwyższy trybunał kolegialny Kościoła. Lukrecja wpadła w popłoch. Trzymając pergamin w drżących dłoniach, zaczęła spazmatycznie szlochać. Perotto, który zdążył ją pokochać, choć nigdy jej tego nie wyznał, wziął ją w ramiona, żeby się uspokoiła.

— Co się stało, kochanie? — spytał, po raz pierwszy ujawniając swoje uczucia. — Co ci sprawiło taki ból?

Przywarła doń, ukrywając twarz na jego ramieniu. Nikt prócz Cezara nie wiedział o jej stanie. Teraz musiała dokonać nie lada sztuki — stawić się przed trybunałem i przysiąc, że jest dziewicą. Gdyby ojciec lub ktokolwiek inny odkrył prawdę, zagroziłoby to jej małżeństwu z księciem Alfonsem Aragońskim, a co więcej, wrogowie rodziny mogliby ją i brata skazać na śmierć za przyniesienie hańby papiestwu.

Tak więc Lukrecja, nie mając nikogo, komu mogłaby zaufać, zwierzyła się ze swojego nadzwyczaj kłopotliwego położenia najnowszemu przyjacielowi. On zaś zachował się jak szlachetny rycerz, który spieszy z pomocą damie serca. Zaproponował, żeby — zamiast przyznać się do związku z bratem — ogłosiła, iż ojcem jej nienarodzonego jeszcze dziecka jest on, Perotto. Trudno będzie uniknąć pewnych konsekwencji — przekonywał — lecz nie będą one tak poważne jak w przypadku oskarżenia o kazirodztwo.

Lukrecję ogarnęło wzruszenie. Zaniepokoiła się jednak o los Perotta.

— Ojciec się na tobie zemści za to, że zagroziłeś sojuszowi, a co za tym idzie, osłabiłeś jego pozycję. Plotki, oczywiście, i tak krążyły, ale teraz jest dowód... — Poklepała się delikatnie po brzuchu i westchnęła.

— Jestem gotów oddać życie za ciebie i Kościół — powiedział z uniesieniem Perotto. — Nie wątpię, że ojciec w niebiosach wynagrodzi mi bezinteresowność moich intencji niezależnie od tego, co orzeknie Ojciec Święty.

— Muszę powiedzieć o tym mojemu bratu, kardynałowi — odparła Lukrecja.

Perotto jeszcze raz okazał umiarkowanie i szlachetność charakteru.

— Powiedz mu to, co twoim zdaniem powinien wiedzieć, a ja poniosę konsekwencje mojej miłości do ciebie. Parę miesięcy z tak cudowną istotą jest warte najwyższej ceny.

Lukrecja napisała list do Cezara.

— Dopilnuj, żeby list trafił prosto do niego, bo wiesz, jak niebezpieczne byłoby, gdyby wpadł w obce ręce — podkreśliła.

Perotto ukłonił się głęboko i wyszedł.

Po powrocie do Rzymu Perotto bez zwłoki udał się do papieża, informując go, że Lukrecja jest w szóstym miesiącu ciąży i że on sam jest ojcem jej przyszłego dziecka. Poprosił papieża o przebaczenie. Przyznał, iż zawiódł jego zaufanie, i zobowiązał się ponieść wszelkie konsekwencje swego czynu.

Aleksander wysłuchał uważnie wszystkiego, co Perotto miał mu do powiedzenia. Ku zdziwieniu Perotta nie rozgniewał się; z początku wydawał się zaskoczony, lecz szybko się opanował. Zabronił młodzieńcowi z kimkolwiek rozmawiać na ten temat. Powiedział mu, że Lukrecja do czasu urodzenia dziecka będzie przebywała w klasztorze. Dziecko zostanie odebrane przez młode panny w Chrystusie, które ślubowały wierność Kościołowi, dzięki czemu będzie można mieć pewność, iż zachowają to, czego będą świadkami, dla siebie.

Co natomiast począć z potomkiem? Alfons i jego rodzina z całą pewnością nie powinni o niczym wiedzieć. Prawdę mogą znać wyłącznie Aleksander, Lukrecja i oczywiście Cezar. Gdyby wyszła na jaw, to nawet Jofre i Sancia znaleźliby się w niebezpieczeństwie. Rozumie się samo przez się, że Perotto nie wyjawi prawdy nawet na torturach.

Kiedy Perotto szykował się do wyjścia, papież upewnił się po raz ostatni:

— Przypuszczam, że nikomu o tym nie powiedziałeś?

— Nikomu, Ojcze Święty — potwierdził Perotto. — Miłość do twojej córki położyła pieczęć na moich ustach.

Aleksander uścisnął młodzieńca i odprowadził go do drzwi.

— Uważaj na siebie — przestrzegł go. — Cenię cię za twoją szczerość i odwagę.

Po wyjściu od papieża Perotto udał się do kardynała, żeby wręczyć mu list od Lukrecji. W miarę czytania pergaminu Cezar stawał się coraz bledszy. Spojrzał ze zdumieniem na młodego Hiszpana.

— Co cię skłoniło do tego gestu? — spytał.

Perotto, z nieodłączną gitarą na ramieniu, uśmiechnął się.

— Miłość, Wasza Eminencjo.

— Komu o tym powiedziałeś? — chciał się dowiedzieć Cezar.

— Tylko Jego Świątobliwości...

Cezar z trudem zachował spokój.

— Jak na to zareagował?

— Był bardzo opanowany — odparł Perotto.

Dopiero teraz Cezar przestraszył się nie na żarty. Wiedział, że ojciec wydaje się najbardziej spokojny wtedy, gdy jest wściekły.

— Ukryj się w jakiejś kryjówce w getcie Trastevere i nie wychylaj stamtąd nosa — rozkazał. — Nie mów o tym nikomu, jeśli ci życie miłe. Zastanowię się, co zrobić, i poślę po ciebie, kiedy wrócę z Neapolu.

Perotto ukłonił się i wyszedł. Zanim zamknął za sobą drzwi, Cezar powiedział:

— Jesteś zacną duszą, Perotto. Niech cię Bóg prowadzi!

Lukrecja wróciła do Rzymu. Stanęła przed dwunastoma sędziami, będąc w siódmym miesiącu ciąży. Nawet luźne szaty nie mogły zamaskować zmian w jej wyglądzie. Zrobiła, co się dało — zaplotła złote włosy w warkocz i ukryła pod kosmetykami różowość cery. Po miesiącach spędzonych w klasztorze, gdzie się zdrowo odżywiała, modliła i dobrze wysypiała, wyglądała młodo i niewinnie.

Na jej widok trzej sędziowie zaczęli między sobą szeptać, lecz pulchny kardynał Ascanio Sforza uciszył ich gestem ręki, po czym poprosił Lukrecję o zabranie głosu. Z udawanym zażenowaniem, cichym, niepewnym głosem powiedziała po łacinie to, co napisał jej Cezar. Wywarła na kardynałach duże wrażenie. Wszyscy byli oczarowani słodką, czarującą córką papieża.

Podczas gdy sędziowie się naradzali, Lukrecja podniosła do oczu lnianą chusteczkę i zaczęła płakać.

— Wybaczcie, Wasze Ekscelencje, że proszę was o pobłażanie. — Pochyliła głowę, a kiedy ją znów podniosła, żeby spojrzeć na kardynałów, miała oczy pełne łez. — Wyobraźcie sobie moje życie bez dzieci, o które mogłabym się troszczyć. Czy chcecie, żebym żyła, nie mogąc zaznać rozkoszy w ramionach męża? Czy pozwolicie, by ciążyło nade mną przekleństwo, którego nie jestem winna? Odwołuję się do waszej dobroci i miłosierdzia — oszczędźcie mnie! Unieważnijcie ten nieszczęsny związek, w którym z niezależnych ode mnie przyczyn nie ma miejsca na miłość.

Nie podniósł się ani jeden głosu sprzeciwu. Ascanio zwrócił się do Lukrecji i głośno, dobitnie oznajmił werdykt: *Femina intacta!* Dziewica! Jeszcze tego samego wieczoru wróciła do klasztoru, żeby spędzić w nim ostatnie tygodnie przed rozwiązaniem.

Perotto przybył do klasztoru, przynosząc Lukrecji wiadomość, że czynności rozwodowe zostały zakończone i że została zawarta umowa, w myśl której poślubi Alfonsa, księcia Bisceglii. Lukrecja rozpłakała się.

— Odbiorą mi dziecko... nie będę go wychowywała — skarżyła się, kiedy siedzieli w ogrodzie klasztornym. — Nie będę mogła cię widywać, bo znów wychodzę za mąż. Dzisiejszy dzień jest dla mnie szczęśliwy, bo przestałam być żoną znienawidzonego człowieka... i smutny, bo tracę dziecko i najlepszego przyjaciela.

Perotto objął ją ramieniem.

— Będziesz w moim sercu do końca moich dni.

— A ty w moim, przyjacielu — powiedziała.

Na krótko przed wyjazdem do Neapolu Cezar spotkał się z ojcem w jego komnatach, żeby porozmawiać o sytuacji Lukrecji i jej dziecka.

— Myślę, ojcze, że znalazłem rozwiązanie — powiedział. — Dziecko zaraz po urodzeniu zostanie przeniesione do moich komnat, gdzie będzie się wychowywało. Twoje ani Lukrecji nie wchodzą w grę. Oświadczę, że dziecko jest moje i pewnej zamężnej kurtyzany, której nazwiska nie chcę zdradzić. Wszyscy uwierzą, bo to pasuje do panującej o mnie opinii.

Aleksander spojrzał na syna i roześmiał się.

— Czemu się śmiejesz, ojcze? — spytał Cezar. — Czy to takie śmieszne, że aż niewiarygodne?

Oczy papieża lśniły rozbawieniem.

— To jest śmieszne — odparł. — I wiarygodne. Śmieję się, bo moja reputacja również przystaje do sytuacji. Dziś podpisałem bullę — która jeszcze nie została opublikowana — nadającą dziecku miano *Infans Romanus*, w której oświadczam, że ja jestem jego ojcem, matką zaś anonimowa kobieta.

Objęli się ramionami, śmiejąc się do łez.

Doszli do wniosku, że przypisanie ojcostwa Cezarowi jest lepszym rozwiązaniem. Papież obiecał wydać bullę w dniu urodzin, przyznając Cezarowi ojcostwo *Infans Romanus*. Pierwsza bulla, informująca, że ojcem jest Aleksander, miała spocząć na dnie szuflady papieskiego biurka.

W dniu, w którym Lukrecja powiła zdrowego chłopczyka, Aleksander kazał przenieść go natychmiast do domu Cezara. Lukrecja została w klasztorze, żeby dojść do siebie po porodzie. Postanowiono, że w przyszłości, uznając dziecko za bratanka, będzie je wychowywała jak własne. Mimo że niebezpieczeństwo zotało zażegnane, Aleksander uznał, że należy zadbać o jeszcze jeden szczegół.

Dręczyły go wyrzuty sumienia, lecz wiedział, że nie może inaczej postąpić. Kazał wezwać don Micheletta. Godzinę przed północą niski, potężnie zbudowany mężczyzna, o wypukłej klatce piersiowej, stanął w drzwiach gabinetu.

Papież uścisnął go jak brata i opowiedział mu o swoim kłopocie.

— Młody człowiek, który twierdzi, że jest ojcem tego dziecka — powiedział papież. — Miły, młody Hiszpan, dobrze urodzony... a jednak...

Don Micheletto spojrzał na papieża i położył palec na wargach.

— Ani słowa więcej, Ojcze Święty — powiedział. — Jestem zawsze do twojej dyspozycji. Jeśli dusza tego młodzieńca jest równie piękna jak jego powierzchowność, to ojciec w niebiosach powita ją z najwyższą radością.

— Zastanawiałem się, czy nie wysłać go gdzieś daleko stąd — wyznał Aleksander. — Był lojalnym sługą. Nie wiadomo jednak, czy jakaś pokusa nie rozwiąże mu języka, co mogłoby spowodować upadek mojej rodziny.

Na twarzy don Micheletta odmalowało się współczucie.

— Twoim zadaniem, Ojcze Święty, jest uchronienie go od pokus, a moją — pomóc ci w tym na miarę moich możliwości.

— Dziękuję ci, przyjacielu — powiedział Aleksander. Po chwili, wahając się, dodał: — Bądź delikatny, bo to rzeczywiście dobry chłopak. Nie można mu się dziwić, że nie znając się na kobiecych sztuczkach, łatwo dał się uwieść.

Micheletto wtopił się w mrok nocy. Pędził co koń wyskoczy wyboistymi drogami przez pola i góry, aż dotarł do wydm koło Ostii. Z ich szczytu widać było małe gospodarstwo, a wokół niego niewielkie zagony dziwnej roślinności, rzędy korzennych warzyw oraz sporo rabatek pełnych nieznanych ziół, egzotycznych kwiatów i wysokich krzewów obsypanych purpurowymi i czarnymi jagodami.

Micheletto zajechał do domku od tyłu. Znalazł tam zgiętą wpół starą kobietę, opartą na głogowym kiju. Spojrzała ukosem na Micheletta i podniosła kij.

— Noni! — zawołał uspokajająco. — Przyjechałem po lekarstwo.

— Idź precz — powiedziała starucha. — Nie znam cię.

— Noni! — powtórzył, zbliżając się do niej. — Jest ciemno, więc mnie nie poznałaś. Przysłał mnie Ojciec Święty...

Wykrzywiła twarz w czymś w rodzaju uśmiechu.

— Ach to ty, Miguel. Postarzałeś się...

— Takie jest życie, Noni — powiedział, tłumiąc chichot. — To prawda. Przybyłem prosić cię o pomoc w zbawieniu pewnej duszy.

Stał obok starej kobiety, górując nad nią wzrostem. Sięgnął po jej wiklinowy koszyk, chcąc pomóc, ale mu nie pozwoliła.

— Chcesz wysłać do piekła jakiegoś łajdaka czy dobrą duszę, która przeszkadza Kościołowi?

W oczach don Micheletta była sama łagodność.

— To człowiek, który z pewnością ujrzy twarz Pana.

Starucha pokiwała głową, po czym skinęła na przybysza, żeby poszedł za nią do domku. Rozglądała się wśród ziół wiszących na ścianach, w końcu wybrała jedno, zawinięte w najczystszy jedwab.

— To wprowadzi go w łagodny sen bez snów — powiedziała. — Nie będzie cierpiał. — Zanim wręczyła zioło gościowi, spryskała je święconą wodą. — Pobłogosławiłam je — dodała.

Patrząc, jak Micheletto się oddala, pochyliła głowę i uczyniła na piersi znak krzyża.

Właściciel obskurnej oberży w getcie dzielnicy Trastevere chciał już zamykać, lecz nie mógł się dobudzić pijanego klienta. Młody jasnowłosy mężczyzna już od godziny, czyli od chwili gdy wyszedł jego towarzysz, siedział przy stole z głową opartą na ramionach. Oberżysta potrząsnął nim powtórnie, tym razem silniej. Głowa mężczyzny opadła bezwładnie. Knajpiarz odskoczył z przerażeniem. Twarz młodego człowieka była sina i spuchnięta, wargi purpurowe, oczy nabiegłe krwią i wytrzeszczone — lecz najbardziej szokujący widok sprawiał język, który był tak spuchnięty, że wystawał z ust, zmieniając przystojną twarz mężczyzny w maskę Chimery.

W ciągu paru minut zjawiła się straż. Oberżysta nie potrafił prawie nic powiedzieć o towarzyszu młodego człowieka, prócz tego, że był niski i miał wypukłą klatkę piersiową. Podobnych mężczyzn bez liku kręciło się po Rzymie.

Podobnych do młodego człowieka było niewielu. Niektórzy mieszkańcy miasta go znali. Powiedzieli straży, że nazywał się Pedro Calderon i że mówiono nań Perotto.

14

W dniu, w którym Cezar Borgia koronował króla Neapolu, otrzymał pilną wiadomość od Lukrecji. Przyniósł ją tajny posłaniec, który wręczył list Cezarowi, gdy samotnie spacerował po terenach zamkowych. Z treści listu wynikało, że chciała spotkać się z bratem w ciągu najbliższych paru dni, zanim oboje wrócą do Rzymu.

Cezar spędził wieczór na wystawnej uroczystości koronacyjnej, na którą zaproszono całą arystokrację Neapolu. Było mnóstwo pięknych kobiet, zafascynowanych jego męską urodą i osobistym wdziękiem, mimo iż miał na sobie strój kardynała.

Przybył na uroczystość w towarzystwie Jofre i jego żony, Sancii. Spostrzegł, że od czasu śmierci Juana brat nabrał pewności siebie. Zastanawiał się, czy ktoś inny również to zauważył. Sancia też się zmieniła. Pozostała pełna kokieterii, lecz była nieco przygaszona — przede wszystkim starała się być miła.

Podczas wieczoru Jofre przedstawił Cezarowi wysokiego, przystojnego mężczyznę, który zachwycił Cezara inteligencją i manierami.

— Poznajcie się — mój brat, kardynał Borgia, a to książę Bisceglii, Alfons Aragoński.

Cezarowi zaimponował wygląd młodego człowieka. Był atletycznie zbudowany, a przy tym miał delikatne rysy twarzy i promienny uśmiech. Można było na niego patrzeć jak na piękny obraz.

— Cieszę się, że mam zaszczyt poznać Waszą Eminencję — powiedział Alfons, kłaniając się. Miał głos równie miły jak powierzchowność.

Cezar skłonił głowę. Przeprosili towarzystwo i przez kilka następnych godzin spacerowali we dwójkę po ogrodach. Alfons dorównywał Cezarowi inteligencją, był błyskotliwy i miał poczucie humoru. Rozmawiali o teologii, filozofii i oczywiście o polityce. Młody człowiek przypadł Cezarowi do gustu. Na pożegnanie kardynał Borgia powiedział:

— Nie mam wątpliwości, że zasługujesz na moją siostrę. Jestem pewny, że będzie z tobą szczęśliwa.

Alfons rozpromienił się.

— Uczynię wszystko, co w mojej mocy, żeby tak się stało.

Cezar z niecierpliwością oczekiwał na spotkanie z Lukrecją w Lago di Argento. Od miesięcy nie przebywali sam na sam. Miał nadzieję, że teraz, kiedy odpoczęła po urodzeniu dziecka, będą mogli się kochać. Pędząc co koń wyskoczy, zastanawiał się, co Lukrecja ma mu do powiedzenia. Od paru tygodni nie otrzymał wieści od ojca ani od Duarte, przypuszczał więc, iż sprawa jest raczej osobista niż polityczna.

Cezar pierwszy przybył do Lago di Argento. Zanim wszedł do domku, przez dłuższą chwilę wpatrywał się w lazurowe niebo, napawając się otaczającym go spokojem. Potem wykąpał się, przebrał i usiadł z kieliszkiem wina w ręku, rozmyślając nad własnym życiem.

Ile ostatnio się wydarzyło! Cezar zdawał sobie sprawę, że najbliższa przyszłość miała przynieść jeszcze więcej zmian i nowości. Zdecydował, że po powrocie z Florencji do Rzymu poprosi Ojca Świętego o zwolnienie ze ślubów kardynalskich. Nie chciał dłużej żyć w hipokryzji, którą narzucało mu to stanowisko. Wiedział, że trudno będzie przekonać Ojca Świętego i że ta prośba sprawi, iż stosunki między nimi staną się jeszcze bardziej napięte. Miał świadomość, że od czasu śmierci Juana ojciec zaczął się od niego oddalać.

Cezar pragnął pełni życia; był pełen ambicji i pasji, a przy tym czuł, że ma związane ręce. Myśląc o siostrze, doznawał sprzecznych uczuć. Chciał jej szczęścia, podobał mu się Alfons, który był porządnym człowiekiem, a równocześnie był o nią zazdrosny. Wkrótce urodzi własne dzieci, które będą z prawego łoża i które będzie kochała. Jemu, kardynałowi, nie wolno mieć dzieci, a gdyby nawet je miał, byłyby bękartami, podobnie jak on sam. Starał się myśleć spokojnie, wmówić sobie, że nie ma prawa do miłości siostry, ukarać się za krótkowzroczność. Zdawał sobie sprawę, że zaręczyny Lukrecji z synem króla Neapolu cementowały sojusz ważny dla Kościoła i Rzymu. Mimo to odczuwał dyskomfort na myśl, że bieg jego życia został wytyczony przez takie, a nie inne urodzenie.

Papież był zadowolony ze swojego życia; służąc Kościołowi i ratując ludzkie dusze, doznawał poczucia spełnienia; kruchość wiary Cezara nie pozwalała mu na podobne oddanie. Romanse z kurtyzanami rzadko go satysfakcjonowały — chciał czegoś więcej. Jofre i Sancia pławili się w luksusach dworskiego życia i wydawali się szczęśliwi. Nawet jego brat Juan miał wspaniałe życie — swobodne, bogate i barwne — dopóki nie spotkała go śmierć, na którą zasłużył.

Do czasu przyjazdu Lukrecji siedział pogrążony w ponurych myślach. Gdy jednak padła mu w ramiona, kiedy poczuł zapach jej włosów i dotyk ciepłego ciała, opuściło go rozgoryczenie. Odsunął się od Lukrecji, żeby popatrzeć na jej twarz, i wtedy zauważył, że ma łzy w oczach.

— Co się stało? — zapytał. — Czemu płaczesz, kochanie?
— Papa zabił Perotta — powiedziała. Od wielu lat nie nazywała papieża papą.
— Perotto nie żyje? — spytał Cezar z niedowierzaniem. — Kazałem mu się ukryć, dopóki nie wrócę. — Westchnął głęboko. — Gdzie go znaleźli?

Lukrecja przytuliła się do Cezara.

— W getcie. W karczmie w getcie. Sam nigdy by tam nie poszedł.

Cezar uświadomił sobie, że było już za późno na wszelkie działania w tej sprawie. Zaczęli go wspominać, mówili o jego wrażliwości, gotowości poświęcenia się dla miłości.

— Był prawdziwym poetą życia — orzekła Lukrecja.
— Jego dobroć mnie zawstydzała — wyznał Cezar. — Nie potrafiłbym podjąć takiej decyzji jak on, będąc na jego miejscu, chociaż cię kocham.
— Wierzę, że istnieje wyższa sprawiedliwość i że jego odwaga zostanie nagrodzona — powiedziała z przekonaniem Lukrecja.

Spacerowali przez parę godzin nad jeziorem, a potem gawędzili w domku, przy ogniu trzaskającym na kominku.

Jeszcze później się kochali. Było im z sobą lepiej niż kiedykolwiek przedtem. Długo leżeli w ciszy — żadne nie chciało przerwać zaczarowanego kręgu milczenia. Pierwsza przełamała je Lukrecja.

— Nasze dziecko jest najpiękniejszym, maleńkim dzidziusiem, jakiego widziałam. Jest podobne do...

Cezar oparł się na łokciu i spojrzał w czyste, błękitne oczy siostry.

— Do kogo? — zapytał.
— Do nas — odparła i roześmiała się. — Będę go kochała, nawet jeśli nigdy nie będzie mógł być ze mną. Wystarczy, że będzie z tobą.
— Ważne jest to, co my do niego czujemy — zgodził się z nią Cezar. — Nikt poza nami nie zna prawdy.

Lukrecja usiadła, owinęła się jedwabną suknią i wstała z łóżka. W jej głosie pojawił się ostry ton.

— Bracie, czy twoim zdaniem Ojciec Święty jest zły?

Cezarem wstrząsnął dreszcz.

— Czasem nie jestem pewny, czy wiem, co to jest zło — odparł. — A ty wiesz?

Lukrecja spojrzała na niego.

— Tak, wiem. Wiem, czym jest zło. Potrafię je dostrzec...

Następnego ranka Lukrecja wyruszyła w drogę powrotną do Rzymu. Cezar został na miejscu. Nie był jeszcze przygotowany na spotkanie z ojcem. Był na niego wściekły, a przy tym czuł się winny. Nie miał powodu, żeby się spieszyć — młody Perotto już nie żył.

Cezar zatrzymał się przed bramą Florencji. Zostawiwszy towarzyszy na zewnątrz, udał się do miasta sam, w wieśniaczym przebraniu. Pamiętał swój pierwszy przyjazd, od którego upłynęło wiele lat. Przybył wtedy prosto z uniwersytetu, pod opieką Gia Medici. Jakże inne to były czasy...

Florencja była wówczas dumną republiką. Żaden człowiek, w którego żyłach płynęła błękitna krew, nie mógł zasiadać w rządzie. Bardzo bogata rodzina Medyceuszy rządziła Florencją za pośrednictwem reprezentantów wybieranych przez obywateli miasta, których opłacała. W ten oto sposób ojciec Gia, Lorenzo il Magnifico, zbudował zręby władzy rodu Medyceuszy.

Życie w pięknym mieście, którego władca cieszył się powszechnym uwielbieniem, było dla Cezara Borgii nowym doświadczeniem życiowym. Lorenzo był jednym z najbogatszych ludzi na świecie, a przy tym jednym z najbardziej hojnych. Ubogie dziewczęta dostawały od niego wiano, żeby móc wyjść za mąż. Malarzom i rzeźbiarzom dawał pieniądze i zdejmował z nich wszelkie obowiązki względem państwa, żeby mogli zajmować się wyłącznie sztuką. Sam wielki Michelangelo Buonarroti mieszkał w młodości w pałacu Medyceuszy, traktowany na równi z członkami rodziny.

Lorenzo Medici kupował na całym świecie książki, kazał je tłumaczyć, a potem wielkim kosztem kopiować, żeby mogli z nich korzystać studenci w całej Italii. Ufundował katedry filozofii i greki na włoskich uniwersytetach. Pisywał wiersze, mające doskonałe recenzje u najsurowszych krytyków, i komponował utwory, grywane na festiwalach muzycznych. Najwybitniejsi uczeni, poeci, artyści i muzycy bywali częstymi gośćmi w jego pałacu.

Cezar był wówczas zaledwie piętnastoletnim chłopcem, mimo to Lorenzo i jego otoczenie traktowali go z wielkim poważaniem. Z tych czasów najbardziej utkwiła mu w pamięci historia dojścia rodziny Medyceuszy do władzy, zwłaszcza opowiadanie Gia o tym, jak jego ojciec, Lorenzo, za młodu ledwie uszedł z życiem z wielkiego spisku.

Po śmierci ojca dwudziestoletni wówczas Lorenzo został głową rodziny. W tym czasie Medyceusze już zgromadzili ogromną fortunę, zostali bankierami papieża i wielu królów. Lorenzo zorientował się, że jeśli nie chce stracić tej pozycji, musi skupić w swoim ręku silną władzę.

Zaczął przeznaczać spore kwoty na organizowanie pełnych rozmachu rozrywek dla ludzi. Inscenizował bitwy morskie na rzece Arno, dramaty muzyczne, wystawiane na wielkim placu Santa Croce, inicjował procesje ze świętymi relikwiami: cierniem z korony Chrystusa, gwoździem z jego krzyża i odłamkiem włóczni rzymskiego żołdaka. Trzy czerwone koła, umieszczone przed wszystkimi kramami we Florencji, były symbolem wszechobecności Medyceuszy.

Lorenzo był zarazem religijny i rozpustny. W okresie karnawału ulicami przejeżdżały barwnie udekorowane platformy, wiozące najpiękniejsze prostytutki, w Wielki Piątek zaś budowano stacje Męki Pańskiej, obrazujące życie i śmierć Jezusa.

Podczas procesji kończącej się w katedrze niesiono naturalnej wielkości posągi Chrystusa, Marii Dziewicy i różnych świętych; po drodze wypuszczano z klatek białe gołębie, które krążyły nad ulicami miasta jak aniołowie. Odbywały się konkursy piękności dla młodych kobiet z dobrych rodzin, a jednocześnie procesje mnichów, przypominających ludziom, że istnieje piekło.

Lorenzo był chyba najbrzydszym mężczyzną we Florencji, lecz z racji swojej inteligencji i uroku osobistego miał wiele miłosnych przygód. Z kolei Giuliano, jego młodszy brat, a zarazem najlepszy towarzysz, podczas obchodów dwudziestej pierwszej rocznicy urodzin, w 1475 roku, został uznany za najprzystojniejszego mężczyznę miasta. Nic dziwnego, że wygrał — strój na tę okazję kosztował dwadzieścia tysięcy florenów. Został zaprojektowany przez Botticellego, hełm zaś przez Veroccia. Florentczycy byli zachwyceni, widząc, że brzydki, lecz za to szczodry Lorenzo bez cienia zazdrości gratuluje bratu zwycięstwa.

Rodzina Medyceuszy, która znalazła się na szczycie potęgi i powodzenia, stała się celem niebezpiecznego spisku.

Kłopoty zaczęły się wtedy, gdy Lorenzo odmówił udzielenia ogromnej pożyczki poprzedniemu papieżowi, Sykstusowi. Pieniądze miały pójść na zakup strategicznie położonego miasta Imola w Romanii. Sykstus nie krył wściekłości z powodu odmowy. On również był nepotycznym papieżem — siedmiu swoich kuzynów mianował kardynałami. Miał zamiar oddać Imolę swojemu naturalnemu synowi, Girolamowi. Po odmowie ze strony Lorenza zwrócił się do rodziny Pazzich, konkurentów Medyceuszy.

Rodzina Pazzich błyskawicznie wręczyła papieżowi pięćdziesiąt tysięcy dukatów, po czym zaproponowała papiestwu pożyczkę na rozbudowę kopalni ałunu w Lago di Argento, opodal Rzymu. Papież nie przyjął ich, gdyż Lorenzo, chcąc go udobruchać, przysłał mu kosztowne prezenty. Mimo to rozdźwięk między Lorenzem a papieżem trwał nadal.

Kiedy papież nominował Francisca Salviatę na arcybiskupa Pizy, która należała do Florencji — naruszając tym porozumienie, że obsadzanie podobnych stanowisk powinno być uzgadniane z władzami Florencji — Lorenzo zabronił arcybiskupowi objęcia tego urzędu.

Rodzina Pazzich była bardziej zakorzeniona we Florencji niż Medyceusze. Stary, mądry Jacapo, głowa rodziny, nienawidził młodego Lorenza.

Również arcybiskup Salviata i Francisco Pazzi pałali żądzą zemsty. Umówili spotkanie z papieżem, podczas którego przekonali go, że należy obalić Medyceuszy. Sykstus zgodził się, co spowodowało, że okrutny, podstępny Jacapo przyłączył się do spisku.

Plan polegał na zabiciu Lorenza i jego brata podczas niedzielnej mszy, po czym sprzymierzeńcy Pazzich i oddziały żołnierzy, czekające w pogotowiu za murami, mieli wtargnąć do miasta i je sobie podporządkować.

Dla pewności, że obaj bracia znajdą się w kościele w tym samym czasie, spiskowcy postanowili przeprowadzić zamach wtedy, gdy do Lorenza przybędzie z wizytą niczego niepodejrzewający syn siostrzenicy papieża, siedemnastoletni kardynał Rafael Riario. Spodziewano się, że Lorenzo wyda wielkie przyjęcie na cześć kardynała i będzie mu towarzyszył podczas porannej mszy. Wśród duchowieństwa znaleźli się dwaj księża, Maffei i Stefano, którzy w fałdach sutann ukryli sztylety.

Na dźwięk dzwonka oznajmiającego podniesienie — gdy wszyscy wierni pochylają głowy — księża mieli wyjąć sztylety i dokonać hańbiącego aktu. Giuliano jednak nie pojawił się w kościele, spiskowcy zaś mieli rozkaz zabicia obu braci. Francisco Pazzi pobiegł do domu Giuliana, żeby go przyprowadzić. W drodze do kościoła zastukał niby żartem palcem w pierś Giuliana, w rzeczywistości chcąc sprawdzić, czy nie ma na sobie zbroi.

Lorenzo stał przy ołtarzu. Widział, jak Giuliano, a za nim

Francisco Pazzi wchodzą do kościoła. Usłyszał dźwięk dzwonka i z przerażeniem zobaczył, że Francisco wyciąga sztylet i wbija go w ciało Giuliana. W tym momencie poczuł, że ktoś łapie go za ramię. Szarpnął się, czując zimne ostrze na gardle. Wiedziony instynktem uchylił się, po czym zrzucił ornat, parując nim cios sztyletu drugiego księdza.

Wyciągnął miecz i zmusił obu do cofnięcia się, a następnie przeskoczył przez balustradę ołtarza i pobiegł do bocznych drzwi. Towarzyszyło mu trzech przyjaciół, którzy natychmiast przy nim stanęli. Wszyscy razem ukryli się w zakrystii, zamykając za sobą ciężkie drzwi. Na razie Lorenzo był bezpieczny.

W tym czasie arcybiskup Salviata i morderca Giuliana, Francisco Pazzi, wybiegli z katedry, krzycząc, że Florencja jest wolna, bo Medyceusze nie żyją. Jednak ludność miasta chwyciła za broń. Na placu przed katedrą oddziały arcybiskupa zostały rozbite i wycięte w pień.

Lorenzo wyszedł z zakrystii, witany owacyjnie przez przyjaciół i stronników. Upewnił się, że nic się nie stało młodemu kardynałowi Riariowi, ale nie sprzeciwił się egzekucji arcybiskupa i Francisca, których powieszono w oknach katedry.

Obaj księża, Maffei i Stefano, zostali wykastrowani, po czym obcięto im głowy. Jacapa Pazziego złapano, rozebrano do naga i powieszono obok arcybiskupa. Rodzinny pałac Pazzich został rozgrabiony, a reszta członków rodziny wygnana na zawsze z Florencji.

Cezar wjechał do miasta, które nie przypominało wspaniałej, praworządnej Florencji jego młodości. Przeciwnie — przedstawiało sobą obraz nędzy i rozpaczy. Na brudnych ulicach przewalały się śmieci. W bocznych uliczkach leżały martwe, gnijące zwierzęta, w powietrzu unosił się smród jeszcze gorszy niż w Rzymie. Wprawdzie miasto dotknęła zaraza, lecz wypadków śmierci było zaledwie kilka, mimo to choroba zabiła ducha w ludności. Jadąc ulicami, Cezar był świadkiem zażartych kłótni i brutalnych walk na kije. Wrzaski i przekleństwa zagłuszały dźwięk dzwonów kościelnych.

Zatrzymał się przed najlepiej prezentującym się zajazdem, chcąc wynająć pokój i odpocząć przed zapadnięciem zmroku. Poczuł się pewniej, gdyż właściciel go nie rozpoznał i próbował nawet odprawić, lecz zmienił się nie do poznania, kiedy zobaczył złotego dukata. Stał się uprzejmy i pokorny, zaprowadził Cezara do pokoju, który mimo skąpego umeblowania okazał się wygodny i czysty. Przez okno widać było fronton kościoła Świętego Marka i klasztor proroka Savonaroli. Cezar uznał, że lepiej wyjść na rekonesans dopiero po zapadnięciu zmroku.

Chwilę później wrócił karczmarz, niosąc dużą karafkę wina i tacę ze świeżymi owocami i serem. Posiliwszy się, Cezar położył się na łóżku i zasnął...

Miał męczący sen — koszmar, w którym wirowały wokół niego krzyże, kielichy ofiarne, ornaty i święte przedmioty — lecz nie mógł ich dosięgnąć. Piorunujący głos z wysokości kazał mu wziąć do ręki złoty kielich, lecz kiedy wyciągnął rękę, kielich zamienił się w pistolet. Mimo że nie nacisnął spustu, pistolet wypalił. Potem przyśniła mu się inna scena. Był na uczcie, po przeciwległej stronie stołu siedział ojciec, Lukrecja i jej nowy narzeczony, książę Alfons. Uśmiech na jego twarzy zmienił się w grymas. Złoty pistolet wypalił, zamieniając w krwawą maskę twarz siostry... albo Alfonsa. Nie wiedział czyją, bo obraz stał się zamazany.

Zbudził się zlany potem, słysząc głosy i krzyki na placu. Wstał z łóżka, nadal wstrząśnięty, i wyjrzał przez okno. Na prowizorycznej drewnianej platformie stał Savonarola. Zaczął od płomiennej modlitwy do Boga, następnie wzniósł hymn z prośbą o wieczną chwałę dla wiernych. Głosy mieszczan na placu podniosły się w uwielbieniu. Zaraz jednak prorok przeszedł do ostrego ataku na Rzym.

— Papież Aleksander nie jest prawdziwym papieżem! — krzyczał. Głos zakonnika był donośny, zionący nienawiścią. — Humaniści potrafią przekręcić prawdę i dowieść racji tam, gdzie jej nie ma. Lecz podobnie jak czarne i białe — istnieje dobro i zło. Należy przyjąć, że wszystko, co nie jest dobrem, jest złem!

Cezar przyjrzał się kaznodziei. Był chudy, ascetyczny, ubrany w brązowy habit zakonu dominikanów, miał twarz o pospolitych rysach, lecz nie odrażającą. Dla podkreślenia swoich słów zawzięcie gestykulował i rzucał głową — jego tonsura zataczała szybkie łuki.

— Papież ma kurtyzany! — krzyczał dalej. — Każe truć i mordować. Duchowni w Rzymie wykorzystują chłopców i bogacą się kosztem biednych. Jedzą ze złotych talerzy i żyją kosztem nędzarzy.

Tłum na placu gęstniał. Zakonnik w dziwny sposób fascynował Cezara, mimo iż znał on tych, na których Savonarola miotał obelgi.

Ludzie na placu wznosili gniewne okrzyki, lecz gdy zakonnik zaczynał mówić, zapadała taka cisza, że można by usłyszeć spadającą gwiazdę.

— Bóg wtrąci wasze dusze po wsze czasy do piekła, a ci, którzy pójdą za tamtymi pogańskimi księżmi, będą potępieni. Porzućcie dobra doczesne i naśladujcie świętego Dominika.

Ktoś ze zgromadzonych zawołał:

— Ale w klasztorze spożywasz jadło ofiarowane ci przez bogatych! Twoje talerze nie są drewniane, a krzesła mają pluszowe siedzenia. Tańczysz, tak jak oni ci zagrają!

Savonarola zadrżał. W następnej chwili złożył przysięgę.

— Nie będziemy więcej przyjmować pieniędzy od bogatych. Bracia u Świętego Marka będą jedli tylko to, co dostaną od ludzi sprawiedliwych. Wystarczy jeden posiłek dziennie. Reszta zostanie rozdana wśród biednych, którzy w każdy wieczór gromadzą się na placu. Nie będzie już głodnych! To tyle, jeśli chodzi o ciało, ale żeby ocalić wasze dusze, musicie odstąpić od rzymskiego papieża. To cudzołożnik, jego córka jest prostytutką, która sypia z ojcem i bratem — że nie wspomnę o poetach.

To wystarczyło, żeby Cezar zorientował się w sytuacji. Wiedział, że kiedy złoży relację papieżowi, on nie tylko obłoży Savonarolę ekskomuniką, lecz oskarży go o herezję.

Ogarnęły go mieszane uczucia. Wierzył, że zakonnik miał objawienia, lecz przy tym musiał być szalony. Kto przy zdrowych zmysłach chciałby być męczennikiem? Co się kryje w ludzkich umysłach — jakie demony je opanowują? To, co głosił Savonarola, było prawdą, lecz niosło ze sobą niebezpieczeństwo, i należało coś z tym zrobić. Jeśli nowa *signoria* ulegnie jego wpływom, Florencja nie przyłączy się do Świętej Ligi, a wówczas plan jego ojca — zjednoczenia całej Romanii — może zostać udaremniony.

Nie można do tego dopuścić.

Ubrał się szybko i wyszedł. Kiedy przepychał się przez tłum w stronę placu, zrównał się z nim młody szczupły mężczyzna o bladej twarzy, ubrany w czarną pelerynę, niższy o głowę od Cezara.

— Kardynale? — szepnął.

Cezar odwrócił się, sięgając ręką do ukrytego pod peleryną miecza.

Młody człowiek ukłonił się.

— Nazywam się Niccolo Machiavelli. Musimy porozmawiać. Florencja jest dla ciebie niebezpieczna. Zajdziesz do mnie?

Cezar odprężył się. Machiavelli wziął go pod rękę i zaprowadził do swojego domu, położonego z dala od placu.

Mieszkanie było porządnie umeblowane. Wszędzie — na biurkach, krzesłach i podłodze — walały się sterty książek i papierów. Na kamiennym kominku palił się mały ogień.

Machiavelli uprzątnął jedno krzesło i podsunął je gościowi. Cezar poczuł się dziwnie swojsko. Gospodarz nalał wina do kieliszków i usiadł naprzeciw gościa.

— Grozi ci niebezpieczeństwo, kardynale — powiedział. — Savonarola wierzy w swoje posłannictwo: Bóg kazał mu zdetronizować papieża Borgię i wytępić całą rodzinę.

— Oskarża nas o pogaństwo — powiedział sarkastycznie Cezar.

— Savonarola ma objawienia — ostrzegł go Machiavelli. — Miał widzenie, że słońce spadło z nieba, a wkrótce po tym nastąpiła śmierć Lorenza il Magnifico. Następnie objawił mu się Pan, który nacierał z mieczem od północnej strony na tyrana — po czym nastąpiła inwazja francuska. Ma władzę nad ludźmi, którzy boją się o siebie i o swoje rodziny. Wierzą, że jest prorokiem i ma dar jasnowidzenia. Głosi, że łaska objawi się w postaci aniołów w białych szatach wówczas, gdy dobrzy ludzie — wytępiwszy niegodziwców i grzeszników — wyrażą skruchę i zaczną żyć zgodnie z przykazaniami boskimi.

Cezar dostrzegał w kazaniach Savonaroli ziarno racji. Było jednak nie do pomyślenia, żeby ktoś na dłuższą metę snuł takie wizje. Jeśli prorok był rzeczywiście jasnowidzem, umiałby przewidzieć swój los. Cezar nie wierzył w przeznaczenie, gdyż zaprzeczało istnieniu wolnej woli. Jeśli istniało, to do czego sprowadzała się rola człowieka? Życie biegłoby z góry ustaloną koleją, na którą człowiek nie miałby żadnego wpływu.

— Papież już ekskomunikował tego zakonnika — powiedział Machiavellemu. — Jeśli będzie nadal podburzał lud, zostanie stracony, bo Ojciec Święty nie ma żadnej innej możliwości uciszenia go.

Wróciwszy do zajazdu, nadal słyszał za oknem gromki głos Savonaroli.

— Aleksander Borgia jest pogańskim papieżem, biorącym przykład z pogańskich bogów Egiptu! Oddaje się pogańskim przyjemnościom, podczas gdy ludzie prawdziwej wiary cierpią. Z roku na rok kardynałowie, chcąc się bogacić, nakładają coraz większe ciężary na wiernych. Nie jesteśmy osłami, żeby nas traktowano jak juczne zwierzęta!

Cezar już zasypiał, lecz ciągle jeszcze docierał do niego pełen pasji głos zakonnika.

— We wczesnych latach Kościoła kielichy ofiarne były z drewna, za to cnoty jego sług ze złota. W dzisiejszych ponurych czasach, kiedy w Rzymie rządzi papież i kardynałowie, kielichy są ze złota, cnoty duchowieństwa zaś z drewna!

15

W chwili gdy Aleksander przekroczył próg wiejskiej rezydencji Vannozzy Cattanei, stanęły mu przed oczami szczegóły ich wspólnych lat — kolacje w jadalni przy świetle świec; ciepłe, letnie noce, spędzane w wygodnej sypialni na górze; mrok pokoju wypełniony zapachem jaśminu, dochodzącym z ogrodu; poczucie spokoju, a także miłość, której doznawał, gdy leżąc obok Vannozzy, czuł ciepły dotyk jej ciała. To były noce pełne uniesienia. Wówczas to, głęboko wierząc w Boga, uczynił swój najważniejszy i najbardziej szczery ślub, iż do śmierci będzie służył Świętej Matce Kościołowi.

Vannozza przywitała go jak zwykle serdecznie. Papież cofnął się o krok, patrząc na nią z czułością i podziwem.

— Jesteś jednym z cudów Boga — powiedział. — Z roku na rok stajesz się coraz piękniejsza.

Vannozza objęła go i roześmiała się.

— Ale nie dość młoda dla ciebie, Rodrigo, prawda?

— Jestem papieżem, skarbie — powiedział miękko. — Teraz jest inna sytuacja niż wówczas, gdy byliśmy młodzi.

— Czy z La Bella też jest inna sytuacja? — Aleksander poczerwieniał, lecz Vannozza uśmiechnęła się wyrozumiale. — Nie bierz tego poważnie, Rigo, żartowałam. Wiesz, że nie jestem zazdrosna o Giulię ani o żadną z twoich kobiet. Było nam dobrze w łóżku, a teraz jesteśmy dobrymi przyjaciółmi. Prawdziwa przyjaźń zdarza się rzadziej niż wielka miłość.

Vannozza zaprowadziła go do biblioteki i nalała wina do kieliszków.

— Co takiego się stało, kochanie, że po mnie posłałaś? — spytał Aleksander. — Czy masz jakieś kłopoty z winnicami albo zajazdami?

Siedząca naprzeciw niego Vannozza potrząsnęła przecząco głową.

— Wprost przeciwnie, wszystkie prosperują doskonale i przynoszą dochód. Nie ma dnia, żebym nie czuła wdzięczności za twoją hojność. Chcę ci powiedzieć, że kochałabym cię tak samo, gdybyś mi nic nie kupił. Gdybym mogła, również obsypałabym cię prezentami.

— Wiem, skarbie — powiedział z czułością Aleksander. — W takim razie co cię martwi i jak mógłbym ci pomóc?

Vannozza spoważniała.

— Chodzi o naszego syna, Rigo. O Cezara. Musisz mu się uważniej przyjrzeć.

Aleksander zmarszczył czoło.

— Znam go bardzo dobrze. Jest najinteligentniejszy spośród naszych dzieci. Kiedy umrę, musi zostać papieżem, inaczej jego życie, a prawdopodobnie także twoje, znajdzie się w niebezpieczeństwie.

— Cezar nie pragnie zostać papieżem, Rigo. Nie chce być nawet kardynałem. Musisz się z tym pogodzić. Jest żołnierzem, kocha kobiety — chce żyć pełnią życia. Dobrobyt, którym go otaczasz, i kochanki nie czynią go szczęśliwym; beneficja i włości go nie satysfakcjonują. On nie chce hodować byków, tylko z nimi walczyć.

Aleksander zamyślił się, po czym zapytał:

— Powiedział ci to?

Vannozza uśmiechnęła się i usiadła obok niego.

— Jestem jego matką — odparła. — Nie musiał mi tego mówić. Czuję to. A ty nie?

Twarz Aleksandra stężała.

— Gdybym był jego ojcem, tak jak ty matką, to z pewnością też bym to czuł...

Vannozza Cattanei opuściła głowę, jakby się modliła. Kiedy ją podniosła, miała na twarzy wyraz stanowczości.

— Rigo, powiem to jeden, jedyny raz, ponieważ nie muszę się tłumaczyć — powiedziała dobitnie. — Mimo to chcę, żebyś wiedział. To prawda, że Giuliano della Rovere był moim kochankiem, zanim cię bliżej poznałam, a nawet zanim po raz pierwszy cię ujrzałam. Nie chcę kłamać, że byłam wówczas dziewicą, bo wiesz, że to nieprawda. Przysięgam jednak na mój honor, na Madonnę, która na nas patrzy z tamtego obrazu, że ty jesteś ojcem Cezara.

Aleksander potrząsnął głową, jego spojrzenie złagodniało.

— Nigdy nie byłem tego pewny, kochanie — wiedziałaś o tym. Dlatego nie ufałem sobie — swoim uczuciom w stosunku do tego chłopca ani jego uczuciom dla mnie.

— Nigdy dotąd o tym nie mówiliśmy. Pozwoliłam, żeby Giuliano wierzył, iż Cezar jest jego dzieckiem. Zrobiłam to, żeby zabezpieczyć ciebie i twojego syna. Przysięgam na Chrystusa, że to było kłamstwo. Chciałam trzymać Giuliana w szachu, gdyż w głębi serca nie jest tak dobry i wyrozumiały jak ty. Jedynym sposobem zabezpieczenia was przed jego zdradą było utrzymywanie go w przeświadczeniu, że nasz syn jest jego synem.

Aleksander zamyślił się.

— Jakim sposobem któryś z nas mógłby poznać prawdę? Jak mógłbym się upewnić?

Vannozza ujęła dłoń papieża, podsunęła mu ją przed oczy, po czym powoli odwróciła ją wewnętrzną stroną.

— Chcę, żebyś ją dokładnie obejrzał, Rigo, jej wszystkie kształty i linie. Chcę, żebyś potem zrobił to samo z ręką twojego syna. Od chwili gdy się urodził, żyłam w strachu, że ktoś spostrzeże to, co dla mnie było oczywiste, i że prawda wyjdzie na jaw.

W tym momencie Aleksander pojął przyczynę wrogości Giuliana della Rovere, zrozumiał jego zazdrość i nienawiść. Miał papiestwo, kochankę i syna — to wszystko, co według della Rovere jemu się należało.

Kardynałowie wiedzieli, że della Rovere tylko raz się zakochał i że Vannozza była miłością jego życia. Poczuł się upokorzony, kiedy porzuciła go dla Rodriga Borgii. Przedtem był wesoły, chętnie się śmiał. Gdy stracił Vannozzę, stał się rozgoryczony, zły i zawzięty. W dodatku nie miał syna, wszystkie jego dzieci były córkami. Uznał, że Bóg traktuje go niesprawiedliwie.

Aleksandrowi zrobiło się lekko na sercu, gdyż teraz zyskał pewność w miejsce dotychczasowych przypuszczeń. Gdyby nie kochał Vannozzy tak bardzo, znacznie wcześniej zapytałby ją o Cezara, oszczędzając cierpień sobie i synowi. Jednak nie potrafił wyobrazić sobie życia bez niej; ryzyko, że ją straci, było zbyt wielkie, nigdy więc nie poruszał tego tematu.

— Rozważę to, co mi powiedziałaś o naszym synu — rzekł Aleksander. — Porozmawiam z Cezarem o jego planach na przyszłość, o ile jeszcze będzie chciał ze mną rozmawiać.

W głosie Vannozzy zadźwięczał smutek.

— Nasz syn Juan został zamordowany. Bez niego życie już nie będzie takie samo. Cezar żyje i jest ci potrzebny, żeby dowodzić twoją armią. Któż inny, jeśli nie on? Jofre? Nie, Rigo, tylko Cezar. Jest urodzonym żołnierzem. Jeśli chcesz zdobyć jego przywiązanie, musisz go pokochać. Uwolnij go. Niech ktoś inny zostanie papieżem. My mieliśmy dobre, szczęśliwe życie.

Aleksander podniósł się. Na pożegnanie pocałował Vannozzę w policzek. Poczuł delikatny zapach jej perfum. Było mu żal, że musi ją opuścić.

Odprowadziła go do wyjścia. Kiedy się oddalał, uśmiechnęła się i pomachała ręką.

— Obejrzyj jego dłoń, Rigo. Pokój z tobą.

Po powrocie z Florencji Cezar natychmiast udał się na rozmowę z ojcem i Duarte Brandao. Spotkali się w komnacie obwieszonej gobelinami i zastawionej rzeźbionymi skrzyniami, w których spoczywały insygnia i szaty urzędu papieskiego. Aleksander uścisnął syna z niespotykaną u niego serdecznością. Cezar to zauważył i postanowił być ostrożny.

Pierwszy odezwał się Duarte.

— Czy ów prorok jest rzeczywiście dla nas tak niebezpieczny, jak słyszeliśmy?

Cezar usiadł na miękkim fotelu naprzeciw ojca i Duarte.

— Swoimi kazaniami porywa słuchaczy. Ludzie tłoczą się jak podczas karnawału, żeby go posłuchać.

Aleksander ożywił się.

— O czym mówi?

— O reformie — i o pobłażaniu rodzinie Borgiów. Oskarża nas o wszelkie złe czyny i straszy ludzi, że wiara w święty Kościół w Rzymie i wierność papiestwu sprowadzą na nich wieczne potępienie.

Aleksander wstał. Zaczął chodzić tam i z powrotem po komnacie.

— To źle, że taki inteligentny człowiek został opętany przez diabła. Ma dar pisania — podziwiałem jego prace. Wiem, że zachwyca się dziełami natury — w klasztorze często budził wszystkich, prowadził na dziedziniec i kazał im patrzeć na gwiazdy.

— Ojcze, on jest dla nas niebezpieczny. Żąda najsurowszych reform. Jest sprzymierzeńcem Francuzów. Domaga się, żeby na tronie papieskim zasiadł ktoś cnotliwy. Nie wątpię, że tym kimś byłby Giuliano della Rovere.

Aleksander nasrożył się. Odwrócił się do Duarte i rzekł:

— Miałem wątpliwości, czy wolno mi zmuszać do przyznania się do swoich grzechów człowieka, który dobrze służył Kościołowi, ale obawiam się, że nie mam wyjścia. Duarte, zorientuj się, w jaki sposób można to jak najszybciej przeprowadzić. Trzeba zaprowadzić ład we Florencji, zanim będzie za późno.

Duarte ukłonił się i wyszedł.

Aleksander ułożył się na sofie i gestem wskazał Cezarowi miejsce obok siebie. Miał obojętny wyraz twarzy, ale patrzył na syna tak przenikliwie jak nigdy. Zaczął bardzo formalnie:

— Pora, żebyś mi powiedział, co ci leży na sercu. Czy kochasz Kościół święty tak jak ja? Czy masz zamiar poświęcić mu życie, tak jak ja to uczyniłem?

Rozmowa zaczynała się układać po myśli Cezara. Powiedział kiedyś ojcu, jasno i zdecydowanie, że jest żołnierzem, a nie księdzem. Teraz zastanawiał się nad odpowiedzią. Papież powinien mieć do niego zaufanie. Zdawał sobie sprawę, że ojciec nie darzy go taką miłością jak Juana, ale wiedział, że jest do niego przywiązany. Wiedział też, że musi być ostrożny, znając przebiegłość ojca nawet wobec osób, które szanował lub kochał. Postanowił nie zwierzać się Aleksandrowi z najgłębszych sekretów.

— Ojcze — odparł po namyśle — muszę się przyznać, że mam zbyt silny pociąg do przyjemności świeckiego życia, żeby móc służyć Kościołowi tak, jak byś sobie życzył, a co ważniejsze — nie chcę skazać mojej duszy na wieczne potępienie.

Aleksander uniósł się na sofie, chcąc spojrzeć synowi prosto w oczy.

— W młodości byłem taki sam jak ty — powiedział. — Nikt nie przypuszczał, że kiedyś zostanę papieżem. Po czterdziestu latach pracy nad sobą stałem się lepszym człowiekiem i lepszym księdzem. Tak samo może być z tobą.

— Nie zależy mi na tym.

— Dlaczego? Kochasz władzę, pieniądze. Trzeba pracować, żeby przetrwać w dzisiejszym świecie. Z twoimi zdolnościami możesz wydźwignąć Kościół na wyżyny. — Przerwał na moment. — Czy masz na sumieniu zbrodnię, która przeszkadza ci służyć Kościołowi?

W tym momencie Cezar domyślił się, że ojciec zamierzał wydobyć z niego przyznanie się do współżycia z Lukrecją. Wiedział, że jeśli się przyzna, ojciec nigdy mu tego nie wybaczy. Prawda była znana, trudno było ją ukryć, ale Cezar zorientował się, że ojciec chciał zostać okłamany, byle w jakiś przekonujący sposób.

— Tak — przyznał. — Mam na sumieniu ciężki grzech, ale jeśli ci go wyznam, nie przebaczysz mi.

Aleksander pochylił się, patrząc na syna świdrującym wzrokiem; trudno byłoby dopatrzyć się w nim miłosierdzia. W tym momencie Cezara ogarnęło uczucie triumfu, gdyż już wiedział, jak przechytrzyć ojca, który podejrzewał, że syn przez te wszystkie lata był kochankiem Lukrecji.

— Nie ma grzechu, którego by Bóg nie przebaczył — powiedział Aleksander.

Cezar wiedział, że jego wyznanie będzie szokujące, więc rzekł bardzo cicho:

— Nie wierzę w Boga, nie wierzę w Chrystusa, w Marię Dziewicę i w żadnych świętych.

Aleksander przez moment wydawał się zdumiony, lecz szybko się opanował.

— Wielu grzeszników tak mówi z obawy przed karą po śmierci. Chcą w ten sposób zaprzeczyć prawdzie. Czy to wszystko?

Cezar nie umiał powstrzymać się od uśmiechu.

— Nie, jeszcze cudzołóstwo, żądza władzy, zabójstwa, lecz tylko niebezpiecznych wrogów, kłamstwa, ale tylko te, o których wiesz. Teraz już wszystko.

Aleksander wziął dłoń Cezara i dokładnie jej się przyjrzał.

— Posłuchaj, synu — rzekł. — Ludzie odchodzą od wiary,

kiedy nie mogą znieść okrucieństw codziennego życia. Przestają wierzyć w istnienie odwiecznego, kochającego Boga, w jego nieskończone miłosierdzie i w Kościół święty. Przywrócenie im wiary wymaga podjęcia wysiłku. Nawet święci byli aktywnymi ludźmi. Nie mam na myśli tych świętych mężów, którzy się biczują i pozamykani w klasztorach zastanawiają się nad powikłanymi losami ludzkości. Ci nie robią niczego dla żywego Kościoła, nie pomagają mu przetrwać we współczesnym świecie i dopiero tacy jak ty i ja muszą podjąć się tego zadania. Mimo to — w tym miejscu Aleksander podniósł ostrzegawczo palec — musimy liczyć się z tym, że nasze dusze mogą na pewien czas powędrować do czyśćca. Pomyśl, ile dusz chrześcijańskich uratujemy w ciągu następnych wieków — tych, którzy poszukają zbawienia w silnym świętym Kościele katolickim. Muszę czasem popełniać grzechy, lecz znajduję ukojenie w modlitwie i spowiedzi. Nie wierzę humanistom, tym, którzy wyznają filozofię Greków, głoszącym, że nie istnieje na świecie nic poza rodzajem ludzkim. Istnieje Bóg Wszechmogący, który jest wyrozumiały i miłosierny. To są podstawy naszej wiary. Musisz w to wierzyć. Możesz żyć ze swoimi grzechami, spowiadać się lub nie, ale nie wolno ci stracić wiary. Ona jest naszym jedynym oparciem.

Słowa papieża nie wywarły wrażenia na Cezarze. Wiara nie mogła rozwiązać jego problemów. Musiał zdobyć władzę tu na ziemi, gdyż inaczej jego głowa zostanie zatknięta na ostrzu włóczni na murach Rzymu. Chciał mieć żonę i dzieci, powinien więc być silny i bogaty, żeby się wydźwignąć ponad ludzkie stado. Żeby to osiągnąć, będzie musiał popełnić czyny, za które Bóg jego ojca każe mu odpokutować. Jaki jest sens wiary w takiego Boga? Był w kwiecie młodzieńczego wieku. Pociągały go uciechy życia: chciał pić wino, ucztować, kochać kobiety. Miał dopiero dwadzieścia trzy lata — nie wierzył, iż może kiedykolwiek umrzeć. Śmierć była dla innych, nie dla niego.

Spuścił pokornie głowę.

— Wierzę w Rzym, ojcze. Będę walczył w jego imieniu, jeśli mi to umożliwisz.

Aleksander westchnął. Zrezygnował z dalszego spierania się z synem, gdyż dostrzegł nową szansę realizacji swoich imperialnych zamiarów.

— W takim razie opracujmy plan działania — powiedział. — Zostaniesz mianowany kapitanem generalnym armii papieskiej. Podbijesz państwa-miasta i zostaniesz władcą Romanii. W dalszej przyszłości przyłączymy do nas wszystkie wielkie miasta Italii: Wenecjan, żyjących w wodzie jak węże; szczwanych sodomitów Florentczyków i owych hardych Bolończyków, niewdzięczników w stosunku do Świętej Matki Kościoła. W tej chwili to wydaje się nieprawdopodobne, ale zacznijmy od początku. Musisz się ożenić, żeby zostać władcą Romanii. Za kilka dni zwołam konsystorz, na którym złożysz swój kapelusz kardynalski. Potem mianuję cię kapitanem generalnym. Stratę prebend kościelnych zrekompensujesz sobie na wojnie.

Cezar pochylił głowę. Z wdzięczności chciał ucałować stopę ojca, lecz ten się odsunął.

— Kochaj mniej ojca, za to bardziej Kościół, Cezarze. Okaż mi posłuszeństwo czynami, a nie pustym gestem. Przebaczam ci wszystkie grzechy. Każdy naturalny ojciec postąpiłby tak samo.

Po tej rozmowie Cezar pierwszy raz w życiu poczuł, że jest panem własnego losu.

W dniu podpisania kontraktu ślubnego Lukrecji z księciem Alfonsem Aleksander odbył rozmowę z Duarte.

— Chciałbym, żeby znowu zaczęła się uśmiechać — powiedział. — Już za długo jest taka poważna.

Nie uszło jego uwagi, jak trudny był dla córki ostatni rok. Miał zamiar wynagrodzić jej ten okres, a w zamian zaskarbić sobie jej trwałą lojalność. Wiedząc, że Alfons Aragoński był „najprzystojniejszym mężczyzną w królewskim mieście", chciał sprawić córce niespodziankę, toteż postanowił datę przybycia Alfonsa zachować w tajemnicy.

Młody Alfons wjechał któregoś ranka do Rzymu w towarzystwie zaledwie siedmiu członków eskorty. Pozostali spośród pięćdziesięciu, którzy wyruszyli wraz z nim z Neapolu, zatrzymali się w Marino, poza murami miasta. Powitali go wysłańcy papieża, którzy natychmiast poprowadzili go do Watykanu. Aleksander uspokoił się, przekonując się na własne oczy, że książę jest przystojny i ma nienaganne maniery. Kazał przyprowadzić mu konia i zaprowadzić do pałacu Santa Maria in Portico.

Był piękny, letni dzień. Lukrecja stała na balkonie, nucąc pod nosem i przyglądając się dzieciom, bawiącym się na ulicy w berka. Myślała o mężczyźnie, którego miała poślubić. Wiedziała od ojca, że miał przybyć pod koniec tygodnia. Złapała się na tym, że czeka na niego niecierpliwie, gdyż o nikim jeszcze Cezar nie wypowiadał się tak pochlebnie.

W tym momencie podjechał Alfons. Na widok młodego księcia jej serce zaczęło bić przyspieszonym rytmem. Kolana się pod nią ugięły i byłaby zemdlała, gdyby nie Giulia i jedna z dam dworu, które przyszły ją zawiadomić o przybyciu narzeczonego.

— Chwała Bogu — powiedziała z uśmiechem Giulia. — Czy to nie jest najpiękniejsze stworzenie, jakie widziałaś w życiu?

Lukrecja nie odpowiedziała. Alfons podniósł głowę i ujrzał ją na balkonie. Narzeczona zrobiła na nim tak silne wrażenie, że wyglądał, jakby zapadł w trans hipnotyczny.

Przez następne sześć dni, które poprzedziły ceremonię ślubną, Lukrecja i Alfons brali udział w przyjęciach na ich cześć i spacerowali godzinami po okolicy. Zachodzili do najlepszych kramów i przemierzali najpiękniejsze ulice Rzymu. Kładli się spać późno, a wstawali wcześnie.

Lukrecja pobiegła do apartamentów papieża i z radości rzuciła mu się w ramiona, jakby jeszcze była dzieckiem.

— Papo, jak mam ci dziękować? Skąd wiedziałeś, jak można mnie uszczęśliwić?

Aleksander był w siódmym niebie.

— Chcę, żebyś miała wszystko, o czym marzysz... nawet więcej, niż potrafisz sobie wyobrazić.

Ceremonia ślubna, podobnie jak poprzednia, była równie uroczysta i wystawna. Tym razem Lukrecja powtarzała słowa przysięgi z lekkim sercem, niemal nie zwracając uwagi na miecz, trzymany nad jej głową przez hiszpańskiego oficera, Cevilliona.

Wieczorem, po uroczystości, Lukrecja i Alfons radośnie podpisali kontrakt w obecności papieża, Ascania Sforzy i jeszcze jednego kardynała. Natychmiast po dopełnieniu formalności protokołu młoda para udała się do pałacu Santa Maria in Portico, gdzie spędziła następne trzy dni i noce, nie rozstając się nawet na chwilę. Nie potrzebowali nikogo prócz siebie. Po raz pierwszy w życiu Lukrecja mogła się oddać miłości, która nie była naznaczona grzechem.

Po uroczystości weselnej osamotniony Cezar krążył po swoich komnatach w Watykanie. Głowę miał zajętą planowaniem przyszłości na stanowisku dowódcy armii papieskiej, natomiast serce ciążyło mu niczym kamień.

Podczas wesela siostry był opanowany, nawet wziął udział w wesołym widowisku, występując w nim w kostiumie bajkowego jednorożca, będącego mitologicznym symbolem niewinności. Aleksander upomniał się o nie, oczarowany tańcami, które zaprezentowały przed nim Lukrecja i Sancia. Lubił oglądać ogniste tańce hiszpańskie, które pamiętał z dzieciństwa, patrzył z zachwytem na młode kobiety w kolorowych sukienkach, wirujące przed nim przy akompaniamencie szybkiego *staccato* obcasów na marmurowej posadzce.

Cezar wypił dużo wina, co pozwoliło mu jako tako znieść uroczystość. Teraz, gdy otrzeźwiał, doskwierała mu samotność. Odczuwał też wzburzenie.

Podczas wesela Lukrecja wydała mu się piękniejsza niż kiedykolwiek. W szacie ślubnej koloru czerwonego wina, ozdobionej klejnotami, obszytej czarnym aksamitem, ze sznurami pereł na szyi wyglądała jak królowa. Miała postawę monarchini — przestała już być dziewczynką. Od czasu poprzedniego ślubu przemieniła się w panią domu, urodziła dziecko, poczuła się pełnowartościowym członkiem społeczeństwa. Aż do dzisiejszego dnia Cezar nie zauważał tych zmian. Ubrany w strój kardynała pobłogosławił ją, życzył jej szczęścia, lecz w duchu czuł wzrastający gniew.

W trakcie ceremonii ich oczy spotkały się wielokrotnie. Lukrecja za każdym razem do niego się uśmiechała. Później jednak, w trakcie wieczoru, stawała się coraz bardziej obojętna. Za każdym razem, gdy chciał z nią porozmawiać, nie miała dlań czasu, zajęta ożywioną konwersacją z Alfonsem. Śmiała się, widać było, że jest szczęśliwa. Kiedy opuszczała salę, żeby dopełnić małżeńskiego obowiązku, nawet nie pomyślała, żeby się z nim pożegnać.

Cezar miał nadzieję, że z czasem pozbędzie się przykrych wspomnień z wesela. Wkrótce przestanie być kardynałem, ożeni się, będzie miał dzieci, zostanie kapitanem generalnym i będzie toczył wielkie bitwy, o których zawsze marzył. Może wtedy uda mu się zapomnieć o Lukrecji.

Własny umysł płatał mu figle. Przekonywał sam siebie, że ślub Lukrecji z Alfonsem został zaaranżowany przez ojca po to, aby nawiązać stosunki Rzymu z Neapolem i tym samym ułatwić Cezarowi poślubienie neapolitańskiej księżniczki. Wiedział, że córka króla Neapolu, Rosetta, jest pożądaną kandydatką na jego żonę. Słyszał, że ma pogodną naturę i jest dość urodziwa. Kiedy jako jej mąż zakorzeni się w Neapolu i obrośnie w dobra i tytuły, będzie mógł toczyć wojny ze zbuntowanymi książętami. W konsekwencji podbije resztę Romanii w imieniu papieża i rodu Borgiów.

Z głową pełną planów na przyszłość próbował zasnąć, lecz co chwila się budził, marząc o Lukrecji.

16

Francis Saluti, śledczy florenckiej Rady Dziesięciu, stanął przed najważniejszym zadaniem w swojej dotychczasowej praktyce — miał torturami wymusić na Girolamie Savonaroli przyznanie się do winy.

To, że Savonarola był zakonnikiem — i to niezwykłym — nie miało znaczenia. Saluti słuchał regularnie jego kazań i zdarzało się, że chwytały go za serce. Jednak Savonarola atakował samego papieża i ludzi rządzących Florencją. Spiskował z wrogami republiki. Za to wszystko miał zostać osądzony, ale przedtem należało z niego wydobyć przyznanie się do zdrady.

W specjalnej izbie strzeżonej przez żołnierzy Saluti wydawał ostatnie polecenia podwładnym. Koło tortur było przygotowane, rzemieślnik specjalista sprawdził wszystkie mechanizmy — zestaw kół, rzemieni, bloków i ciężarów. Rozpalony do czerwoności żelazny piecyk, z którego wystawały rozmaitego rodzaju kleszcze i obcęgi, nagrzewał pomieszczenie do tego stopnia, że Saluti wkrótce zaczął spływać potem. Możliwe, że pocił się z emocji, wiedząc, że za tę pracę otrzyma sowite wynagrodzenie.

Saluti był dumny z własnego kunsztu, lecz nie lubił swojej pracy. Nie podobało mu się, że jego funkcję utrzymywano w ścisłej tajemnicy, co było podyktowane jego własnym bezpieczeństwem. W mieście było pełno mściwych ludzi. Zawsze nosił przy sobie broń. Mieszkał w domu otoczonym domami członków jego licznej rodziny, którzy przybiegliby na pomoc, gdyby został napadnięty.

Jego stanowisko było dobrze płatne. Zarabiał sześćdziesiąt florenów rocznie, dwa razy więcej niż kasjer we florenckim banku. Otrzymywał też premię w wysokości dwudziestu florenów za każdą robotę zleconą mu przez radę.

Miał na sobie obcisły, jedwabny trykot i bluzę w ciemnogranatowym, prawie czarnym kolorze, uzyskanym z barwnika do tkanin wytwarzanego tylko we Florencji. Strój o tej barwie przydawał mu dostojeństwa, a przy tym nie był na tyle żałobny, żeby razić jego prywatny gust. Mimo częstych kłopotów żołądkowych i bezsenności Saluti był pogodnym, myślącym człowiekiem. Uczęszczał na uniwersyteckie wykłady z filozofii Platona. Nie opuszczał kazań Savonaroli. Odwiedzał pracownie znanych artystów, żeby oglądać ich najnowsze obrazy i rzeźby. Kiedyś został nawet zaproszony na wycieczkę po czarodziejskich ogrodach Lorenza il Magnifico — kiedy ów jeszcze żył. Zapamiętał ten dzień jako najwspanialszy w życiu.

Cierpienia ofiar nie sprawiały mu satysfakcji. Czuł się dotknięty, gdy go o to posądzano. Mimo to nie miał wyrzutów sumienia, ponieważ nieomylny papież Innocenty ogłosił bullę zezwalającą na użycie tortur wobec osób podejrzanych o herezję. Jednak krzyki ofiar przez długi czas brzmiały mu w uszach i mógł zasnąć dopiero po wypiciu butelki wina.

Najbardziej martwił go niezrozumiały upór ofiar. Dlaczego nie chciały od razu przyznać się do winy? Na co czekały, zmuszając innych, żeby cierpieli wraz z nimi? Czemu nie kierowały się rozumem? Będąc we Florencji, gdzie rozum i piękno rozkwitały bujniej niż w jakimkolwiek innym mieście na świecie, może z wyjątkiem starożytnych Aten?

Było mu przykro, że to on, Francis Saluti, zadawał im męki. Czy Platon nie miał racji, twierdząc, że nie ma człowieka, który mimo swoich najlepszych intencji nie sprawiałby komuś cierpienia?

W świetle prawa wszystko było w porządku. W Republice Florenckiej żaden obywatel nie mógł być torturowany, jeśli nie było dowodów jego winy. Dokumenty zostały podpisane przez urzędującą radę, przedstawicieli *signorii*. Papież Aleksander zatwierdził je, przysyłając oficjalnych obserwatorów z ramienia Kościoła. Krążyły pogłoski, że nawet wielki kardynał Cezar Borgia był *incognito* we Florencji. Cnotliwy zakonnik nie miał żadnych szans. Człowiek, który musiał go torturować, modlił się o szybką śmierć świętego męża.

Francis Saluti stał przy otwartych drzwiach do izby tortur, czekając, aż pojawi się pokonany Młot Boga, brat Girolamo Savonarola. W końcu sławny mówca został przywleczony do wnętrza. Widać było, że go bito. Saluti był oburzony, gdyż wcześniejsze próby wydobycia zeznania stanowiły ujmę dla jego kunsztu.

Mistrz ze swoim asystentem wprawnie przywiązali Savonarolę do łoża. Nie chcąc powierzać najważniejszego zadania podwładnemu, Saluti osobiście kręcił żelaznym kołem, które za pośrednictwem zębatej przekładni wyrywało z regulowaną prędkością kończyny przesłuchiwanego. Panowała grobowa cisza. Kat i ofiara nie powiedzieli ani słowa. Saluti był zadowolony. Uważał swoją izbę za kościół, miejsce ciszy, modlitwy — zakończonej zeznaniem. W takim miejscu nie godziło się rozmawiać.

Po chwili Saluti usłyszał znajomy trzask. Oba przedramiona torturowanego wyskoczyły ze stawów w łokciach. Siedzący obok łoża kardynał-senior Florencji zbladł jak ściana, słysząc ów makabryczny odgłos.

— Girolamo Savonarola, czy przyznajesz, że twoje słowo było kłamliwe i bluźniercze i obróciło się przeciwko Bogu? — spytał Saluti.

Savonarola milczał. Twarz miał śmiertelnie bladą, oczy wzniósł ku niebu jak na obrazach świętych męczenników.

Kardynał dał znak Salutiemu, który znów pokręcił kołem. Za moment usłyszeli głośny chrzęst rozrywanych ścięgien, któremu towarzyszył dziki, zwierzęcy ryk. Kości i mięśnie ramion Savonaroli zostały wydarte z barków.

Saluti powtórzył pytanie:

— Girolamo Savonarola, czy przyznajesz, że twoje słowo było kłamliwe i bluźniercze i obróciło się przeciwko Bogu?

— Przyznaję się — wyszeptał zakonnik.

Przesłuchanie było zakończone.

Savonarola przyznał się do herezji, więc jego los był przesądzony. Mieszkańcy Florencji nie protestowali. Przedtem go uwielbiali — teraz byli zadowoleni, że się go pozbyli. Młot Boga został żywcem powieszony; jego połamane ciało wisiało rozpięte na linach przez tydzień. Kiedy był bliski śmierci, odcięto go i spalono na stosie, na placu przed kościołem Świętego Marka, w miejscu, z którego pluł ogniem i siarką i z którego omal nie obalił papieża.

Rankiem pewnego dnia papież Aleksander dumał o pogmatwanych losach świata — o przewrotności niektórych nacji, perfidii rodów i o diabelskich instynktach, tkwiących w każdej ludzkiej istocie. Nie martwił się jednak. Wierząc bez zastrzeżeń, jako namiestnik Chrystusa na ziemi, nie analizował boskich przykazań. Wierzył, że Bóg jest przede wszystkim miłosierny i że przebaczy wszystkim grzesznikom. Ta pewność leżała u podstaw jego wiary. Nie miał wątpliwości, że celem Boga jest nieść ludziom szczęście i radość w doczesnym życiu.

Uświadomił sobie, że jego własne obowiązki polegają na czymś innym. Papież powinien umocnić Kościół święty, żeby móc nieść słowo boże do wszystkich zakątków świata, a przede wszystkim, żeby utrwalić fundamenty wiary na dalsze wieki. Zmierzch nauk Chrystusa byłby klęską dla ludzkości.

Aleksander uznał, że narzędziem w jego posłannictwie stanie

się Cezar. Mimo iż zdejmie szaty kardynała, pomoże mu w zjednoczeniu księstw papieskich jako patriota i doskonały strateg wojskowy. Jedno tylko budziło niepokój papieża: czy Cezar zdoła oprzeć się pokusom, jakie niesie za sobą władza? Czy wie, co to jest litość? Jeśli nie — ocali dusze wielu ludzi, lecz własną zgubi.

Na razie musiał podjąć decyzje innego kalibru, związane z funkcjonowaniem gabinetu i zarządzaniem administracją. Było ich trzy, jedna z nich wydawała mu się szczególnie trudna. Otóż musiał przesądzić o życiu lub śmierci szefa sekretariatu, Plandiniego, który został przyłapany na sprzedaży bulli papieskich. Ponadto należało orzec, czy członek znanej arystokratycznej rodziny może zostać kanonizowany jako święty Kościoła. Wreszcie trzeba było orzec, czy dotychczas zgromadzone fundusze wystarczą na zaplanowaną kampanię zjednoczeniową. W tej ostatniej sprawie miał zamiar zasięgnąć rady u Cezara i Duarte.

Aleksander był ubrany formalnie, lecz skromnie — jak papież, który rozdziela łaski, nie będąc ich beneficjentem. Miał na sobie prostą, białą szatę, obszytą czerwonym jedwabiem, na głowie zaś cienką, lnianą mitrę. Nie nosił żadnych ozdób — nie licząc pierścienia świętego Piotra, przeznaczonego do całowania przez wiernych.

Tego dnia, z uwagi na decyzje, które miał podjąć, postanowił wystąpić w roli wspaniałomyślnego przedstawiciela Kościoła. Wybrał do tego celu salę przyjęć, której ściany udekorowane były obrazami Marii Dziewicy: Madonny, która wstawia się do Boga o litość dla wszystkich grzeszników.

Wezwał Cezara, żeby zasiadł u jego boku, wiedząc, że są ludzie, których trzeba dopiero nauczyć sztuki okazywania miłosierdzia.

Pierwszym doprowadzonym był Stiri Plandini, służący wiernie papieżowi przez ostatnie dwadzieścia lat. Przyłapano go na sprzedaży bulli papieskich. Cezar dobrze go znał. Plandini był na dworze od czasu, gdy Cezar był jeszcze dzieckiem.

Sekretarz został przywieziony do komnaty na wózku więziennym, do którego był przywiązany łańcuchami. Przykryto je szmatami, żeby nie raniły wrażliwości papieża.

Aleksander z miejsca kazał uwolnić więźnia z łańcuchów i podać mu kieliszek wina. Plandini próbował coś powiedzieć, lecz zdołał wydobyć z siebie jedynie niezrozumiały bełkot.

Gdy papież przemówił, w jego głosie brzmiało współczucie:

— Plandini, zostałeś osądzony i skazany. Służyłeś mi wiernie przez wiele lat, ale teraz nie mogę ci pomóc. Ponieważ jednak błagałeś mnie o widzenie, nie mogłem odrzucić twojej prośby. Co masz mi do powiedzenia?

Stiri Plandini był typowym skrybą. Miał sflaczałą twarz, cechującą człowieka, który nigdy nie polował ani nie nosił zbroi, i oczy zezowate od czytania. Był tak chudy, że wypełniał sobą jedynie małą część krzesła.

— Ojcze Święty — powiedział tak cicho, że ledwie było go słychać. — Okaż litość mojej żonie i dzieciom. Nie każ im cierpieć za moje grzechy.

— Dopilnuję tego, żeby nic im się nie stało — odparł papież. — Czy ujawniłeś wszystkich spiskowców? — Miał nadzieję, że Plandini wymieni nazwisko jednego z kardynałów, do którego Aleksander żywił szczególną niechęć.

— Tak, Ojcze Święty. Żałuję mojego grzechu. Zaklinam cię na Świętą Dziewicę, uratuj mnie od śmierci. Pozwól mi żyć i opiekować się rodziną.

Aleksander namyślał się. Okazanie łaski mogło ośmielić innych do oszukiwania go. Z drugiej strony współczuł temu biedakowi. Ileż to razy dyktował mu listy, dowcipkował z nim i wypytywał o zdrowie dzieci? Plandini był doskonałym sekretarzem i wiernym synem Kościoła.

— Czemu popełniłeś tak ciężkie przestępstwo? — spytał papież. — Byłeś dobrze opłacany.

Plandini ukrył twarz w dłoniach. Trząsł się od płaczu.

— Dla moich synów. Są młodzi i rozbrykani. Musiałem spłacić ich długi. Chciałem utrzymać ich przy sobie i sprowadzić na drogę wiary.

Aleksander spojrzał na Cezara, ale ten miał obojętną minę. Plandini mógł mówić prawdę lub kłamać — w każdym razie jego odpowiedź była zręczna. Cały Rzym wiedział o miłości papieża do własnych dzieci. Poczuł przypływ sympatii dla Plandiniego.

Na ścianach sali wisiały obrazy miłosiernej Madonny, przez witraże przesączało się jasne światło słońca. Stojąc w jego blasku, Aleksander poczuł ciężar spoczywającej na nim odpowiedzialności. Ów człowiek za chwilę zawiśnie na szubienicy, na placu, pozbawiony na zawsze ziemskich przyjemności — jego pięciu synów i trzy córki będą pogrążone w rozpaczy. Trzej spiskowcy z całą pewnością muszą zostać straceni. Czy to będzie sprawiedliwe, jeśli temu jednemu okaże łaskę?

Papież zdjął z głowy lnianą mitrę. Mimo iż była lekka, nie mógł dłużej wytrzymać jej ciężaru. Kazał straży uwolnić więźnia i pomóc mu wstać. Zobaczył zdeformowany korpus Plandiniego i jego ramiona, powykręcane w barkach podczas przesłuchania.

Ogarnął go smutek — nie tylko z powodu tego pojedynczego grzesznika, lecz z racji wszelkiego zła istniejącego na świecie. Wstał i objął Plandiniego ramionami.

— Usłyszałem głos Świętej Matki Litościwej. Nie zostaniesz powieszony. Przebaczam ci. Musisz jednak opuścić Rzym i rodzinę. Spędzisz resztę życia w klasztorze, daleko stąd, poświęcając je Bogu, żeby zasłużyć na jego miłosierdzie.

Pomógł Plandiniemu usiąść na krześle i skinął na halabardników, żeby go zabrali. Wszystko zakończyło się pomyślnie, ułaskawienie Plandiniego pozostanie tajemnicą, natomiast inni spiskowcy zawisną na szubienicy z pożytkiem dla Boga i Kościoła.

W tym momencie Aleksandra ogarnęła fala ogromnej radości, której rzadko doświadczał — czasem tylko za przyczyną dzieci, kobiet, które kochał, lub skarbów, które udało mu się zdobyć na wojny krzyżowe. Opuściła go nagle pycha, spadł zeń ciężar władzy — poczuł wiarę w Chrystusa tak bezgranicznie czystą, że miał wrażenie, iż sam jest utkany ze światła. Uczucie stopniowo zanikało — w trakcie tego zastanawiał się, czy jego syn, Cezar, byłby zdolny osiągnąć podobny stan ekstazy z powodu okazania litości.

Aleksander zdawał sobie sprawę, że następny petent to człowiek innego kalibru, a prośba, z którą przychodzi, wymaga od papieża czujności i stanowczości. Należało się targować, nie okazać słabości i nie pozwolić sobie na współczucie. Aleksander na powrót włożył mitrę.

— Czy chcesz, żebym ci towarzyszył? — spytał Cezar.
Papież skinął głową.
— Myślę, że to będzie dla ciebie interesujące — powiedział.
Na tę audiencję wybrał inną salę. Na ścianach wisiały portrety wojowniczych papieży, powalających mieczem i wodą święconą wrogów Kościoła; na obrazach niewierni odrąbywali głowy świętym, na krzyżach umierali w cierniowych koronach Chrystusi. Ściany pomalowane były na jaskrawoczerwony kolor. Była to Sala Męczenników, bardziej odpowiednia na danie posłuchu Baldowi Rosamundiemu. Właściciel floty handlowej, składającej się z ponad stu okrętów, które pływały po całym świecie, był głową bogatej, arystokratycznej rodziny. Jak wszyscy Wenecjanie, zachowywał rozmiar swojego bogactwa w tajemnicy.

Rosamundi miał ponad siedemdziesiąt lat. Nosił ceremonialny, biało-czarny strój, w którym w miejscu guzików umieszczono drogie kamienie. Przybrał poważny, a zarazem chytry wyraz twarzy, jak kupiec, który zamierza dokonać poważnej transakcji, wzorem tych, które zawierali między sobą w czasach, gdy Aleksander był jeszcze kardynałem.

— Domyślam się, że chciałbyś, żeby twoja wnuczka została świętą? — zagadnął go żartobliwie Aleksander.

Baldo Rosamundi przemówił z namaszczeniem.

— Ojcze Święty, nie jestem zarozumiały. To lud wenecki domaga się, żeby ją kanonizować. Dostojnicy Kościoła zbadali zasadność prośby i uznali ją za wystarczającą. Wiem, że tylko ty, jako Ojciec Święty, możesz wyrazić ostateczną zgodę.

Aleksander zasięgnął wcześniej informacji u biskupa piastującego stanowisko postulatora, do którego zadań należało badanie wniosków o kanonizację. Ten przypadek był całkiem zwyczajny. Doria Rosamundi mogłaby zostać „białą" świętą, nie „czerwoną", to znaczy na podstawie nieposzlakowanie cnotliwego życia w ubóstwie, czystości moralnej i pracy; cud, choćby jeden, mógł okazać się bardzo przydatny. Każdego roku wpływały setki podobnych petycji. Aleksander nie czuł sympatii do białych świętych, wolał czerwonych, tych, którzy ponieśli męczeńską śmierć w służbie Kościoła świętego.

Z dokumentów wynikało, że Doria Rosamundi porzuciła wygodne życie na łonie bogatej rodziny i poświęciła się ubogim. Ponieważ w Wenecji było ich zbyt mało — jej obywatele mieli tak ograniczoną wolność, że nie pozwalano im nawet biedować — wędrowała po nękanych epidemiami miasteczkach sycylijskich, opiekując się sierotami. Żyła cnotliwie, w ubóstwie, a co najważniejsze, pielęgnowała ofiary zarazy, nie bacząc na własne zdrowie i życie. Zmarła, mając zaledwie dwadzieścia pięć lat, jako ofiara kolejnej epidemii. Już dziesięć lat po jej śmierci rodzina wniosła o wszczęcie procesu kanonizacyjnego.

Na poparcie swojej prośby rodzina przedstawiła świadectwo cudu. Podczas ostatniej zarazy chorzy uznani za nieżywych zostali złożeni na stosie, w oczekiwaniu na spalenie; kiedy Doria zmówiła nad nimi modlitwę, wszyscy nagle ożyli. Po jej śmierci zaś modlący się przy jej grobie potrafili sporządzać leki przeciw śmiertelnym chorobom, a żeglarze pływający po Morzu Śródziemnym widywali podczas srogich sztormów jej twarz, unoszącą się nad okrętem. Napłynęło wiele dowodów czynionych przez nią cudów. Wszystkie zostały dokładnie zbadane — ani jednego nie można było podważyć. Dzięki bogactwu rodziny wniosek o kanonizację szybko przeszedł wszystkie kolejne instancje i dotarł do papieża.

— Prosisz mnie o zwykłą przysługę, ja zaś biorę na siebie ogromną odpowiedzialność — przemówił Aleksander. — Kiedy twoja wnuczka zostanie uznana za świętą, dostąpi zaszczytu zasiadania u boku Boga w niebie i stanie się orędowniczką wszystkich, których kochała. Jej relikwie spoczną w twoim kościele, a z całego świata będą przybywali pielgrzymi, żeby jej złożyć hołd. To bardzo poważna decyzja. Co masz na poparcie swojego wniosku?

Baldo Rosamundi skłonił z szacunkiem głowę.

— Moje osobiste świadectwo — odparł. — Kiedy była małą dziewczynką, powodziło mi się doskonale, lecz to mnie nie cieszyło. Mając zaledwie siedem lat, zauważyła mój smutek i uprosiła mnie, żebym modlił się do Boga o szczęście. Posłuchałem jej i w rezultacie stałem się szczęśliwy. Nie była samolubna ani jako dziecko, ani gdy była już młodą kobietą. Kupowałem jej klejnoty, lecz nigdy ich nie nosiła. Sprzedawała je, a pieniądze rozdawała biednym. Po jej śmierci ciężko zachorowałem. Lekarze upuścili mi tyle krwi, że wyglądałem jak duch, mimo to było ze mną coraz gorzej, aż pewnej nocy objawiła mi się we śnie i powiedziała: „Musisz poświęcić życie służbie Bogu".

Aleksander wzniósł ręce w uroczystym błogosławieństwie, po czym zdjął mitrę. Położył ją na stole.

— Czy postąpiłeś tak, jak ci kazała?

— Tak — rzekł Baldo Rosamundi. — Zbudowałem w Wenecji trzy kościoły. Ufundowałem dom dla podrzutków. Wyrzekłem się światowych uciech, niestosownych dla ludzi w moim wieku. Odnalazłem w sobie nową miłość do Chrystusa i świętej Madonny. — Przerwał na chwilę, po czym zwrócił się do papieża z uśmiechem, który Aleksander dobrze pamiętał z przeszłości. — Ojcze Święty, wskaż mi, jak mam służyć Kościołowi.

Aleksander udał, że się namyśla, po czym powiedział:

— Wiedz, że od czasu gdy zostałem wybrany na to święte stanowisko, moim marzeniem było podjąć następną wojnę krzyżową. Poprowadzić chrześcijańską armię na Jerozolimę, aby odebrać niewiernym grób Chrystusa.

— Doskonale. Wykorzystam moje wpływy w Wenecji, żebyś miał najlepszą flotę okrętów. Możesz na mnie liczyć — zapewnił gorliwie Rosamundi.

Aleksander wzruszył ramionami.

— Wiesz dobrze, że Wenecjanie idą ręka w rękę z Turkami. Nie poświęcą swoich szlaków handlowych i kolonii dla krucjaty Kościoła świętego. Obaj zdajemy sobie z tego sprawę, a ja potrafię to zrozumieć. Potrzebuję złota, żeby opłacić wojsko i kupić zapasy. Fundusz kościelny jest zbyt skromny — nawet jeśli dodać do niego dochód z jubileuszu, dodatkowy podatek od wszystkich duchownych i dziesięcioprocentowy podatek od chrześcijan na rzecz krucjaty. Od żydów w Rzymie zażądałem dwudziestu procent. Mimo to święty fundusz jest ciągle niewystarczający. — Uśmiechnął się. — Masz okazję, żeby się przysłużyć — dodał.

Baldo Rosamundi pokiwał głową w zadumie, jak gdyby zaskoczony. Ośmielił się nawet unieść odrobinę brwi. Potem powiedział:

— Ojcze Święty, powiedz, ile potrzebujesz, a ja dam ci to, nawet gdybym musiał oddać w zastaw moją flotę.

Aleksander już wcześniej zastanowił się nad sumą, którą zamierzał wyciągnąć od Rosamundiego. Wiedział, że legitymowanie się świętą otwierało przed rodziną drzwi do wszystkich chrześcijańskich dworów na świecie. Chroniło ich w znacznej mierze przed możnymi wrogami. To, że w historii Kościoła katolickiego było dziesięć tysięcy świętych, nie miało znaczenia: tylko kilkuset z nich legitymowało się certyfikatem papieża.

— Wierzę, że twoja wnuczka była natchniona przez Ducha Świętego. Jako chrześcijanka sprawowała się bez zarzutu, jej czyny przydały chwały królestwu bożemu na ziemi. Może jednak należałoby z kanonizowaniem jej jeszcze się wstrzymać. Wielu innych kandydatów czeka od pięćdziesięciu, a nawet stu lat. Nie chciałbym postąpić pochopnie.

Baldo Rosamundi, który jeszcze przed chwilą promieniał pewnością siebie i nadzieją, zapadł się w sobie.

— Chciałbym pomodlić się przed śmiercią przy jej relikwiach, a zostało mi już niewiele życia — wyszeptał. — Chciałbym, żeby wstawiła się za mną w niebie. Wierzę głęboko w Chrystusa i w to, że Doria jest świętą. Błagam cię, Ojcze Święty, żądaj ode mnie, czego tylko pragniesz.

Aleksander skonstatował, że Rosamundi jest szczery i głęboko wierzący, wobec tego z brawurą hazardzisty zażądał podwojonej kwoty w stosunku do tej, o której myślał początkowo.

— Naszemu funduszowi na rzecz krucjaty brakuje pięciuset tysięcy dukatów — powiedział. — Inaczej chrześcijanie nie będą mogli pożeglować do Jerozolimy.

Rosamundi podskoczył jak oparzony. Przycisnął ręce do uszu, jakby nie chciał słyszeć tego, co mówił papież. Po chwili się odprężył. Jego twarz przybrała wyraz błogości.

— Dzięki ci, Ojcze Święty — rzekł. — Zgadzam się, ale musisz przybyć do Wenecji i osobiście poświęcić relikwie oraz odprawić stosowne obrządki.

— Taki miałem zamiar — odparł spokojnie Aleksander. — Święta jest ważniejsza od papieża. Teraz pomódlmy się do niej, żeby się za nami wstawiła u Najwyższego.

17

Rankiem Cezar obudził się ożywiony, w nastroju radosnego oczekiwania. Tego dnia miał stanąć przed konsystorzem składającym się z kardynałów wybranych przez papieża, aby rozważyć wraz z nimi zwolnienie go ze ślubów i udzielenie zezwolenia na rezygnację z godności kardynała.

Do komisji wyznaczono piętnastu kardynałów. Stawili się wszyscy, z wyjątkiem dwóch — jeden z kardynałów hiszpańskich zachorował na malarię, a jeden z włoskich kardynałów spadł z konia.

Żaden z przybyłych nie miał do tej pory do czynienia z podobną sytuacją, gdyż godność kardynała była marzeniem większości mężczyzn. Kardynał zajmował bardzo wysoką pozycję w hierarchii kościelnej i cieszył się ogromnym poważaniem, gdyż mógł zostać wybrany na papieża. Większość zebranych kardynałów osiągnęła swój status dzięki wyczerpującej pracy i modlitwie — popełniając tylko przypadkowe, drobne grzeszki — tak więc prośba Cezara została przyjęta jako zagadkowa, a przy tym arogancka. Chęć dobrowolnego zrzeczenia się purpury była dla nich pewnego rodzaju afrontem.

W Sali Wiary członkowie komisji tkwili sztywno na bogato rzeźbionych, drewnianych krzesłach z wysokimi oparciami. Wypływająca spod obrazu Sądu Ostatecznego linia kapeluszy kardynałów, odzianych w formalne stroje, przypominała czerwoną rzekę; majaczące, blade twarze wyrażały niedowierzanie i determinację.

Cezar podniósł się z krzesła i przemówił do zebranych.

— Staję przed wami w nadziei, że zrozumiecie powody, dla których będę was prosił o pobłażliwość. Muszę się przyznać, że nie miałem zamiaru wiązać swojego życia z Kościołem. Mój ojciec, Jego Świątobliwość Aleksander Szósty, dokonując za mnie wyboru, kierował się najlepszymi intencjami. Powtarzam jednak: to nie był mój wybór, co więcej — nigdy nie czułem powołania.

Kardynałowie popatrywali niespokojnie na siebie, zdumieni taką otwartością. Cezar wyjaśnił powód swojej prośby.

— Mam zamiar dowodzić armią papieską, żeby bronić Kościoła i Rzymu. Co więcej, chcę się ożenić i mieć dzieci. Oto moje najgłębsze pragnienia i rzeczywiste powołanie; dlatego więc pokornie proszę, żebyście zwolnili mnie ze ślubów i pozwolili zrezygnować ze stanowiska.

Jeden z kardynałów hiszpańskich zaprotestował.

— Jeśli się zgodzimy, może powstać niebezpieczna sytuacja. Co będzie, jeśli kardynał zostanie świeckim księciem, mającym możliwości nawiązywania nowych sojuszy, służenia nowym królom, i stanie się wrogiem Kościoła i Hiszpanii?

Aleksander stał przed nimi nieporuszony, z kamiennym wyrazem twarzy. Kardynałowie zostali uprzedzeni o jego życzeniach, ale teraz, przed podjęciem tak ważnej decyzji, patrzyli nań, szukając potwierdzenia. Zaczął mówić, nie spiesząc się.

— Prośba syna świadczy o jego szczerości. Wyznał, że jego prawdziwym powołaniem jest ożenić się i być żołnierzem, a nie kapłanem. Ponieważ nie potrafił opanować swoich namiętności, powtarzające się okresy fascynacji świeckimi uciechami kończyły się skandalami, przynoszącymi ujmę papiestwu. Zgodzimy się wszyscy, że to nie służy dobrze Świętej Matce Kościołowi ani Rzymowi. Nie bez znaczenia jest fakt, że rezygnacja ze stanowiska kardynalskiego przyniesie nam zwrot ponad trzydziestu pięciu tysięcy dukatów w postaci majątków ziemskich i beneficjów. Mając na uwadze korzyści płynące z naszej decyzji, a także to, że naszym zadaniem jest zbawianie dusz ludzkich, powinniśmy przychylić się do prośby.

Wynik głosowania był jednomyślny. Wysokość beneficjów rozwiała wszelkie wątpliwości.

Papież Aleksander dokonał krótkiej ceremonii zwolnienia syna ze ślubów i udzielił mu specjalnego, papieskiego błogosławieństwa, pozwalając mu się ożenić.

I tak Cezar Borgia zdjął i pieczołowicie złożył przed konsystorzem obszerną purpurową pelerynę i czerwony kapelusz, ukłonił się kardynałom i Ojcu Świętemu, po czym dumnie wyprostowany wyszedł z sali w złociste światło rzymskiego słońca. Nie był już człowiekiem Kościoła; należał do świata i mógł rozpocząć nowe życie.

Po zakończeniu ceremonii Aleksander doznał uczucia żalu, gdyż w cichości ducha liczył na to, że jego syn Cezar w przyszłości zasiądzie na papieskim tronie. Teraz jednak, po śmierci Juana, potrzebny mu był dowódca armii papieskiej, któremu mógł zaufać, tak więc postanowił postąpić zgodnie z przeznaczeniem boskim i zaakceptował decyzję syna.

Poczuł, że ogarnia go depresja, dość niezwykła u niego, człowieka z natury pogodnego. Doszedł do wniosku, że aby podnieść się na duchu i zrzucić ciężar z serca, powinien zaznać jakiejś przyjemności. Zdecydował się na masaż, wiedząc, że przyjemności cielesne zawsze wywierały na niego dobry wpływ.

Wezwał Duarte, wydając mu dyspozycję, że wszelkie nieprzewidziane spotkania popołudniowe odbędzie w prywatnym salonie. Podobnie jak w innych sytuacjach — które przynosiły mu zadowolenie, ale mogły wywołać dezaprobatę innych — nakazał Duarte oznajmić służbie, iż długi, popołudniowy masaż został zaordynowany przez osobistego lekarza.

Upłynęła niespełna godzina, gdy do salonu wszedł Duarte.

— Mamy gościa, który prosi o audiencję — oznajmił. — Mówi, że w bardzo ważnej sprawie.

Papież leżał na brzuchu, przykryty tylko cienkim, bawełnianym ręcznikiem. Nie podnosząc głowy, odparł:

— Ach, Duarte, te młode kobiety potrafią wypędzić diabła z ciała i zapalić w duszy nowe światło. Kiedy skończą ze mną, każ im zabrać się za ciebie.

Duarte roześmiał się.

— Znam inne, bardziej efektywne sposoby.

— Kto prosi o audiencję? — spytał Aleksander.

— Georges d'Amboise, ambasador francuski. Czy powiedzieć mu, żeby poczekał, aż Wasza Świątobliwość się ubierze?

— Powiedz mu, że jeśli sprawa jest aż tak ważna, będę z nim rozmawiał w takim stroju, jaki mam na sobie, ponieważ nie zamierzam skończyć zabiegu wcześniej, niż zaplanowałem — odrzekł Aleksander. — W końcu, mój Duarte, nawet papież musi znaleźć chwilę na oddanie hołdu świątyni własnego ciała. Czyżby nie było również dziełem Pana?

— Teologia nie jest moją silną stroną, Wasza Świątobliwość, ale przyprowadzę go tutaj. Francuzom nieobce są rozkosze ciała.

Tak więc ambasador francuski, Georges d'Amboise, zobaczył dwie młode, ponętne kobiety masujące plecy i muskularne nogi papieża, który leżał na wysokim stole. Rozbawiony Duarte wprowadził go do salonu, po czym zaraz wyszedł.

Widok zdumiał nawet tak cynicznego i bywałego człowieka,

jakim był ambasador, jednak twarz doświadczonego dyplomaty zachowała niezmącony wyraz.

Papież rzekł:

— Możemy rozmawiać swobodnie, ambasadorze. Dziewczęta nie interesują się naszymi sprawami.

Niespodziewanie d'Amboise zaprotestował.

— Z woli króla jedynie Wasza Świątobliwość może wysłuchać tego, co mam do przekazania.

Aleksander niecierpliwym gestem nakazał dziewczętom oddalić się, odsunął stolik i wstał. Ambasador starał się nie patrzeć w jego stronę.

— Drogi d'Amboise, wy, Francuzi, przywiązujecie tyle wagi do zachowania tajemnicy, mimo to wszystkie wieści rozchodzą się błyskawicznie, więc i tak o wszystkim wiemy. Wasz dwór nie jest w stanie zatrzymać niczego dla siebie, podobnie zresztą jak nasz. Zostaliśmy sami, tak jak chciałeś. Co masz mi do zakomunikowania?

Georges d'Amboise czuł niezręczność sytuacji. Musiał przekazać sprawę wielkiej wagi, tymczasem stojący przed nim papież był kompletnie nagi. Kaszląc i bełkocząc, próbował zapanować nad sobą.

Aleksander popatrzył w dół na swoje ciało i uśmiechnął się.

— A mówi się, że Francuzi lubią swobodę... — rzekł z odrobiną sarkazmu. — Ubiorę się, żebyś przestał się jąkać i przystąpił do rzeczy.

Kiedy po krótkiej chwili papież, odziany w formalny strój, wrócił do salonu, d'Amboise oznajmił:

— Król Karol Ósmy nie żyje. Miał nieszczęśliwy wypadek. Uderzył głową o belkę w stropie, wkrótce po tym stracił przytomność i mimo wysiłków lekarzy i całego dworu zmarł w ciągu kilku godzin. Nic się nie dało zrobić. Na tronie zasiadł jego krewny, Ludwik Dwunasty. Z jego polecenia zostałem przysłany z zawiadomieniem, że sytuacja zarówno Mediolanu, jak i Neapolu zmieniła się. Król domaga się ich zwrotu. Zgodnie z prawem oba miasta należą do niego.

Aleksander myślał przez chwilę, po czym zmarszczył brwi.

— Mam przez to rozumieć, że wasz nowy król rości pretensje do obydwu królestw?

— Tak, Wasza Świątobliwość. Jedno z nich należy mu się w spadku po przodkach, drugie po królu Karolu. Może Wasza Świątobliwość być spokojna, zarówno Wy, jak i Święta Matka Kościół możecie się czuć bezpieczni.

Papież udał zdumienie.

— Rzeczywiście? Na podstawie czego mamy być tacy pewni?

Ambasador położył rękę na sercu.

— Miałem nadzieję, że moje słowo i słowo króla wystarczą Waszej Świątobliwości.

Aleksander milczał przez chwilę, zbierając myśli.

— Czego twój król chce ode mnie? Przysłanie cię z informacją, a co więcej zapewnienia o bezpieczeństwie muszą mieć jakąś cenę...

— Prawdę mówiąc — odparł d'Amboise — król ma jedno życzenie, które tylko Wasza Świątobliwość może spełnić. To ma związek z jego małżeństwem z Joanną Francuską. Prosił, żeby Wam powiedzieć, że nie jest zadowolony.

— Mój drogi d'Amboise — powiedział z sarkazmem Aleksander. — Nie jest zadowolony z małżeństwa z nieszczęśliwą, kaleką córką Ludwika Jedenastego? Co za niespodzianka! Rozczarował mnie: spodziewałem się po nim więcej. Nie jest tak wielkoduszny, za jakiego go uważałem.

Głos ambasadora stał się chłodny i oficjalny. D'Amboise poczuł się dotknięty uwagami Aleksandra.

— Zapewniam Cię, Ojcze Święty, że to nie jest kwestia jej urody. Ich małżeństwo nie zostało nigdy skonsumowane, a młody król bardzo chce mieć następcę.

— Czyżby miał na oku inną żonę? — spytał Aleksander, spodziewając się, jaka będzie odpowiedź.

Ambasador skinął głową.

— Chce poślubić Annę Bretońską, wdowę po świętej pamięci kuzynie, Karolu Ósmym.

Papież roześmiał się dobrodusznie.

— Teraz już wszystko rozumiem. Ma zamiar poślubić szwagierkę, więc chciałby, żeby Ojciec Święty dał mu dyspensę. W zamian oferuje traktat gwarantujący bezpieczeństwo naszych ziem.

Ambasador odetchnął z ulgą.

— W istocie rzeczy, Ojcze Święty, chociaż ująłbym to delikatniej...

Papież Aleksander podniósł głos. Słowa rozbrzmiały echem w komnacie.

— Przybyłeś do mnie w poważnej sprawie. Albowiem napisane jest w świętych przykazaniach: „Nie pożądaj żony bliźniego swego".

Ambasador wyjąkał:

— Ale z Waszą dyspensą, Ojcze Święty, można w pewnym stopniu zmienić nawet przykazanie.

Papież rozparł się wygodnie w fotelu. Powiedział pojednawczo:

— Masz rację, ambasadorze. Jednakże warunkiem mojej zgody jest coś, czego pragnę bardziej niż bezpieczeństwa naszych ziem. Twój król prosi o ogromną wyrozumiałość. — D'Amboise nie rzekł nic, więc Aleksander mówił dalej: — Wiedz, że mój syn Cezar Borgia złożył kapelusz kardynalski. Trzeba, żeby się wkrótce ożenił. Córka króla Fryderyka Neapolitańskiego, księżniczka Rosetta, wydaje się odpowiednią partią, a przy tym, o ile się nie mylę, jest pod bezpośrednim wpływem twojego króla. Czy możemy liczyć na jego poparcie?

— Wasza Świątobliwość, zrobię wszystko co w mojej mocy, żeby król zrozumiał Wasze intencje i wywarł wpływ na Fryderyka. Zanim spotkamy się znów, proszę gorąco o rozważenie prośby króla, który czeka niecierpliwie.

Papież spojrzał szelmowskim wzrokiem na ambasadora.

— Jedź, d'Amboise, przekaż Ludwikowi moją propozycję. Jeśli jest szansa na oba mariaże, Francja i papiestwo będą miały okazję do wyprawienia uroczystości.

Cezar już kilkakrotnie wysyłał listy do Lukrecji, przebywającej w pałacu Santa Maria in Portico. Prosił ją o spotkanie, lecz za każdym razem odpowiadała, że ma inne ważne obowiązki, obiecywała jednak, że przybędzie, kiedy tylko znajdzie wolną chwilę. Poczuł się zlekceważony, a po pewnym czasie wpadł w złość.

Siostra była nie tylko jego kochanką, lecz również najbliższą przyjaciółką. W ostatnim czasie w jego życiu nastąpiło wiele zmian; miał nowe plany, którymi chciał się z nią podzielić. Mimo to od wielu miesięcy każdą chwilę dnia i nocy spędzała z nowym mężem, księciem Alfonsem — wydając przyjęcia, goszcząc poetów i artystów, jeżdżąc na wycieczki po kraju. Jej pałac stał się Mekką artystów, szeroko znanym przybytkiem sztuki.

Cezar powstrzymywał się od wyobrażania sobie młodej pary w łóżku, ponieważ słyszał plotki o nocy poślubnej Lukrecji, po której — wbrew przykrym doświadczeniom z Giovannim Sforzą — była szczęśliwa i radosna.

Teraz, kiedy przestał być kardynałem, miał niewiele do roboty. Spędzał czas na studiowaniu strategii wojennej, zastanawiał się też nad takim ożenkiem, który pomógłby ojcu w rozszerzeniu papieskiego państwa. Chciał porozmawiać na ten temat z siostrą, żeby wysłuchać rady nie tylko ojca i jego doradców, lecz również zasięgnąć jej opinii — wszak znała go najlepiej!

Uwolniony od szaty kardynalskiej często bywał w mieście, pijąc i zabawiając się z kurtyzanami. Nie zachował należytej ostrożności i dorobił się francuskiej choroby. Drogo zapłacił za brak rozwagi, gdyż jego własny lekarz wypróbował na nim nowy lek. Przez szereg tygodni nasączał rozmaitymi ziołami krosty pokrywające ciało Cezara, zdrapując je następnie gorącym pumeksem. Nacinał je, zdzierał i nasączał miksturami, aż w końcu rany się zagoiły, pozostawiając na skórze małe okrągłe blizny, które dało się ukryć pod odzieniem. Cezar się nacierpiał, a lekarz zyskał skuteczny sposób wyleczenia ze wstydliwej przypadłości.

Kiedy Cezar wyzdrowiał, znów posłał po Lukrecję. Przez dwa dni nie odpowiadała. Szalejąc z wściekłości w swoich komnatach, już postanowił udać się do jej pałacu i osobiście namówić, żeby się z nim spotkała, gdy wtem usłyszał pukanie do drzwi prowadzących do tajemnego przejścia. Zaalarmowany, usiadł na brzegu łoża, nasłuchując.

W tym momencie na progu stanęła Lukrecja, promieniejąca, piękniejsza niż kiedykolwiek przedtem i podbiegła do Cezara. Wstał, żeby ją powitać, otoczył ramionami z całą powstrzymywaną przez długi czas namiętnością i zaczął całować, lecz Lukrecja uwolniła się z objęć po pierwszym pocałunku. Był słodki, ale całkowicie pozbawiony zmysłowości.

— Tylko tyle mi przynosisz? — spytał Cezar. — Uwodzisz teraz innego?

Nim zdążyła odpowiedzieć, odwrócił się do niej plecami, nie reagując na prośby Lukrecji i jej błagalny ton.

— Cezarze, mój najdroższy bracie, mój ukochany, proszę, nie gniewaj się na mnie. Wszystko się zmieniło. Teraz, kiedy już nie jesteś kardynałem, znajdziesz miłość tak pełną jak moja.

Cezar odwrócił się wreszcie. Na piersi czuł ciężar, jakby leżał na niej kamień. Ciemne oczy rzucały gniewne błyski.

— Tyle tylko do mnie czujesz po tych wszystkich latach, kiedy byliśmy kochankami? Wystarczyło ci parę miesięcy, żeby oddać serce innemu. Czym tak cię zafascynował?

Podeszła do niego ze łzami w oczach.

— On mnie ujmuje swoją szlachetnością, inteligencją i uwielbieniem. To miłość, która wypełnia moje serce i moje życie — miłość, z którą nie muszę się kryć. Nie zakazana, lecz błogosławiona: miłość, która nigdy nie była nam dana.

Cezar roześmiał się szyderczo.

— Czyżby twoje przyrzeczenie, to, że nigdy nie będziesz kochała kogokolwiek bardziej niż mnie, stało się nieważne już po tak krótkim czasie? Czy oddałaś się całkowicie innemu tylko dlatego, że otrzymałaś błogosławieństwo? Czy ktoś potrafi całować cię tak jak ja? Czy twoje ciało rozpala się takim samym płomieniem?

Odparła drżącym głosem.

— Nigdy nie będzie kogoś takiego jak ty, gdyż byłeś moją pierwszą miłością. Z tobą dzieliłam pierwsze tajemnice ciała, tajniki serca i najbardziej intymne myśli. — Podeszła do niego, ujęła jego twarz w dłonie i spojrzała mu w oczy. Nie cofnął się, a wtedy ona zaczęła mówić dalej cicho, lecz dobitnie. — Niestety, mój drogi, jesteś moim bratem. Nasza miłość była zawsze napiętnowana grzechem, gdyż choć Ojciec Święty by ją usankcjonował, jest jeszcze ojciec w niebiosach. Nie trzeba być kardynałem ani papieżem, żeby wiedzieć, co jest grzechem.

Kiedy zaczął krzyczeć, zakryła twarz rękami.

— Grzech? Nasza miłość była grzeszna? Nigdy się z tym nie zgodzę. To była jedyna prawdziwa wartość w moim życiu! Zabraniam ci ją pomniejszać. Żyłem dla ciebie, oddychałem dla ciebie. Wytrzymywałem to, że ojciec kochał Juana bardziej niż mnie, to, że kochał ciebie bardziej niż mnie, tylko dlatego, iż wiedziałem, że kochasz mnie ponad wszystko na świecie. Jak mogę się odnaleźć teraz, kiedy twoja miłość do innego jest silniejsza niż miłość do mnie?

Lukrecja usiadła na łóżku, kręcąc przecząco głową.

— Nie kocham innego bardziej niż ciebie. Kocham Alfonsa w inny sposób. Jest moim mężem. Twoje życie dopiero się zaczyna. Ojciec mianuje cię kapitanem generalnym. Będziesz toczył wielkie bitwy, o czym zawsze marzyłeś. Ożenisz się i będziesz miał dzieci z prawowitego łoża. Będziesz panem we własnym domu. Cezarze, mój bracie, wreszcie jesteś wolny. Masz przed sobą całe życie. Nie pozwól, żebym stała się przyczyną twojego nieszczęścia, ponieważ jesteś mi droższy niż sam Ojciec Święty.

Schylił się, żeby ją pocałować. Pocałunek był delikatny, braterski. Równocześnie poczuł wewnętrzny chłód. Jak ma żyć bez niej? Aż do ostatniej nocy, ilekroć myślał o miłości — miał przed oczami Lukrecję; kiedy rozmyślał o Bogu — przychodziła mu na myśl Lukrecja. Zaczął się obawiać, że odtąd, gdy będzie chciał pomyśleć o wojnie — również będzie myślał o Lukrecji.

18

W ciągu następnych tygodni Cezar, ubrany na czarno, przemierzał w posępnym nastroju korytarze Watykanu, czekając niecierpliwie na moment, kiedy w jego życiu otworzy się nowy rozdział. Lada dzień spodziewał się zaproszenia od króla Francji, Ludwika XII. Był niespokojny, pragnął jak najprędzej znaleźć się z dala od Rzymu, żeby uciec od wspomnień o Lukrecji i od swojej kardynalskiej przeszłości.

Nocami znów nawiedzały go koszmary. Bał się zasnąć z obawy, że zbudzi się z krzykiem, zlany zimnym potem. Mimo usiłowań nie potrafił wypędzić z serca i umysłu myśli o siostrze; był nią opętany. Za każdym razem gdy zamykał oczy, próbując odpocząć, wyobrażał sobie, że się z nią kocha.

Tego ranka, gdy papież z zadowoleniem poinformował go, że Lukrecja znów jest w ciąży, wsiadł na konia i spędził cały dzień, jeżdżąc po okolicach Rzymu, na wpół oszalały z gniewu i zazdrości.

W nocy przyśnił mu się gorejący, żółty płomień, a obok niego słodka twarzyczka siostry. Uznał to za znak — symbol ich miłości. Płomień ogrzał go, potem spalił, ale nadal świecił jasnym światłem. Tej samej nocy Cezar postanowił, że ów symbol będzie jego osobistym godłem, które będzie umieszczał obok pieczęci Borgiów. Odtąd symbol jego miłości będzie mu towarzyszył w czasach wojny i pokoju, płomień miłości będzie podsycał ambicję.

Kardynał Giuliano della Rovere był od lat najzagorzalszym wrogiem papieża Aleksandra. Po nieudanej, poniżającej próbie zdetronizowania papieża znalazł się w podobnej sytuacji jak pechowy Karol VIII. Będąc banitą we Francji, doszedł do wniosku, że jego kłótliwy charakter przyniósł mu wyłącznie niedolę. Człowiek taki jak on czułby się znacznie lepiej w tłumie zalegającym korytarze Watykanu, gdzie mógłby snuć misterne projekty własnej przyszłości i oceniać swoje szanse w bezpośredniej styczności z przyjaciółmi i wrogami. Wyraz czyjejś twarzy lub załamanie głosu mówiły nieraz więcej niż wszelkie pisemne uzgodnienia.

Kiedy doszedł do wniosku, że jego stosunek do papieża działa na jego niekorzyść, zapragnął jak najszybciej naprawić zerwane więzi. Sposobność zdarzyła się wkrótce. Po śmierci Juana della Rovere posłał Aleksandrowi list kondolencyjny. Smutek papieża po stracie syna oraz powzięte postanowienie, że dokona reformy Kościoła i poprawy samego siebie, spowodowały, iż list kardynała doznał łaskawego przyjęcia. Papież podziękował serdecznie kardynałowi, a co więcej, zaproponował, żeby działał jako delegat papieski we Francji. Papież, choć pogrążony w żałobie, zdawał sobie sprawę z pozycji della Rovere na dworze króla Francji, przewidując, że kiedyś powoła go do swojej świty.

W końcu przyszło oczekiwane przez Cezara zaproszenie do złożenia wizyty królowi Ludwikowi XII w Chinon. Miał do załatwienia dwie ważne sprawy. Po pierwsze — zawieźć królowi dyspensę papieską, po drugie — nakłonić księżniczkę Rosettę, żeby została jego żoną.

Przed wyjazdem Aleksander wezwał go do siebie. Uściskał syna, po czym wręczył mu pergamin opatrzony papieską pieczęcią, odciśniętą na czerwonym wosku.

— To jest dyspensa dla króla, unieważniająca jego małżeństwo i zezwalająca mu pojąć za żonę królową Annę Bretońską. Ten akt ma doniosłe znaczenie, bo rzecz sprowadza się nie tylko do tego, że mężczyzna chce mieć piękniejszą żonę, lecz ma delikatny aspekt polityczny. Jeśli król nie mógłby ożenić się z Anną, ta wycofałaby Bretanię spod wpływów Francji, co stanowiłoby poważny cios dla jego imperialnych planów.

— Czy nie może po prostu rozwieść się z Joanną albo przedstawić dowodów pozwalających na unieważnienie małżeństwa?

Aleksander uśmiechnął się.

— Joanna Francuska jest wprawdzie niskiego wzrostu i ułomna, lecz ma charakter i jest inteligentna. Przedstawiła świadków, którzy przysięgli, że słyszeli, jak Ludwik publicznie oświadczył, iż podczas nocy poślubnej posiadł ją trzykrotnie. W dodatku twierdzi, że nie miała jeszcze czternastu lat, czyli nie była pełnoletnia, a nie ma nikogo, kto mógłby zaświadczyć, kiedy się urodziła.

— Jak chcesz rozwiązać ten problem? — spytał zaciekawiony Cezar.

— Ach — westchnął Aleksander — bycie nieomylnym papieżem to prawdziwe błogosławieństwo. Dam jej tyle lat, żeby wszystko było w porządku, i uznam inne dowody za fałszywe.

— Czy nie zawieźć do Francji jeszcze czegoś — żeby mnie lepiej przyjęli? — spytał Cezar.

Aleksander spoważniał.

— Czerwony kapelusz kardynalski dla naszego przyjaciela, Georges'a d'Amboise'a.

— Możliwe, że d'Amboise chciałby być kardynałem, ale jest doskonałym ambasadorem — zaoponował Cezar.

— Pragnie tego — odparł papież — ale tylko jego kochanka wie, z jakich powodów.

Na pożegnanie Aleksander uściskał serdecznie Cezara.

— Będzie mi cię brakowało, synu. Zadbałem o to, żebyś został dobrze przyjęty. Kardynał della Rovere, delegat papieski we Francji, powita cię na miejscu i będzie chronił przed wszelkimi niebezpieczeństwami. Dałem mu szczegółowe polecenia. Ma cię troskliwie pilnować i traktować jak syna.

Tak więc w październiku, kiedy Cezar w otoczeniu licznej świty przypłynął okrętem do Marsylii, kardynał della Rovere i członkowie jego świty czekali na niego w porcie. Cezar miał na sobie szatę z czarnego atłasu i przetykanego złotem brokatu; każda część jego odzieży ozdobiona była misternie szlifowanymi klejnotami. Na głowie miał kapelusz z białymi piórami, szamerowany złotem. Jego konie miały srebrne podkowy. Aby go tak bogato wyekwipować, trzeba było mocno nadszarpnąć skarbiec papieski.

Kardynał della Rovere chwycił go w ramiona.

— Synu, przybyłem, żeby cię powitać i uhonorować. Jestem do twojej dyspozycji. Jeśli czegokolwiek zapragniesz, bądź pewien, że zadbam, byś został usatysfakcjonowany.

Kardynałowi udało się przekonać radę miejską Awinionu do zaciągnięcia pożyczki na koszty odpowiedniego powitania przybywającego dygnitarza.

Następnego dnia, na przyjęciu w zamku, Cezar wystąpił jeszcze bardziej okazale. Na czarnej atłasowej koszuli miał biały kubrak, wyszywany perłami i rubinami. Jechał na jabłkowitym ogierze; siodło, uzda i pasy strzemion nabite były złotymi ćwiekami. Poprzedzało go dwudziestu odzianych w szkarłatne stroje trębaczy, jadących na białych koniach. Za Cezarem postępował oddział kawalerii w papieskich barwach: złota i szkarłatu. Za kawalerią szło trzydziestu lokajów, a jeszcze dalej zastęp adiutantów, giermków i innych służących — wszyscy w olśniewających ubiorach. Na końcu parady szli muzykanci, żonglerzy, niedźwiedzie, małpy i siedemdziesiąt mułów, dźwigających garderobę Cezara oraz dary dla króla i dworu. Prezentacja bogactwa była tak nachalna, że raziła widzów.

Brandao przestrzegł Cezara przed zbyt rzucającą się w oczy wystawnością, której Francuzi nie lubią, lecz Cezar go nie posłuchał, uznając, że sam wie lepiej.

Della Rovere i zastępca ambasadora przeprowadzili Cezara przez miasto udekorowane na jego przyjazd wielkim kosztem draperiami i łukami triumfalnymi. Na polecenie kardynała traktowano syna papieża jak księcia królewskiej krwi. Obsypano go prezentami w postaci srebrnych talerzy i pucharów, po czym zabrano do ratusza na uroczyste przyjęcie.

Della Rovere zaprosił najpiękniejsze miejscowe dziewczęta i damy, gdyż wiadomo było, że Cezar uwielbia towarzystwo kobiet. Kilka następnych dni upłynęło na wystawnych bankietach i przedstawieniach teatralnych; nocami pito doskonałe wina i zabawiano świtę Cezara widowiskami i występami tanecznymi.

W ciągu kolejnych dwóch miesięcy w każdym następnym, dużym czy małym mieście witano dostojnego gościa podobnie. Nie było kiermaszu, w którym Cezar nie wziąłby udziału, wyścigu konnego, którego by nie obstawił, gry w karty, którą by opuścił.

Jesień we Francji była tego roku zimna; wiały dokuczliwe wiatry, zdarzały się burze gradowe, mimo to we wszystkich miastach wizyty Cezara ściągały powszechną uwagę, a na jego przybycie waliły tłumy. Skromność nie była jego najmocniejszą stroną, więc traktował to zainteresowanie sobą jako dowód uwielbienia, nie jako przejaw ciekawości ludzi, którzy chcieli na własne oczy zobaczyć syna papieża. Poczuł w sobie nowe siły, stał się arogancki i zbyt pewny siebie i zraził do siebie tych Francuzów, którzy mieli szczery zamiar mu pomóc.

Zanim Cezar dotarł do dworu w Chinon, król był już bardzo rozgniewany. Czekał niecierpliwie na wieść o anulowaniu swojego małżeństwa, a tymczasem nic nie wskazywało na to, że papież przychylił się do jego prośby.

Cezarowi towarzyszyła cała kawalkada — długa kolumna obładowanych mułów, obleczonych bogatymi czaprakami. Każde zwierzę było okryte drogim suknem w kolorach żółtym i czerwonym, ozdobionym wyhaftowaną bullą papieską i nowym godłem Cezara — żółtym płomieniem. Jego ambasador był obficie obwieszony klejnotami, a kilka mułów dźwigało ogromne kufry, które wzbudzały ciekawość mieszczan. Niektórzy domniemywali, iż zawierają klejnoty dla przyszłej żony Cezara, inni że relikwiarze ze szczątkami świętych, służące udzielaniu uroczystego błogosławieństwa. Jednak na nikim z arystokracji Cezar nie wywarł wrażenia. W Italii taki wystawny pokaz zostałby odebrany jako symbol bogactwa i statusu; we Francji wzbudzał pogardę.

Sam król, a za jego przykładem cały dwór, był oszczędny. Wkrótce na ulicach zaczęto się śmiać. Cezar był pełen nowo nabytego poczucia ważności. Niewspierany mądrością ojca ani dobrym smakiem Lukrecji, nie uświadamiał sobie przyczyny takiej reakcji.

Na widok Cezara król Ludwik szepnął do ucha swojemu doradcy:

— To przechodzi ludzkie pojęcie. — Mimo to przywitał wylewnie papieskiego syna, wstrzymując się od zapytania, czy przywozi mu długo oczekiwaną dyspensę od Aleksandra.

Cezar w towarzystwie d'Amboise'a szedł wzdłuż rzędu przedstawianych mu ważnych osobistości dworu, nie przywiązując wagi do rozbawienia widocznego na ich twarzach. Mogli się z niego śmiać do woli, lecz ich król musiał traktować go należycie. Miał w rękach papier o fundamentalnym znaczeniu dla władcy Francji.

Młodzi arystokraci, którzy zabawiali się przedrzeźnianiem Cezara, otrzymali od króla ostrą reprymendę. Doszli do wniosku, że ten Borgia musi być kimś, na kim królowi zależy.

Po ceremonii przedstawienia dworu Ludwik zabrał Cezara

i ambasadora do swoich prywatnych komnat. Ściany pokryte były dębowymi kasetonami, wykładanymi żółtym jedwabiem. Za wysokimi, francuskimi oknami ciągnął się piękny ogród, z którego dobiegał wdzięczny szczebiot różnokolorowego ptactwa, igrającego wśród licznych fontann.

Król Ludwik zaczął od zapewnień o przyjaźni.

— Chyba rozumiesz, drogi przyjacielu, że wprowadzenie żołnierzy francuskich do Italii nie umniejszy praw papieża ani nie zagrozi lennom papieskim. Co więcej, możesz być pewny, że gdyby zaistniały jakieś trudności w pozbawieniu urzędu któregoś z miejscowych dygnitarzy lub namiestników w Romanii, u twego boku stanie potrzebna ci liczba dobrze wyszkolonych oddziałów francuskich.

— Dziękuję Waszej Wysokości — odparł Cezar. Był mile połechtany wielkodusznością króla, więc bez dalszych ceregieli wręczył mu dyspensę papieską.

Król nie posiadał się z zadowolenia. Z kolei Cezar podał opatrzony woskową pieczęcią pergamin ambasadorowi. D'Amboise zaczął go czytać. Kiedy dowiedział się, że został kardynałem i księciem Świętej Matki Kościoła, jego twarz przybrała wyraz radosnego niedowierzania.

Ludwik był w wylewnym nastroju. Oświadczył, że w rewanżu za wielkoduszność papieża mianuje Cezara księciem Valentinois. Tytuł przynosił mu własność kilku najpiękniejszych zamków i najbardziej dochodowych posiadłości ziemskich we Francji. Cezar odetchnął z ulgą, ponieważ wykosztował się na swoją świtę, a musiał wynająć wojsko na kampanię w Romanii. Dar króla gwarantował, że nigdy więcej nie będzie musiał martwić się o pieniądze.

Trzej mężczyźni wznieśli toasty, po czym Cezar spytał:

— Jakie są perspektywy mojego małżeństwa?

Na twarzy króla pojawiło się zakłopotanie.

— Jest pewien problem z księżniczką Rosettą. Chociaż przebywa we Francji jako dama dworu mojej ukochanej królowej Anny, nie jest moją poddaną, lecz jako córka króla Neapolu — z linii hiszpańskiej — poddaną domu Aragońskiego. Jest bardzo samodzielna. Nie mogę jej rozkazać, żeby za ciebie wyszła.

Cezar zmarszczył czoło. Myślał przez chwilę, po czym zapytał:
— Czy Wasza Wysokość pozwoli, że z nią porozmawiam?
— Naturalnie — odparł król. — D'Amboise zaaranżuje spotkanie.

Tego samego dnia późnym popołudniem Cezar i księżniczka Rosetta zasiedli na kamiennej ławeczce w ogrodzie pełnym zapachu drzew pomarańczowych.

Rosetta nie była szczególnie piękną dziewczyną. Była wysoka, nosiła się z godnością, a ciemne włosy, odrzucone w tył, nadawały jej poważny wygląd. Była jednak miła i bezpośrednia. Przyjęła propozycję spotkania z Cezarem bez oporów.

Miała łagodny uśmiech, ale mówiła bardzo stanowczo.

— Nie zamierzam w najmniejszym stopniu urazić księcia, gdyż do tej pory nigdy się nie spotkaliśmy. Całe nieszczęście w tym, że jestem głęboko zakochana w pewnym szlachcicu z Bretanii. Nie potrafiłabym obdarzyć uczuciem kogokolwiek innego.

Cezar próbował perswazji.

— Bywa tak, że nawet głęboka miłość nie gwarantuje harmonii we wspólnocie małżeńskiej.

Rosetta patrzyła na niego bez zmrużenia oka.

— Będę zupełnie szczera, bo wierzę, że jesteś, książę, wart mojego zaufania. Jesteś synem papieża, a zarówno intencje papieża, jak i jego armia są dla mojego ojca bardzo ważne. Zdaję sobie sprawę, iż są tak dalece ważne, że gdybyś nalegał, mój ojciec zmusiłby mnie do zostania twoją żoną. Błagam cię — nie rób tego! Nigdy cię nie pokocham, bo moje serce nie należy już do mnie. — Łzy napłynęły jej do oczu.

Cezar podziwiał dziewczynę za szczerość i charakter. Podał jej swoją chusteczkę.

— Nie miałem zamiaru zmusić cię do małżeństwa. Jeśli mój osobisty urok nie działa na ciebie, nie poproszę cię o rękę. — Uśmiechnął się do niej. — Jesteś prawdziwym przyjacielem... i gdybym kiedykolwiek musiał stanąć przed sądem, poprosiłbym cię, żebyś broniła mojej sprawy.

Rosetta, odprężona, roześmiała się. W dobrej komitywie spędzili resztę popołudnia.

Wieczorem Cezar opowiedział królowi o wyniku rozmowy. Ludwik nie był zdziwiony odpowiedzią Rosetty, natomiast mile ujęła go reakcja Cezara.

— Jestem ci wdzięczny za twoją wyrozumiałość i dobre serce — powiedział król.

— Czy jest tu jakaś księżniczka, która nie byłaby zakochana? — spytał na wpół żartobliwie Cezar.

Król poczuł się zafrasowany z powodu niemożności dotrzymania obietnicy danej papieżowi.

— Podjąłem decyzję nadania ci tytułu księcia Dinois. Dodaję do tego dwie koronne posiadłości — niezależnie od tych, które już otrzymałeś.

Cezar pochylił głowę w podziękowaniu, a potem z figlarnym błyskiem w oku zapytał:

— Jestem, oczywiście, wdzięczny, ale czy to mi zastąpi żonę?

Widać było, że Ludwik jest strapiony.

— Jeśli chcesz, zaczniemy natychmiast energiczne poszukiwania odpowiedniej księżniczki we wszystkich francuskich domach królewskich.

Cezar wstał, gotując się do wyjścia.

— Przedłużę mój pobyt — powiedział. — Będę zwiedzał kraj tak długo, aż zostanie znaleziona.

W Rzymie papież nie mógł się na niczym skupić. Myślał wyłącznie o ożenku syna. Wezwał kardynała Ascania Sforzę, nakazując mu, żeby wrócił do Neapolu i jeszcze raz spróbował pertraktować z królem.

Po paru tygodniach kardynał wrócił z pustymi rękami, gdyż Rosetta trwała przy swoim stanowisku, a nie udało mu się znaleźć innej kandydatki. Będąc w Neapolu, Sforza odkrył jeszcze jeden powód do troski. Na południu krążyły wieści, że Ludwik XII planował następną inwazję, powołując się na swoje dziedziczne prawa do Mediolanu i Neapolu.

— Czy to prawda? — zapytał Aleksandra Ascanio Sforza. — Co Wasza Świątobliwość ma zamiar z tym zrobić?

Papież znalazł się w kłopotliwej sytuacji. Nie mógł ani kłamać, ani powiedzieć prawdy.

— Podjąłbym działania, gdyby dwór francuski nie trzymał mojego syna Cezara jako zakładnika — odparł.

— Świetnie ubranego, luksusowo goszczonego, dobrowolnego zakładnika, który dla własnych przyjemności wiezie z sobą wypełnione skarbami kufry Świętej Matki Kościoła. Po to, żeby złapać żonę, a w konsekwencji zawrzeć sojusz, który jest niebezpieczny dla Rzymu. — Kardynał nie mógł sobie odmówić tej uwagi.

Papież nie krył wściekłości. Ryknął:

— Drogi kardynale, zwracam ci uwagę, że to twój brat Il Moro poprosił Francuzów o dokonanie poprzedniej inwazji. To Rzym został zdradzony, gdyż żaden z członków domu Aragońskiego nie proponuje przymierza opartego na małżeństwie. Nie mam alternatywy.

— A więc to prawda, że Wasza Świątobliwość sprzymierzyła się z Francją przeciw Aragonii? — zapytał z pewną dozą satysfakcji Ascanio.

Aleksander musiał stoczyć wewnętrzną walkę, żeby się opanować. Wstał, wskazując ręką na drzwi.

— Wyjdź stąd natychmiast, to co mówisz, jest bliskie herezji. Módl się, żeby Bóg przebaczył ci oszczerstwo, inaczej udzielę ci ostatniego namaszczenia i jeszcze dziś w nocy każę wrzucić do Tybru.

Kardynał Ascanio Sforza opuścił salon, ale grzmiący, oskarżycielski głos papieża nadal dźwięczał mu w uszach. Zbiegał po schodach tak szybko, że się zasapał. Raz się potknął, ale podniósł się błyskawicznie, postanawiając jak najprędzej wyjechać do Neapolu.

W ciągu następnych miesięcy papież nie zajmował się w ogóle sprawami papiestwa. Nie mógł skupić się na niczym, z wyjątkiem rozważań o nowym przymierzu. Nie przyjął wizyt ambasadorów z Wenecji, Florencji, Mediolanu i Neapolu. Nie chciał widzieć nikogo, kto nie przywoził z sobą oferty małżeńskiej dla Cezara.

Po kilku miesiącach król Ludwik zaprosił Cezara do swoich komnat i oznajmił z zadowoleniem:

— Mam bardzo dobrą wiadomość. Znalazłem świetną kandydatkę na twoją żonę. To siostra króla Nawarry, Karolina d'Albret. Jest piękna i inteligentna.

Cezar nie posiadał się z zadowolenia. Natychmiast wysłał wiadomość do ojca, prosząc o pozwolenie na ślub i zgodę na przedłużenie pobytu we Francji.

Aleksander skończył odprawiać uroczystą mszę świętą w Bazylice Świętego Piotra. Był głęboko zmartwiony. Nadeszła wieść od syna. Klęcząc przed ołtarzem, pod spojrzeniem świętej Madonny, oddał się rozmyślaniom...

W ciągu trzydziestu pięciu lat na stanowisku zastępcy sekretarza stanu paru papieży, sześciu lat własnego panowania i w ogóle nigdy przedtem nie stanął wobec tak poważnego dylematu. Alians z Hiszpanią zawsze dawał mu podwójne poczucie bezpieczeństwa: jako boskiemu namiestnikowi i jako władcy chrześcijańskiego świata. Udało mu się utrzymywać w równowadze obie potęgi: Hiszpanię i Francję, zachowując przy tym ich poparcie dla papiestwa.

Po śmierci Juana wdowa po nim Maria Enriquez przekonała królową Izabelę, a więc i króla Ferdynanda, że to Cezar Borgia zabił brata. W rezultacie nie było takiego domu w Aragonii — a także w Hiszpanii, Neapolu czy Mediolanie — który zgodziłby się na poślubienie córki przez syna papieża.

Aleksander szukał we wszystkich miastach, rozmawiał ze wszystkimi ambasadorami, proponował znaczne beneficja, mimo to nie mógł znaleźć odpowiedniej partii dla Cezara. Musiał go ożenić — dla zachowania rodu Borgiów.

Potrzebne mu było oparcie dla papiestwa, a prócz tego pomoc armii Neapolu i Hiszpanii była nieodzowna dla zjednoczenia ziem i zdławienia powstań wzniecanych przez wojownicze książątka. Nawet małżeństwo jego córki Lukrecji z Alfonsem Neapolitańskim z domu Aragońskiego zostało zawarte również i po to, aby Cezar poślubił księżniczkę Rosettę.

Tymczasem Rosetta odmówiła, a synowi, którego posłał po to, żeby się ożenił się z hiszpańską księżniczką, zaproponowano małżeństwo z księżniczką francuską. Przyszło mu do głowy, że papiestwo zaczyna mu się wymykać z rąk.

Złożył ręce, pochylił głowę przed wielkim, marmurowym posągiem Madonny i zaczął ją prosić o radę.

— Matko Święta, wiesz, że mój syn Cezar pyta mnie, czy może pojąć za żonę córę Francji. Jego Wysokość Ludwik Dwunasty proponuje mi swoją pomoc w odzyskaniu ziem należących do Twojego Kościoła. Przyśle swoje wojsko, które wesprze Cezara w wojnie.

Aleksander bił się z myślami, ważąc rozmaite argumenty. Gdyby się zgodził na małżeństwo Cezara z Karoliną, to czy nie oznaczałoby to zerwania więzów nie tylko z Hiszpanią i Neapolem, lecz również z jego ukochaną córką? Alfons był księciem Neapolu, więc sojusz z Francją niewątpliwie zniszczyłby małżeństwo Lukrecji. A jaki będzie los rodu Borgiów, jeśli odmówi Ludwikowi? Król z pewnością dokona inwazji — ze zgodą Aleksandra lub bez — po czym osadzi na tronie papieskim kardynała della Rovere.

Aleksander był pewien, że jeśli Francuzi pomaszerują przez Mediolan, to Ludovico ucieknie, nie podejmując walki. Co gorsza, jeśli Neapol będzie musiał chwycić za oręż, co wówczas stanie się z Jofre i Sancią, jego żoną? Zastanawiał się, czy jest choćby jeden powód, dla którego powinien postawić na Hiszpanię zamiast na Francję, i tym samym nie pozwolić Cezarowi na poślubienie Francuzki. Godzinami klęczał, modlił się, spacerował — wszystko na próżno. Gdyby świetnie wyszkolone oddziały francuskie pomogły Cezarowi zająć terytoria będące obecnie pod kontrolą miejscowych baronów i kacyków, jego syn mógłby zostać koronowany na władcę Romanii. Ród Borgiów przetrwałby, a papiestwo byłoby bezpieczne.

Przez całą noc rozmyślał, wpatrując się w migoczące płomienie świec i prosząc Boga o natchnienie. Kiedy rankiem wychodził z kaplicy, wiedział już, jak postąpi, choć nie był do końca zadowolony z podjętej decyzji.

Duarte Brandao, świadom rozterki Aleksandra, czekał na niego w jego komnatach.

— Duarte, mój przyjacielu — powiedział papież. — Rozważyłem sprawę tak starannie, jak tylko potrafiłem, i doszedłem do konkluzji. Przynieś mi arkusz pergaminu. Napiszę odpowiedź, żeby móc w końcu przyłożyć głowę do poduszki i odpocząć.

Duarte przyglądał się siedzącemu za biurkiem papieżowi. Po raz pierwszy wydał mu się postarzały i zmęczony. Przyniósł mu pióro.

Odpowiedź dla Cezara była krótka. Jej treść brzmiała: „Najdroższy synu. Partia doskonała. Żeń się".

Dzień ślubu Cezara Borgii z Karoliną d'Albret, który odbył się we Francji, święte miasto Rzym uczciło hucznymi uroczystościami. Papież zarządził gigantyczny pokaz ogni sztucznych. Niebo rozjaśnione było pióropuszami kolorowych świateł, na ulicach paliły się ogromne ogniska.

W pałacu Santa Maria in Portico Lukrecja z księciem Alfonsem patrzyli z lękiem, jak przed ich domem płonie jedno z największych ognisk. Lukrecja cieszyła się ze ślubu brata, do którego była głęboko przywiązana, lecz równocześnie troskała się o swojego ukochanego męża, na którego nowy sojusz polityczny mógł sprowadzić nieszczęście.

Kiedy się dowiedzieli, że Ascanio Sforza wraz z kilkoma innymi kardynałami, powiązanymi z Neapolem, uciekł z miasta, Alfons zaczął się poważnie obawiać o swoją przyszłość.

Objął ramionami Lukrecję, patrząc na płonące ogniska.

— Jeśli dojdzie do inwazji francuskiej — powiedział cicho — moja rodzina znajdzie się w niebezpieczeństwie. Pojadę do Neapolu, żeby dowodzić wojskiem. Muszę pomóc ojcu i wujowi.

Lukrecja przytuliła się do męża.

— Ojciec Święty zapewnił mnie, że nie dopuści do tego, by waśnie polityczne zakłóciły nasz związek. Nic nam nie grozi.

Osiemnastoletni Alfons popatrzył na nią smutno. Odgarnął włosy, które opadły jej na oczy.

— Moja słodka Lukrecjo, i ty w to wierzysz?

Tej nocy kochali się, a potem leżeli długo obok siebie, zanim Lukrecja zasnęła. Kiedy Alfons usłyszał jej równomierny oddech, wyśliznął się z łóżka i nie budząc nikogo, udał się do stajni. Osiodłał konia i wyjechał z miasta na południe, do zamku Colonna, skąd rankiem zamierzał wyruszyć do Neapolu.

Jednak papież posłał za nim straż. Zostawił Alfonsowi wybór: zostanie w zamku albo dobrowolnie wróci do Rzymu, a jeśli odmówi, to zostanie przyprowadzony przez straż. Alfons wolał zostać na miejscu. Codziennie pisał do Lukrecji, zaklinając ją, żeby do niego przyjechała, ale listy do niej nie docierały, gdyż posłańcy watykańscy przekazywali je papieżowi.

Lukrecja nigdy jeszcze nie czuła się tak nieszczęśliwa. Tęskniła do Alfonsa, nie mogąc zrozumieć, dlaczego do niej nie pisze. Gdyby nie to, że była w szóstym miesiącu ciąży, pojechałaby za nim do Neapolu, ale w poważnym stanie nie miała odwagi wyprawić się w tak wyczerpującą podróż. Straciła już jedno dziecko, kiedy na początku roku spadła z konia. Co więcej, aby wydostać się na drogę, musiałaby przekraść się nocą przez straż ojca, która otaczała pałac.

Cezar nadal bawił we Francji. Zamieszkali z Karoliną w małym zamku w uroczej dolinie Loary.

Król się nie mylił. Karolina była piękna, inteligentna i miała łagodne usposobienie. Cezar czuł się przy niej odprężony. Ich miłosne noce przynosiły mu ukojenie, niemniej codziennie staczał z sobą walkę, gdyż w głębi duszy tęsknił do Lukrecji.

Obecność Karoliny w jego życiu na pewien czas stłumiła w nim żądzę sukcesów, podbojów i zwycięstw. Młoda para spędzała całe dnie na spacerach, pływaniu łódką po spokojnej rzece, wspólnym czytaniu książek. Cezar próbował uczyć Karolinę pływania i łowienia ryb, co sprawiało obojgu mnóstwo radości.

Któregoś wieczoru Karolina powiedziała:

— Kocham cię tak, jak jeszcze nikogo dotąd nie kochałam.

Mimo cynizmu Cezar czuł, że mówi prawdę. Jednak wyznanie Karoliny nie wywarło na nim takiego wrażenia, jakiego oczekiwał. Sam pragnął z całej mocy znów się zakochać, lecz nie potrafił. Kiedy nocami przytulali się do siebie i kochali przy blasku ognia na kominku, Cezar zastanawiał się, czy Lukrecja nie ma racji, twierdząc, że ciąży na nim klątwa. Czyżby ojciec rzeczywiście ofiarował go wężowi?

Wieczorem owego dnia, w którym Karolina wyznała mu, że jest w ciąży, przyszła pilna wiadomość od papieża. Jej treść była następująca: „Natychmiast wracaj do Rzymu zająć się swoimi obowiązkami. Książęta spiskują, a Sforza wezwał na pomoc Hiszpanów".

Cezar powiedział Karolinie, że musi wracać do Rzymu, by stanąć na czele armii papieskiej, aby odzyskać terytoria w Romanii i wprowadzić silne rządy. Jeśli nie zabezpieczy władzy Borgiów przynajmniej do czasu śmierci jego, Cezara, i papieża — ona i ich potomstwo znajdą się w niebezpieczeństwie. Na razie oboje, Karolina i przyszłe dziecko, muszą zostać we Francji.

W dniu wyjazdu Karolina była pozornie spokojna, lecz kiedy Cezar siedział już w siodle, przywarła do niego kurczowo, ze łzami w oczach. Zsiadł z konia i wziął ją w ramiona, czując, jak drży.

— Moja droga Karolinko — powiedział — przyślę po ciebie i dziecko, kiedy tylko będę mógł. Nie obawiaj się, żaden Włoch nie może mnie zabić. — Schylił się i pocałował ją delikatnie. Potem wsiadł na lśniącego, białego rumaka, skinął po raz ostatni ręką i ruszył ku bramie zamku.

19

Aleksander nie mógł znieść łez Lukrecji. Przy obcych trzymała się dzielnie, lecz kiedy zostawali sami, rozmawiali niewiele, i to na tematy obojętne. Papież zaprosił Giulię i Adrianę, które przywiozły z sobą pierworodne dziecko Lukrecji, ale nawet jego obecność nie była w stanie podnieść jej na duchu. Gdy wieczorami siadywali wszyscy razem, nie odzywali się do siebie. Papież czuł się przybity — brak mu było optymizmu Lukrecji i ich ożywionych dyskusji.

Po raz któryś z rzędu Lukrecja poczuła się bezsilna wobec losu. Choć nie miała pretensji do ojca, że zawarł przymierze z Francją, rozumiała, iż jej mąż musi pomóc własnej rodzinie. Przygnębiała ją nieubłagana oczywistość prawdy, że z powodu różnic politycznych ona i jej nienarodzone dziecko są zmuszeni obywać się bez Alfonsa. Sytuacja była paradoksalna. Lukrecja usiłowała bezskutecznie przeciwstawić uczucia rozumowi. Codziennie setki razy zadawała sobie pytanie, dlaczego jej ukochany mąż milczy.

Po kilku tygodniach, podczas których Aleksander był świadkiem rozpaczy córki, postanowił działać. Obmyślił plan, który, jego zdaniem, powinien przynieść rozwiązanie. Lukrecja była inteligentna i wielkoduszna — odziedziczyła po nim wiele jego zdolności przywódczych. Oboje mieli wdzięk osobisty, choć w ostatnim czasie Lukrecja była bardzo przybita zaistniałą sytuacją.

W swoich długofalowych planach Aleksander od dawna rozważał oddanie jej części ziem Romanii wtedy, kiedy Cezar je podbije. Uznał, że poznanie mechanizmów rządzenia przyda jej się w przyszłości, prócz tego oderwie ją od ciągłego rozmyślania o własnym nieszczęściu. Alfons, który w ocenie papieża zachowywał się nierozsądnie, uparcie odmawiał powrotu do Rzymu, wobec czego był przetrzymywany w zamku Colonna. Niewątpliwie tęsknił do żony, lecz nie mając od niej wiadomości od wielu miesięcy, myślał, że go porzuciła. Papież wysłał do króla Neapolu Cevilliona, kapitana hiszpańskiego, tego samego, który trzymał nad młodą parą miecz podczas uroczystości ślubnej, żeby poprosił króla o pomoc w przekonaniu Alfonsa.

Aleksander niecierpliwił się. Chociaż do własnego życia erotycznego odnosił się ze stoicyzmem, to jego cierpienia wydawały mu się bardziej wartościowe niż cierpienia tych dwojga młodych. Tylko Bóg wiedział, ilu kochanków czy ile kochanek każde z nich będzie miało w ciągu życia! Jeśli jednak oboje cierpieli równie silnie, to trzeba było pomóc przeznaczeniu.

Tak więc po dłuższym zastanawianiu się i dyskusjach z Duarte Aleksander postanowił, że wyśle Lukrecję, żeby zarządzała księstwem Nepi, piękną krainą, którą odebrał kardynałowi Ascaniowi Sforzy po jego ucieczce do Neapolu.

Aleksander zdawał sobie sprawę, że musi otoczyć Lukrecję szczególną opieką, gdyż była w zaawansowanej ciąży, i że podróż potrwa dłużej niż zwykle. Postanowił, że przydzieli jej liczną świtę, prócz tego da jej ozdobioną złotem lektykę na wypadek, gdyby jazda na koniu była dla niej zbyt uciążliwa. Uznał, że córce będzie towarzyszył Micheletto, który się upewni, czy w Nepi jest bezpiecznie, i będzie strzegł Lukrecji w pierwszych tygodniach, pełniąc przy tym funkcję doradcy w kwestiach zarządzania.

Papież wiedział, że w łonie Kościoła znajdą się ludzie, którzy będą oponowali przeciwko powierzaniu władzy kobiecie. Lukrecja była jednak urodzonym mężem stanu, nie było więc powodu, by marnowała zdolności tylko dlatego, że była kobietą. W jej żyłach płynęła krew Borgiów — jej talent musi zostać spożytkowany, zdecydował papież.

Dla swojego najmłodszego syna, Jofre, Aleksander miał znacznie mniej miłości ojcowskiej, a jego żony, Sancii, po prostu nie lubił. Zdawał sobie sprawę, że to nastawienie jest w dużym stopniu spowodowane niechęcią do jej wuja, króla Neapolu, którego córka, Rosetta, nie chciała poślubić Cezara, co było przejawem niewiarygodnej arogancji. Co za tupet! Aleksander nie był naiwny. Wiedział, że król mógłby nakazać swojej córce, żeby wyszła za Cezara, a jednak tego nie uczynił. Wyciągnął z tego wniosek, że to król odrzucił jego syna.

Sancia, księżniczka Neapolu, żona jego najmłodszego syna, była od najmłodszych lat upartą, samowolną dziewczyną, co więcej, nie dawała Jofre następcy. Na domiar złego okazała się rozpustna. Dla wszystkich byłoby znacznie lepiej, gdyby to Jofre został kardynałem, a z Sancią ożenił się Cezar, który bez wątpienia dałby sobie z nią radę.

Aleksander kazał wezwać Jofre. Siedemnastoletni syn wszedł do komnaty z uśmiechem na miłej twarzy, mocno kulejąc.

— Co ci się stało? — spytał oschle Aleksander, nie witając się z synem.

— To nic, ojcze — odparł Jofre ze spuszczoną głową. — Zostałem zraniony w udo podczas szermierki.

Aleksander starał się nad sobą panować, chociaż nieudolność zawsze go irytowała.

Jofre był blondynem — miał szczerą, otwartą twarz. Jego oczy nie błyszczały inteligencją, jak oczy Lukrecji, czy sprytem, jak u Juana; nie promieniały ambicją, tak charakterystyczną dla Cezara. Papieża niepokoiło to, że spojrzenie najmłodszego syna pozostawało nijakie i obojętne.

— Chcę, żebyś towarzyszył siostrze w drodze do Nepi — powiedział Aleksander. — Potrzebuje ochrony i towarzystwa kogoś, kogo lubi. Jest samotna, wkrótce urodzi dziecko, musi więc mieć koło siebie mężczyznę, na którego może liczyć.

Jofre uśmiechnął się i skinął głową.

— Zrobię to z przyjemnością, Wasza Świątobliwość — odparł. — Moja żona również. Uwielbia Lukrecję, a w dodatku lubi zmieniać otoczenie.

Aleksander patrzył na syna, próbując się domyślić, czy zmieni wyraz twarzy, kiedy otrzyma następny cios, choć gotów był się założyć, że nie.

— Nie powiedziałem, że twoja żona — czy jak tam ją nazywasz — będzie wam towarzyszyła. Mam wobec niej inne plany.

— Powiadomię ją — powiedział tępo Jofre — ale jestem pewien, że będzie niezadowolona.

Aleksander uśmiechnął się. Niczego od tego syna nie oczekiwał — i syn go w tym nie zawiódł.

Inaczej było z Sancią. Tego samego popołudnia, kiedy usłyszała wiadomość, zaczęła krzyczeć na Jofre:

— Czy zawsze będziesz bardziej synem swojego ojca niż moim mężem?!

Jofre przyglądał się jej, zaskoczony tym, co usłyszał.

— On jest nie tylko moim ojcem — bronił się. — Jest przede wszystkim Ojcem Świętym. Odmowa nie wchodzi w rachubę.

— Będzie jeszcze gorzej, jeśli zmusi mnie do zostania na miejscu — ostrzegła go Sancia, po czym się rozpłakała. — Nie chciałam wychodzić za ciebie za mąż, ale cię polubiłam — a ty zgadzasz się na to, żeby twój ojciec trzymał cię z dala ode mnie.

Jofre uśmiechnął się. Po raz pierwszy w jego uśmiechu pojawił się cień przekory.

— Był czas, kiedy wolałaś być z dala ode mnie... kiedy spędzałaś go z Juanem.

Sancia przestała płakać. Stała sztywno wyprostowana.

— Byłeś dzieckiem, a ja czułam się samotna. Juan mnie pocieszał... nic więcej.

Jofre nie wydawał się przekonany.

— Myślę, że go kochałaś. Na jego pogrzebie płakałaś bardziej niż inni.

— Nie bądź głupi, Jofre — odparła Sancia. — Płakałam, bo bałam się o siebie. Nigdy nie wierzyłam w to, że twój brat zginął z obcej ręki.

Jofre stał się czujny. W jego oczach pojawił się zimny błysk; wydał się wyższy, szerszy w ramionach.

— Chcesz powiedzieć, że wiesz, kto zabił mojego drogiego brata? — spytał.

W tym momencie Sancia zorientowała się, że w jej mężu nastąpiła jakaś zmiana. Stał przed nią ktoś zasadniczo różniący się od chłopca, którego znała. Podeszła do niego i zarzuciła mu ręce na szyję.

— Nie pozwól, żeby nas rozdzielił — błagała. — Powiedz mu, że muszę być przy tobie.

Jofre pogłaskał ją po głowie i pocałował w nos.

— Sama mu to powiedz — zaproponował, zdając sobie sprawę, że mimo upływu czasu ma do niej pretensje o Juana. — Przedstaw mu swoje racje, a potem zobaczymy, czy powiodło ci się lepiej niż innym, którzy próbowali dyskutować z Ojcem Świętym.

Po tej rozmowie Sancia udała się do komnat papieża i poprosiła o audiencję.

Kiedy weszła, Aleksander siedział na tronie. Przed chwilą skończył rozmowę z ambasadorem weneckim, która przyprawiła go o zły humor.

Sancia stanęła przed nim, skłaniając ledwie dostrzegalnie głowę. Nie ucałowała pierścienia ani stopy w należnym papieżowi hołdzie. W duchu wybaczył jej owe małe uchybienia, mając na względzie to, co miał zamiar przeprowadzić.

Świadoma, że jest córką i wnuczką królów, Sancia zaczęła mówić, nie czekając na pozwolenie. Tego dnia bardziej niż kiedykolwiek przypominała swojego dziadka, króla Ferrante. Czarne bujne włosy były w nieładzie. Zielone oczy patrzyły przenikliwie, a głos brzmiał oskarżycielsko.

— Czego ja się dowiaduję? Nie wolno mi pojechać z mężem i jego siostrą do Nepi? Mam zostać w Watykanie bez osób, w towarzystwie których dobrze się czuję?

Aleksander rozmyślnie ziewnął.

— Moja droga, zrobisz to, czego się od ciebie żąda, co nie znaczy, że to będzie przyjemne.

Sancia tupnęła nogą, nie mogąc pohamować wściekłości. Tym razem papież przeholował.

— Jofre jest moim mężem, a ja jego żoną. Moje miejsce jest przy nim i jemu jestem winna posłuszeństwo.

Papież roześmiał się i obrzucił Sancię zimnym spojrzeniem.

— Moja droga, należysz do Neapolu... gdzie rządzi twój szaleńczy wuj... na ziemiach tego bydlaka Ferrante, który był twoim dziadkiem. Odeślę cię tam natychmiast, jeżeli nie będziesz trzymała języka za zębami.

— Nie przestraszysz mnie, Wasza Świątobliwość — odparła buńczucznie — bo wierzę w wyższą władzę niż twoja. To mój Bóg, do którego się modlę.

— Zważ swoje słowa, dziecko — ostrzegł ją Aleksander — bo każę cię powiesić albo spalić za herezję, a wtedy na połączenie się z mężem będziesz musiała poczekać znacznie dłużej.

Sancia zacisnęła usta. Była rozsierdzona do granic wytrzymałości.

— Wywołam skandal. Może mnie Wasza Świątobliwość kazać spalić, jeśli zechce, ale to mnie nie powstrzyma od powiedzenia prawdy, gdyż w Rzymie wszystko wygląda inaczej, niż ludziom się wydaje. Sprawię, że prawda wyjdzie na jaw.

Aleksander podniósł się z tronu. Był tak imponującą postacią, że Sancia instynktownie dała krok wstecz. Błyskawicznie się opanowała i stanęła twarzą w twarz z papieżem. To, że nie spuściła oczu pod jego oskarżycielskim spojrzeniem, rozwścieczyło go ostatecznie. Jeśli syn nie potrafił nad nią zapanować, musi to zrobić ojciec.

— Wyjedziesz jutro do Neapolu — oznajmił tonem nieznoszącym sprzeciwu. — Przekażesz królowi wiadomość: powiesz mu, że jeśli nie potrzebuje ode mnie niczego, to i ja od niego niczego nie potrzebuję.

Sancia wyjechała z niewielką eskortą i niemal bez pieniędzy na podróż. Przed odjazdem powiedziała do Jofre:

— Twój ojciec ma więcej wrogów, niż ci się zdaje. Któregoś dnia źle skończy. Będę się modliła, żeby być kiedyś tego świadkiem.

Król Ludwik, przystrojony w brokatowe szaty, wyszywane złotymi pszczołami, wjechał do Mediolanu wraz z Cezarem. Prowadził czterdzieści tysięcy żołnierzy, a towarzyszyli mu kardynał della Rovere, kardynał d'Amboise i Ercole d'Este, książę Ferrary.

Ludovico Sforza, zwany Il Moro, wydał ostatnie pieniądze na opłacenie najemników, ale nie mogli się oni równać ze świetnie wyszkoloną francuską armią. W przewidywaniu nieuchronnej klęski Ludovico wysłał do Niemiec swoich dwóch synów i brata, Ascania, pod opiekę cesarza Maksymiliana.

Król Ludwik odniósł łatwe zwycięstwo, po którym ogłosił się prawowitym władcą Mediolanu. Podziękował papieżowi za pobłogosławienie inwazji, a Cezarowi za pomoc.

Pierwszym miejscem, które odwiedził podczas inspekcji miasta, był ogromny zamek Sforzów. Ludwik szukał tam dębowych kufrów ze specjalnymi zamkami, zaprojektowanymi przez Leonarda da Vinci, które, jak wieść niosła, były wypełnione złotem i drogimi kamieniami. Po otwarciu okazało się, że są puste. Ludovico, uciekając, zabrał ze sobą klejnoty i dwieście czterdzieści tysięcy dukatów. W twierdzy zostało jednak wystarczająco dużo wartościowych przedmiotów, począwszy od wspaniałych portretów rasowych koni, po fresk Leonarda da Vinci, przedstawiający Ostatnią Wieczerzę w klasztorze Santa Maria, żeby Ludwik poczuł się oszołomiony świetnością dworu Sforzów.

Mimo to nie zaprotestował, kiedy jego łucznicy potraktowali stojącą na dziedzińcu zachwycającą rzeźbę konia, dłuta Leonarda, jako ćwiczebny cel — rozbijając ją doszczętnie. Francuzi pluli na podłogi w zamkach i śmiecili na ulicach. Kulturalni Mediolańczycy patrzyli na nich jak na barbarzyńców.

Inwazja Ludwika powinna się zakończyć zjednoczeniem terytoriów Romanii, jednak nie wszystkie ziemie zostały opanowane. Papież zdecydował, że nadszedł czas na jego inicjatywę — wszak były to lenna papieskie, rządzone tak długo przez wojowniczych królów i książęta tylko dzięki jego pobłażaniu i wielkoduszności. Dla zjednoczenia całej Italii, przysporzenia chwały i bogactw rodzinie Borgiów oraz Rzymowi, Cezarowi pozostawało rozprawić się z pomniejszymi książętami.

Po przyjeździe do Nepi Lukrecję całkowicie pochłonęły obowiązki administracyjne. Powołała ciało ustawodawcze, a także straż, po to aby pilnowała przestrzegania ustanowionego prawa i utrzymywała porządek. Podobnie jak to robił jej ojciec — jeśli przebywał w Rzymie — w każdy czwartek zapraszała na zamek obywateli miasta, aby zgłaszali skargi i zażalenia, a później starała się w miarę możliwości znaleźć zadowalające rozwiązanie. Miała niewątpliwy talent do rządzenia — w krótkim czasie stała się powszechnie lubiana.

Jofre robił, co mógł, żeby rozproszyć jej tęsknotę za Alfonsem, z kolei ona starała się pocieszyć brata, którego martwiła nieobliczalność Sancii. Lukrecja uczyła się sztuki rządzenia, Jofre polował i zwiedzał malownicze okolice. Czuli w sobie oparcie, a dni mijały niepostrzeżenie.

Aby nagrodzić przynoszące doskonałe rezultaty wysiłki Lukrecji, papież namówił Alfonsa, żeby pojechał do Nepi.

Aleksander okazał przy tym szczodrobliwość: podarował młodej parze miasto, zamek i ziemie otaczające Nepi. Małżonkowie byli tak szczęśliwi, że nie zapytali go, czego oczekuje w zamian.

Aleksander odczekał kilka tygodni, nim złożył im wizytę. Nie mógł dłużej zwlekać. Następnego dnia po przybyciu do Nepi, podczas wystawnego obiadu, papież spytał Lukrecję, czy nie wolałaby urodzić dziecka w Rzymie. Powiedział, że czuje ciężar wieku i że obecność wnuka sprawi mu wiele radości. Był bardzo przekonujący. Lukrecja zgodziła się, zachwycona połączeniem z mężem. Miały jej towarzyszyć Giulia i Adriana. Alfons przysiągł, że nigdy więcej nie rozłączy się z żoną, co oznaczało, iż pojedzie wraz z nią do Rzymu.

U bram Rzymu powitali powracających — Lukrecję, Alfonsa i Jofre — przysłani przez papieża muzykanci oraz mimowie i kuglarze. Pałac Santa Maria in Portico został w czasie nieobecności Lukrecji ozdobiony jedwabnymi draperiami i gobelinami. Papież nie omieszkał przybyć osobiście do pałacu.

— Jakiż to szczęśliwy dzień! — wykrzyknął, biorąc córkę w objęcia i podnosząc w górę, mimo jej zaawansowanej ciąży. — Znowu jest ze mną moja Lukrecja, a mój syn Cezar wkrótce pobije wrogów i wróci jako bohater. — Uściskał nawet Jofre. Miał uczucie, że Bóg spełnił wszystkie jego modły.

Wkrótce jego radość wzrosła bezgranicznie, gdy otrzymał wiadomość o udanym ataku Cezara na Mediolan. Trochę później Lukrecja urodziła zdrowego chłopczyka, któremu na cześć papieża nadano imię Rodrigo. Aleksander był tak podekscytowany, że zemdlał. Resztę dnia spędził w łóżku, lecz gdy tylko poczuł się lepiej, zaczął obmyślać uroczystość chrzcin dziecka.

20

Cezar Borgia, na wspaniałym białym rumaku i w czarnej zbroi, spotkał się z dowódcami przed bramami Bolonii. Oddziały najemników szwajcarskich i niemieckich, włoscy artylerzyści i oficerowie hiszpańscy dołączyli do zahartowanych w bojach francuskich oddziałów.

Król dotrzymał obietnicy.

Armia Cezara w sile piętnastu tysięcy ludzi ruszyła drogą Bolonia—Rimini w kierunku miast Imola i Forli. Na czele długiego węża żołnierzy postępował chorąży, który niósł biały sztandar z herbem Borgiów: szarżującym bykiem.

Wycyzelowany na czarnym napierśniku Cezara złoty byk lśnił w południowym słońcu. Nowa, specjalna zbroja Cezara była lekka. Pozostawiała mu swobodę ruchów, a przy tym zapewniała dobrą ochronę. Mógł teraz skutecznie walczyć nawet wtedy, gdyby utracił konia.

Żołnierze nosili ciężkie zbroje i dosiadali potężnych koni. Byli jak machina wojenna, budząca grozę, niemożliwa do zatrzymania. Jeźdźców lekkiej kawalerii, uzbrojonych w miecze i śmiercionośne lance, chroniły kolczugi z twardej skóry.

Oddziały piechoty składały się z zahartowanych Szwajcarów, dźwigających trzymetrowe włócznie, różnorako uzbrojonych

Włochów i Niemców, niosących kusze i długie strzelby. Najbardziej niszczycielską siłę całej armii Cezara stanowiła jednak włoska artyleria pod dowództwem kapitana Vita Vitellego.

Z Imolą i Forli zawsze były kłopoty. Oba te państwa Romanii były kiedyś rządzone przez niesfornego, okrutnego Girolama Riaria, potomka potężnego rodu z północnej Italii, syna papieża Sykstusa. Girolamo ożenił się z Cateriną Sforzą, bratanicą Ludovica Sforzy z Mediolanu, gdy była jeszcze dziewczynką. Dwanaście lat później Girolamo został zamordowany. Caterina wpadła we wściekłość. Zamiast wstąpić do klasztoru, wsiadła na konia i na czele żołnierzy ruszyła w pościg za mordercami.

Wzięła straszliwy odwet na arystokratycznych mordercach. Gdy zostali pojmani i przyprowadzeni przed jej oblicze, własnoręcznie poobcinała im genitalia, powkładała je do lnianych chusteczek, po czym pozawieszała im je na szyjach na wyjętych z własnych włosów wstążkach. Była zdania, że zbrodniarze nie powinni się rozmnażać.

— Te ziemie należą do mnie — powiedziała, stając nad nimi. — Nie chciałam zostać wdową. — Potem przypatrywała się z satysfakcją, jak krew wypływająca z ich ciał ściekała na ziemię, tworząc rozrastającą się pajęczynę czerwonych strumyczków, aż zesztywnieli i ostygli. Co dopiero by z nimi zrobiła, gdyby bardziej kochała męża!

Natychmiast po powrocie ogłosiła, że Imola i Forli należą do jej syna, Ottona Riaria, chrzestnego syna papieża Aleksandra. Fama o jej bezlitosnej zemście rozniosła się po miastach i państwach; Caterina, do tej pory znana dzięki urodzie, teraz stała się sławna z powodu okrucieństwa. Była rozpustna jak żołdak, zachowując przy tym maniery księżniczki. Miała subtelne rysy twarzy, okolonej długimi, jasnymi włosami, a skórę — z czego była bardzo dumna — miękką jak futro sobola. Choć wyższa od wielu mężczyzn — była piękną kobietą. Większość czasu poświęcała swoim dzieciom; dla własnej przyjemności przygotowywała specjalne maści do pielęgnowania swojej nieskazitelnie białej skóry, rozjaśniała włosy, a bujne, jędrne piersi, których prawie nie zasłaniała, smarowała specjalnymi płynami. Równe, białe zęby czyściła węglem drzewnym. Mówiono, że prowadzi dziennik, w którym zapisuje swoje magiczne przepisy. Plotka głosiła, iż pasją przeżywania zmysłowych rozkoszy dorównuje mężczyznom. Była w rozumieniu epoki renesansu, silną, niezależną kobietą, którą można było podziwiać za odwagę i kulturę — inteligentną i pozbawioną skrupułów w dążeniu do celu.

Kiedy jej następny mąż również został zamordowany, po raz wtóry wymierzyła zabójcom wyrafinowaną zemstę. Kazała powyrywać im wszystkie kończyny, a korpusy posiekać na kawałki.

Trzy lata później została żoną Giovanniego Medici, z którym miała syna. Nosił imię Bando Neir i był jej ukochanym dzieckiem. Była zadowolona ze swego małżeństwa z Giovannim, bo chociaż był brzydki, to nocą, w sypialni, sprawował się lepiej niż którykolwiek z mężczyzn, jakich znała. Jednak po roku znów została wdową. Miała wówczas trzydzieści sześć lat. Była tak krwiożercza, że zaczęto ją nazywać Wilczycą.

Caterina Sforza gardziła rodziną papieża za to, że ją zdradziła po śmierci jej męża Riaria. Nie miała zamiaru dopuścić, żeby Borgiowie przejęli kontrolę nad ziemiami, którymi władała razem z synem, Ottonem Riariem. Przed kilkoma miesiącami otrzymała od papieża bullę, w której domagał się pieniędzy z tytułu podatku od jej ziem i oskarżał ją o niepłacenie dziesięciny na rzecz papieża i Kościoła. Aby uniknąć papieskiej ekspedycji, Caterina przez specjalnego posłańca wysłała do Rzymu pełną kwotę dziesięciny, lecz wówczas Aleksander zażądał, żeby oddała mu swoje ziemie w Romanii. Z jej punktu widzenia to nie wchodziło w rachubę, więc przygotowała się do bitwy.

Szpiedzy, dobrze przez nią opłacani, ale nielojalni, powiadomili ją, że armia Cezara zbliża się do miasta. Caterina posłała papieżowi prezent: czarny całun, zdjęty z trupa, który umarł na zarazę. Ciasno zwinięty całun umieściła w wydrążonej lasce. Miała nadzieję, że kiedy papież otworzy prezent, choroba go powali i w efekcie zrezygnuje z zamiaru zajęcia jej terytoriów. Jednak szpiedzy ją zdradzili; zostali straceni, a papież ocalał.

Cezar postanowił zająć najpierw Imolę, potem Forli.

Przed miastem przegrupował armię: wysunął naprzód artylerię pod osłoną lekkiej kawalerii i piechoty. Sam pojechał przodem na czele specjalnego batalionu.

Manewr okazał się niepotrzebny, bo kiedy się zbliżali, brama miasta stanęła otworem, po czym wysypali się z niej przestraszeni mieszczanie, którzy pobiegli naprzeciw żołnierzom. Chcieli się poddać, żeby uniknąć grabieży i splądrowania miasta przez armię papieską.

Zawzięta, okrutna Caterina nie cieszyła się popularnością wśród poddanych. Wiedzieli, że walcząc w jej obronie, nie poprawią swego losu. Już pierwszego dnia dwaj francuscy lansjerzy trafili na miejscowego cieślę, który doznał krzywdy ze strony Cateriny i chciał się zemścić. Prosił, żeby go zaprowadzili do Cezara. Mając nadzieję, że zostanie oszczędzony, gorliwie wskazał najsłabsze miejsca w murach zamku.

Wewnątrz miasta była jednak mała forteca, której dowódca, Dion Naldi, był prawdziwym żołnierzem. Krzyknął z dachu:
— Nie poddamy się!

Armia Cezara przygotowała się do oblężenia.

Vito Vitelli, dowódca Włochów, przesunął swoje armaty do pierwszej linii, przygotował oddziały i zaczął systematycznie bombardować ściany zamku. Dion Naldi właściwie ocenił sytuację. Zaproponował zawieszenie broni, przyrzekając, że podda twierdzę, jeśli w ciągu trzech dni nie nadejdzie pomoc.

Cezar zgodził się na propozycję, rozumując słusznie, że negocjacje pozwolą mu zaoszczędzić pieniądze i życie ludzi. Rozłożył się obozem i czekał przez trzy dni.

Pomoc nie nadeszła. Naldi, zdolny oficer ze sławnej żołnierskiej rodziny, oddał broń i rozpuścił żołnierzy. On również miał swoje żale. Walczyłby do śmierci, gdyby poczuwał się do lojalności wobec swoich władców, lecz Caterina Sforza trzymała w cytadeli w Forli jego żonę i dzieci jako zakładników — nawet teraz, kiedy bronił jej zamku. Naldi poddał Imolę pod jednym warunkiem: dołączy do Cezara i wkroczy do Forli razem z armią papieską.

Tak więc Cezar Borgia osiągnął pierwszy cel swojej kampanii bez straty choćby jednego żołnierza... lecz nie zmierzył się jeszcze z Cateriną Sforzą.

Forli było najpotężniejszą twierdzą Cateriny. Dopiero tam Cezar miał stanąć oko w oko z Wilczycą. Wiedząc, że jest od niej młodszy i mniej doświadczony, zbliżał się ostrożnie do bram, lecz te, podobnie jak w Imoli, rozwarły się, wypuszczając mieszczan, którzy już z daleka krzyczeli, że się poddają.

Caterina Sforza stała w pełnej zbroi, z mieczem w ręku, na murach obronnych. Na jej ramieniu siedział sokół. Wzdłuż wszystkich krawędzi dachów rozmieszczeni byli łucznicy z przygotowanymi do strzału łukami.

Kiedy Caterina zobaczyła, że jej poddani przeszli na stronę Cezara, wpadła w furię. Krzyknęła do żołnierzy:

— Strzelajcie do mieszczan! Zabijcie tych tchórzliwych zdrajców, którzy porzucili swoje miasto!

Chmara strzał przeszyła powietrze. Mieszczanie zwalili się na ziemię u stóp Cezara.

— Boże miłosierny — powiedział do Vitellego. — Ta kobieta jest szalona. Morduje swoich ziomków.

Jeden z jej dowódców zawołał z okna wieży, że hrabina chce się spotkać z Cezarem Borgią, żeby uzgodnić warunki poddania.

— Cezar ma wejść przez zwodzony most! Caterina Sforza spotka się z nim w zadaszonym przejściu! — krzyknął dowódca.

Wszyscy obserwowali z napięciem, jak zwodzony most powoli się opuszcza, a potem otwiera się brama prowadząca do zamku. Cezar z towarzyszącym mu kapitanem Portem Diazem, Hiszpanem, przekroczyli most i byli już w bramie, gdy raptem Cezar, spojrzawszy w górę przez szeroką szczelinę w drewnianym okapie nad wejściem, ujrzał jakiś ruch. Odwrócił się błyskawicznie i zobaczył, że kilku ludzi Cateriny podnosi most zwodzony. Odwrócił się jeszcze raz, widząc, że tuż przed nim zaczyna opadać w dół żelazna krata.

Chwycił Porta Diaza za ramię, wołając:

— Ratuj się! To pułapka!

Wskoczył na ogromne koło zębate, które podnosiło most. Prześliznął się w ostatnim momencie, o centymetry unikając zmiażdżenia. Most zatrzasnął się, lecz Cezar o sekundę wcześniej rzucił się w bok i skoczył w wodę fosy. Popłynął w stronę przeciwległego brzegu. Żelazne groty pocisków z kusz dziurawiły wodę wokół niego, chybiając o włos.

Trzej ogorzali żołnierze szwajcarscy wyciągnęli go z wody, klnąc głośno Caterinę.

Porto Diaz nie miał takiego szczęścia. Został uwięziony między żelazną kratą a podniesionym mostem. Nim jeszcze Cezar znalazł się na lądzie, Caterina kazała wylać na Diaza kocioł gotującej oliwy. Cezar słyszał jego mrożące krew w żyłach wycie. Przysiągł sobie, że ukarze Caterinę za torturowanie jego oficera.

Wiedział, że czeka go krwawa bitwa, gdyż Wilczyca nigdy się nie podda. Wrócił do obozu, gdzie po kilku godzinach rozmyślań uznał, że uknuty przez niego plan może ją zaskoczyć. Kazał przyprowadzić dwoje jej dzieci pojmanych w Imoli. Postawiono je na brzegu fosy, tak aby były doskonale widoczne z murów zamku.

— Caterino, mam coś, co należy do ciebie! — zawołał.

Spojrzała w dół, wówczas on wskazał ręką na jej dzieci.

— Jeżeli nie poddasz zamku i natychmiast nie przestaniesz torturować kapitana, zabiję je na twoich oczach.

Caterina wyłoniła się z półmroku — ciemny cień na tle pomarańczowego słońca. Zaśmiała się ochryple, a jej śmiech rozniósł się mrożącym krew w żyłach echem. Potem zadarła spódnicę, obnażając łono.

— Przypatrz mi się, ty synu prostytutki — krzyknęła do Cezara, wskazując na brzuch. — Widzisz to? Możesz zabić moje dzieci, ale ja mam macicę. Mogę wyprodukować więcej dzieci, o wiele więcej. Rób, co chcesz!

Dała znak ręką, po czym Cezar usłyszał plusk. Poparzone ciało Porta Diaza, pozbawione głowy, zostało wrzucone do fosy.

W odpowiedzi Cezar Borgia, książę Valentinois i syn papieża, zarządził bombardowanie. Armaty kapitana Vita Vitellego, salwa za salwą, zaczęły kruszyć mury zamku.

Późnym wieczorem przyszedł do niego Dino Naldi.

— Czy Wasza Książęca Mość każe zabić dzieci?

Pytanie zaskoczyło Cezara — w ferworze akcji zapomniał o dzieciach. Uspokoił Naldiego.

— To była tylko groźba. Byłaby skuteczna wobec każdej normalnej matki. Pozwoliłaby oszczędzić wiele żyć ludzkich. Teraz ci ludzie zginą, ponieważ ta kobieta jest szalona. Zabicie dzieci na nic się nie przyda. Zabierz je stąd.

— Co mam z nimi zrobić? — spytał Naldi.

— Weź je sobie — odparł Cezar. — Wychowaj jako własne.

Kapitan uśmiechnął się z wdzięcznością i przeżegnał się. Dziwił się, dlaczego nazywano Cezara potworem, skoro prawdziwym potworem była kobieta, która więziła synów Naldiego.

O świcie następnego dnia bombardowanie fortecy rozpoczęło się od nowa. Mimo to Caterina pojawiła się na murach, potrząsając wojowniczo mieczem. Cezar rozkazał swoim ludziom wyciąć pobliskie drzewa i wybudować z nich tratwy.

— Każda musi utrzymać trzydziestu żołnierzy — powiedział. — Kiedy mury zostaną rozbite, przeprawimy się przez fosę.

Bombardowanie przez dłuższy czas nie przynosiło widocznych efektów, lecz w końcu kamienne kule, wystrzeliwane z armat Vitellego, skruszyły mury i Cezar usłyszał okrzyk:

— Wyłom! Wyłom! — Północna ściana legła w gruzach.

Pod dowództwem francuskiego dowódcy żołnierze wskoczyli na czekające u brzegów fosy tratwy. Wiosłowali z całych sił, trzymając broń w pogotowiu. Po wylądowaniu odesłali tratwy, żeby mogły się przeprawić następne grupy. Trzystu żołnierzy Cezara rozpoczęło szturm na zamek.

Kiedy atakujący opuścili most zwodzony, Cezar wydał kawalerzystom komendę: „Do boju!". Pogalopowali przez most i wpadli do zamku.

Caterina obserwowała przebieg walki ze swojego stanowiska na dachu. Spojrzała na rezerwy amunicji i prochu, usypane w wysokich kopcach na dziedzińcu fortecy. Raczej wysadzi się w powietrze razem z miastem, niż podda temu człowiekowi! Wyrwała jedną z płonących na murach pochodni i rzuciła ją na kopiec prochu. Wybuch zakołysał zamkiem, zniszczył domy i kramy na podzamczu oraz zabił ponad czterystu mieszkańców Forli, ale Cezarowi i większości jego żołnierzy nic się nie stało. Ranni i ogłuszeni żołnierze Cateriny wynurzali się z wież, balkonów, nasypów i dachów. Poddawali się bez oporu, pokrzepieni świadomością, że bitwa się skończyła.

Caterina Sforza, ku własnemu nieszczęściu, nie zginęła. Została wzięta do niewoli przez francuskiego kapitana. Wieczorem tego samego dnia, podczas gry w karty, Cezar zapłacił za nią kapitanowi okup w wysokości trzydziestu tysięcy dukatów. W tym momencie stała się własnością Cezara. Mógł z nią zrobić absolutnie wszystko.

Po kolacji Cezar wziął długą, gorącą kąpiel, po czym przywdział czarny, jedwabny strój przyniesiony z jego bagaży. Główna sypialnia zamku w Forli nie została naruszona. Leżał na łóżku, zastanawiając się, jak postąpić z Cateriną, która została umieszczona w podziemiach zamku w małej celi bez okien, pod strażą dwóch najbardziej zaufanych ludzi Cezara. Otrzymali rozkaz nie spuszczać jej z oka.

O północy Cezar zszedł do podziemia. Już z daleka słychać było wrzaski i przekleństwa Cateriny. Wszedł do małego, wilgotnego pomieszczenia, skąpo oświetlonego pojedynczą świecą. Wilczyca leżała rozciągnięta na wznak na żelaznym łóżku. Przeguby i kostki miała ciasno przykute do jego ram. Toczyła wściekle głową z boku na bok.

Cezar stanął naprzeciw niej, milcząc. Na jego widok przestała krzyczeć. Uniosła głowę na tyle, na ile pozwalały jej więzy, i splunęła w jego stronę.

— Droga hrabino — powiedział z galanterią Cezar. — Gdybyś miała rozum, mogłabyś oszczędzić przykrości sobie i swoim ludziom.

Odwróciła głowę i spojrzała na niego płomiennie niebieskimi oczami. Piękna twarz była wykrzywiona wściekłością. Odezwała się jadowitym głosem:

— Jaką torturę obmyśliłeś dla kobiety, ty tchórzliwe rzymskie gówno?

— Zaraz się dowiesz — odparł lodowatym tonem.

Zrzucił z siebie odzienie i położył się na niej, gwałcąc ją z początku powoli, potem coraz gwałtowniej. Spodziewał się, że zacznie krzyczeć lub przeklinać, lecz Caterina milczała. W piwnicy panowała cisza. Jedynym dźwiękiem było pomrukiwanie rzymskich strażników.

Cezar brał ją potężnymi pchnięciami, z narastającą zawziętością. W pewnym momencie zareagowała. Krągłe biodra uniosły się ku niemu i zaczęły harmonijnie falować. Zdawało mu się, że zaczął jej sprawiać rozkosz. Gwałcił ją dalej, pewny swojego zwycięstwa. Kiedy skończył, miała wypieki na twarzy, a włosy mokre od potu.

— Powinnaś mi podziękować — powiedział, schodząc z niej.

Popatrzyła na niego. Lśnienie jej niebieskich oczu wyrażało nieugaszoną żądzę.

— To już koniec? — spytała. — Nie stać cię na więcej?

Cezar wybiegł z piwnicy jak oparzony. Przez następne dwa dni o północy powtarzał swój milczący akt pacyfikacji — zawsze z tym samym wynikiem. Za każdym razem, zaróżowiona i skąpana w pocie, pytała: „Nie stać cię na więcej?".

Postanowił, że będzie powtarzał akt, dopóki Caterina się nie podda, ale trzeciej nocy powiedziała:

— Rozwiąż mnie, bo inaczej nie możemy się zmierzyć.

Leżała naga, nie mogła więc ukryć żadnej broni. W pomieszczeniu znajdowali się dwaj atletyczni strażnicy. Nie było żadnego niebezpieczeństwa. Cezar sam zdjął z niej łańcuchy, po czym delikatnie rozwiązał pęta. Skinęła głową z wdzięcznością, a jej oczy złagodniały. Położył się na niej, a ona objęła go nogami i ramionami, przywierając do niego ciasno. Zanurzyła mu ręce we włosach, przyciągnęła głowę do swej twarzy, przejechała językiem po jego wargach, a potem przywarła do nich ustami, wsuwając język tak głęboko, że wstrząsnął nim dreszcz. Chwilę później zaczęła wydawać pomruki rozkoszy, które doprowadziły go do ekstazy. Wkrótce oboje ogarnęła niezwykła rozkosz.

Nazajutrz Caterina oświadczyła, że nie przyjmie posiłku, jeżeli nie będzie się mogła wykąpać. Zaprowadzono ją w łańcuchach do łaźni, gdzie została umyta przez ocalałą z wybuchu pokojówkę dworską. Był to jedyny raz, kiedy pozwolono jej opuścić łóżko.

W ciągu następnych dwóch tygodni Cezar przychodził o północy do Cateriny i gwałcił ją. W połowie aktu zdejmował z niej więzy, a wtedy ona go obejmowała. Strażnicy zostawali na miejscu, gdyż Cezar nie był pewien, czy Caterina nie wydrapie mu oczu w chwili rozkoszy lub wściekłości, prócz tego oboje nie czuli się skrępowani ich obecnością. Któregoś dnia namiętni kochankowie zaczęli jednak ze sobą rozmawiać.

— Musisz przyznać, że nawet gwałt bywa przyjemny — powiedział Cezar.

Caterina zaśmiała się.

— Myślisz, że to ty mnie zgwałciłeś? — spytała drwiąco. — Mylisz się, rzymski bękarcie, synu papieża. Kiedy cię pierwszy raz ujrzałam, stojąc na murach zamku, postanowiłam, że cię zabiję albo zgwałcę. Gdybym cię pojmała, przywiązałabym cię tak samo jak ty mnie, a potem bym cię zgwałciła. Tak czy owak, wynik jest ten sam.

Caterina była dobrym strategiem. Wmawiając mu, że jego intencje były zgodne z jej własnymi, zmieniła ich wzajemną zależność. W ten sposób, będąc bezbronna, rozbroiła go bez użycia przemocy. Od tego dnia Cezar czuł się w tym samym stopniu zwycięzcą, co pokonanym.

W dniu, w którym mieli wyruszyć do Rzymu, Caterina zapytała Cezara:

— Czy pozwolisz na to, żeby pospólstwo szydziło i obrzucało mnie obelgami jak w starożytnym Rzymie, kiedy będę szła ulicami miasta w łańcuchach jako uwięziona królowa?

Cezar roześmiał się. Jak na osobę, która tak długo przebywała w lochu, Caterina wyglądała tego dnia szczególnie pięknie.

— Nie zastanawiałem się nad tym — odparł — ale...

— Już wiem... każesz mnie spalić na stosie za próbę zamachu na papieża. Moi posłańcy okazali się idiotami.

— Życie papieża bywa często narażone na niebezpieczeństwo — odparł Cezar. — Papież nie jest mściwy, w dodatku spisek spełzł na niczym. Gdyby miał zamiar powiesić cię lub spalić za herezję, powiem mu, że od chwili uwięzienia byłaś przeze mnie regularnie, codziennie karana.

— Uwierzy?

— Potraktuje to jako gwałt, uznając go za karę surowszą niż śmierć, gdyż uważa, iż gwałt rani duszę. Prócz tego kocha kobiety. Znacznie bardziej niż ja.

Caterina uśmiechnęła się krzywo.

— Chcąc zranić czyjąś duszę, trzeba w nią wierzyć.

— Papież wierzy — zapewnił złośliwie Cezar. — Poza tym, jakkolwiek na to patrzeć, należysz do rodu Sforzów. Na miejsce pobytu wyznaczyłem ci mój pałac. Ma prześliczne ogrody i jest z niego piękny widok na miasto. Czuj się tam honorowym gościem... dobrze pilnowanym, choć bez łańcuchów.

21

Cezar wkraczał do Rzymu w aureoli zdobywcy. Pochód zwycięzców był najwspanialszym widowiskiem, jakie obywatele Rzymu kiedykolwiek widzieli. Wszyscy zbrojni w armii Cezara, lekka kawaleria i szwajcarscy kopijnicy, byli ubrani na czarno; nawet wozy bagażowe okryto czarnym suknem. Wódz jechał na czele armii w towarzystwie czterech kardynałów, których czerwone i purpurowe szaty efektownie kontrastowały z jego czarną zbroją. Czerwony, szarżujący byk, godło Borgiów, został dla większego efektu wyhaftowany na czarnym sztandarze, zamiast, jak zwykle, na białym. Cezar dosiadał lśniącego, czarnego ogiera. Ogorzała twarz mężczyzny doskonale harmonizowała z maścią konia. Rzym widział to, co Cezar chciał, żeby zobaczył — księcia królewskiego rodu.

Pochód mijał tłumy mieszczan, którzy tłoczyli się wzdłuż ulic prowadzących do Watykanu. Dotarłszy tam, Cezar ukląkł przed ojcem, żeby ucałować pierścień papieski. Powitał Aleksandra po hiszpańsku, po czym wręczył mu klucze do miast i zamków, które zdobył.

Twarz papieża promieniała zadowoleniem. Podniósł Cezara z klęczek i uściskał na oczach zachwyconego tłumu.

Bezpośrednio po uroczystości Cezar opuścił ojca i udał się do swoich komnat w Watykanie.

Pewnego dnia uświadomił sobie, że Francuzi mają go za głupca, bo nie udało mu się zdobyć Rosetty. Co więcej, nawet jego małżeńskie szczęście przysłaniały wspomnienia o siostrze. Kiedy to wszystko zrozumiał, postanowił nie okazywać uczuć. Od owego dnia rzadko się uśmiechał, ale przede wszystkim dbał o to, by nie uzewnętrzniać gniewu.

Zostawał jeszcze tylko problem twarzy. Kiedy zapadł po raz wtóry na francuską chorobę, wstrętne, ropiejące krosty okryły jego policzki, czoło i nos, pozostawiając po zagojeniu trwałe, owalne blizny. Na wojnie nie miało to znaczenia, ale w mieście, na ucztach albo w sypialniach kurtyzan wygląd jego twarzy stawał się przekleństwem. Przyzwyczajony do zachwytów z powodu swej urody — teraz, mając dwadzieścia pięć lat, doświadczał poczucia klęski. Pozasłaniał czarnym suknem lustra w swoich komnatach i nakazał służącym, żeby ich nigdy nie odsłaniali.

Znów pojawiły się nocne koszmary, zaczął więc sypiać w dzień, pracował zaś w nocy. Tak jak dawniej, spędzał dużo czasu, jeżdżąc konno po okolicy, z tą różnicą, że teraz robił to w nocy.

Czuł nieodpartą potrzebę zobaczenia się z Lukrecją. Nie widział jej od tak dawna. Wspomnienie jej twarzy nie opuszczało go w ciągu całej kampanii. Upłynęły prawie dwa lata od czasu, gdy byli razem. Zastanawiał się, czy się zmieniła i czy nadal będzie działała na niego równie silnie — mimo upływu czasu, jego małżeństwa z Karoliną i jej z Alfonsem. W głębi serca żywił nadzieję, że Lukrecja ma już dość męża, zwłaszcza że układ sojuszy papieskich uległ zmianie. Alfons mógł być teraz niebezpieczny dla rodziny papieża.

Czekając na przyjęcie przez siostrę, pogrążył się w myślach. Choć na ogół nie zwykł dzielić włosa na czworo, teraz się martwił. Co Lukrecja o nim myśli? A może już nie kocha go tak jak dawniej?

W chwili gdy go zobaczyła, Lukrecja przyspieszyła kroku. Padając w objęcia Cezara, zarzuciła mu ręce na szyję, a twarz skryła na jego torsie.

— Dobry Boże, jak ja tęskniłam — powiedziała ze łzami w oczach.

Kiedy uniosła głowę, żeby na niego popatrzeć, nie doznała szoku, lecz jej serce drgnęło boleśnie. Objęła dłońmi jego twarz.

— Mój Czarusiu, jak okrutnie życie cię potraktowało...

Na wpół przytomny, odwrócił głowę w bok. Krew gwałtownie tętniła w jego żyłach, tak samo jak dawniej... i jak przy żadnej innej kobiecie.

— Wyglądasz pięknie — szepnął cicho, nie umiejąc ukryć uczuć. — Nadal jesteś szczęśliwa?

Wzięła go za rękę i poprowadziła do sofy.

— Chyba tylko w niebie mogłabym być szczęśliwsza — zapewniła. — Mając przy sobie dzieci i Alfonsa, jestem szczęśliwa jak nigdy dotąd. Boję się, że ten czarodziejski sen niedługo się skończy.

Cezar zesztywniał.

— Odwiedziłem małego Giovanniego. Nasz syn jest bardziej podobny do ciebie niż do mnie — powiedział. — Ma twoje blond loki i jasne oczy.

— Nie wszystko ma po mnie — zaprotestowała wesoło Lukrecja. — Ma twoje wargi, twój uśmiech i twoje ręce, takie same jak papież. — Ujęła dłonie Cezara, żeby im się przyjrzał. — Adriana przyprowadza go do mnie codziennie. Od dnia twojego wyjazdu mam przyjemność przebywać z nim bardzo często. Jest inteligentny i rozsądny, choć miewa nagłe napady złości — ciągnęła pogodnie.

— A twój syn? — spytał. — Czy też sprawia ci radość?

Okolona złotymi lokami twarz Lukrecji promieniała satysfakcją. Skinęła głową.

— Rodrigo jest na razie dzieckiem, nie wiadomo, na jakiego człowieka wyrośnie, ale jest piękny, tak jak jego ojciec, i równie urzekający.

Cezar zadał kolejne pytanie:
— A więc nadal jesteś zadowolona ze swojego męża?
Lukrecja wyczuła, że musi postąpić dyplomatycznie. Odpowiadając bratu, że nie jest szczęśliwa, przestanie chronić Alfonsa, który może wówczas utracić wolność. Jeśli zaś powie, jak bardzo go kocha, Alfons może stracić jeszcze więcej.
— Alfons jest miły i szlachetny — odparła. — Jest dobry dla mnie i dla dzieci.
— Czy zgodziłabyś się na to, żeby ojciec unieważnił twoje małżeństwo? — spytał od niechcenia Cezar.
Lukrecja sposępniała.
— Cezarze, jeśli on się nad tym zastanawia, to powiedz mu, że wolę umrzeć. Nie chcę żyć na tym świecie bez Alfonsa... tak samo, jak nie chcę żyć bez ciebie.
Po rozstaniu się z Lukrecją Cezar doznawał sprzecznych uczuć. Trudno mu było pogodzić się z miłością Lukrecji do męża, ale pocieszało go zapewnienie, że i jego kocha.
Leżąc w nocy na łożu, w komnacie oświetlonej tylko blaskiem księżyca, przywołał w wyobraźni jej wygląd, zapach i słowa, którymi go powitała. Przypomniał sobie ledwie dostrzegalny grymas, kiedy pierwszy raz spojrzała na jego twarz. Przypomniał sobie jej głos pełen współczucia, kiedy powiedziała: „Mój Czarusiu, jak okrutnie życie cię potraktowało...". Teraz już wiedział, że myślała nie tylko o bliznach na jego twarzy, lecz także na duszy.
Tej nocy postanowił, że odtąd będzie nosił na twarzy maskę, żeby ukryć ślady życiowych porażek. Postanowił ukryć się pod płaszczem tajemnicy i nadal prowadzić wojny — ale nie w imię, lecz przeciw Bogu swego ojca.

Miesiąc po powrocie Cezara do Rzymu odbyła się uroczysta ceremonia. Papież ubrany w paradne szaty stał jako namiestnik Chrystusa przed wspaniale przyozdobionym ołtarzem Bazyliki Świętego Piotra.

Cezar Borgia, książę Valentinois, stanął naprzeciw papieża. Zdjęto z niego płaszcz książęcy, a papież okrył go płaszczem *gonfaloniere* i kapitana generalnego, na głowę zaś włożono mu purpurowy biret i wręczono buławę dowódcy.

Cezar ukląkł przed papieżem i z ręką na Biblii wygłosił przysięgę, w której przyrzekał, że nie będzie nigdy spiskował przeciw Ojcu Świętemu ani jego następcom i że nigdy — nawet pod groźbą tortur lub śmierci — nie zdradzi tajemnic papiestwa.

Następnie Aleksander pobłogosławił Cezara i obdarował złotą różą, po czym powiedział:

— Przyjmij tę różę jako symbol radości, albowiem, drogi synu, wykazałeś się szlachetnością i odwagą. Niech ojciec w niebiosach otoczy cię swoją opieką i chroni przed niebezpieczeństwami!

Poźniej, w komnatach papieża, podczas prywatnego spotkania, którego jedynym świadkiem był Duarte Brandao, Aleksander oznajmił synowi, że obdarowuje go jeszcze ziemiami i majątkami.

— To w nagrodę za zwycięstwa — dodał. — Podsumujmy teraz rezultaty kampanii. Imola i Forli są już nasze, ale trzeba jeszcze zdobyć Faenzę, Pesaro, Camarino i może Urbino. Będąc teraz kapitanem generalnym, musisz je opanować, bo trzeba określić status papiestwa i zaprowadzić silne rządy w celu zabezpieczenia jedności Romanii.

Po tym oświadczeniu papież oddalił się na wcześniej umówione spotkanie ze swoją ulubioną kurtyzaną.

Jubileusze papieży zwykło się obchodzić po dwudziestu pięciu latach ich panowania. Aleksander przypuszczał, że na jego pontyfikat taki jubileusz przypadnie tylko raz. Uroczystość przynosiła ogromny dochód — z całej Europy przybywali do Rzymu pielgrzymi, żeby uczestniczyć w wielkanocnej mszy świętej, odprawianej przez papieża — należało więc poczynić stosowne zabiegi w celu napełnienia skarbca świętego Kościoła katolickiego. Papiestwo potrzebowało pieniędzy, które miały posłużyć sfinansowaniu kampanii.

Papież Aleksander chciał, żeby jubileusz był wspaniały — żeby odzwierciedlał majestat Boga. Czekał go natłok prac. Żeby zapewnić pątnikom bezpieczeństwo i wygody, należało wytyczyć nowe ulice, zdatne pomieścić natłok pojazdów. By tego dokonać, najpierw z powierzchni ziemi musiały zniknąć dzielnice nędzy.

Aleksander wezwał do siebie Cezara i zaproponował mu podjęcie się tego zadania, gdyż sukces finansowy jubileuszu leżał przede wszystkim w jego interesie.

Cezar zgodził się, a przy okazji zakomunikował ojcu, że ma dla niego niezbyt miłe wieści.

— Otrzymałem wiarygodne informacje, iż dwaj ludzie z twojego otoczenia są wobec ciebie nielojalni. Jednym z nich jest Johannes Burchard, papieski mistrz ceremonii.

— Czego się dowiedziałeś o Herr Burchardzie? — spytał Aleksander.

Cezar odchrząknął.

— Że jest opłacany przez kardynała della Rovere i, co więcej, prowadzi pamiętnik zawierający oszczerstwa na temat naszej rodziny, niektóre wręcz skandaliczne.

Aleksander uśmiechnął się chytrze.

— Wiem już od dłuższego czasu o tym pamiętniku. Burchard jest cennym człowiekiem.

— Cennym? — powtórzył z niedowierzaniem Cezar.

— Jego oficjalne obowiązki są mało istotne. Prawdziwą jego wartością jest to, iż wszystko, co chciałbym, żeby wiedział della Rovere, mówię w tajemnicy Burchardowi. To niezwykle skuteczny sposób. Jak dotąd sprawdza się doskonale.

— Czytałeś ten pamiętnik? — zapytał Cezar.

Aleksander wybuchnął śmiechem.

— Czytam go potajemnie już od dawna. Niektóre fragmenty są całkiem interesujące. Gdybyśmy byli tak zdeprawowani, jak opisuje Burchard, czerpalibyśmy znacznie więcej przyjemności z życia. Inne graniczą ze śmiesznością, bo wskazują na prawdziwy brak inteligencji. Jeszcze inne są dowcipne.

Cezar sposępniał.

— Obawiam się, że della Rovere opublikuje je w swoim czasie jako prawdziwą historię twojego pontyfikatu. Czy to cię nie martwi?

Aleksander spojrzał na niego przenikliwie.

— Synu, w Rzymie jest tylu oszczerców opłacanych przez naszych wrogów, że jeden więcej nie czyni różnicy.

— Mógłbyś zamknąć im gęby — zauważył Cezar.

Papież przez dłuższy czas zastanawiał się nad odpowiedzią.

— Rzym jest wolnym miastem — odparł w końcu — a ja cenię sobie wolność.

Cezar zerknął na ojca zdumiony.

— Godzisz się na to, żeby kłamcy i oszczercy ujadali jak wściekłe psy, a ci, którzy rządzą i służą społeczeństwu, znosili to w milczeniu? Nikt nie wie, jaka jest prawda. Gdybym ja sądził oszczerców, ukarałbym ich surowo. Kłamstwa i potwarze nie powinny uchodzić płazem!

Wybuch gniewu Cezara rozbawił papieża. W jaki sposób można kształtować opinię i wiedzieć, co ludzie myślą? Trzeba pozwolić im mówić swobodnie.

— Wolność nie jest prawem, lecz przywilejem, którym chwilowo obdarzyłem Burcharda. Być może przyjdzie czas, kiedy będę myślał inaczej, ale na razie taki pogląd mnie przekonuje.

Cezar poczuł się zakłopotany, bo to, co teraz chciał powiedzieć ojcu, dotyczyło Lukrecji.

— Dowiedziałem się z wiarygodnego źródła, że ktoś z naszej rodziny spiskuje z nieprzyjaciółmi Borgiów.

Twarz Aleksandra nie zdradzała emocji.

— Nie masz chyba na myśli twojego biednego brata Jofre?

— Nie, ojcze — odparł Cezar. — Tym, który nam zagraża, jest ukochany Lukrecji, książę Alfons.

Przez twarz papieża przemknął cień zaniepokojenia, który po sekundzie ustąpił.

— To złośliwa plotka, Cezarze. Jestem absolutnie pewien. Musimy powstrzymać się od takich podejrzeń, bo Lukrecja bardzo go kocha. Swoją drogą, zajmę się tym.

Rozmowę zakłóciła głośna muzyka marszowa, dobiegająca z ulicy. Aleksander podszedł do okna, otworzył jedno skrzydło, po czym się roześmiał.

— Chodź tu, Cezarze, i popatrz!

Cezar stanął obok ojca i wyjrzał przez okno. Zobaczył pochód ubranych na czarno postaci. Było ich z górą pięćdziesiąt, na twarzy miały maski. Nosami tych masek były wzwiedzione penisy.

— Co to ma znaczyć? — spytał zaintrygowany Cezar.

— Sądzę, że to na twoją cześć, synu. Chciałbym wierzyć, że nie ty byłeś modelem — odparł rozbawiony Aleksander.

W ciągu następnych miesięcy, oczekując na kolejną fazę kampanii, Cezar słał listy do swojej żony we Francji. Wyznawał w nich miłość i tęsknotę, zapewniając, że wkrótce będą razem. Wiedział, że sprowadzenie do Rzymu byłoby dla niej niebezpieczne.

Poczynianiami Cezara powodowała wybujała ambicja, lecz jednocześnie dręczyły go różne obawy. Mimo że szczupły, był muskularny i niezwykle silny. Z potrzeby ciągłego współzawodniczenia, przebrany za wieśniaka, udawał się niekiedy do najbliższych osad i tam mocował się z chłopami.

Podobnie jak wielu w owych czasach, wierzył w astrologię. Odwiedził najbardziej znanych astrologów, którzy — po zbadaniu układu ciał niebieskich — orzekli, iż czekają go kłopoty. Nie zmartwił się tym, wierząc, że jeśli będzie sprytny, uda mu się przechytrzyć nawet gwiazdy.

W trakcie obiadu u Lukrecji ujął jej rękę i z uśmiechem wyznał, czego się dowiedział.

— Gwiazdy powiedziały, że w wieku dwudziestu sześciu lat grozi mi śmierć „od broni, z bronią w ręku". Masz szansę kochać się ze mną, póki jeszcze żyję.

Lukrecja zaprotestowała.

— Nie mów tak, Czarusiu, bez ciebie nie dam sobie rady. Dzieci też nie. Musisz być ostrożny, bo ojciec i my wszyscy liczymy na ciebie.

Cezar miał dość oczekiwania, musiał w jakiś gwałtowny sposób okazać swe życie, swój gniew... Kazał urządzić walkę byków na placu Świętego Piotra. Wybudowano specjalne ogrodzenie i sprowadzono sześć byków.

Cezar, uzbrojony jedynie w lekką lancę, wjechał na arenę na ulubionym białym ogierze. Zabił kolejno pięć byków, wbijając w nie lancę tak głęboko, że w krótkim czasie zdychały. Szóstym był ogromny, czarny buhaj w rozkwicie sił żywotnych, silniejszy i szybszy od pozostałych. Cezar zamienił lancę na dwuręczny miecz i ponownie wjechał na arenę. Zebrał wszystkie siły i jednym zamachem miecza przeciął byczy kark.

Z dnia na dzień czuł coraz silniejszą potrzebę sprawdzania swoich umiejętności i odwagi. Dokonywał brawurowych wyczynów, a że dodatkowo towarzyszyła mu aura tajemniczości, więc wszyscy go się bali.

Duarte Brandao udał się do papieża, żeby podzielić się tymi obawami. Aleksander odparł:

— To prawda, że mój syn nie toleruje oszczerstwa i jest straszny, kiedy chce się zemścić. Z natury rzeczy jednak jest dobrodusznym młodym człowiekiem.

22

Książę Alfons Aragoński, dumny syn króla, kroczył majestatycznie, mimo iż tego wieczoru wypił zbyt dużo wina. Księżyc jasno świecił, a on wracał z Watykanu — po kolacji, którą spożył w towarzystwie papieża, Lukrecji i jej braci. Wyszedł wcześniej, usprawiedliwiwszy się jakimiś niecierpiącymi zwłoki sprawami. Ucałował Lukrecję na pożegnanie, zapewniając żonę, że będzie niecierpliwie oczekiwał jej powrotu.

W istocie wyszedł tak spiesznie, bo czuł się nieswojo w towarzystwie papieża i jego synów. Jego spokój ducha mąciły potajemne spotkania z kardynałem della Rovere. Dwukrotnie już della Rovere, wciąż zżerany ambicją, prosił go o poparcie. Dyskutowali o niebezpieczeństwie grożącym w obecnej sytuacji młodemu księciu. Della Rovere roztoczył przed nim wizję przyszłości, kiedy po upadku Borgiów on — kardynał — zostanie następnym papieżem. Neapol znowu wówczas rozkwitnie, gdyż król francuski zostanie zdetronizowany, a korona wróci do prawowitych władców. Któregoś dnia spocznie na głowie księcia.

Alfons obawiał się, iż Aleksander dowie się o tych potajemnych naradach. Odkąd wrócił z zamku Colonna do Rzymu, często przyłapywał szwagrów na tym, że go obserwują. Wiedział, że podejrzewają go o zdradę.

Gdy mijał Bazylikę Świętego Piotra, jego kroki rozbrzmiewały głośnym echem po pustym placu. Chmury momentami przesłaniały księżyc; plac ogarniała wówczas ciemność czarna jak smoła. Alfons posłyszał jakieś szuranie. Rozejrzał się, mając wrażenie, że ktoś go śledzi, ale nikogo nie zauważył. Aby uspokoić przyspieszony puls, oddychał głęboko, jednak nie potrafił zapanować nad wrażeniem, że za jego plecami czai się zło.

W pewnej chwili księżyc znów jasno zaświecił. Alfons ujrzał, że z cienia pod murami wyłania się kilku zamaskowanych mężczyzn. Ich zamiary były jednoznaczne. Trzymali w rękach prymitywną broń uliczną — wypełnione kawałkami żelaza skórzane woreczki, przymocowane do skórzanej pętli, zwane *scroti*. Zawrócił, chcąc uciekać, ale trzej z nich dopadli go i przewrócili na ziemię. Bili go wszyscy jednocześnie, ciężkie razy *scroti* czuł na całym ciele. Starał się osłaniać ramionami głowę i przekręcić na brzuch, ale bezskutecznie. W końcu jeden z napastników zamachnął się swoim *scroti* i uderzył Alfonsa z całej siły w nasadę nosa. Książę usłyszał jeszcze trzask własnych kości, po czym stracił przytomność.

Ostatni z zamachowców wydobył sztylet i rozpłatał Alfonsa od szyi po pępek. W tym momencie rozległ się krzyk halabardnika. Spłoszeni oprawcy zniknęli w jednej z ulic prowadzących do placu.

Strażnik musiał wybrać: albo ratować nieznajomego, albo ścigać zbirów, którzy go napadli. W tym momencie księżyc znowu wyjrzał zza chmur. Strażnik rozpoznał w napadniętym zięcia papieża.

Ogarnięty paniką zaczął wołać o pomoc. Zdjął z siebie pelerynę, próbując zatamować krew płynącą z szerokiej rany na ciele młodego mężczyzny. Dźwignął go z ziemi, zaniósł do pobliskiej kwatery straży papieskiej i delikatnie położył na żelaznym łóżku.

Wezwano natychmiast medyka z Watykanu. Okazało się, że rana — wprawdzie długa — na szczęście nie jest zbyt głęboka. Na pierwszy rzut oka wydawało się, że żaden z głównych organów nie został naruszony. Szybka reakcja halabardnika ocaliła życie królewskiemu synowi.

Medyk miał za sobą wiele lat praktyki, więc sprawnie opatrzył rany na ciele Alfonsa, nie mógł jednak wiele uczynić dla urodziwej jeszcze przed paroma chwilami twarzy młodego człowieka. Przyłożył kompres do strzaskanego nosa, wyrażając nadzieję, że twarz po wyleczeniu nie będzie bardzo oszpecona.

Duarte wywołał Aleksandra od stołu i opowiedział mu dyskretnie o wydarzeniu.

Papież kazał przenieść Alfonsa do jednej ze swoich komnat. Nad jego bezpieczeństwem miało czuwać szesnastu najbardziej zaufanych halabardników. Duarte otrzymał polecenie zawiadomienia króla Neapolu o tym, co się przydarzyło jego kuzynowi, oraz przekazanie prośby o przysłanie do Rzymu jego własnego lekarza i Sancii, która pielęgnowałaby brata i pocieszała Lukrecję.

Aleksander podszedł do córki, ubolewając, że ma takie wieści.

— Na placu doszło do rozlewu krwi. Twój ukochany mąż został napadnięty przez jakieś zdradzieckie kanalie.

Lukrecja zerwała się z miejsca z nieprzytomnym wyrazem twarzy.

— Gdzie on jest? Czy jest ciężko ranny?

— Rany są dość poważne — odparł Aleksander — ale miejmy nadzieję, że z Bożą pomocą wyzdrowieje.

Lukrecja zwróciła się do braci.

— Cezarze, Jofre, zróbcie coś! Znajdźcie zdrajców, zamknijcie w lochu i wpuśćcie dzikie bestie, żeby ich rozszarpały. — Zaczęła płakać. — Ojcze, zaprowadź mnie do niego.

Aleksander poszedł przodem, a za nim Lukrecja, Cezar i Jofre.

Alfons leżał nieprzytomny, przykryty bawełnianym prześcieradłem. Z ran na jego twarzy sączyła się krew.

Na ten widok Lukrecja krzyknęła przeraźliwie i zemdlała. Jofre podtrzymał ją, po czym zaniósł na fotel.

— Bracie — zwrócił się do Cezara — któż mógł mieć powód, żeby to zrobić?

— Cóż, każdy z nas ma więcej wrogów, niż myśli — odparł niezbyt przejęty Cezar. Po chwili jednak dorzucił: — Zobaczę, czy uda mi się coś wykryć. — Z tą obietnicą wyszedł z komnaty.

Kiedy Lukrecja oprzytomniała, kazała służącym przynieść czyste bandaże i ciepłą wodę. Odsunęła delikatnie prześcieradło, żeby zobaczyć, jakie jeszcze rany odniósł jej ukochany mąż. Patrząc na tak umęczone ciało Alfonsa, znowu poczuła się bliska omdlenia i szybko wróciła na fotel.

Jofre dotrzymał jej towarzystwa. Oboje spędzili noc przy łożu księcia, mając nadzieję, że otworzy oczy, jednakże dopiero po dwóch dniach zrobił pierwszy ruch. Tymczasem z Neapolu przybyli lekarz i Sancia. Pochyliła się nad bratem, chcąc go pocałować w czoło, ale nie mogła znaleźć miejsca, które nie byłoby zranione; ujęła więc jego rękę i ucałowała sczerniałe, zmasakrowane palce.

Pocałowała Lukrecję i swojego męża. Jofre nawet w tak przykrych okolicznościach nie potrafił ukryć radości z powodu jej przybycia. Kochał ją jeszcze bardziej, gdyż wydała mu się piękniejsza niż kiedykolwiek; ciemne, bujne włosy okalały policzki zarumienione z obawy o życie brata, a oczy lśniły od łez.

Usiadła obok Lukrecji i wzięła ją za rękę.

— Moja słodka siostrzyczko — powiedziała. — To potworne, co ci ohydni zdrajcy zrobili naszemu ślicznemu chłopcu. Zostanę teraz przy nim, możesz więc odpocząć bez obaw.

Na widok Sancii Lukrecja doznała takiej ulgi, że aż się rozpłakała. Sancia starała się ją uspokoić.

— Gdzie jest Cezar? — spytała po chwili. — Dowiedział się czegoś? Czy schwytał już napastników?

Lukrecja była tak znużona, że zaledwie przecząco pokręciła głową.

— Odpocznę trochę, a potem wrócę — powiedziała. — Będę czekała, aż otworzy oczy, bo chciałabym, żeby ujrzał najpierw mnie.

W towarzystwie Jofre pieszo dotarła do Santa Maria in Portico. Przywitała sie z dziećmi i z Adrianą, po czym legła wyczerpana na łóżku. Nim jednak zapadła w długi sen bez snów, pewna myśl na moment ją zelektryzowała.

Przypomniała sobie swojego brata, Cezara. Jego reakcję na tę straszną wiadomość — albo raczej brak reakcji. Co malowało się wówczas na twarzy ukrytej za maską?

Kilka dni później Jofre i Sancia znaleźli się wreszcie sami. Od jej przyjazdu minęło sporo czasu. Jofre czekał niecierpliwie na tę chwilę, lecz rozumiał troskę Sancii o brata.

Podczas gdy rozbierała się do spania, podszedł do niej i wziął ją w ramiona.

— Tęskniłem za tobą — szepnął. — Przykro mi z powodu nieszczęścia twojego brata.

Sancia była już naga. Zarzuciła ręce na szyję męża i w rzadkim u niej przypływie czułości oparła głowę na jego ramieniu.

— Powinniśmy porozmawiać raczej o twoim bracie — powiedziała cicho.

Jofre odsunął się, żeby spojrzeć na jej twarz. Była olśniewająco piękna, a troska o Alfonsa przydała jej rysom miękkości.

— Co cię w nim niepokoi? — zapytał.

Sancia weszła do łóżka i skinęła na Jofre, żeby zrobił to samo. Położyła się na boku, a on w tym czasie zdejmował z siebie odzienie.

— Niepokoi mnie mnóstwo rzeczy z nim związanych — stwierdziła. — Te dziwne maski, które zaczął nosić, nadają mu złowrogi wygląd.

— Nosi je po to, żeby ukryć ślady po francuskiej chorobie — zauważył Jofre. — Wstydzi się ich.

— Nie tylko o to chodzi. — Sancia pokręciła głową. — Od czasu powrotu z Francji otoczył się aurą tajemniczości. Wyczuwam w nim zmianę. Możliwe, że władza uderzyła mu do głowy albo choroba uszkodziła mu mózg, w każdym razie boję się o nas wszystkich.

— Cezar chce chronić naszą rodzinę, doprowadzić Rzym do potęgi i zjednoczyć lenna kościelne, żeby były właściwie rządzone pod patronatem Ojca Świętego — łagodził Jofre.

— Wszyscy wiedzą, że nie darzę sympatią twojego ojca za to, że mnie stąd odesłał — powiedziała z mocą Sancia. — Gdyby nie Alfons, moja noga nie postałaby więcej w Rzymie. Jeśli chcesz być ze mną, musisz wrócić do Neapolu, bo ja nie ufam temu papieżowi.

— Masz słuszne pretensje. Możliwe jednak, że twoja nienawiść kiedyś minie.

Sancia miała na ten temat swoje zdanie, lecz zdawała sobie sprawę, że ona i jej brat byli na niebezpiecznym terenie, więc ugryzła się w język. Z drugiej strony, była ciekawa, co Jofre myśli o ojcu... a raczej co śmie myśleć o ojcu.

Leżał w łóżku obok niej, podparty na łokciu, a ona znów, tak jak często w przeszłości, myślała o tym, jaki jest prostolinijny.

— Jofre — dotknęła jego policzka — zawsze przyznawałam się do tego, że kiedy braliśmy ślub, myślałam, iż jesteś niedojrzały i nierozgarnięty, ale po pewnym czasie zaczęłam cię rozumieć i dostrzegłam prawość twojego charakteru. Wiem, że potrafisz kochać tak, jak nikt inny w twojej rodzinie.

— Lukrecja potrafi — zaprotestował Jofre. Pamiętając, jak lojalny był wobec niego Cezar, który nie zdradził nikomu jego tajemnicy, chciał dodać: „Cezar też", ale ugryzł się w język.

— Tak, Lukrecja umie kochać, i to prawdziwe nieszczęście, bo jej serce zostanie rozdarte na strzępy nieokiełzanymi ambicjami twojego ojca i brata — powiedziała Sancia. — Czy nie widzisz, jacy oni są?

— Ojciec uważa, że ma do spełnienia misję wobec Kościoła — tłumaczył papieża Jofre. — A Cezar chciałby, żeby Rzym osiągnął taką świetność, jak za czasów jego imiennika, Juliusza Cezara. Sądzi, że jego powołaniem jest toczenie świętych wojen.

Sancia uśmiechnęła się do męża.

— Zastanawiałeś się kiedykolwiek nad własnym powołaniem? Czy ktoś cię o nie pytał lub brał je pod uwagę? Jak możesz nie nienawidzić brata, który przywłaszczył sobie podziw ojca, albo ojca, który ledwie cię zauważa?

Jofre wodził dłonią po gładkiej, oliwkowej skórze ramion Sancii. Dotykanie jej ciała sprawiało mu rozkosz.

— W okresie dorastania marzyłem, żeby zostać kardynałem. Kiedy byłem małym dzieckiem, a ojciec brał mnie w ramiona, zapach jego szat napełniał mnie miłością do Boga i chęcią służenia Mu. Jednak nim dorosłem na tyle, żeby móc wybrać, ojciec zdecydował, iż będę mu potrzebny w Neapolu, i doprowadził do naszego małżeństwa. W rezultacie pokochałem ciebie... miłością, która była przeznaczona dla Boga.

Uświadomiła sobie, jak bezgranicznie jest jej oddany, co tylko umocniło jej chęć ukazania mu, czego go pozbawiono.

— Ojciec Święty bywa często bezlitosny w dążeniu do celu — powiedziała. — Czy nie dostrzegasz jego bezwzględności, mimo że na ogół jest ukryta pod płaszczem argumentów? Czy nie widzisz, że ambicje Cezara graniczą z szaleństwem?

Jofre przymknął oczy.

— Kochanie, widzę więcej, niż ci się zdaje.

Pocałowała go namiętnie, a potem się kochali. Był czułym i delikatnym kochankiem — nauczyła go tego w trakcie ich pożycia małżeńskiego. Myślał przede wszystkim o tym, żeby jej sprawić rozkosz.

Później leżeli obok siebie, wypoczywając. Jofre milczał. Sancia uznała, że musi go ostrzec. Choćby po to, by ochronić samą siebie.

— Kochanie, posłuchaj — nalegała. — Jeśli twoi krewni dybią na życie mojego brata, a przynajmniej życzą mu śmierci, mnie zaś odesłali z jakichś względów politycznych, to jak długo jeszcze, twoim zdaniem, będziemy bezpieczni? Jak długo jeszcze pozwolą nam być razem?

— Niech ktoś spróbuje nas rozdzielić — rzucił w odpowiedzi Jofre.

Oświadczenie to nie było deklaracją miłości, lecz raczej obietnicą zemsty.

Poranną przejażdżkę konną Cezar odbył po ulicach Rzymu, wypytując ludzi o napad na Alfonsa. Czy ktoś coś słyszał? Czy ktokolwiek zauważył coś, co pomogłoby w śledztwie? Wypytywanie nie przyniosło żadnych efektów. Wrócił do Watykanu, gdzie Aleksander przypomniał mu, że czeka go spotkanie z kardynałem Riariem, podczas którego mieli omówić przygotowania do jubileuszu.

Zjedli razem obiad na tarasie pałacu kardynała. Cezar zadeklarował fundusz na sprzątanie miasta i liczne, zaplanowane uroczystości.

Po obiedzie wąską alejką udali się do sklepu antykwariusza, który handlował dziełami sztuki. Riario był właścicielem wspaniałej, prywatnej kolekcji, polecony mu antykwariusz miał zaś podobno nową, znakomitą rzeźbę. Wiadomość ta zainteresowała kardynała.

Po kilkuminutowym spacerze stanęli przed masywnymi, drewnianymi drzwiami, bogato rzeźbionymi. Kardynał zapukał. Otworzył im stary mężczyzna o długich, siwych włosach. Zezowate oczy i sprytny uśmieszek nadawały jego twarzy lisi wygląd.

Kardynał przedstawił swojego towarzysza.

— Costo, oto wielki Cezar Borgia, kapitan generalny, który chciałby obejrzeć twoje rzeźby.

Giovanni Costa powitał ich wylewnie i z entuzjazmem poprowadził poprzez sklep na zawalony posągami dziedziniec. Cezar rozejrzał się po tym bezładzie. Na stołach i wprost na ziemi leżały ręce, nogi, niewykończone popiersia i inne częściowo wyrzeźbione kawały marmuru. W odległym rogu dziedzińca stał jakiś przedmiot, okryty płótnem.

— Co to jest? — spytał zaciekawiony Cezar, wskazując palcem w tym kierunku.

Costa zaprowadził ich do tajemniczego przedmiotu, po czym teatralnym ruchem ściągnął z niego zasłonę.

— To najpiękniejsza rzeźba, jaką kiedykolwiek miałem.

Cezar westchnął bezwiednie, gdy ujrzał prześliczny posąg Kupidyna z białego marmuru. Półprzymknięte oczy i łukowato wygięte wargi, pełne słodyczy, wyrażały senność i tęsknotę. Amorek był niemal przezroczysty, wydawało się, że jest utkany ze światła; miał delikatne skrzydełka, sprawiające wrażenie, iż lata siłą woli. Piękno posągu, jego absolutna doskonałość oszołomiły Cezara.

— Ile on kosztuje? — spytał.

Costa zaczął się krygować, wietrząc dobry interes.

— Kiedy się dowiedzą, że go mam — odparł — cena wzrośnie niebotycznie.

Cezar roześmiał się i powtórzył pytanie:

— Ile kosztuje dzisiaj? — Myślał o tym, jak bardzo podobałby się Lukrecji.

— Dla Waszej Eminencji... dzisiaj... tylko dwa tysiące dukatów.

Nim Cezar odpowiedział, kardynał Riario zaczął szczegółowo oglądać posąg. Obchodził go dokoła, dotykał, po czym odwrócił się do Costy.

— Mój drogi, to nie jest antyk. Wygląda, jakby został przed chwilą skończony.

— Wasza Ekscelencja ma dobre oko. Nie powiedziałem, że to antyczna rzeźba. Ale nie została skończona dzisiaj, tylko przed rokiem. Wykonał ją bardzo utalentowany, młody artysta z Florencji.

Kardynał pokręcił głową.

— Nie kolekcjonuję współczesnych prac, zwłaszcza jeśli tyle kosztują. Chodźmy stąd, Cezarze.

Cezar nawet nie drgnął. Patrzył z zachwytem na posąg.

— Nie dbam o to, ile kosztuje ani kiedy został wyrzeźbiony — powiedział. — Chcę go mieć.

Costa starał się uzasadnić swoje zdzierstwo.

— Nie biorę całej sumy dla siebie. Muszę zapłacić artyście i jego przedstawicielowi. Transport jest drogi...

Cezar uśmiechnął się.

— Nie musisz się tłumaczyć, bo już powiedziałem, że chcę go mieć. Zapłacę ci tyle, ile żądasz, czyli dwa tysiące... — uciął dalszą dyskusję. Po chwili naszła go myśl. — Jak się nazywa ów młody rzeźbiarz?

— Buonarroti. Michelangelo Buonarroti. Ma talent, prawda?

W Rzymie huczało od plotek. Najpierw przypisywano zamach Cezarowi, lecz kiedy zaprzeczył temu publicznie, plotka ustąpiła miejsca innej. Według nowej wersji, rodzina Orsinich, rozgniewana rządami Lukrecji w Nepi, wzięła odwet na jej mężu, sprzymierzonym z rodziną Colonnów, będącą wrogiem Orsinich.

Watykan miał inne zmartwienia. Papież, trawiony anemią, często popadał w omdlenia, stawał się coraz słabszy, więc leżał w łóżku. Lukrecja, która dotąd pielęgnowała męża, teraz powierzyła go opiece Sancii, a sama doglądała ojca. Wyglądał mizernie — w towarzystwie córki czuł się lepiej.

— Powiedz szczerze, ojcze — poprosiła któregoś dnia. — Nie miałeś nic wspólnego z napadem na Alfonsa?

— Kochane dziecko — odparł Aleksander, siadając na łóżku. — Nie potrafiłbym podnieść ręki na kogoś, kto dał ci tyle szczęścia. Gdyby było inaczej, nie postawiłbym strażników przy jego drzwiach.

Lukrecja doznała ulgi, słysząc te słowa. W chwili gdy papież zapewniał córkę o swojej niewinności, Sancia w towarzystwie dwóch śniadych Neapolitańczyków weszła do Watykanu, a następnie, mijając strażników przed drzwiami komnaty Alfonsa, wprowadziła ich do środka. Alfons dochodził do zdrowia. Tego dnia czuł się całkiem dobrze, chociaż upłynęły zaledwie dwa tygodnie od napadu. Potrafił już dźwignąć się o własnych siłach, lecz jeszcze nie mógł chodzić.

Alfons przywitał się serdecznie z obu mężczyznami, po czym poprosił siostrę, żeby na chwilę zostawiła ich samych, bo muszą odbyć męską rozmowę. Tłumaczył to okolicznością, że nie widział ich od kilku miesięcy, czyli od swojego wyjazdu z Neapolu.

Uradowana dobrym nastrojem brata, Sancia wyszła z Watykanu, postanawiając odwiedzić dzieci Lukrecji. Miała zamiar wkrótce wrócić, chociaż wiedziała, że w towarzystwie tych dwóch mężczyzn Alfons jest całkowicie bezpieczny.

Sierpniowy, słoneczny dzień był gorętszy niż zwykle. Cezar spacerował samotnie po bujnych ogrodach Watykanu, napawając się spokojem wysokich cedrów, cichym szmerem fontann i radosnym ćwierkaniem ptactwa. Dawno już nie czuł takiej równowagi ducha. Skwar mu nie przeszkadzał, co więcej, lubił upały, zawdzięczając to swojej hiszpańskiej krwi. Pochłonięty rozważaniem nowych wieści, które przyniósł mu don Micheletto, nagle zobaczył piękny, czerwony, egzotyczny kwiat, rosnący tuż przy ścieżce. Schylił się, żeby go obejrzeć, i w tym momencie usłyszał świst strzały, która przemknęła niebezpiecznie blisko jego głowy, po czym utkwiła głęboko w pniu pobliskiego cedru.

Instynktownie rzucił się na ziemię, unikając w ten sposób kolejnej. Krzyknął na strażników, a równocześnie przekręcił się na bok, żeby zobaczyć, skąd do niego strzelano.

Na balkonie Pałacu Watykańskiego stał jego szwagier, Alfons, podtrzymywany przez neapolitańskiego opiekuna. Miał w rękach gotową do strzału kuszę, wycelowaną w Cezara. Drugi Neapolitańczyk napinał swoją, żeby strzelić ponownie. Pocisk Alfonsa zarył się w ziemi o centymetry od nogi Cezara. Krzyknął jeszcze raz na strażników:

— Zdrajca! Zdrajca! Tam, na balkonie!

Odruchowo sięgnął po miecz, zastanawiając się, czy uda się dopaść szwagra, nim tamten go zastrzeli.

Chwilę później usłyszał nawoływania biegnących co sił strażników. Alfons zniknął za drzwiami balkonu. Cezar wydobył z ziemi pocisk z kuszy. Drugiego, wbitego w pień cedru, nie mógł wyjąć. Poszedł natychmiast do watykańskiego probiercy, doskonałego specjalisty w swojej dziedzinie, który potwierdził jego podejrzenia: grot strzały był umoczony w zabójczej truciźnie. Najlżejsze zadraśnięcie spowodowałoby śmierć.

Zdecydowanym krokiem Cezar ruszył do komnaty szwagra. Lukrecja troskliwie obmywała rany męża. Alfons leżał bez ruchu, na jego nagim torsie widniało świeże cięcie sztyletem. Dwaj mężczyźni, których Cezar widział na balkonie, tymczasem zbiegli którymś z watykańskich korytarzy, ale ludzie Cezara podążali ich tropem.

Cezar nie odezwał się do siostry. Alfons spojrzał na niego z lękiem, nie wiedząc, czy Borgia rozpoznał go na balkonie. Cezar uśmiechnął się do niego, po czym przybliżył twarz do jego ucha, jakby chciał dodać mu otuchy, i szepnął:

— Co się zaczęło przy obiedzie, skończy się przy kolacji.

Wyprostował się, rzucił ostatnie spojrzenie na oniemiałego księcia, po czym pocałował siostrę i wyszedł.

Parę godzin później Lukrecja i Sancia, siedząc przy Alfonsie, postanowiły, że wszyscy razem przeniosą się do pałacu Lukrecji w Nepi. Alfons będzie tam odzyskiwał siły, a Sancia powetuje sobie czas wygnania do Neapolu. Lukrecja czuła, że ich przyjaźń staje się coraz głębsza.

Siedziały przy łóżku, rozmawiając przyciszonymi głosami, gdyż Alfons zasnął. Obudziło go głośne pukanie do drzwi. Lukrecja zdziwiła się, widząc na progu don Micheletta.

— Kuzyn Miguel! Co cię tu sprowadza? — spytała, uśmiechając się do niego.

— Przybyłem zobaczyć się z twoim mężem w sprawie dotyczącej Watykanu — oznajmił, myśląc z tęsknotą o czasach, kiedy była jeszcze małym dzieckiem, które nosił na barana. — Przepraszam, że cię absorbuję. Twój ojciec cię wzywa, a ja wykorzystam ten czas, żeby porozmawiać w cztery oczy z Alfonsem.

Lukrecja zawahała się.

— Pójdę do ojca — powiedziała po krótkim namyśle. — Sancia zostanie, bo Alfons czuje się dziś gorzej.

Micheletto nie zmienił uprzejmego wyrazu twarzy. Skłonił się przed Sancią i rzekł przepraszająco:

— To rozmowa bardzo osobista.

Alfons nie odzywał się. Udawał, że śpi, mając nadzieję, że Micheletto sobie pójdzie. Nie chciał być wypytywany o to, co robił tego popołudnia na balkonie.

Lukrecja i Sancia wyszły, kierując się ku komnatom papieża. Nim zdążyły dojść do końca korytarza, usłyszały wołanie Micheletta.

Wróciły biegiem. Kiedy wpadły do komnaty, zobaczyły, że Alfons leży bez ruchu na łóżku. Jego skóra przybrała niebieskawy odcień. Był martwy.

— Chyba dostał krwotoku — powiedział cicho Micheletto. — W pewnym momencie nagle przestał oddychać. — Nie wspomniał o żelaznym uścisku swoich dłoni, które zacisnął na szyi Alfonsa.

Lukrecja objęła ramionami martwe ciało męża, szlochając rozpaczliwie, ale Sancia z przeraźliwym krzykiem rzuciła się z pięściami na Micheletta. Nie ustawała w ataku, lecz kiedy do komnaty wszedł Cezar, zwróciła się przeciw niemu. Drapała go paznokciami, krzycząc, ile sił w płucach:

— Ty kanalio! Ty bezbożny, diabelski pomiocie!

Zaczęła wyrywać sobie włosy; na podłogę spływały pasma długich, ciemnych loków.

Jofre wbiegł do komnaty i ruszył ku żonie, przyjmując na siebie impet jej furii, aż wyczerpała wszystkie siły. Wówczas otoczył Sancię ramionami, starając się ją ukoić, dopóki nie przestała drżeć. Potem zaprowadził ją do ich komnat.

Kiedy Cezar odprawił Micheletta, Lukrecja uniosła głowę znad zwłok męża. Łzy płynęły strumieniem po jej policzkach.

— Nigdy ci tego nie wybaczę, bracie. Wydarłeś kochającą część mego serca. Nie może już należeć do ciebie, bo nie ma w nim miejsca na miłość. Nasze dzieci będą przez ciebie cierpiały.

Wyciągnął ku niej rękę, chcąc się wytłumaczyć, powiedzieć, że Alfons pierwszy podniósł przeciw niemu broń, lecz wobec ogromu jej żałości nie mógł znaleźć stosownych słów.

Lukrecja wypadła z komnaty i pobiegła do ojca.

— Już nigdy nie będę myślała o tobie tak jak kiedyś, ojcze — zagroziła. — Sprawiłeś mi większy ból, niż przypuszczasz. Jeśli to zbrodnia z twojego rozkazu, to znaczy, że mnie nie kochałeś, a jeśli stoi za nią mój brat, to powinieneś go powstrzymać. Nie mam już dla was miłości, bo zawiedliście moje zaufanie.

Papież Aleksander, zdumiony, uniósł głowę.

— O czym ty mówisz, córko? Co się stało?

Jasne oczy Lukrecji patrzyły żałośnie.

— Złamałeś mi życie, zniszczyłeś to, co pobłogosławił Bóg.

Aleksander wstał z łóżka i powoli zbliżył się do córki, ale powstrzymał się od objęcia jej ramionami, czując, że cofnie się przed jego dotknięciem.

— Drogie dziecko, nikt nie miał zamiaru skrzywdzić twojego męża, ale on usiłował zabić Cezara, twojego brata. Kazałem strzec bezpieczeństwa Alfonsa — powiedział, po czym ze spuszczoną głową dodał: — ale nie mogłem powstrzymać twojego brata od zadbania o własne bezpieczeństwo.

Lukrecja widziała, jak bardzo jest zmartwiony. Uklękła przed Aleksandrem, płacząc, z twarzą ukrytą w dłoniach.

— Ojcze, pomóż mi zrozumieć. Jak nazwać zło, które opanowało świat? Co to za Bóg, który dopuszcza, żeby taka miłość została zniszczona? To szaleństwo! Mój mąż próbuje zabić mojego brata, a ten zabija mojego męża? Ich dusze pójdą do piekła, obaj będą potępieni. Nigdy już się z nimi nie spotkam. Jeden tragiczny czyn sprawił, że straciłam ich na zawsze.

Aleksander położył rękę na głowie córki.

— Szsz... — powiedział kojąco. — Bóg jest miłosierny, więc im przebaczy. Taka jest jego rola. A w przyszłości, gdy tragedia świata dobiegnie końca, znów będziemy wszyscy razem.

— Nie potrafię czekać do końca świata na szczęście! — krzyknęła Lukrecja i z płaczem wybiegła z papieskiej sypialni.

Tym razem nie było wątpliwości. Wszyscy wiedzieli, że za morderstwem stoi Cezar. Równocześnie rozniosła się wieść, że został zaatakowany w ogrodach Watykanu, w wyniku czego wielu Rzymian wyraziło opinię, iż to go usprawiedliwia. Dwaj Neapolitańczycy zostali schwytani. Przyznali się do winy, po czym zostali publicznie powieszeni.

Lukrecja, kiedy pierwszy szok minął, wpadła w furię. Oskarżyła Cezara, że najpierw zabił swojego brata, a teraz szwagra. Aleksander usiłował wpłynąć na Cezara, gdyż nie chciał, żeby doszło do zerwania stosunków między dwojgiem jego ukochanych dzieci. Tymczasem Cezar był zdumiony i zmartwiony posądzeniem siostry o to, że zabił Juana. Nigdy nawet nie próbował tego wyjaśnić, gdyż nie wyobrażał sobie, iż kiedykolwiek wysunie takie podejrzenia.

Po kilku tygodniach Aleksander i Cezar nie mogli już znieść rozpaczy płaczącej bezustannie Lukrecji. Najpierw zaczęli jej unikać, a w końcu przestali na nią zważać. Kiedy Aleksander zasugerował, że powinna wrócić do pałacu Santa Maria in Portico, Lukrecja oznajmiła, że chce wyjechać z dziećmi i z Sancią do Nepi. Może im towarzyszyć tylko Jofre, poza nim nikt z rodziny. Przed wyjazdem oświadczyła Aleksandrowi, że nigdy więcej nie chce widzieć Cezara.

Cezar siłą woli zwalczył swoje pragnienia. Zrazu zamierzał pojechać za Lukrecją, chciał jej wytłumaczyć wiele rzeczy, ale doszedł do wniosku, że to nie przyniesie żadnego skutku. Zajął się opracowaniem planów następnej kampanii. Przede wszystkim powinien udać się do Wenecji. Rimini, Faenza i Pesaro były ziemiami pod jej opieką, należało więc wyeliminować możliwość interwencji.

Po paru dniach morskiej podróży ujrzał Wenecję; subtelny, migotliwy wizerunek rozległego miasta na palach wyłaniał się z ciemnej wody jak mitologiczny smok. Zobaczył w dali plac Świętego Marka, a za nim Pałac Dożów.

Prosto z przystani został zaprowadzony do wspaniałego pałacu w stylu mauretańskim, położonego przy Canale Grande, gdzie kilku patrycjuszy weneckich powitało Cezara i zatroszczyło się o jego wygody. Cezar wyraził podziękowanie za gościnność, po czym poprosił o spotkanie z członkami Wielkiej Rady. Przedstawił radzie stanowisko papieża i zaproponował układ: wojsko papieskie będzie broniło Wenecji w przypadku najazdu Turków, w zamian zaś Wenecja przestanie ochraniać Rimini, Faenzę i Pesaro.

Podczas uroczystej, barwnej ceremonii rada zakomunikowała Cezarowi pozytywną decyzję, a jego samego ubrano w szkarłatny płaszcz honorowego obywatela. Od tej pory Cezar Borgia stał się weneckim szlachcicem.

Dwa lata spędzone z Alfonsem były najszczęśliwszym okresem w życiu Lukrecji. Wydawało się, że wszystko to, co obiecywał jej Aleksander, kiedy była dzieckiem, nareszcie się spełniło. Teraz jednak o tym nie pamiętała. Nie wspominała mądrych oczu Alfonsa, jego miłego uśmiechu, pogodnego usposobienia, ich wspólnych chwil. Zapomniała, że w ciągu tych dwu lat wierzyła swojemu ojcu; wierzyła w miłość brata i w papieską moc rozgrzeszania wiernych. Z chwilą śmierci Alfonsa straciła wszystko. Czuła się opuszczona przez ojca i przez Boga. Nie potrafiła zapomnieć o tym, jak straszną śmierć zgotowano jej mężowi.

Zabrała z sobą do Nepi Sancię, Jofre, synów, Giovanniego i Rodriga, oraz pięćdziesięcioro najwierniejszych dworzan. Przed rokiem spędzili tu z Alfonsem najmilsze chwile, kochając się, dekorując zamek pięknymi meblami i gobelinami, przechadzając się wśród ciemnych, wysokich dębów, porastających tutejsze zdrowe okolice.

Nepi było niewielkim miastem. Wzdłuż uliczek, rozchodzących się od centralnie położonego placu, stały domy w stylu gotyckim i kilka pałacyków, w których mieszkała arystokracja. Miało śliczny kościół, zbudowany na szczątkach świątyni Jowisza. Chodzili z Alfonsem uliczkami, trzymając się za ręce i podziwiając ich urok. Teraz Nepi wydawało się Lukrecji przygnębiające — takie jak jej nastrój. Płakała, patrząc z okna zamku na czarny wulkan Bracciano lub na niebieskawy zarys górskich szczytów, gdyż każdy ten widok uzmysławiał jej, że radość odeszła wraz z Alfonsem.

Któregoś słonecznego dnia poszła z Sancią i z dziećmi za miasto. Miała nieco lepszy nastrój, lecz pobekiwanie owiec i płaczliwe tony fletu pasterza sprawiły, że znow wpadła w melancholię.

Nocami śniła, że jej przystojny mąż leży obok i wystarczy sięgnąć ręką, żeby go dotknąć, lecz kiedy to robiła, dłoń natrafiała na zimne prześcieradło — wówczas Lukrecja się budziła, czując się jeszcze bardziej samotna. Cierpiała ciałem i duszą. Nic jej nie smakowało, nie miała ochoty na żadne rozrywki. Rankiem budziła się bardziej zmęczona, niż zasypiała wieczorem, i tylko czasem zdobywała się na wymuszony uśmiech do dzieci. W ciągu pierwszego miesiąca pobytu w Nepi zdobyła się jedynie na polecenie uszycia ubrań dla chłopców, ale nawet zabawa z nimi ją wyczerpywała.

W końcu Sancia postanowiła wyrwać bratową z zaklętego kręgu rozpaczy. Nie zważając na własny ból, poświęcała cały czas Lukrecji i dzieciom. Jofre pomagał żonie, jak umiał —

pocieszał Lukrecję, gdy zaczynała płakać, godzinami bawił się z dziećmi w ciągu dnia i czytał im opowiastki lub śpiewał kołysanki przed snem.

Właśnie w Nepi Lukrecja zaczęła się zastanawiać, czy nie powinna zrewidować swojego stosunku do ojca, brata i Boga.

Po tygodniowym pobycie w Wenecji Cezar mógł już wracać do Rzymu i kontynuować przygotowania do kampanii. Ostatniego wieczoru przed wyjazdem jadł kolację w towarzystwie dawnych kolegów z uniwersytetu w Pizie. Prowadzili interesujące rozmowy, pili dobre wina i wspominali dawne czasy.

Wenecja — w ciągu dnia jasna, mieniąca się kolorowym tłumem, harmonią barw pałaców, złotymi dachami, pełna wspaniałych kościołów i uroczych mostków — z zapadnięciem zmroku stawała się miastem występku. Opary wodne znad kanałów spowijały miasto gęstą mgłą, w której trudno było znaleźć drogę. Sieć wąskich uliczek pomiędzy domami i kanałami stawała się pajęczyną, na której wszelkiej maści bandyci niczym jadowite pająki czyhali na swe ofiary.

Cezar wracał wąską uliczką nad kanałem do swojego pałacu, gdy wtem z drugiego brzegu padła na niego wiązka światła. Usłyszał, że gdzieś otwarły się jakieś drzwi. Rozejrzał się wokół, lecz nim zdążył się zorientować, trzech obdartusów puściło się pędem w jego stronę. W półmroku dostrzegł błysk ich noży.

Odwrócił się błyskawicznie i zobaczył jeszcze jednego, nadbiegającego z przeciwnej strony, również z nożem w ręku.

Nie miał dokąd uciec. Znalazł się w pułapce.

Działając odruchowo, rzucił się głową naprzód do mulistej wody kanału, której powierzchnia pokryta była grubym kożuchem śmieci i miejskich ścieków. Płynął pod tym wszystkim, dopóki nie poczuł, że brak powietrza rozrywa mu płuca, lecz zdołał w tym czasie dotrzeć do przeciwległego brzegu kanału.

Z miejsca, w którym się wynurzył, widział, jak dwaj spośród napastników biegną przez wąski mostek na tę samą stronę kanału. Prócz noży trzymali w rękach pochodnie.

Cezar zaczerpnął tchu i ponownie dał nurka. Do mostka były przywiązane dwie długie gondole. Cezar popłynął pod mostek i wynurzył się między łodziami. Trzymał głowę tuż nad powierzchnią, modląc się, żeby go nie zobaczyli.

Mężczyźni biegali tam i z powrotem po obu brzegach kanału, i po sąsiednich uliczkach. Przyświecając sobie pochodniami, przeszukiwali wszystkie szczeliny i zakamarki, lecz za każdym razem, gdy zbliżali się do kryjówki Cezara, on zanurzał się w wodzie, wstrzymując możliwie najdłużej oddech.

Po jakimś czasie, który Cezarowi dłużył się w nieskończoność, zebrali się na mostku tuż nad jego głową.

— Rzymianin gdzieś wsiąkł. Bękart prawdopodobnie utonął — powiedział któryś z niezadowoleniem.

— Lepiej dla niego, że utonął, niż miałby pływać w tym gównie.

— Kończymy na dziś — oznajmił rozkazująco inny. — Nero płaci nam za poderżnięcie mu gardła, a nie za uganianie się za nim do świtu.

Cezar słyszał powoli oddalające się kroki, w końcu wszystko ucichło.

Obawiając się, że któryś z nich mógł się zaczaić i obserwować to miejsce z okna lub z balkonu, Cezar popłynął cicho wzdłuż ciemnego brzegu wąskiego kanału w stronę Canale Grande. Dotarłszy do niego, popłynął dalej, aż do przystani własnego pałacu. Nocny strażnik, przydzielony Cezarowi przez dożę, zdumiał się, widząc honorowego gościa wyłażącego z wody — trzęsącego się i cuchnącego jak nieszczęście.

Znalazłszy się w swoich apartamentach, Cezar wziął gorącą kąpiel, włożył czyste szaty i wypił puchar grzanego wina. Przez dłuższy czas siedział pogrążony w myślach. Potem zarządził przygotowania do wyjazdu. Zamierzał świtem popłynąć do Veneto, gdzie czekał na niego powóz.

W nocy nie mógł spać. Rankiem, kiedy słońce wzeszło nad laguną, wsiadł do dużej gondoli, której załogę stanowili trzej ludzie doży, uzbrojeni w miecze i kusze. Już mieli odbijać, gdy na pomost wbiegł krzepki mężczyzna. Miał na sobie ciemny mundur.

— Ekscelencjo! — zawołał, dysząc ciężko. — Jestem kapitanem straży, odpowiedzialnym za tę dzielnicę miasta. Nim ekscelencja nas opuści, chciałbym przeprosić za nocny incydent. Wenecja aż się roi od złodziei i bandytów, którzy nocą wyłażą na nadbrzeża jak szczury.

— Może należałoby zwiększyć liczebność straży — zauważył cierpko Cezar.

— Ekscelencjo, proszę wyświadczyć mi wielką przysługę i zechcieć opóźnić wyjazd. Udaliśmy się na miejsce napadu. Eskorta może poczekać na przystani. Weszlibyśmy do kilku okolicznych domów, może udałoby się zidentyfikować napastników.

Cezarem miotały sprzeczne chęci. Z jednej strony chciał jak najprędzej wracać, z drugiej zaś interesowało go, kto wynajął płatnych bandytów. Czekało go jednak dużo roboty, a śledztwo mogło przeciągnąć się na wiele godzin. Postanowił, że o wyniku dochodzenia dowie się później, teraz zaś wróci do Rzymu.

— Kapitanie — powiedział — w normalnych okolicznościach służyłbym chętnie pomocą, lecz mój powóz czeka. Chciałbym dotrzeć do Ferrary przed zapadnięciem zmroku, bo wiejskie drogi są równie niebezpieczne, jak twoje uliczki. Musisz mi wybaczyć.

Ogromny policjant uśmiechnął się i zasalutował.

— Czy ekscelencja wkrótce znów zawita do Wenecji?

— Mam nadzieję — odparł z uśmiechem Cezar.

— Może wtedy ekscelencja zechce nam pomóc. Proszę się ze mną skontaktować w głównej kwaterze straży, w pobliżu Rialto. Nazywam się Bernardino Nerozzi, ale wszyscy mówią na mnie Nero.

W drodze do Rzymu Cezar zastanawiał się, kto opłacił kapitana weneckiej straży, żeby go zabił. Trudno było odpowiedzieć na to pytanie, gdyż istniało zbyt wiele możliwości. Gdyby zamach się udał, byłoby tylu podejrzanych, że sprawcy zbrodni nigdy nie zostaliby wykryci.

Mimo to snuł dalej rozważania. Czy to któryś z krewnych Alfonsa Aragońskiego chciał pomścić jego śmierć? Albo rozzłoszczony Giovanni Sforza, upokorzony rozwodem i oskarżeniem o impotencję? A może ktoś z rodu Riariów, wściekły z powodu uwięzienia Cateriny Sforzy? A może kulturalny, lecz nienawidzący wszystkich Borgiów kardynał Giuliano della Rovere? Mógł to być również któryś z namiestników Faenzy, Urbino lub innego miasta, chcący zapobiec wyprawie Cezara, lub wreszcie ktokolwiek z setek ludzi mających na pieńku z jego ojcem.

W chwili kiedy powóz wjeżdżał do Rzymu, Cezar nadal nie wiedział, kogo przede wszystkim podejrzewać. Wiedział tylko, że musi być czujny, gdyż ktoś zamierza go zabić.

Lukrecja uświadomiła sobie, że śmierć Alfonsa jest dla niej wygnaniem z raju, w którym przebywała od chwili, kiedy Cezar rozbudził ją seksualnie. Raptem ujrzała swoje życie i swoją rodzinę we właściwym świetle. Poczuła się odrzucona przez własnego ojca, przez Ojca Świętego i przez Boga.

Wygnanie było dla niej ciosem. Do tej pory żyła i kochała, przebywając w świecie ułudy, w magicznych realiach, które się skończyły. Jakże żałowała tych czasów. Przypominała sobie wszystko od początku, chcąc, żeby trwały dalej...

Kiedy była maleńka, ojciec sadzał ją sobie na kolanach i opowiadał mity o bogach Olimpu i Tytanach. Czy on sam nie był Zeusem, największym bogiem Olimpu? Jego głos był jak piorun, łzy jak deszcz, uśmiech jak słońce, które ją oświetlało. Czyż ona nie była Ateną? Albo Wenerą, boginią miłości?

Kiedy ojciec czytał jej historię stworzenia, gestykulacją wspomagając słowa — ona była najpierw śliczną Ewą, kuszoną przez węża, a potem cnotliwą Madonną, która, będąc niepokalaną dziewicą, urodziła Jezusa. Boga.

W ramionach ojca czuła się wolna od trosk, w ramionach Ojca Świętego chroniła się przed złem. Nie lękała się śmierci, bo wiedziała, że jest bezpieczna w ramionach Boga. Czyż wszyscy razem nie stanowili jednej i tej samej postaci?

Dopiero teraz, gdy przywdziała czarny welon żałoby, opadła z jej oczu zasłona iluzji.

Kiedy pochyliła się, żeby pocałować zimne, zesztywniałe wargi męża, poczuła pustkę ludzkiej śmierci. Uświadomiła sobie, że życie jest cierpieniem i że kiedyś umrze. Nie tylko ona, lecz także ojciec, Cezar i inni. Do tej pory w jej pojęciu wszyscy byli nieśmiertelni. Z żalu nad nimi wszystkimi zaczęła płakać.

Przez wiele nocy nie mogła zasnąć. Za dnia chodziła godzinami, daremnie szukając miejsca, w którym zaznałaby chwili spokoju. Nurtowały ją uczucia strachu i zwątpienia. W końcu doszła do wniosku, że opuściła ją wszelka wiara. Nie miała już żadnego oparcia.

— Co się ze mną dzieje? — spytała po wielu dniach Sancię, bowiem bezustannie gnębiły ją przerażenie i rozpacz. Przestała wstawać z łóżka, rozżalona śmiercią Alfonsa i coraz bardziej przestraszona własnym stanem.

Sancia usiadła na brzegu łóżka, przesunęła ręką po głowie Lukrecji.

— Mam wrażenie, że już się zorientowałaś, iż jesteś pionkiem w grze twojego ojca — powiedziała. — Mniej ważnym niż Cezar. On musi podbijać coraz to nowe terytoria, aby w pełni zajaśniała potęga rodu Borgiów. Trudno pogodzić się z taką świadomością.

— To nie może być prawda — zaoponowała Lukrecja. — Ojciec zawsze dbał o moje szczęście.

— Zawsze? — spytała Sancia z odrobiną ironii w głosie. —

Widocznie to jest jedna z cech twojego ojca i Ojca Świętego, której ja nie potrafię dostrzec. Przede wszystkim musisz wydobrzeć i musisz być silna. Jesteś potrzebna swoim dzieciom.

— Czy twój ojciec jest dla ciebie dobry? — spytała Lukrecja. — Czy potrafi cię docenić?

Sancia pokręciła głową.

— Teraz nie jest dla mnie ani zły, ani dobry, bo od czasu inwazji Francuzów jest chory. Niektórzy mówią, że zwariował... mimo to jest dla mnie milszy niż przedtem. Mieszka w wieży naszego pałacu w Neapolu. Moja rodzina się nim opiekuje. Kiedy jest przestraszony, krzyczy: „Słyszę Francję! Drzewa i kamienie wzywają Francję!". Mimo swojego szaleństwa jest lepszy od twojego ojca. Poza tym nigdy nie byłam dla niego całym światem ani on nie był całym światem dla mnie. Był ojcem, ale nie kochał aż tak bardzo, żeby ta miłość mnie potem osłabiła.

Lukrecja rozpłakała się, bo w rozumowaniu Sancii dostrzegła przykrą prawdę. Zagrzebała się na powrót w pościeli, próbując się domyślić, dlaczego ojciec tak się zmienił.

Opowiadał jej o Bogu, łagodnym i miłosiernym, natomiast Ojciec Święty, który wszak jest jego pełnomocnikiem, bywał surowy i często okrutny. Poczuła przyspieszone bicie serca, gdy odważyła się pomyśleć: Jak to możliwe, żeby w imię dobra i w imię Boga działo się tyle zła?

Od chwili gdy zadała sobie to pytanie, zaczęła wątpić w mądrość ojca. Czy jego nauki są dobre i słuszne? Czy rzeczywiście jest namiestnikiem Chrystusa na ziemi? Czy werdykty Ojca Świętego to werdykty Boga? Była pewna, że miłosierny Bóg, którego nosiła w sercu, nie miał nic wspólnego z karzącym Bogiem, który podszeptywał rady jej ojcu.

Nie upłynął nawet miesiąc od śmierci Alfonsa, a już papież Aleksander zaczął się rozglądać za kandydatem na następnego męża dla Lukrecji. Mimo iż wiedział, że zostanie posądzony o gruboskórność, był zdecydowany zająć się jej przyszłością. Nie chciał, żeby w razie jego śmierci została wdową bez opieki, zmuszoną do jadania na glinianych talerzach zamiast na srebrnych.

Aleksander wezwał Duarte, żeby przedyskutować z nim różne możliwości.

— Co myślisz o Ludwiku de Ligny? — zapytał. — Jest, bądź co bądź, kuzynem króla Francji.

Duarte odparł wprost:

— Nie sądzę, żeby przypadł Lukrecji do gustu.

Papież wysłał list do Nepi, pytając Lukrecję o opinię. Otrzymał odpowiedź, która brzmiała: „Nie chcę żyć we Francji".

W następnym liście zaproponował Francisca Orsiniego, księcia Graviny. W odpowiedzi Lukrecja napisała: „Nie chcę wychodzić za mąż".

Kiedy papież wysłał jej kolejny list, pytając o powód, Lukrecja odpisała krótko: „Wszystkich moich mężów spotkało nieszczęście. Nie chcę mieć na sumieniu kolejnego".

Papież znów wezwał Duarte.

— Stała się po prostu niemożliwa — stwierdził. — Ma złą wolę i jest nieznośna. Nie będę żył wiecznie, a kiedy umrę, zostanie jej tylko Cezar.

— W towarzystwie Jofre i Sancii czuje się dobrze — odparł Duarte. — Myślę, że potrzebuje dłuższego czasu, żeby się otrząsnąć ze smutku. Niech Wasza Świątobliwość wezwie ją do Rzymu, wtedy będzie sposobność poddania jej pod rozwagę dalszych propozycji. Nowy ślub musi się odbyć niebawem, a Nepi leży zbyt daleko od Rzymu.

Czas mijał, mimo to Lukrecja nie mogła pozbyć się przygnębienia i znaleźć motywacji do życia. Któregoś wieczoru, gdy już leżała, czytając przy świetle świec, wszedł Jofre. Przysiadł na krawędzi łóżka.

Bujne blond włosy brata przykrywał biret z zielonego aksamitu. Wiedziała, że Jofre zwykle kładł się wcześnie, więc zdziwiła się, iż jest ubrany tak, jakby przygotowywał się do wyjścia. Nim jednak zdążyła go o to spytać, zaczął mówić. Miała wrażenie, że robi to z przymusem.

— Zrobiłem coś, czego się wstydzę — wyznał. — Za czyn, który popełniłem, wydałem na siebie wyrok, jakiego żaden bóg by nie wydał. Zrobiłem rzeczy, za które ojciec by mnie ukarał, mimo że w odwrotnej sytuacji ja bym go nie ukarał.

Lukrecja usiadła w łóżku. Oczy miała zapuchnięte i piekące od płaczu.

— Za co ojciec miałby cię ukarać, braciszku? Z naszej czwórki tobą zajmował się najmniej, mimo że byłeś z nas najmilszy.

Jofre spojrzał na siostrę. Widziała jego wewnętrzną rozterkę. Od długiego czasu walczył z chęcią zwierzenia się komuś, a jej ufał najbardziej.

— Nie mogę dłużej żyć z tym grzechem — powiedział. — Zbyt długo go w sobie nosiłem.

Lukrecja wzięła Jofre za rękę, gdyż ujrzała w jego oczach taki wstyd i poczucie winy, przy których jej własne zmartwienie wydawało się nic nieznaczące.

— Co cię tak martwi? — spytała.

— Kiedy dowiesz się prawdy, zaczniesz mną pogardzać — odparł. — Gdybym powiedział to komukolwiek innemu, byłbym zgubiony, lecz jeśli nie zrzucę z siebie tego ciężaru, to zwariuję albo będę potępiony. To drugie przeraża mnie bardziej.

Lukrecja patrzyła nań z przejęciem.

— Cóż to za grzech, który sprawia, że cały się trzęsiesz? — spytała. — Możesz mi zaufać i czuć się bezpiecznie. Przyrzekam, że nikomu nie zdradzę twojej tajemnicy.

Jofre spojrzał na siostrę i jąkając się, wyznał:

— To nie Cezar zabił naszego brata, Juana.

Lukrecja szybko położyła palce na jego wargach.

— Ani słowa więcej, braciszku. Nie mów tego, co czuję

moim sercem, bo znam cię od dziecka. Jednego nie rozumiem, dla jakich wartości można popełnić taki czyn?

Jofre oparł głowę na piersi siostry, która go przytuliła.

— Dla Sancii — wyszeptał. — Jestem do niej przywiązany duszą i ciałem w sposób, którego sam nie pojmuję. Mam uczucie, że bez niej nie mogę oddychać.

Lukrecja pomyślała o Alfonsie i zrozumiała. Potem pomyślała o Cezarze, i o tym, jaką musi znosić udrękę. Ogarnęło ją współczucie dla wszystkich, którzy byli ofiarami miłości. Tej nocy miłość wydała jej się bardziej zdradliwa niż wojna.

Cezar nie wyobrażał sobie wyjazdu na dalszą część kampanii bez zobaczenia się z Lukrecją. Chciał się wytłumaczyć, błagać o przebaczenie, próbować odzyskać jej miłość.

Kiedy przybył do pałacu w Nepi, Sancia zastawiła mu drogę, ale minął ją i poszedł prosto do komnat siostry.

Siedziała przy lutni, grając jakąś rzewną melodię. Kiedy zobaczyła Cezara, jej palce zamarły na strunach instrumentu.

Podbiegł ku Lukrecji, ukląkł i położył głowę na kolanach.

— Przeklinam dzień, w którym się urodziłem po to, żeby wyrządzić ci taką krzywdę. Przeklinam dzień, w którym poczułem, że kocham cię ponad życie. Przybyłem, żeby przed następną bitwą ujrzeć cię bodaj przez chwilę, bo bez twojej miłości nie widzę sensu w żadnym działaniu.

Lukrecja położyła dłoń na głowie brata. Głaskała go pieszczotliwie po kasztanowatych włosach, dopóki nie podniósł głowy. Patrzył jej w oczy, lecz przez dłuższy czas milczał.

— Przebaczysz mi kiedyś? — spytał.

— Jak mogłabym ci nie przebaczyć? — odparła.

W oczach Cezara zakręciły się łzy.

— Czy dalej mnie kochasz jak nikogo innego na świecie? — spytał.

Oczy Lukrecji pozostały suche. Zawahała się, po czym odetchnęła głęboko.

— Kocham cię, bracie, bo ty też jesteś pionkiem w grze. Współczuję nam obojgu.

Cezar stał przed nią, nie rozumiejąc, ale nie pytał dalej.

— Teraz, po spotkaniu z tobą, będzie mi łatwiej walczyć o zdobycie nowych terytoriów dla Rzymu.

— Uważaj na siebie — powiedziała. — Nie potrafiłabym znieść następnej straty.

Na odjezdnym pozwoliła się objąć. Poczuła, że wbrew wszystkiemu, co się wydarzyło, przyniósł jej ulgę.

— Wyjeżdżam, żeby zjednoczyć państwa papieskie — powiedział. — Mam nadzieję, że do naszego następnego spotkania zdołam się wywiązać z wszystkich moich obietnic.

Lukrecja uśmiechnęła się.

— Jeśli Bóg pozwoli, wkrótce wszyscy wrócimy do Rzymu.

W czasie pobytu w Nepi Lukrecja dużo czytała. Interesowało ją życie wielkich ludzi, czytała żywoty świętych i studiowała dzieła filozofów. Poszerzała swoją wiedzę i w końcu zrozumiała, że musi się zdecydować: wróci do aktywnego życia albo ze sobą skończy.

Zastanawiała się, czy w pierwszym przypadku znajdzie kiedykolwiek spokój. Była pewna, że nie pokocha nikogo tak, jak kochała Alfonsa.

Chcąc znaleźć spokój, musiałaby umieć wybaczyć wszystkim, którzy ją skrzywdzili, gdyż inaczej gniew, który zagościł w jej sercu i głowie, nie pozwoliłby jej przestać nienawidzić, a tym samym nie dopuściłby do jej wewnętrznego uwolnienia.

Po trzech miesiącach od chwili przybycia do Nepi zaczęła rządzić. Pierwszym pociągnięciem Lukrecji było otwarcie drzwi pałacu dla poddanych. Spotykała się z nimi i wysłuchiwała ich skarg. Zaprowadziła system rządów, który służył w równej mierze bogatym i biednym. Postanowiła teraz zająć się ludźmi pozostającymi bez opieki i tymi, którzy cierpieli — tak jak ona. Tymi, których los spoczywał w rękach potężniejszych od nich — tych, którzy nimi rządzili.

Jeśli wykorzysta władzę daną jej przez ojca i będzie dla splendoru Borgiów czyniła dobro, w odróżnieniu od Cezara, który dla tego samego celu prowadził wojnę — może uzna, że dla tego celu warto żyć. Począwszy od jutrzejszego dnia, poświęci swoje życie pomaganiu innym — wzorem świętych, którzy poświęcili życie Bogu. Będzie to robiła z taką szczodrobliwością i pokorą, że gdy dobiegnie do końca swych dni — Bóg się do niej uśmiechnie.

Tego samego dnia dostała od ojca list wzywający ją do powrotu do Rzymu.

23

Wróciwszy do Rzymu, Cezar zajął się przygotowaniem armii do wojny. W tej kampanii większość żołnierzy stanowili Włosi i Hiszpanie. Żołnierze piechoty włoskiej byli dobrze wyszkoleni, nosili metalowe hełmy i szamerowane złotem, szkarłatne kubraki z wyhaftowanym na nich herbem Borgiów. Wojskiem dowodzili zaprawieni w bojach kapitanowie hiszpańscy oraz starzy weterani: kondotierzy Gian Baglioni i Paolo Orsini. Cezar długo się zastanawiał, nim wybrał szefa sztabu; został nim Vito Vitelli, który dowodził baterią dwudziestu jeden znakomitych dział. W sumie armia liczyła dwa tysiące dwustu konnych oraz cztery tysiące trzystu żołnierzy piechoty. Były dowódca Cateriny, Dion Naldi, chcąc pomóc Cezarowi w nowych podbojach, przyprowadził własny oddział.

Pierwszym celem wojennym było zdobycie Pesaro, nadal rządzonego przez Giovanniego Sforzę, byłego męża Lukrecji. Swego czasu Aleksander ekskomunikował go, bowiem odkrył, że Sforza spiskował z Turkami, upatrując w nich sprzymierzeńców w konfrontacji z papieską armią.

Podobnie jak w przypadkach Imoli i Forli, obywatele miasta nie kwapili się oddać życia i mienia za swego okrutnego władcę. Kiedy się dowiedzieli, że Cezar podąża ku miastu, ich przywódcy uwięzili brata Giovanniego, imieniem Galli. Sam Giovanni bał się jednak stanąć do walki ze swoim straszliwym szwagrem. Uciekł zawczasu do Wenecji, oferując jej swoje ziemie.

Cezar wkroczył do Pesaro w strugach deszczu, na czele stu pięćdziesięciu żołnierzy ubranych w czerwone i żółte mundury. Przywitały go fanfary i rozradowany tłum mieszczan, którzy poddali się bez oporu. Wręczyli Cezarowi klucze do miasta — od tego momentu stawał się ich władcą.

Nie mając nic do roboty, Cezar udał się do zamku Sforzów. W apartamentach zajmowanych kiedyś przez Lukrecję założył swoją kwaterę. Dwie noce spędził w łóżku siostry, marząc o niej.

Następnego ranka skonfiskowali z Vitellim siedemdziesiąt dział z arsenału Pesaro. Wyruszając na Rimini, artylerzyści Cezara mieli już dziewięćdziesiąt jeden dział. Najbardziej dawał się we znaki wojsku bezustannie padający deszcz, który utrudniał marsz po polnych drogach. Zanim jednak doszli do bram miasta, jego obywatele — na wieść, że Cezar nadciąga — wypędzili znienawidzonych ciemiężycieli, Pana i Carla Malatestów. Kolejne miasto poddało się bez walki.

Cezar, zadowolony z łatwych zwycięstw, miał świadomość, że następny cel może okazać się twardym orzechem do zgryzienia. Faenzą rządził uwielbiany władca — Astorre Manfredi. Miasto było potężną fortecą, otoczoną wysokim murem zwieńczonym blankami, w dodatku było zamieszkane przez dzielnych i lojalnych obywateli. Broniła go najlepsza piechota włoska. Cezar spodziewał się, że Faenza stawi zdecydowany opór.

Początek bitwy nie zapowiadał sukcesu. Armaty Vitellego bombardowały systematycznie mury fortecy, lecz zdołały spowodować jedynie niewielki wyłom. Kiedy żołnierze Cezara próbowali wedrzeć się przezeń do miasta, zostali odparci przez piechotę Astorre Manfrediego, ponosząc ciężkie straty.

W obozie Cezara doszło do kłótni między włoskimi dowódcami najemników a dowódcami oddziałów hiszpańskich. Strony obarczały się wzajemnie odpowiedzialnością za klęskę.

Z początkiem zimy nadeszły mrozy. Wojsko zaczęło narzekać. Gian Baglioni, jeden z kondotierów Cezara, rozzłoszczony krytyką ze strony Hiszpanów, odszedł ze swoimi żołnierzami do Perugii.

Cezar uznał, że wobec zaistniałych trudności nie zdobędzie miasta zimą. Musi poczekać do wiosny. Podjąwszy decyzję, wydał odpowiednie rozkazy. Zostawił niewielki oddział, którego zadaniem było kontynuowanie oblężenia, a resztę żołnierzy rozesłał po okolicznych wioskach, położonych wzdłuż drogi do Rimini. Sam udał się do Ceseny.

W mieście, uprzednio rządzonym przez rodzinę Malatestów, wznosił się rozległy zamek, natomiast mieszkańcy Ceseny słynęli w całej Italii z waleczności i zamiłowania do rozrywek. Cezar zajął pałac i zapraszał doń obywateli miasta. Oprowadzając ich po wspaniałych, aż kapiących bogactwem komnatach byłych władców, chciał unaocznić mieszkańcom, dla jakich celów musieli tak ciężko pracować.

W odróżnieniu od poprzednich rządzących Cezar obracał się wśród prostych ludzi. Za dnia brał udział we wszelkiego rodzaju turniejach, także z udziałem arystokratów, w których zawsze zwyciężał. Lubił festyny ludowe, tańce, jarmarki — dzięki temu cieszył się uwielbieniem mieszkańców Ceseny, którzy czuli się zaszczyceni jego towarzystwem.

Któregoś wieczoru, biorąc udział w jakimś festynie, trafił na dużą salę, gdzie odbywały się walki zapaśnicze. Na środku sali, na ziemi pokrytej słomą stał drewniany ring, wewnątrz którego zmagali się ze sobą młodzi, muskularni mężczyźni — pocąc się obficie i obrzucając wyzwiskami.

Cezar rozglądał się po zatłoczonym wnętrzu w poszukiwaniu godnego siebie przeciwnika. W pobliżu ringu stał ogromny, łysy mężczyzna; przywodził na myśl kamienny posąg. Był o głowę wyższy od Cezara i dwukrotnie szerszy w ramionach.

Cezar zapytał o niego. Powiedziano mu, że to wieśniak, nazywa się Zappitto i jest aktualnym mistrzem zapaśniczym miasta.

Człowiek, który udzielił Cezarowi informacji, dodał, że tego dnia Zappitto nie będzie walczył.

Cezar postanowił sam z nim porozmawiać.

— Dobry człowieku — powiedział — wiem, kim jesteś. Czy jako mistrz miasta nie zaszczyciłbyś mnie, staczając ze mną dzisiejszego pięknego wieczoru walkę?

Zappitto pokazał w uśmiechu rząd czarnych zębów. Wiedział, jaki stanie się sławny, jeśli zwycięży syna papieża. Zgodził się ochoczo.

Zawodnicy zdjęli kubraki, koszule i buty. Cezar był dobrze umięśniony, lecz mistrz miał bicepsy i ramiona dwukrotnie potężniejsze. Stwarzał perspektywę walki, jakiej Cezar potrzebował.

Mężczyźni weszli na ring.

— Trzy rundy! Wygrywa ten, który dwa razy położy przeciwnika na łopatki! — ogłosił sędzia. W sali zapadła cisza.

Zapaśnicy okrążyli się kilka razy, po czym olbrzym skoczył na Cezara, ale ten znurkował i całym ciałem rzucił się na nogi Zappitta. Wykorzystując wagę i rozpęd przeciwnika, przerzucił go przez siebie. Zappitto wylądował na plecach, zdumiony i zaskoczony. Cezar padł na jego tors, odnosząc błyskawiczne zwycięstwo.

— Punkt dla pretendenta! — krzyknął sędzia.

Zaskoczona widownia przez chwilę siedziała w milczeniu. Po chwili rozległy się brawa i oklaski.

Cezar i Zappitto powtórnie zajęli miejsca po przeciwnych stronach ringu.

Sędzia krzyknął:

— Naprzód!

Mężczyźni znów najpierw okrążali się wzajemnie. Zappitto nie był głupcem, potrafił wyciągnąć wnioski z porażki. Tym razem nie zaatakował na ślepo. Zamiast tego nadal okrążał przeciwnika.

Cezar ruszył do przodu. Kopnął przeciwnika z całej siły w kolano, mając nadzieję, że ten straci równowagę, lecz to było jak kopnięcie w pień drzewa. Zappitto ani drgnął.

Teraz Zappitto, który okazał się szybszy, niż Cezar się spodziewał, chwycił go za stopę i zaczął nim wywijać młynka. W trakcie wirowania przesunął uchwyt na udo Cezara, po czym wciągnął go sobie na ramiona. Obrócił się jeszcze dwa razy, następnie rzucił Cezara twarzą w dół, na słomę i padł na oszołomionego przeciwnika, przyciskając jego plecy do podłogi.

Sędzia zawołał:
— Punkt dla mistrza!

Widownia zatrzęsła się od oklasków.

Cezar potrzebował paru minut, żeby dojść siebie, po czym po raz trzeci zajął pozycję wyjściową.

Sędzia krzyknął:
— Naprzód!

Cezar zareagował błyskawicznie. Miał zamiar złapać dłoń i palce Zappitta chwytem, którego się nauczył w Genui. Przytrzymując je w uścisku, zacznie mu wyłamywać palce, a kiedy olbrzym zrobi krok wstecz, żeby zmniejszyć naprężenie, Cezar błyskawicznie podstawi mu nogę, przerzucając go przez kolano na plecy.

Udało mu się złapać olbrzymią dłoń przeciwnika. Próbował z całej siły odgiąć jego palce, ale okazało się, że są sztywne jak żelazne pręty.

W następnej chwili Zappitto, spocony z wysiłku, zacisnął palce wokół dłoni Cezara, miażdżąc mu kostki. Cezar powstrzymał okrzyk bólu i spróbował wolnym ramieniem założyć pętlę na szyi przeciwnika, ale Zappitto chwycił drugą ręką, po czym skupiony, z posępną miną zaczął kruszyć kostki obu dłoni Cezara.

Ból był tak straszny, że Cezarowi zaparło dech. Dobywając resztek sił, kleszczowym chwytem nóg objął gruby pas rywala. Mając mocne nogi, ufał jeszcze, że zablokuje przeciwnikowi oddech, lecz Zappitto po prostu rzucił się naprzód, padając całym ciężarem na Cezara i przygniatając go do podłogi.

— Drugi punkt i zwycięstwo! — ogłosił sędzia. Podniósł w górę rękę Zappitta.

Ludzie wiwatowali, gdyż ich mistrz zwyciężył.

Cezar uścisnął dłoń przeciwnika.

— Cieszę się, że się z tobą spotkałem. Warto było — powiedział. Sięgnął do swojego kubraka, który leżał obok ringu, i wyjął z niego sakiewkę. Ukłonił się i z uśmiechem wręczył ją zwycięzcy.

Widownia oszalała. Krzyczano i wiwatowano. Nie dość, że wielki pan traktował ich dobrze, to jeszcze brał udział w ich rozrywkach. Tańczył z nimi, mocował się, a w dodatku potrafił z honorem przegrywać.

Cezar brał udział w festynach i zawodach nie tylko dla własnej przyjemności, lecz również po to, żeby zaskarbić sobie miłość ludzi. Miał zamiar zjednoczyć kraj i zapewnić pokój wszystkim poddanym. Wiedział, że sama życzliwość to za mało. Kategorycznie zabronił żołnierzom gwałcić, kraść lub w jakikolwiek sposób naruszać spokój ludności na obszarze podbitych księstw.

Pewnego mroźnego ranka, tydzień po walce z Zappittem, strażnik przyprowadził przed oblicze Cezara trzech zakutych w łańcuchy żołnierzy piechoty.

Sierżant straży, nazwiskiem Ramiro da Lorca, był twardym, rzymskim żołnierzem. Zameldował Cezarowi, że jego więźniowie pili cały dzień.

— Co gorsza, kapitanie, włamali się do sklepu rzeźnika, ukradli dwa kurczaki i barani udziec, a na koniec pobili do krwi syna rzeźnika, który usiłował im przeszkodzić.

Cezar podszedł do więźniów.

— Przyznajecie się do winy?

Najstarszy z nich, mogący mieć około trzydziestu lat, błagalnym tonem powiedział:

— Wasza Łaskawość, wzięliśmy zaledwie trochę kiepskiego żarcia. Byliśmy głodni, Wasza Łaskawość, myśmy tylko...

Da Lorca przerwał mu.

— Łże, kapitanie. Dostawali regularnie żołd, taki sam jak inni. Nie musieli kraść.

Aleksander często powtarzał, że każdy przywódca musi dokonywać wyborów — nieraz bardzo trudnych. Cezar spojrzał na trzech żołnierzy, a potem na tłum mieszczan, którzy zgromadzili się na placu.

— Powiesić ich! — rozkazał.

Żołnierz mówił dalej, jak gdyby nie usłyszał słów Cezara.

— ...wzięliśmy parę kurcząt i kawałek mięsa, Wasza Łaskawość, nic więcej.

Cezar podszedł do niego.

— Nie rozumiesz, człowieku. Tu nie chodzi o parę kurcząt. Z rozkazu Ojca Świętego wszyscy żołnierze są dobrze opłacani. Po co? Żeby nie okradali i nie znęcali się nad mieszkańcami podbitych terenów. Moi żołnierze są dobrze żywieni i mają wygodne kwatery po to, żeby nie zakłócali spokoju miejscowej ludności. Nie dopuszczę do tego, by mieszkańcy zdobytych miast mieli powód do nienawiści w stosunku do armii papieskiej. Nie muszą nas kochać, ale mam nadzieję, że przynajmniej nie będą nami pogardzać. Wasz postępek godzi w moje intencje i narusza wolę samego Ojca Świętego.

Tego samego dnia przed zachodem słońca trzej więźniowie, żołnierze armii papieskiej, zostali powieszeni na placu — w akcie zadośćuczynienia wszystkim mieszkańcom Ceseny i jako przestroga dla całego wojska.

Wieczorem wszędzie świętowano: w tawernach i w domach, w mieście i poza nim. Zapanowała zgodna opinia, że nadchodzą lepsze czasy, gdyż nowy pan, Cezar Borgia, okazał się władcą sprawiedliwym.

Z nadejściem wiosny siły Cezara wzmocniły się o oddziały francuskie przysłane przez króla Ludwika. Znajomy z Mediolanu polecał mu gorąco pewnego inżyniera, wynalazcę i artystę, nazwiskiem Leonardo da Vinci, który miał opinię eksperta od nowoczesnego uzbrojenia.

Przybywszy do pałacu Malatestów, da Vinci zastał Cezara przy studiowaniu planów fortyfikacji w Faenzie.

— Te mury równie łatwo otrząsają się z naszego bombardowania, jak pies z wody. W jaki sposób zrobić wyłom na tyle szeroki, żeby pozwolił na atak naszej piechoty i kawalerii?

Da Vinci uśmiechnął się.

— To żadna trudność. Absolutnie żadna, kapitanie.

— Co masz na myśli, mistrzu? — spytał Cezar z zainteresowaniem.

— Użyj mojej ruchomej wieży oblężniczej. Wiem, że myślisz w tej chwili o wieżach, które są znane od wieków, i że one nie spełnią zadania. Moja wieża różni się od tamtych. Składa się z trzech oddzielnych części i może być przetoczona na kołach w ostatniej chwili przed atakiem. Wewnątrz są drabiny, które prowadzą do osłoniętej komory, mogącej pomieścić trzydziestu ludzi. Są zabezpieczeni od przodu drewnianą klapą na zawiasach, którą można opuścić, podobnie jak zwodzony most, na szczyt muru. Powstaje w ten sposób platforma, po której trzydziestu żołnierzy może pobiec na mury i zaatakować wroga, a w tym czasie następna trzydziestka zajmuje pozycję wyjściową. W ciągu trzech minut w obrębie murów znajdzie się dziewięćdziesięciu żołnierzy, a po dalszych dziesięciu — trzystu, czyli tylu, ilu zmieści moja wieża.

— Mistrzu, jesteś genialny! — wykrzyknął uradowany Cezar.

— Chcę dodać, że najbardziej zaskakującą cechą mojej wieży jest to, że nigdy nie będziesz musiał jej użyć.

— Nie rozumiem — powiedział zaintrygowany Cezar.

Twarz Leonarda da Vinci złagodniała.

— Z twoich planów wynika, że mury Faenzy mają dziesięć metrów wysokości. Kilka dni przed atakiem musisz rozpuścić w mieście wiadomość, iż masz zamiar użyć mojej wieży, która potrafi pokonać każdą ścianę o wysokości do dwunastu metrów. Czy to da się zrobić?

— Naturalnie. Każda karczma przy drodze do Rimini jest pełna ludzi, którzy zaniosą wieść do Faenzy.

— Zacznij budować wieżę w zasięgu wzroku wroga. — Da Vinci rozwinął arkusz pergaminu zawierający szczegółowe rysunki ogromnej, trzyczęściowej wieży. — Mam ze sobą projekt wieży — powiedział.

Każdy rysunek opatrzono pismem, którego Cezar nie potrafił odczytać.

Da Vinci uśmiechnął się lekko, widząc jego zaintrygowanie.

— To mój sposób na zmylenie szpiegów i plagiatorów, bo nigdy nie wiadomo, czy ktoś nie będzie próbował ci go wykraść. Używam tego sposobu przy większości moich projektów. Piszę tak, żeby można to było odczytać jedynie w lustrze.

Cezar uśmiechnął się, podziwiając pomysłowość artysty.

Da Vinci mówił dalej.

— Kiedy nieprzyjaciel zobaczy, że budujesz wieżę, i dowie się, jaka jest groźna, dojdzie do wniosku, że nie pozostaje mu wiele czasu. Będzie pewny, że wieża podejdzie do murów, które przy swoich dziesięciu metrach wysokości zostaną łatwo pokonane. Co wówczas zrobi? Podwyższy mury fortecy o trzy metry. Popełni w ten sposób straszny błąd, zapominając, że podstawa murów, jeśli ma utrzymać dodatkowy ciężar, powinna być mocniejsza. Nim jednak dojdzie do takiego wniosku... twoja artyleria rozpocznie ogień.

Cezar wezwał swoje oddziały z okolicznych miast. Tymczasem jego zausznicy opowiadali w przydrożnych karczmach o nowej, niespotykanej wieży Cezara Borgii.

Zgodnie z sugestią Leonarda da Vinci, Cezar zarządził, żeby konstruktorzy zaczęli budować wieżę w zasięgu wzroku obrońców Faenzy. Kiedy siły Cezara zajęły stanowiska wokół miasta, a armaty zostały wysunięte do przodu, zaobserwowano gorączkowe prace na murach. Zastępy ludzi wnosiły na ich szczyt ogromne kamienie, umieszczając jedne na drugich. Zadowolony Cezar odwlekał atak, żeby im dać więcej czasu.

Posłał po kapitana Vita Vitellego. Z namiotu Cezara widać było całe miasto.

— Teraz ci powiem, czego od ciebie oczekuję — powiedział Cezar. — Skoncentruj cały ogień na fundamentach murów pomiędzy tamtymi dwoma bastionami. — Wskazał na odcinek tak szeroki, żeby pomieścił całą armię.

— Na fundamentach, kapitanie? — spytał z niedowierzaniem Vitelli. — W tym miejscu atakowaliśmy ubiegłej zimy i ponieśliśmy klęskę. Powinniśmy bombardować mury. Może w ten sposób powoli ich powybijamy.

Cezar nie chciał zdradzać nikomu tajemnicy wieży da Vinci, gdyż zamierzał jej użyć do zdobycia innych miast.

— Vito, zrobisz tak, jak mówię — rozkazał. — Każdy pocisk ma trafiać w fundamenty.

Twarz dowódcy artylerii wyrażała zdumienie, lecz okazał posłuszeństwo.

— Jak sobie życzysz, Cezarze, ale to będzie marnowanie pocisków. — Ukłonił się i wyszedł.

Po chwili Cezar zobaczył, jak Vitelli wydaje polecenia artylerzystom, którzy następnie przetoczyli działa w wytyczony przez niego rejon murów, a potem, kręcąc korbami, obniżyli linię celowania.

Cezar rozkazał, żeby piechota i lekka kawaleria ustawiły się za armatami. Własną zbroję przywdział znacznie wcześniej. Teraz nakazał gotowość bojową żołnierzom oddziałów pancernych. Żołnierze pomrukiwali z niezadowoleniem, wkładając zbroje i wsiadając na konie. Oblężenie mogło potrwać parę miesięcy. Czyżby mieli tkwić w siodłach aż do lata?

Kiedy Cezar upewnił się, że wszystko jest gotowe, skinął na Vitellego. Kondotier krzyknął:

— Ognia!

Działa zaryczały, zostały naładowane i ryknęły ponownie. Pociski uderzały w mury na wysokości około metra nad ziemią. Kanonada trwała. Vitelli dwa razy popatrzył pytająco na Cezara, jak gdyby posądzał go, że jest niezdrów na umyśle, lecz za każdym razem Cezar dawał znak, żeby kontynuować bombardowanie.

W pewnym momencie usłyszeli łoskot. Był coraz potężniejszy, a po chwili piętnastometrowy odcinek murów zawalił się, wzbijając ogromny tuman kurzu. Obrońcy odcinka zginęli lub zostali ranni — żołnierze Cezara słyszeli ich jęki.

Cezar natychmiast wydał rozkaz do ataku. Lekka kawaleria, wspomagana przez piechotę, wdarła się do wyłomu, po czym rozwinęła się w wachlarz, żeby zaatakować obrońców od tyłu.

Cezar odczekał cztery minuty, po czym wydał pancernym rozkaz szarży.

Rezerwowe oddziały obrońców miasta, które biegły w stronę murów, żeby bronić wyłomu, zostały rozbite przez oddział Cezara. Ci, którzy znajdowali się na nienaruszonej części murów, zostali zaatakowani od tyłu. Kusze, miecze i lance żołnierzy Cezara szybko się z nimi uporały. Po kilku minutach dowódca żołnierzy Faenzy krzyknął:

— Poddajemy się! Poddajemy się!

Cezar zobaczył, że obrońcy składają broń i podnoszą ręce. Skinął głową na znak zgody, po czym wydał rozkaz dowódcom, żeby wstrzymali rzeź.

Faenza przeszła pod kontrolę papieża.

Książę Astorre Manfredi, władca Faenzy, otrzymał gwarancję bezpieczeństwa i pozwolenie na wyjazd do Rzymu, lecz wyraził chęć pozostania przy Cezarze w charakterze adiutanta. Wyznał, że Cezar mu imponuje i że pragnie zaznać przygód u jego boku. Cezar był zdziwiony, lecz się zgodził. Wkrótce go polubił, gdyż Manfredi okazał się inteligentny i mimo szesnastu lat potrafił mieć własne zdanie.

Po kilku dniach odpoczynku ruszyli dalej. Przedtem Cezar wręczył Leonardowi da Vinci skórzaną sakiewkę ze sporą sumą dukatów. Spytał go, czy chciałby towarzyszyć armii w dalszej drodze, lecz da Vinci odmówił.

— Muszę zająć się sztuką. Ten młody, pocący się rzeźbiarz, Michelangelo Buonarroti, dostaje lukratywne zamówienia, podczas gdy ja marnuję czas na wojnie. Nie przeczę, że jest utalentowany, ale brak mu głębi... brak mu wrażliwości. Nie, muszę wracać.

Cezar wsiadł na swojego siwka. Kiedy żegnał się z da Vinci, życząc mu powodzenia, mistrz wręczył mu arkusz pergaminu.

— To jest lista dyscyplin, którymi się zajmuję: począwszy od malowania fresków po systemy wodno-kanalizacyjne. Wynagrodzenie zawsze do negocjacji. — Uśmiechnął się i dodał: — Ekscelencjo, namalowałem w Mediolanie fresk przedstawiający Ostatnią Wieczerzę. Cieszyłbym się, gdyby Ojciec Święty go obejrzał. Sądzisz, że zechce?

Cezar skinął głową.

— Fresk jest rzeczywiście wspaniały. Podziwiałem go, kiedy byłem w Mediolanie. Ojciec Święty kocha wszelkie piękno. Jestem pewny, że fresk mu się spodoba. — Złożył pieczołowicie pergamin i wsunął go do kieszeni w pelerynie. Zasalutował, po czym spiąwszy konia ostrogami, ruszył drogą prowadzącą na północ.

24

Astorre Manfredi jechał ramię w ramię z Cezarem na północ, drogą Rimini—Bolonia. Miał miłe usposobienie i nie unikał ciężkiej pracy. Każdego wieczoru spożywał kolację w towarzystwie Cezara i jego dowódców, zabawiając ich sprośnymi piosenkami wieśniaków z okolic Faenzy. Po kolacji przysłuchiwał się Cezarowi, który zwykł analizować sytuację i przedstawiać plan na najbliższe dni.

Cezar musiał rozstrzygnąć ważny dylemat. Kampania w celu zaprowadzenia rządów papieskich w Romanii miała się ku końcowi. Nie mógł zająć Bolonii, gdyż była pod ochroną Francji. Nawet gdyby czuł się na siłach — nie zrobiłby tego, żeby nie popaść w konflikt z królem Ludwikiem, w dodatku zdawał sobie sprawę, że papież nie zaaprobowałby takiego kroku.

W rezultacie postanowił nie zajmować miasta, za to opanować Castel Bolognese, potężną twierdzę, położoną poza obrębem murów Bolonii. Miał w rękawie asa. Bentivoglio, który rządził Bolonią, wiedział tylko tyle, że Cezar Borgia ciągnie z całą armią ku miastu. O planie Cezara nie wiedzieli nawet jego dowódcy, przekonani, że zamierza zaatakować miasto.

Namyśliwszy się głęboko, Cezar taktycznie zatrzymał wojska w odległości paru kilometrów od bram miasta. Giovanni Bentivoglio, władca Bolonii, potężny mężczyzna, przyjechał na ogromnym koniu na spotkanie. Towarzyszący mu chorąży trzymał sztandar z jego godłem — czerwoną piłą na białym tle.

Bentivoglio był walecznym dowódcą, a przy tym niepozbawionym rozsądku człowiekiem.

— Cezarze, mój przyjacielu, czy musimy ze sobą walczyć? Nie wiadomo, czy wygrasz, a jeśli nawet, to rozprawią się z tobą twoi francuscy przyjaciele. Czy nie ma sposobu, żeby cię nakłonić do porzucenia tego głupiego zamiaru?

Targowali się zawzięcie przez dwadzieścia minut. W końcu Cezar zgodził się nie atakować miasta, w zamian Bentivoglio przyrzekł oddać mu Castel Bolognese. Cezar wynegocjował dodatkowo zobowiązanie, że Bolonia będzie zasilała wojskiem przyszłe kampanie papieskie.

Następnego dnia żołnierze Cezara zajęli Castel Bolognese. Twierdza miała potężne mury. Rozległe magazyny podziemne były pełne amunicji, a kwatery oficerskie — jak na obiekt wojskowy — bardzo wygodne. Cezar i jego dowódcy byli zachwyceni.

Wieczorem Cezar podjął ich wystawną kolacją, na której podano pieczone koźlęta w sosie figowym z pieprzem, do tego smażoną cykorię z dodatkiem oliwy i miejscowych ziół. Gawędząc i śpiewając, wypili mnóstwo czerwonego frascati.

Żołnierze Cezara również ucztowali. Cezar poszedł do nich, podziękował im i pogratulował zwycięstwa. Żołnierze kochali swego wodza. Byli w stosunku do niego równie lojalni, jak mieszkańcy zdobytych miast.

Po kolacji Cezar i oficerowie porozbierali się i wskoczyli do basenu z wodą siarczaną, czerpaną z gorących źródeł pod twierdzą. Całkowicie odprężeni, pływali w mulistej, gorącej wodzie, która odrobinę pachniała zepsutymi jajkami. Po kąpieli oficerowie jeden po drugim powychodzili z basenu i umyli się, wylewając na siebie kubły czystej, zimnej wody z pobliskiej studni. W basenie zostali tylko Cezar i Astorre Manfredi, pławiąc się leniwie w ciepłej, szlamistej wodzie.

W pewnym momencie Cezar poczuł na swoim udzie dotyk ręki. Będąc w alkoholowym zamroczeniu, początkowo nie reagował. Palce delikatnie powędrowały w górę i zaczęły go pieścić.

Po chwili zdał sobie sprawę z sytuacji. Odsunął łagodnie rękę Astorre.

— Nie rób tego. Nie jestem zainteresowany.

— Nie zrozum mnie źle, Cezarze. Nie kieruje mną żądza — wyznał szczerze Astorre. — Jestem w tobie zakochany i kocham cię już od dawna.

Cezar usiadł wyprostowany w mulistej wodzie, starając się zebrać myśli.

— Astorre — zaczął po chwili. — Uważam cię za przyjaciela. Lubię cię i podziwiam. Czy to ci nie wystarcza?

— Nie — wyznał ze smutkiem Astorre. — Kocham cię tak, jak Aleksander Wielki kochał swojego perskiego młodzieńca... jak król angielski Edward Drugi kochał Piersa Gavestona. Może to, co powiem, zabrzmi głupio... ale uważam to za prawdziwą miłość.

— Astorre — ciągnął Cezar łagodnie, lecz stanowczo. — Nie spełnię twoich oczekiwań. Znam wielu dobrych ludzi: żołnierzy, sportowców, nawet kardynałów, którzy mają takie związki i są nimi usatysfakcjonowani. Ja do nich nie należę. Nie licz na mnie, Astorre. Mogę być twoim lojalnym przyjacielem, ale niczym więcej.

— Rozumiem, Cezarze. — Astorre był zawstydzony i ogłupiały. Stanął wyprostowany. — Wyjadę jutro do Rzymu — powiedział.

— Nie musisz — odparł Cezar. — Twoje wyznanie nie skompromitowało cię w moich oczach.

— Nie, Cezarze. Nie mogę zostać. Muszę albo pogodzić się z tym, co powiedziałeś, wówczas przebywanie w twoim towarzystwie byłoby dla mnie zbyt bolesne, albo się oszukiwać, wierząc, że jest jakaś nadzieja. W tym drugim przypadku będę ci o sobie przypominał, aż rozzłościsz się na mnie albo, co byłoby gorsze, poczujesz do mnie obrzydzenie. Nie, muszę wyjechać!

Następnego dnia o świcie Astorre wymienił uścisk ręki z wszystkimi dowódcami, po czym objął Cezara i szepnął mu do ucha:

— Do zobaczenia, przyjacielu. Będę śnił o tym, jak mogłoby być między nami. — Uśmiechnął się zalotnie, wskoczył na konia i skierował go na południe, w stronę Rzymu.

Wieczorem tego dnia Cezar, siedząc w swoim namiocie, zastanawiał się, co ma dalej robić. Doszedł do wniosku, że wszystkie cele wytyczone przez ojca zostały osiągnięte i że nie pozostaje mu nic innego, jak wrócić do Rzymu.

Miał ochotę na dalsze podboje. Jego dowódcy, Vito Vitelli i Paolo Orsini, namawiali go do zdobycia Florencji. Vitelli pogardzał Florentczykami, a Orsini chciał powrotu Medyceuszy, będących od dawien dawna przyjaciółmi jego rodziny. Cezar miał przyjazny stosunek zarówno do Florencji, jak i do Medyceuszy, których również uważał za wypróbowanych przyjaciół. Mimo to wahał się, rozważając wszystkie za i przeciw.

Kiedy pierwsze promienie porannego słońca rozświetliły namiot, plan był gotów. Być może Vitelli i Orsini mieli rację, być może udałoby się zdobyć miasto i przywrócić przyjaznych Medyceuszy, jednak Cezar, mimo iż młody i zapalczywy, zdawał sobie sprawę, że zaatakowanie Florencji byłoby równoznaczne z zaatakowaniem Francji. Zdobywanie miasta mogło pochłonąć wiele ofiar, a jeśli nawet udałoby się je zdobyć, Francuzi wkrótce by je odebrali. Zamiast atakować miasto, lepiej było zastosować podobną strategię jak w przypadku Bolonii.

Tak więc Cezar powiódł swoje wojsko doliną rzeki Arno na południe i zatrzymał się parę kilometrów od miasta.

Dowódca obrony przyjechał na czele małego oddziału, żeby podjąć pertraktacje. Zbroje Florentczyków połyskiwały w słońcu, ich sztandar dumnie łopotał na wietrze, najwyraźniej jednak armaty Vitellego budziły respekt. Cezar był pewien, że przybysze chcą pokojowego rozstrzygnięcia. Ponieważ Florencja nie miała zamku ani twierdzy, które chętnie by objął, zgodził się na przyrzeczenie składania przez nią pokaźnej, corocznej daniny oraz obietnicę wsparcia militarnego przeciw wrogom papieża.

Sukces był wprawdzie skromny, gdyż nie przywrócił rządów Medyceuszy, ale Cezar był zadowolony z podjęcia słusznej decyzji. Są inne ziemie, które mógł podbić.

Poprowadził wojska na południowy zachód, w kierunku nadmorskiego miasta Piombino. Miasto poddało się bez oporu, niezdolne, by stawić czoło potężnej armii papieskiej.

Cezar był nienasycony. Z nabrzeży Piombino patrzył łakomie na Elbę, wyspę posiadającą bogate złoża rudy żelaza. Jakiż byłby z niej cenny kąsek dla ojca! Zdobycie jej wydawało się niemal niemożliwe, gdyż Cezar nie miał doświadczenia w wojnie na morzu.

Z ciężkim sercem postanowił rozstać się ze swoim zamiarem, gdy nagle zobaczył trzech konnych, nadjeżdżających od strony Rzymu. Zdumiał się, rozpoznając swojego brata Jofre, Micheletta i Duarte Brandao.

Jofre wysforował się naprzód, żeby się przywitać. Wydał się Cezarowi tęższy i jakby doroślejszy. Miał na sobie zielony aksamitny kubrak i pstrokate, zielono-złote pończochy. Wiatr rozwiewał jego bujne blond włosy, wymykające się spod zielonego aksamitnego biretu. Treść przekazu była krótka i szorstka, choć w głosie Jofre brzmiało braterskie przywiązanie.

— Ojciec gratuluje ci sukcesów w kampanii. Chce, żebyś wrócił do Rzymu. Kazał ci powiedzieć, że bardzo mu ciebie brak. Masz wrócić, nie zwlekając, bo twoje wojenne manewry koło Bolonii i Florencji oburzyły francuskiego króla. Cezarze, ojciec powiedział, że nic podobnego nie może się powtórzyć. Absolutnie nic!

Cezar poczuł się urażony tym, że ojciec przekazuje mu swoją wolę za pośrednictwem młodszego brata. Domyślił się, że Brandao i Micheletto przybyli na wypadek, gdyby się opierał lub gdyby odmówił spełnienia rozkazu.

Cezar zażyczył sobie rozmowy na osobności z Duarte Brandao. Kiedy szli wzdłuż nabrzeża, Cezar wskazał palcem majaczącą we mgle Elbę.

— Duarte, czy zdajesz sobie sprawę, ile warte są te kopalnie żelaza? — spytał. — Można by za nie sfinansować kampanię przeciw całemu światu. Rzadko miewam okazję, żeby zadziwić ojca, więc chciałbym je zdobyć dla niego na urodziny. Cóż innego mógłbym dać w prezencie Ojcu Świętemu? Ostatnio jest bardzo poważny, a ja chciałbym, żeby się tarzał ze śmiechu. Jeśli pozostaniemy bierni, to w przyszłym roku Elba dostanie się w ręce Francuzów. Ale cóż z moich najlepszych chęci, skoro brakuje mi kwalifikacji...

Brandao patrzył w stronę odległej wyspy, zastanawiając się w milczeniu. Nie mógł nie pomóc Cezarowi, widząc jego podniecenie szansą sprawienia ojcu fantastycznego prezentu. Obejrzał się. Przy nabrzeżu cumowało osiem galeonów z Genui.

— Myślę, że potrafiłbym ci pomóc, Cezarze, jeśli twoi ludzie są zdecydowani. Kiedyś, dawno temu, dowodziłem statkami i toczyłem bitwy na morzu.

Cezar pierwszy raz w życiu usłyszał, jak Duarte mówi o przeszłości z tęsknotą. Wahał się przez chwilę, po czym cicho spytał:

— Anglia? — Natychmiast zorientował się, że postąpił nietaktownie, gdyż Duarte zesztywniał. Objął starego ramieniem. — Przepraszam, to nie moja sprawa. Pomóż mi tylko opanować wyspę.

Postali chwilę w milczeniu, patrząc nad wodami zatoki w stronę Elby. Duarte odprężył się. Wskazał palcem na genueńskie okręty.

— Te staroświeckie, pękate łajby, jeśli umie się z nimi obchodzić, są niezawodne. Jestem pewny, że obrońcy wyspy bardziej obawiają się piratów niż inwazji wojskowej. Ich środki obrony: działa, żelazne siatki i brandery, są najprawdopodobniej skoncentrowane w porcie, który jest głównym celem ataku piratów. Znajdziemy spokojną plażę po przeciwnej stronie wyspy i tam wysadzimy tylu żołnierzy, ilu będzie trzeba, żeby opanować miasto.

— A armaty i konie? Jak one znoszą morską podróż?

— Obawiam się, że niezbyt dobrze — odparł Duarte. — Spłoszone konie mogą zdemolować okręt lub nawet się pozabijać, a przewalające się po pokładzie armaty mogą poprzebijać burty i spowodować zatonięcie okrętów. Nie weźmiemy ani jednych, ani drugich. Wystarczy sama piechota.

Studiowanie genueńskich map i przygotowania do ataku potrwały dwa dni. Następnego ranka osiem galeonów załadowanych wojskiem podniosło kotwice. Wciągnięto żagle i żołnierze piechoty, machając wesoło do pozostających na nabrzeżu artylerzystów i jazdy, odpłynęli w stronę Elby.

Wesoły nastrój nie trwał długo. Powolna żegluga po rozkołysanym morzu sprawiła, że żołnierze zaczęli gwałtownie wymiotować. Cezar też czuł mdłości, ale przygryzał wargi, chcąc to ukryć. Micheletto i — ku zdumieniu Cezara — Jofre nie reagowali na kołysanie.

Duarte, będąc w swoim żywiole, skierował okręty ku spokojnej, piaszczystej plaży. Na jej linii widać było szarozielone krzaki i kilka krzywych drzew oliwkowych, a dalej ścieżkę biegnącą poprzez wzgórza. Wokół cisza i pustka.

Galeony podpłynęły jak najbliżej brzegu, mimo to niewystarczająco blisko. Do dna było półtora metra, więc żołnierze ociągali się z wejściem do wody. Duarte, widząc ich lęk, zarządził, żeby do stępki każdego okrętu przywiązać mocną linę i rzucić ją do wody. Potem z każdego okrętu jeden marynarz miał popłynąć z liną do brzegu i przywiązać ją do drzewa oliwkowego.

Następnie Cezar, za radą Duarte, kazał połowie swoich ludzi przywiązać broń do pleców. Druga połowa miała zostać na okrętach, dopóki nie otrzyma wiadomości, że miasto zostało zdobyte.

Żołnierzom niezbyt się to podobało, lecz zastosowali się do rozkazu. Pierwszy zsunął się po burcie Duarte. Chwycił linę, po czym trzymając ją tak, żeby wszyscy to widzieli, i przekładając po niej ręce, przesuwał się w kierunku brzegu. Jako następny ruszył do brzegu Cezar. Podniesieni na duchu żołnierze jeden po drugim zsuwali się po burcie i trzymając się napiętej liny, brnęli w kierunku plaży. Nie wyobrażali sobie czegoś gorszego od dalszego pozostawania na leniwie kołyszącym się okręcie.

Kiedy wszyscy wylądowali i wysuszyli się na słońcu, Cezar dał rozkaz marszu stromą ścieżką, biegnącą wokół pasma wzgórz. Po godzinie dotarli do grzbietu, z którego rozciągał się widok na miasto i port.

Jak przewidywał Duarte, miasta broniły ogromne działa, odlane z żeliwa, zainstalowane nieruchomo u wejścia do portu. W ciągu godzinnej obserwacji ze szczytu zauważono jedynie mały oddział straży miejskiej, maszerujący po głównym placu. Nie było nawet śladu ruchomej artylerii.

Cezar poprowadził swoich żołnierzy ścieżką w dół. Poruszali się cicho, dopóki nie doszli na skraj miasta.

— Do ataku! Naprzód! — krzyknął.

Wrzeszcząc i wymachując bronią, runęli główną ulicą na centralny plac. Zaskoczony oddział straży, widząc przewagę liczebną napastników, natychmiast się poddał.

Przerażeni mieszkańcy miasta pochowali się w domach. Cezar wysłał jeden oddział do portu z zadaniem zabezpieczenia dział, drugiemu oddziałowi kazał zająć kopalnie. Trzeci oddział, z Duarte na czele, pomaszerował opanować doki portowe. Na koniec kazał swojemu chorążemu wciągnąć na maszt dwa sztandary: pierwszy — Borgiów, z szarżującym bykiem, i drugi — jego własny, z żółtym płomieniem.

Wkrótce na placu zjawiła się delegacja wystraszonych mieszczan. Cezar powiedział, kim jest, uspokajając, że nie mają się czego obawiać. Ogłosił, że wyspa od tego dnia będzie pod kontrolą papieża.

Tymczasem osiem genueńskich galeonów okrążało wyspę. Żołnierze rozpalili na brzegu ognisko oznaczające, że miasto zostało zdobyte. Okręty zawinęły do portu pod dumnie powiewającymi sztandarami Borgiów, zacumowały u nabrzeży i wysadziły na ląd resztę oddziałów.

Cezar dokonał przeglądu kopalń, po czym wyznaczył kontyngent wojska do okupowania wyspy. Reszta armii mogła wracać na stały ląd. Cezar dał rozkaz powrotu.

Kampania opanowania Elby trwała cztery godziny. Jej autorzy, Cezar Borgia i Duarte Brandao, wyruszyli teraz strzemię w strzemię w długą drogę do Rzymu. Towarzyszyli im Micheletto, Jofre i cała reszta wojska.

25

Kardynałowie della Rovere i Ascanio Sforza spotkali się potajemnie. Zasiedli przy suto zastawionym stole: różowa, solona szynka *prosciutto*, prócz tego zapiekanka pływająca w zielonej oliwie z dodatkiem czosnku i chrupiące kromki świeżo upieczonego chleba z kaszki manny. Pili wyborne, czerwone wino w ilościach, które rozwiązały im języki.

Pierwszy odezwał się Ascanio.

— Zrobiłem błąd, głosując na Aleksandra podczas ostatniego konklawe. Trudno wytrzymać na stanowisku zastępcy sekretarza stanu. Choć papież kieruje sprawami Kościoła bez zarzutu, poświęca zbyt wiele uwagi swoim dzieciom. W dodatku zaspokaja ich zachcianki w stopniu, który doprowadzi Kościół do ruiny finansowej, nim następny papież zdąży zasiąść na tronie. Wydatki na armię Cezara Borgii, który ma ambicję podbicia i zjednoczenia ziem Romanii, prawie wyczerpały skarbiec papieski. Żadna królowa czy księżniczka nie mają takiej garderoby, jak najmłodszy syn papieża.

Kardynał della Rovere uśmiechnął się wyrozumiale.

— Drogi Ascanio, chyba nie przybyłeś tu, żeby rozmawiać o grzechach papieża, ponieważ w tej materii nic nowego się nie wydarzyło. Musi być jakiś inny powód, którego jeszcze nie znam.

Ascanio wzruszył ramionami.

— Cóż mogę powiedzieć? Mój kuzyn Giovanni został przez Borgiów upokorzony. Pesaro należy teraz do Cezara. Moja kuzynka Caterina, prawdziwie wojownicza niewiasta, jest więziona w którymś z ich zamków, a jej ziemie również należą teraz do nich. Mój brat Ludovico jest trzymany w lochu przez Francuzów, którzy opanowali Mediolan. Ostatnio dowiedziałem się, że Aleksander zawarł z Francją i z Hiszpanią tajny układ dotyczący podziału Neapolu, żeby Cezar mógł zostać królem. Wszystko razem jest obrzydliwe!

— Jakie proponujesz rozwiązanie? — spytał della Rovere.

Od dawna spodziewał się wizyty Ascania, lecz teraz rozumiał jego czujność. W czasach powszechnego donosicielstwa opłacało się być przesadnie ostrożnym. Mimo iż słudzy przysięgli, że nie będą mieli oczu ani uszu, della Rovere i Ascanio wiedzieli, iż parę dukatów wystarczy, żeby głuchy zaczął słyszeć, a ślepy widzieć. Ludzie, którzy doświadczyli biedy, bardziej wierzyli w potęgę pieniądza niż modlitwy.

Ascanio odparł szeptem:

— Nasze problemy można będzie rozwiązać, kiedy Aleksander przestanie być papieżem. Nowe konklawe wybierze z całą pewnością ciebie.

Ciemne oczy della Rovere na tle jego bladej, nalanej twarzy wyglądały jak szparki.

— Nic nie wskazuje na to, by Aleksander zamierzał abdykować. Słyszałem, że jest zdrowy, a innej możliwości nie ma, bo jego syn to furiat. Kto ośmieli się podnieść rękę na Aleksandra?

Ascanio Sforza pospieszył z wyjaśnieniami.

— Źle mnie zrozumiałeś, kardynale. Papież ma wrogów, którzy będą nam wdzięczni za pomoc. Ma także syna, który bardzo chciałby przywdziać kapelusz kardynalski. Nie sugeruję czynu mogącego splamić nasze dusze. Nie sugeruję nic, co mogłoby nam zagrozić — ciągnął. — Nie proponuję nic prócz rozważenia alternatywy dla tego papiestwa.

— Masz na myśli nagłą chorobę papieża? Łyk wina, zepsuty małż... coś w tym rodzaju? — spytał della Rovere.

Ascanio powiedział głośno, tak żeby służący mogli usłyszeć:

— Nikt nie zna dnia, w którym Bóg powołuje któreś ze swoich dzieci.

Della Rovere przetrawiał słowa Ascania, przebiegając w myśli listę wrogów Borgii.

— Czy to prawda, że Aleksander ma zamiar spotkać się z księciem Ferrary w celu omówienia nowego sojuszu, opartego na ślubie Lukrecji z synem księcia, Alfonsem?

— Niewiele wiem na ten temat — odparł Ascanio. — Więcej będzie wiedział Giovanni, mój kuzyn, bowiem ostatnio udał się do Ferrary, a nie potrafi utrzymać języka za zębami. Jestem przekonany, że Ferrara odmówi sojuszu opierającego się na jakimkolwiek związku z tą amoralną Lukrecją. To już nieświeży towar.

Della Rovere podniósł się z fotela.

— Cezar Borgia opanował terytoria Romanii i ustanowił nad nimi papieską kontrolę. Została tylko Ferrara. Jeśli dojdzie do sojuszu, Borgiowie będą mieli w ręku nas wszystkich. Jestem pewny, że papież woli osiągnąć pełne zjednoczenie raczej za sprawą miłości niż wojny i dlatego będzie nastawał na małżeństwo. My musimy zrobić wszystko, żeby temu przeszkodzić. Władza Aleksandra musi się skończyć.

Kiedy rodzina Aleksandra w komplecie znalazła się w Rzymie, papież przyspieszył pertraktacje związane z wydaniem Lukrecji za dwudziestoczteroletniego Alfonsa d'Este, przyszłego władcę Ferrary.

D'Este'owie byli najstarszym i najbardziej poważanym

rodem włoskiej arystokracji. Żywiono powszechne przekonanie, że zamiary Aleksandra spełzną na niczym. Papież sądził inaczej.

Księstwo Ferrary było usytuowane na obszarze o dużym znaczeniu strategicznym. Stanowiło przegrodę między Romanią a Wenecją. I Ferrara, i Wenecja często bywały wrogie względem siebie, i żadnej nie można było ufać. Co więcej, Ferrara z racji doskonałego uzbrojenia stanowiła wielce pożądanego sprzymierzeńca.

Większość Rzymian wątpiła w to, że potężny, arystokratyczny ród d'Este zgodzi się, by uwielbiany następca tronu ich dumnego księstwa skoligacił się z rodziną Borgiów, przybyszów z Hiszpanii — mimo prestiżu tronu papieskiego Aleksandra oraz majątku i zalet Cezara jako wodza.

Jednak Ercole d'Este, władca Ferrary, a zarazem ojciec Alfonsa, był trzeźwo myślącym realistą. Zdawał sobie sprawę z wojowniczości Cezara i jego kwalifikacji jako wodza armii. Gdyby potężna armia Cezara zaatakowała Ferrarę, to ta, mimo doskonałej obrony, mogłaby się nie oprzeć. Ercole nie miał gwarancji, czy Cezar w następnym roku nie zaatakuje miasta.

Co więcej, związek z Borgiami zmieniał potencjalnego wroga w potężnego sprzymierzeńca przeciw Wenecjanom. Poza tym papież jest namiestnikiem Chrystusa na Ziemi i najwyższą władzą Kościoła świętego. Ta okoliczność częściowo kompensowała kiepską proweniencję i brak kultury Borgiów.

Ponieważ d'Este byli zależni od Francji, nie chcieli urazić króla Ludwika. Ercole wiedział, że król, dążąc do podtrzymania dobrych stosunków z papieżem, popierał związek Alfonsa z Lukrecją, bo nie omieszkał poinformować o tym rodziny d'Este.

Negocjacje trwały dość długo. Były trudne i wieloaspektowe, a na końcu — jak w podobnych przypadkach — zaczęto się spierać o pieniądze.

Ostatniego dnia Aleksander i Ercole d'Este zaprosili na

rozmowy Duarte Brandao. Mieli nadzieję, że dojdą do ostatecznego porozumienia. Zasiedli we trzech w bibliotece papieża.

— Ojcze Święty — zaczął Ercole — zauważyłem, że w twoich wspaniałych komnatach są tylko dzieła Pinturicchia. Nie ma Botticellego! Nie ma Belliniego ani Giotta! Jakiż to wstyd nie kolekcjonować dzieł takich artystów, jak Perugino albo Fra Lippo Lippi.

Aleksander nie zamierzał się tłumaczyć. Miał własne, niezachwiane poglądy na sztukę.

— Lubię Pinturicchia. W swoim czasie zostanie uznany za największego z nich wszystkich.

Ercole uśmiechnął się protekcjonalnie.

— Obawiam się, że Wasza Świątobliwość się myli. Podejrzewam, że jesteś jedyną osobą w Italii, która tak myśli.

Duarte dostrzegł w uwagach Ercole zamaskowaną taktykę negocjacyjną — wyolbrzymienie znakomitości i wielkości zasobów dzieł sztuki rodu d'Este, a następnie porównanie ich z plebejskimi gustami i ignorancją kulturalną Borgiów.

— Może masz rację, książę — wtrącił. — W miastach, które zdobyliśmy w tym roku, było wiele dzieł artystów, których wymieniłeś. Cezar chciał je tu przysłać, ale Ojciec Święty zaprotestował. Chyba rzeczywiście zwrócę uwagę Jego Świątobliwości na wartość tych dzieł. Istotnie, bardzo pomogą uświetnić Watykan. Ostatnio dyskutowaliśmy właśnie na temat Ferrary, która ma największe i najcenniejsze zbiory, nie mówiąc już o bogactwach w postaci srebra i złota.

Ercole zbladł, pojąwszy zupełnie czytelną groźbę Duarte.

— Porozmawiajmy o posagu — powiedział, zmieniając temat.

— Czego się spodziewasz, książę? — spytał Aleksander.

— Myślałem o trzystu tysiącach dukatów, Wasza Świątobliwość — oznajmił podniesiony na duchu Ercole d'Este.

Aleksander zakrztusił się winem. Miał zamiar rozpocząć negocjacje od trzydziestu tysięcy.

— Żądanie trzystu tysięcy dukatów to impertynencja — stwierdził.

— Niższa suma obrażałaby moją rodzinę — odparł Ercole. — Mój syn, Alfons, jest wielce obiecującym, młodym człowiekiem, mającym przed sobą wspaniałą przyszłość i w związku z tym duże potrzeby.

Targowali się ponad godzinę. Obie strony wyciągały coraz to nowe argumenty, uzasadniające wysokość proponowanych kwot. Ponieważ Aleksander nie chciał ustąpić, Ercole oświadczył, że wobec tego wyjeżdża.

Aleksander pomyślał chwilę, po czym zaproponował kompromis.

Ercole nie zgodził się. Z kolei papież zagroził, że skończy rozmowę. Widząc lęk na twarzy księcia, pozwolił się nakłonić do kontynuowania targu.

W końcu Ercole zgodził się na dwieście tysięcy dukatów, które wydały się Aleksandrowi olbrzymim posagiem, zważywszy na to, że Ercole uparł się przy zwolnieniu Ferrary z obowiązku corocznej daniny na rzecz Kościoła świętego. Tak zakończył się pojedynek dekady.

Pierwszą rzeczą, jaką Cezar zrobił po powrocie do Rzymu, było spotkanie się z ojcem i zapytanie go o Caterinę Sforzę. Dowiedział się, że usiłowała uciec z Belwederu, za co została przeniesiona do zamku Świętego Anioła — miejsca znacznie mniej przyjemnego i zdrowego.

Cezar natychmiast tam pojechał.

Zamek Świętego Anioła był potężną, kolistą twierdzą, posiadającą rozległe lochy, służące jako więzienie, oraz bogato wyposażone górne komnaty. Cezar kazał przyprowadzić Caterinę do sali przyjęć na górze. Mrużyła powieki, bowiem od dawna nie widziała słońca. Choć zaniedbana skutkiem długotrwałego przebywania w lochu, była nadal bardzo piękna.

Cezar przywitał się z nią serdecznie i ucałował jej dłoń.

— Moja droga przyjaciółko — powiedział z uśmiechem — widzę, że jesteś głupsza, niż przypuszczałem. Ulokowałem cię w najbardziej luksusowym pałacyku w Rzymie, a ty odpłaciłaś mi próbą ucieczki. Myślałem, że jesteś mądrzejsza.

— Wiedziałeś, że tak zrobię — odparła bez emocji.

Cezar usiadł na brokatowej sofie. Wskazał Caterinie ręką fotel, ale nie chciała usiąść.

— Spodziewałem się, że spróbujesz uciec — przyznał — ale liczyłem na twój instynkt samozachowawczy. Myślałem, że wolisz być więziona w komfortowych warunkach niż w lochu.

— Uwięzienie nawet w najlepszych warunkach jest przygnębiające — stwierdziła sucho.

Cezara wprawił w dobry humor fakt, że choć mówiła gniewnie, on był nią zafascynowany.

— Co masz zamiar zrobić? Nie chciałbym, żebyś spędziła resztę życia w lochach zamku Świętego Anioła.

— Co mi proponujesz? — spytała wyzywająco.

— Zrzeknij się na piśmie praw do Imoli i Forli — powiedział Cezar. — Przyrzeknij, że nie będziesz próbowała ich odzyskać. Jeżeli to zrobisz, każę cię wypuścić. Będziesz mogła wyjechać, dokąd zechcesz.

Caterina uśmiechnęła się chytrze.

— Jeśli nawet podpiszę dokument, który mi podsuniesz, to skąd wiesz, że nie będę próbowała odzyskać moich ziem?

— Być może jakiś mniej wartościowy człowiek tak by postąpił — odparł Cezar — ale nie wierzę, że zdradziłabyś samą siebie, świadomie podpisując coś, z czym się nie zgadzasz. Istnieje, oczywiście, możliwość, że nie dotrzymasz słowa, ale w tym przypadku udowodnimy w rzymskich sądach, że jesteśmy prawowitymi władcami. Twoja nieuczciwość będzie naszym dodatkowym argumentem.

— Masz do mnie zaufanie? — Roześmiała się pogodnie. — Trudno w to uwierzyć. Nie powiedziałeś mi wszystkiego.

Cezar uśmiechnął się czarująco.

— Może to sentymentalne, ale, jeśli mam być szczery, nie mogę pogodzić się z myślą, że tak urocze stworzenie gnije w lochu. Taka kobieta nie powinna leżeć samotnie.

Ku własnemu zdumieniu skonstatowała, że cieszy się z jego towarzystwa, lecz nie chciała pozwolić, żeby ta słabość obróciła się na jej niekorzyść. Miała swój sekret, którym mogła się z nim podzielić, lecz nie była pewna, czy powinna to zrobić. Potrzebowała czasu na zastanowienie.

— Wróć jutro, Cezarze — powiedziała miękko. — Pozwól mi rozważyć tę propozycję.

Nazajutrz ponownie kazał przyprowadzić ją do salonu. Poprzedniego dnia posłał służące, które wykąpały ją i umyły jej włosy. Zauważył, że mimo podartych, wyświechtanych łachmanów starała się wyglądać atrakcyjnie.

Postąpił ku niej, a ona zamiast się cofnąć, wyszła mu naprzeciw. Objął ją i pociągnął za sobą na sofę. Zaczął ją namiętnie całować, lecz kiedy się odsunęła, nie próbował wziąć jej siłą.

Pierwsza przerwała milczenie. Zanurzyła palce w jego kasztanowatych włosach i powiedziała:

— Zgadzam się na twoją propozycję, ale licz się z tym, że będą cię uważali za wariata, skoro mi zaufałeś.

Cezar patrzył na nią z zachwytem.

— Już tak mówią. Gdybym dał wolną rękę moim dowódcom, od dawna spoczywałabyś na dnie Tybru. Dokąd postanowiłaś wyjechać?

Siedzieli obok siebie na sofie. Cezar trzymał Caterinę za rękę.

— Do Florencji. Imola i Forli odpadły, a moi mediolańscy krewni to nudziarze. Florencja jest interesująca. Może nawet znajdę tam męża, niech Bóg ma go w opiece!

— Będzie szczęściarzem — zaoponował Cezar. — Dokumenty zostaną przygotowane przed wieczorem. Jutro możesz wyruszyć. Dam ci odpowiednią eskortę.

Poszedł w stronę drzwi, lecz zatrzymał się na progu. Odwrócił się.

— Uważaj na siebie, Caterino.
— Ty też — powiedziała.

Kiedy wyszedł, ogarnął ją smutek. Była niemal pewna, że nigdy już się nie spotkają. Cezar nie wiedział, że dokumenty nic nie zmienią, gdyż w jej łonie rozkwitała jego cząstka. Imola i Forli wrócą do niej — do matki jego potomka.

Filofila był najdoskonalszym w Rzymie poetą pisującym paszkwile, dyskretnie opłacanym przez rodzinę Orsinich. Pozostawał pod osobistą ochroną samego kardynała Antonia Orsiniego. Filofila przypisywał najgorsze zbrodnie nawet najbardziej świętym osobistościom. Szczególnie lubił obrzucać błotem ludzi na wysokich stanowiskach. Wymyślał obrzydliwe etykiety dla wszystkich miast: Florencja była cycastą, rozłożystą ladacznicą, miastem pełnym bogaczy i wielkich artystów, lecz pozbawionym odważnych mężów. Obywatele Florencji pławili się w sodomii, byli lichwiarzami i przyjaźnili się z Turkami. Florencja zachowywała się jak dziwka — zamiast sprzymierzyć się z którymś z bratnich miast włoskich, szukała protekcji u wszelkich obcych władców.

Wenecja była miastem spiskujących, mściwych dożów, którzy handlowali krwią swoich obywateli i karali ich śmiercią, jeśli na przykład któryś zdradziłby obcemu, jaka jest cena jedwabiu na Dalekim Wschodzie. Była ogromnym wężem czyhającym w Canale Grande, żeby połknąć każdy kąsek cywilizowanego świata, który mógł przynieść zysk. Miastem bez sztuki, artystów, bez książek, nawet bez biblioteki — na zawsze zamkniętym dla wartości humanistycznych; miastem opartym na zdradzie i wykorzystującym zdradę dla swoich zbrodni.

Neapol był miastem syfilityków, Mediolan zaś, podobnie jak sodomityczny zdrajca, Florencja, fagasem Francuzów.

Tematem najsprośniejszych utworów Filofili był jednak ród Borgiów.

Układał rymowane strofy o orgiach w Watykanie i o zbrodniach Borgiów w Rzymie i księstwach całej Italii. Wiersze Filofili były przekonujące, rymy zaś doskonałe. Oskarżał Aleksandra o to, że został papieżem poprzez symonię, że miał dwadzieścioro naturalnych dzieci i że oszukał krzyżowców, kradnąc pieniądze Petera Pence'a w celu opłacenia armii Cezara Borgii, która pozwoliła mu podporządkować państwa-miasta papiestwu i zostać władcą Romanii. Po co to wszystko robił? Dla swojej rodziny, swoich dzieci-bękartów, kurtyzan, swoich orgii! Kazirodztwo z własną córką mu nie wystarczało — najpierw nauczył ją, jak ma otruć jego bogatych oponentów w Kolegium Kardynalskim, a potem przehandlował ją kilkakrotnie w różnych mariażach, zapewniających przyjaźń z możnymi rodami w Italii. Jedno z małżeństw zostało unieważnione, pozostałe zakończyły się jej wdowieństwem — za sprawą naturalnego brata, Cezara Borgii.

Ale samego siebie przeszedł Filofila dopiero, gdy wziął na warsztat Cezara Borgię. Delektując się smaczkiem szczegółów, donosił, że Cezar zawsze nosi maskę, by ukryć twarz zniekształconą zropiałymi krostami po syfilisie; że oszukał króla Francji i króla Hiszpanii, a równocześnie zdradził Italię z obydwoma; że uprawiał kazirodztwo ze swoją siostrą i bratową. Jednemu z braci przyprawił rogi, drugiego zaszlachtował. Najwyższą rozkosz sprawiał mu gwałt, a jego najłagodniejszym manewrem dyplomatycznym było morderstwo.

Obecnie, z racji zbliżającego się terminu bajecznego związku Borgiów z rodziną d'Este, Filofila zwrócił jadowite pióro przeciw Lukrecji. Sypiała z ojcem i z bratem, najpierw parami, potem we troje we wspólnym łożu. Uprawiała seks z psami, małpami i mułami, a lokaja, który odkrył jej ohydne zboczenie, otruła. Ostatnio papież, nie mogąc znieść hańby z powodu wyuzdania córki, wcisnął ją Ferrarze w celu skoligacenia

Borgiów ze znakomitą włoską rodziną. Filofila miał świadomość, że pisząc o Lukrecji, osiągnął wyżyny.

Istotnie Filofila stał się sławny. Jego paszkwile zostały skopiowane i porozlepiane na murach Rzymu, krążyły po Florencji, szczególnie zaś chętnie czytali je bogaci Wenecjanie. Filofila bał się podpisywać swoje utwory własnym nazwiskiem, lecz każdy wiersz opatrywał wizerunkiem dwóch zwróconych przeciw sobie, kraczących czarnych kruków. Był to jego znak firmowy. Tym sposobem dowiedziano się, kto jest autorem.

Któregoś słonecznego popołudnia poeta ubrał się i wyperfumował, gdyż zamierzał udać się do pałacu swojego patrona, kardynała Orsiniego. Kardynał oddał mu do dyspozycji mały domek, położony na terenie posiadłości. Podobnie jak inni wielmoże, chciał mieć przy sobie swoich nepotów i krewnych, żeby go chronili, a Filofila równie wprawnie władał sztyletem, jak piórem.

Był już gotów do wyjścia, gdy usłyszał tętent kopyt i szczęk oręża. Wyjrzał przez okno sypialni i zobaczył, że kilkunastu jeźdźców zmierza w stronę jego domku, a potem go otacza. Wszyscy mieli na sobie lekkie zbroje, z wyjątkiem dowódcy ubranego na czarno: czarny kubrak, czarne rajtuzy, czarne rękawice i czarny biret. Gdy Filofila dostrzegł jego czarną maskę, doznał skurczu krtani. Cezar Borgia! Sięgnął ręką do pasa, sprawdzając, czy sztylet i miecz są na swoich miejscach.

Odetchnął z ulgą, widząc maszerujący w stronę domku oddział żołnierzy Orsinich, lecz Cezar nie zwracał na nich uwagi. Zmierzał prosto ku domowi. Filofila wyszedł przed próg, żeby go powitać. Dotąd nigdy się nie spotkali.

Zobaczył, że Cezar jest wysoki i muskularny. Wyglądał jak germański wojownik. Zwrócił się do poety z wyszukaną uprzejmością.

— Mistrzu poezji — powiedział — przybyłem, żeby pomóc ci w rymowaniu. Ponieważ to nie jest stosowne miejsce, musisz pojechać ze mną.

Filofila skłonił się nisko.

— Panie, muszę ci odmówić. Kardynał mnie wzywa. Przybędę do ciebie, kiedy znów znajdziesz dla mnie czas. — Czuł się oburzony, że Borgia nachodzi go w domu, ale nie śmiał położyć ręki na rękojeści sztyletu lub miecza.

Cezar długo się nie namyślał. Podniósł Filofilę jak szmacianą kukłę i wrzucił na swojego konia. Wsiadając, uderzył poetę tylko raz, lecz to wystarczyło, żeby pozbawić go przytomności.

Ocknąwszy się, Filofila ujrzał grubo ciosane belki i ściany obwieszone wypchanymi czerepami różnych zwierząt — dzików, niedźwiedzi i wołów. Wydawało mu się, że jest w domku myśliwskim.

Rozejrzał się po pomieszczeniu i zobaczył mężczyznę, którego znał. Wnętrzności skurczyły mu się ze strachu i tylko szok spowodował, że nie krzyknął głośno. Miał przed sobą znanego dusiciela, don Micheletta, zajętego ostrzeniem długiego noża.

Chwilę trwało, nim Filofila odważył się odezwać.

— Miej na uwadze, że kardynał Orsini wyśle swoją straż. Odnajdą mnie i surowo ukarzą każdego, kto wyrządzi mi krzywdę.

Micheletto nie odpowiedział. Nadal ostrzył długi nóż.

— Przypuszczam, że masz zamiar mnie udusić — ciągnął Filofila trzęsącym się głosem.

Tym razem Micheletto zareagował.

— Nie, panie wieszczu. Z całą pewnością nie. To byłoby zbyt szybkie, zbyt litościwe w stosunku do człowieka tak bezgranicznie okrutnego, jak ty. Co mam zamiar zrobić — powiedział, uśmiechając się — to wyciąć ci język, potem obciąć ci uszy i nos, następnie genitalia, a na końcu palce, po kolei, jeden po drugim. Jeszcze później obetnę ci inne rzeczy, a na końcu, jeśli ogarnie mnie litość, zabiję cię.

Następnego dnia po południu ktoś przerzucił duży, przesiąknięty krwią worek przez mur posiadłości Orsinich. Strażnicy kardynała, otworzywszy go, zwymiotowali. Wewnątrz był tułów bez głowy i dłonie bez palców, prócz tego obcięte genitalia, język, palce, nos i uszy — starannie owinięte jednym z poematów Filofili.

Incydent przeszedł bez echa. Następne poematy Filofili już się nie ukazały. Rozeszła się wieść, że wyjechał.

26

Tej wiosny Lago di Argento wyglądało szczególnie uroczo. Cezar i Lukrecja spacerowali wzdłuż brzegu. Tworzyli piękną parę: ona w wyszywanej klejnotami pelerynie z kapturem, on w czarnym aksamicie i birecie przyozdobionym piórami i drogimi kamieniami. Wrócili do miejsca, w którym spędzili najszczęśliwsze chwile. Niedługo ich spotkania miały ustać z uwagi na zbliżający się termin ślubu Lukrecji z Alfonsem d'Este.

Kasztanowate włosy Cezara lśniły w blasku słońca.

— Więc za tydzień będziesz się nazywała d'Este. Los się do ciebie uśmiechnął. Staniesz się członkiem znakomitego rodu, a to duża odpowiedzialność.

— Zawsze będę Borgią — zapewniła Lukrecja. — Nie powinieneś być zazdrosny o to małżeństwo, gdyż nie robię tego z miłości. Alfons bierze ze mną ślub równie niechętnie, jak ja z nim, ale jest posłuszny swojemu ojcu. A ja mojemu.

Cezar uśmiechnął się do siostry.

— Po tych wszystkich nieszczęściach jesteś jeszcze piękniejsza. Wejście do rodziny d'Este pozwoli ci zająć się twoimi ulubionymi sprawami. Oni kochają sztukę, zapraszają do siebie poetów i rzeźbiarzy. Ferrara żyje kulturą i humanistyką, tym wszystkim, co jest istotą twojego życia. Dzięki Bogu, graniczy z moją Romanią, a król Ludwik trzyma księcia krótko.

— Będziesz sprawdzał, czy Giovanni i Rodrigo mają się dobrze? Nie mogę znieść myśli, że rozstanę się z nimi, nawet na trochę. Będziesz się nimi opiekował, przytulał ich i traktował obu jednakowo? — spytała.

— Możesz być spokojna. Jeden jest bardziej podobny do mnie, drugi bardziej do ciebie, więc obu będę kochał do końca życia — zapewnił Cezar. — Czy, gdyby ojciec nie wydał cię za d'Este'a, wolałabyś spędzić życie jako wdowa, rządząc w Nepi?

— Przemyślałam starannie wszelkie okoliczności, zanim się zgodziłam — powiedziała Lukrecja. — Choć ojciec mógł mnie zmusić, wiedział, że gdybym stanowczo sprzeciwiła się zamążpójściu, ukryłabym się w klasztorze lub nawet została zakonnicą. Ale ja przyzwyczaiłam się rządzić i wierzę, że w Ferrarze znajdę swoje miejsce. Był jeszcze problem z tobą i z chłopcami. Klasztor nie jest miejscem dla dzieci, a ja nie wyobrażam sobie bez nich życia.

Cezar zatrzymał się, patrząc z podziwem na siostrę.

— Rozważyłaś wszystko do końca? Czy jest coś, do czego nie potrafiłabyś się inteligentnie i z wdziękiem przystosować?

Po twarzy Lukrecji przebiegł cień smutku.

— Mam problem, którego nie umiem rozwiązać. Jest drobny w porównaniu z innymi, ale sprawia mi przykrość.

— Mam cię wziąć na tortury? — zażartował. — Może wyjawisz go dobrowolnie, wtedy zastanowimy się, jak go rozwikłać.

Lukrecja pokręciła bezradnie głową.

— Nie będę mogła mówić do mojego nowego męża po imieniu, bez pomyślenia za każdym razem o poprzednim. Nie ma sposobu, żeby przestał być Alfonsem.

Oczy Cezara zalśniły z rozbawienia.

— Nie ma takiego problemu, którego bym nie potrafił

rozwiązać. Powiedziałaś, że jest oddanym synem swojego ojca, więc mów do niego: „Synku". Powiedz to z wielkim uczuciem, kiedy pierwszy raz znajdziecie się w małżeńskim łożu, wówczas uwierzy, że to przejaw czułości.

Lukrecja zmarszczyła swój delikatny nosek i wybuchnęła śmiechem.

— Patrycjusz d'Este? Synek? — Ale im dłużej o tym myślała, tym bardziej jej się to podobało.

Doszli do końca starej przystani, gdzie jako dzieci łowili ryby, pływali i nurkowali w atmosferze szczęśliwej beztroski. Ojciec siadywał w pobliżu, patrząc na nich, pilnując ich, sprawiając, że czuli się bezpiecznie. Dziś, po tylu latach, znów siedzieli w tym samym miejscu, patrząc na marszczącą się wodę, w której popołudniowe słońce mieniło się milionami iskierek. Lukrecja oparła się o brata, a on otoczył ją ramionami.

— Dowiedziałam się o tym nieszczęsnym Filofili — powiedziała bardzo poważnym tonem.

— Czyżby jego śmierć tak cię dotknęła? Nie czuł do ciebie sentymentu, gdyż inaczej nie układałby o tobie tych obrzydliwych wierszy.

Lukrecja odwróciła się i dotknęła twarzy brata.

— Wiem. Powinnam być ci wdzięczna za wszystko, co czynisz w mojej obronie... mimo śmierci Alfonsa, bo nawet to zrozumiałam. Niepokoi mnie twój charakter, ponieważ ostatnio stałeś się skory do zabijania. Czy nie martwisz się o własną duszę?

— Ojciec mówi, że Bóg nie zabrania zabijać, gdyż inaczej nie mogłoby być świętych wojen. Przykazanie: „Nie zabijaj" oznacza, że grzechem staje się dopiero zabijanie bez szlachetnej, moralnie uzasadnionej przyczyny — wyjaśnił Cezar. — Wiadomo, że powieszenie mordercy nie jest grzechem.

— Czy to na pewno wiadomo? Mamy prawo decydować, która przyczyna jest szlachetna i moralnie uzasadniona? Czy to nie świadczy o naszej arogancji? Niewierni uważają, że zabijanie chrześcijan jest sprawiedliwe. Skoro chrześcijanie zabijają chrześcijan, to czym różnią się od niewiernych?

Cezar umilkł, zaskoczony — jak często bywało — logiką rozumowania siostry.

— Lukrecjo — powiedział w końcu — nigdy nie zabijam dla osobistej satysfakcji, co najwyżej dla dobra nas wszystkich.

Oczy Lukrecji zwilgotniały, lecz starała się mówić spokojnie.

— Czy będą następne trupy?

— Na wojnie z całą pewnością tak. Bywają jednak sytuacje poza wojną, kiedy musimy odebrać komuś życie nie ze względu na nasze bezpieczeństwo, lecz dla wyższego dobra. — Opowiedział jej o zdobywaniu Ceseny i o tym, jak kazał powiesić złodziei kurcząt.

Lukrecja zwlekała z odpowiedzią, gdyż nie była całkiem przekonana.

— Martwi mnie, Cezarze, że możesz zacząć używać „wyższego dobra" jako wymówki w celu wyeliminowania kłopotliwych ludzi, a świat jest ich pełen.

Cezar podniósł się, spoglądając na jezioro.

— Masz szczęście, że nie jesteś mężczyzną, bo twoje wątpliwości hamowałyby cię w działaniu.

— Chyba masz rację — przyznała po namyśle. — Ale nie wiem, czy to jest najgorsze... — Przestała być pewna, czy potrafi dostrzec zło, zwłaszcza gdy kryło się w zakamarkach serc ludzi, których kochała.

Kiedy różowy zmierzch zaczął okrywać srebrzystą powierzchnię wody, Lukrecja wzięła brata za rękę i poprowadziła ścieżką wiodącą do ich domku. Położyli się nago na białym futrze przed kamiennym kominkiem, w którym wesoło trzaskał ogień. Cezar podziwiał ciało siostry — był zachwycony krągłością jej piersi, delikatnością skóry na brzuchu; budziła w nim coraz gorętsze pragnienia.

— Zdejm maskę, proszę. Z nią na twarzy będziesz dla mnie kimś obcym — szeptała przymilnie.

Uśmiech Cezara zgasł. Spuścił wzrok.

— Nie będę mógł się z tobą kochać, widząc w twoich oczach litość z powodu dziobów na mojej twarzy. To prawdopodobnie nasze ostatnie spotkanie, a ja nie będę potrafił się nim cieszyć.

— Przysięgam, że nie będę patrzyła na ciebie z litością — obiecała. — Będę się z ciebie śmiała dopiero wówczas, gdy nie przestaniesz pleść tych bezsensownych bzdur. Kocham cię od chwili, kiedy po pierwszy raz w życiu cię zobaczyłam. Stałeś nad moją kołyską i uśmiechałeś się. Bawiłam się z tobą, kąpaliśmy się razem i razem dorastaliśmy. Byłeś tak przystojny, że musiałam się odwracać, żeby nie zdradzić swoich uczuć. Kiedy miałeś złamane serce, twój smutek sprawiał, że bezustannie płakałam. Ale nigdy nie pomyślałam o tobie inaczej ani mniej cię nie kochałam z powodu tych kilku małych blizn na twarzy.

Pochyliła się nad nim i ustami dotknęła jego warg. Jej ciało drżało z podniecenia. Gdy znów podniosła głowę, spojrzała mu w oczy i powiedziała:

— Chcę cię dotykać, widzieć, jak zamykasz oczy z rozkoszy, wodzić palcami po twoim nosie, po słodkich wargach. Nie chcę, żeby coś nas dzieliło... mój bracie, mój kochanku, mój przyjacielu... gdyż po dzisiejszej nocy cała miłość, która we mnie pozostała, odejdzie z tobą.

Cezar usiadł i powoli ściągnął maskę.

W następnym tygodniu Lukrecja wyszła za mąż za Alfonsa d'Este. Ślub odbył się w Rzymie i został zawarty *per procura*. Wraz z umową małżeńską Alfons przysłał swój wizerunek. Portret przedstawiał wysokiego, trzymającego się sztywno mężczyznę o surowym wyrazie twarzy, dość przystojnego. Cienki wąsik nad górną wargą zdawał się łaskotać długi, patrycjuszowski nos, mimo to mężczyzna na portrecie zachował śmiertelną powagę. Miał ciemne, kędzierzawe włosy. Były schludnie zaczesane, bez najmniejszego niesfornego pasemka. Lukrecja nie wyobrażała go sobie w łóżku, ogarniętego dziką namiętnością. Jej Alfons był inny.

Po ślubie Lukrecja miała zamieszkać w Ferrarze, ale uroczystości weselne odbywały się w Rzymie. Obchody były okazalsze i kosztowniejsze niż podczas jej ślubu z Giovannim, a wielokrotnie kosztowniejsze, niż kiedy wychodziła za Alfonsa. W sumie tak ekstrawaganckiego widowiska obywatele Rzymu jeszcze nie widzieli.

Mimo iż arystokracja rzymska opływała w bogactwa, wszyscy otrzymali subsydia na pokrycie kosztów uczt i zabaw z okazji ślubu. Wydawało się, że papież jest gotów opróżnić skarbiec, byle tylko godnie uczcić wejście córki do dystyngowanej rodziny. Zarządził wolne dni dla świata pracy Rzymu. Widowiska, pokazy i korowody trwały przez cały tydzień. Przed Watykanem i przed wielkimi zamkami odbywały się pokazy ogni sztucznych — największe i najwspanialsze przed pałacem Santa Maria in Portico.

W dniu podpisania kontraktu ślubnego Lukrecja wystąpiła w złotej sukni, ozdobionej drogimi kamieniami, którą po ceremonii i po błogosławieństwie papieża rzuciła z balkonu wiwatującemu tłumowi. Wpadła w ręce błazna, który pobiegł z nią ulicami, wznosząc okrzyki: „Niech żyje księżna Ferrary! Niech żyje papież Aleksander!".

Korowód uliczny na cześć Lukrecji poprzedziła parada jeźdźców, podczas której Cezar dał pokaz umiejętności jazdy konnej.

Wieczorem odbyła się rodzinna część uroczystości z udziałem najbliższych przyjaciół. Lukrecja odtańczyła kilka hiszpańskich tańców. Rozpromieniony papież, siedząc na tronie, klaskał w rytm muzyki. Cezar w karnawałowej złotej masce, wysadzanej perłami, stał przy jego prawym boku, zaś Jofre przy lewym.

Aleksander, ubrany w najwspanialsze szaty, podniósł się z tronu i powoli zstąpił po schodkach na parkiet sali balowej. Gwar i śmiechy umilkły. Zapanowała cisza.

— Pozwolisz, że z tobą zatańczę? — spytał Aleksander. — Wkrótce będziesz już za daleko.

Lukrecja dygnęła i ujęła go za rękę. Aleksander obejrzał się na muzyków, dając im znak, żeby zaczęli grać, po czym wziął córkę w ramiona. Cieszyła się, że nadal jest silny — uśmiechał się, poruszał płynnie i lekko. Miała wrażenie, że czas się cofnął... była znów dzieckiem... stawiała maleńkie nóżki w atłasowych pantofelkach na stopach ojca i razem wykonywali kroki taneczne. W tym czasie kochała ojca nad wszystko — żyła w magicznym czasie, w którym nie było rzeczy niemożliwych. Wówczas nie zdawała sobie jeszcze sprawy, że życie wymaga poświęceń.

W pewnym momencie podniosła głowę i zobaczyła Cezara stojącego tuż za papieżem.

— Pozwolisz, ojcze? — spytał.

Aleksander obejrzał się ze zdziwioną miną, lecz natychmiast się rozpromienił.

— Naturalnie, synu. — Jednak zamiast puścić rękę Lukrecji i przekazać ją Cezarowi, kazał muzykom zagrać lekką, wesołą melodię.

Papież stał między dziećmi, trzymając w jednej ręce dłoń Lukrecji, w drugiej Cezara. Śmiejąc się niefrasobliwie, zaczął tańczyć z obojgiem naraz. Kręcił się i wirował z niespotykaną energią, porywając ich za sobą. Na twarzy miał wyraz uniesienia.

Widzów ogarnęła wesołość, śmiali się do utraty tchu. Klaskano i wiwatowano, po czym szał taneczny porwał wszystkich.

Tylko jedna osoba nie wzięła udziału we wspólnej zabawie. Jofre, najmłodszy syn papieża, stał z poważną miną na tym samym miejscu za tronem. Pogrążony w myślach, obserwował uważnie salę.

Parę dni przed wyjazdem Lukrecji do Ferrary papież dla uczczenia nowego mariażu córki podjął w Watykanie całą męską śmietankę towarzyską Rzymu. W sali rozstawiono stoły do gier hazardowych; zaangażowano kurtyzany, które sprawowały honory domu.

Aleksander, Cezar i Jofre siedzieli u szczytu stołu w towarzystwie starego księcia Ferrary, Ercole d'Este i jego dwóch kuzynów. Alfons d'Este, pan młody, został w Ferrarze, sprawując rządy w imieniu ojca.

Kolacja była wykwintna. Stoły uginały się od najwyborniejszych przysmaków i dzbanów przednich win. Zapanowała ogólna wesołość — wszyscy mieli szampańskie humory.

Kiedy służący uprzątnęli talerze, Jofre wstał chwiejnie zza stołu, wznosząc w górę swój kielich.

— Dla uczczenia mojej nowej rodziny d'Este, w darze od mojej rodziny w Neapolu zaaranżowałem oryginalną rozrywkę... coś, czego Rzym nie widział od wielu lat.

Aleksander i Cezar popatrzyli na siebie ze zdumieniem, zażenowani nietaktowną aluzją Jofre do „nowej rodziny". Ciekawiło ich, co chowa w zanadrzu, a przy tym obawiali się czegoś niestosownego. Goście rozglądali się wokół w oczekiwaniu jakiejś nowej zabawy.

Ogromne rzeźbione drzwi stanęły otworem i do sali weszli czterej służący. Na środku komnaty rozsypali na podłodze złote kasztany.

O Boże! — pomyślał Cezar i spojrzał na ojca przerażony, gdyż zorientował się, co zaraz nastąpi. Krzyknął: — Jofre, nie rób tego! — Niestety za późno.

Rozwarły się kolejne podwoje i przy dźwięku fanfar wkroczył orszak nagich kurtyzan. Wszystkie miały rozpuszczone włosy i ciała namaszczone wonnymi olejkami. Z rzemyczków wokół ich bioder zwisały skórzane sakiewki.

Jofre był pijany i zachowywał się hałaśliwie.

— Te kasztany są ze szczerego złota — zapewnił. — Obecne

tu urocze damy z przyjemnością pochylą się, żebyście mogli patrzeć na nie pod innym kątem.

Goście ryknęli śmiechem. Cezar i Aleksander dawali znaki Jofre, chcąc przerwać sprośne widowisko, nim będzie za późno, ale Jofre nie zwracał na nich uwagi.

— Wy, panowie, możecie dosiąść tych klaczy, kiedy tylko będziecie mieli ochotę — ciągnął. — Jednakże musicie to robić od tyłu. Po każdym razie wasza bachantka może podnieść z podłogi jeden kasztan i schować do swojej sakiewki. Rozumie się, że panie mogą zabrać ze sobą uzbierane w ten sposób kasztany jako prezent w zamian za dostarczenie wam rozrywki.

Kurtyzany pochyliły się i zaczęły zmysłowo kręcić gołymi pupami, wypinając je w stronę biesiadujących mężczyzn.

Ercole d'Este siedział blady, zaszokowany wulgarnym spektaklem.

Tymczasem arystokraci rzymscy jeden po drugim wstawali od stołu i chwiejnym krokiem dryfowali ku wypinającym się kurtyzanom. Jeśli nie kopulowali, to przynajmniej obleśnie obmacywali ponętne ciała.

Aleksander za młodu chętnie zabawiał się w ten sposób, lecz teraz czuł się upokorzony. Nieoczekiwana inicjatywa Jofre była w najwyższym stopniu nie na miejscu, zważywszy na okazję przyjęcia. Nie miał wątpliwości, że to zamierzona prowokacja, gdyż spodziewał się, iż jego neapolitańskiej rodzinie nie spodoba się związek z przemądrzałymi d'Este'ami.

Ercole nie chciał słuchać papieskich słów przeprosin. Żałował, że małżeństwo zostało zawarte, gdyż inaczej nie dopuściłby do tego związku, wybierając ryzyko konfliktu z Francuzami i armią Cezara. Wyrzekłby się nawet posagu. Ponieważ jednak złoto wypłacono, pozostało dumnemu d'Este'owi tylko opuścić salę. Wyszedł, mrucząc pod nosem: „Ci Borgiowie to parweniusze".

Późnym wieczorem Cezar otrzymał wiadomość, po której wpadł w jeszcze gorszy humor. Z Tybru wyłowiono zwłoki Astorre Manfrediego. Po zdobyciu Faenzy Cezar zagwarantował mu bezpieczeństwo — teraz wyglądało na to, że nie dotrzymał słowa. Zdawał sobie sprawę, iż podejrzenia skierują się przeciw niemu, zważywszy na to, że miał na usługach Micheletta. Zastanawiał się, kto mógł to zrobić... i dlaczego?

Dwa dni później w sali zwanej Pappagallo papież pożegnał się ze swoją córką. Mimo tylu przykrości, które jej sprawił, niechętnie go opuszczała. Papież udawał wesołość, lecz wiedział, że będzie za nią tęsknił.

— Gdybyś kiedykolwiek poczuła się nieszczęśliwa, to daj mi znać, wtedy użyję wszystkich swoich wpływów, żeby ci pomóc. Nie martw się o dzieci. Adriana jest bardzo odpowiedzialną opiekunką.

— Wiem, że potrafię dobrze rządzić i podejmować gości, mimo to trochę się boję tego nowego kraju, w którym nikt mi nie sprzyja — powiedziała Lukrecja.

— Wkrótce cię pokochają — odparł Aleksander. — Jeśli poczujesz się osamotniona, wystarczy, żebyś pomyślała o mnie, a ja to wyczuję. Kiedy ja będę myślał o tobie, ty też będziesz o tym wiedziała. — Pocałował Lukrecję w czoło. — Żegnaj. Nie wypada papieżowi płakać z powodu wyjazdu dziecka.

Kiedy wsiadała, wychylił się z okna, pomachał ręką i zawołał:
— Bądź dobrej myśli! Czegokolwiek sobie zażyczysz, już jest spełnione.

Wyruszyła do Ferrary w imponującym orszaku. Córce Aleksandra towarzyszyli dobrze urodzeni Rzymianie, służący, muzycy i kuglarze. Arystokraci jechali na rumakach pełnej krwi albo we wspaniałych powozach. Lukrecja dosiadała małego hiszpańskiego konia w nabijanej złotymi ćwiekami uprzęży. Pozostali jechali na osłach lub na zwykłych wozach.

Po drodze robili przystanki w każdym ze zdobytych przez Cezara miast, tak że Lukrecja mogła się wykąpać i umyć włosy. W każdym z nich dzieci ubrane na czerwono i żółto — w barwy Cezara — radośnie witały orszak. Uroczystości i wystawne bale coraz bardziej opóźniały przybycie Lukrecji do Ferrary. W sumie podróż trwała ponad miesiąc i nadwerężyła skarbce wielu lokalnych władców.

Ercole d'Este, książę Ferrary, był skąpcem. W ciągu paru dni wyprawił w drogę powrotną do Rzymu większą część wspaniałego i... kosztownego dworu Lukrecji. Musiała walczyć o każdą pokojówkę.

Kiedy większość rozczarowanych Rzymian i Hiszpanów, którzy przybyli z Lukrecją, na rozkaz księcia opuściła miasto, d'Este udzielił jej szokującej lekcji poglądowej na temat sposobów załatwiania spraw w Ferrarze. Powiódł ją wąską, spiralną klatką schodową do pomieszczenia na wieży. Wewnątrz, na kamiennej podłodze widniała ciemna plama.

— Mój poprzednik ściął głowę swojej żonie i pasierbowi, kiedy odkrył, że byli kochankami. Przypatrz się dobrze, moja droga. — Zachichotał. — To są ślady ich krwi.

Lukrecją wstrząsnął dreszcz zgrozy.

W ciągu zaledwie paru miesięcy współżycia z Alfonsem d'Este Lukrecja zaszła w ciążę. Mieszkańcy Ferrary byli ukontentowani, gdyż modlili się o męskiego potomka. Nieszczęśliwym zbiegiem okoliczności w Ferrarze nastało mokre lato, co spowodowało plagę komarów. Lukrecja zachorowała na malarię.

Alfons wysłał papieżowi wiadomość, że księżna Ferrary, jego córka, poci się, ma gorączkę i dreszcze, a ostatnio długie okresy majaczenia. W liście pytał, czy Aleksander życzy sobie przysłać własnego lekarza.

Aleksander i Cezar wpadli w rozpacz na myśl, że mogą stracić Lukrecję. Martwili się, iż zostanie otruta. Papież osobiście skreślił list z dyspozycją, że leczeniem Lukrecji może się zajmować tylko przysłany przez niego lekarz.

Tego samego wieczoru Cezar ubrany w opończę z nasuniętym na głowę kapturem, ucharakteryzowany na ciemnolicego mauretańskiego wieśniaka, wyruszył z lekarzem do Ferrary.

Alfons i Ercole d'Este nie wiedzieli, kim są dwaj przybyli z Rzymu mężczyźni. Pozostali więc w swoich apartamentach, natomiast Cezara i lekarza zaprowadzono do pokoju Lukrecji.

Lukrecja leżała półprzytomna, mimo to od razu poznała Cezara. Była blada, miała ziemiste wargi, spękane od gorączki, brzuch zaś wrażliwy na dotyk z powodu nieustających wymiotów, które dręczyły ją od dwóch tygodni. Widząc Cezara, usiłowała coś powiedzieć na powitanie, ale tak osłaba, że nie mogła wydobyć głosu.

Cezar pochylił się nad łóżkiem, żeby ją pocałować.

— Moja księżniczka wygląda dziś blado — wyszeptał. — Gdzie twoje rumieńce? Czyżby miłość cię opuściła?

Lukrecja uśmiechnęła się na znak, że docenia jego dowcip, na tyle tylko starczyło jej energii. Widać było, że jest w krytycznym stanie. Niepokój Cezara wzmógł się, gdy lekarz potwierdził jego obawy.

Cezar poszedł do umywalki, zrzucił z siebie przebranie i zmył makijaż, po czym kazał służącemu sprowadzić księcia.

Ercole zjawił się natychmiast. Najwyraźniej przestraszony wezwaniem do pokoju Lukrecji, na widok Cezara stanął jak wryty.

— Cezar Borgia! — wykrztusił. — Skąd się tu wziąłeś?

— Przybyłem odwiedzić siostrę. — Głos Cezara nie brzmiał życzliwie. — Czyżbym był niepożądanym gościem? Czy jest coś, czego nie powinienem wiedzieć?

— Nie, s...skądże znowu. — Ercole jąkał się ze zdenerwowania. — P...po prostu jestem zaskoczony.

— Nie zabawię długo, drogi książę — powiedział Cezar. — Przekażę tylko wiadomość od ojca, a także od siebie.

— Słucham — odparł Ercole. W zwężonych oczach księcia strach walczył o lepsze z podejrzliwością.

Cezar położył dłoń na rękojeści miecza, jak gdyby gotował

się do walki z całą Ferrarą. Podszedł bardzo blisko do Ercole i chłodnym, rzeczowym tonem oznajmił:

— Ojcu Świętemu i mnie bardzo zależy na tym, żeby Lukrecja wyzdrowiała. Jeżeli umrze, obciążymy winą miasto i jej otoczenie. Czy wyrażam się jasno?

— Mam to potraktować jak groźbę? — spytał d'Este.

— Widzę, że zrozumiałeś — odparł zimno Cezar. — Moja siostra nie może umrzeć, bo jeśli tak się stanie, umrze nie tylko ona!

Przez kilka następnych dni Cezar i lekarz nie odstępowali Lukrecji. W końcu lekarz zdecydował, że trzeba jej upuścić krwi. Lukrecja zebrała nadwątlone siły.

— Nie chcę być blada jak ściana — zaprotestowała słabym głosem.

Cezar uspokajał ją i dodawał odwagi.

— Musisz wyzdrowieć, dla mnie — szepnął. — Jeżeli umrzesz, nie będę miał po co żyć.

Lukrecja przestała się opierać. Ukryła twarz na piersi Cezara, jak gdyby nie chciała widzieć, co z nią zrobią. Cezar podtrzymywał jej nogę, a lekarz robił małe nacięcia na kostce i na przegubie stopy tak długo, aż uznał, iż wypłynęło dostatecznie dużo krwi.

Przed odjazdem Cezar ucałował Lukrecję, obiecując, że wróci niebawem, gdyż przebywa obecnie w Cesenie, zaledwie o parę godzin jazdy od Ferrary.

Lukrecja nie umarła. W następnych tygodniach jej stan zaczął się poprawiać. Ustąpiły dreszcze i poty. Chorą przestały nękać majaki. Mimo że jej dziecko urodziło się martwe, stopniowo odzyskiwała zdrowie i witalność.

W jej życiu było wiele bolesnych okresów. Po latach zrozumiała, że czas spędzony na rozpamiętywaniu jest czasem straconym, toteż tylko chwilami, podczas najgłębszych nocy pozwalała sobie myśleć o utraconym dziecku. Doszła do wniosku, że jeśli chce wykorzystać to wszystko, do czego była stworzona — uczynić jak najwięcej dobra — musi skupić się na tym, co leży w zakresie jej możliwości, a nie na tym, nad czym nie ma władzy. Postanowiła żyć dla dobra ogółu.

Nim minął rok od jej przybycia do Ferrary, zaczęła stopniowo zdobywać miłość i szacunek poddanych, a także uznanie członków rodu d'Este.

Pierwszy docenił jej błyskotliwą inteligencję stary książę Ercole. Z biegiem czasu zaczął cenić jej rady wyżej niż rady swoich synów, powierzając Lukrecji podejmowanie ważnych decyzji administracyjnych.

27

Jofre i Sancia spali głębokim snem w swoich apartamentach w Watykanie, gdy nagle do sypialni wtargnęło kilku strażników papieskich, którzy wyciągnęli ich z łóżka. Sancia krzyczała i wierzgała, Jofre stawiał bierny opór.

— To gwałt! — Zwrócił się do młodego porucznika. — Czy ojciec o tym wie?

— Działamy na rozkaz Jego Świątobliwości — odparł żołnierz.

Jofre pobiegł do apartamentów papieża. Aleksander siedział przy biurku w gabinecie.

— Co to ma znaczyć, ojcze? — spytał Jofre.

Papież podniósł głowę i odparł z irytacją:

— Można by powiedzieć, że to rezultat swobody obyczajowej twojej żony, która jest zwykłą ladacznicą, albo twojej nieumiejętności okiełznania jej temperamentu. Tym razem to nie sprawa osobista. Nie potrafię przekonać dobrego króla Neapolu, który potęgą dorównuje Ferdynandowi, królowi Hiszpanii, żeby docenił zainteresowanie Neapolem ze strony Francji. Ludwik prosi mnie, żebym coś zrobił, więc dla wykazania mojej dobrej woli podjąłem działanie.

— Co to ma wspólnego z Sancią? — zapytał Jofre. — To tylko dziewczyna, która nie ma żadnego związku z Francją.

— Nie bądź eunuchem, Jofre! — zniecierpliwił się Aleksander. — Tu chodzi o interes twojego brata; papiestwo opiera się na umiejętności wspierania swoich sojuszników. Najpotężniejszym z nich jest w tej chwili Francja.

— Ojcze — protestował Jofre z ogniem w oczach — nie mogę na to pozwolić. Sancia nie będzie kochała męża, który nawet nie potrafi obronić jej przed więzieniem.

— Może wysłać gryps z prośbą o pomoc do swojego wuja, króla.

Jofre odwrócił wzrok, bojąc się, że papież wyczyta w jego oczach nienawiść.

— Ojcze, proszę cię jeszcze raz, jako twój syn. Uwolnij Sancię, bo zniszczysz moje małżeństwo. Nigdy do tego nie dopuszczę.

Przez moment Aleksander był zdziwiony. O co synowi chodzi? Z Sancią od pierwszego dnia są same kłopoty, a Jofre nie zrobił nic, żeby ją ujarzmić lub choćby utemperować. A teraz okazał się na tyle bezczelny, że ośmielił się pouczać ojca, a przy tym Ojca Świętego, jak zarządzać Kościołem.

Mimo oburzenia papież przemówił opanowanym głosem.

— Jesteś moim synem, więc tylko dlatego przebaczam ci wtrącanie się w moje sprawy, ale jeśli jeszcze raz odezwiesz się do mnie w ten sposób, niezależnie z jakiego powodu, to każę zatknąć twoją głowę na pikę i ogłoszę, że byłeś heretykiem. Zrozumiałeś?

Jofre odetchnął głęboko.

— Jak długo moja żona będzie w więzieniu?

— Spytaj o to króla Neapolu — odparł Aleksander. — Wszystko zależy od niego. Z chwilą gdy się zgodzi, by Ludwik został królem, twoja żona odzyska wolność.

Kiedy Jofre odwrócił się, żeby wyjść, papież dodał:

— Strzeżonego Pan Bóg strzeże, więc od dziś będziesz pod strażą.

— Mogę się widywać z Sancią?
Aleksander udał zdziwienie.
— Byłbym złym ojcem, gdybym nie pozwolił synowi spotykać się z żoną. Masz mnie za potwora?
Jofre nie mógł opanować łez. Pojął, że w ciągu jednej nocy stracił nie tylko żonę, lecz również ojca.

Sancia została zaprowadzona do piwnic zamku Świętego Anioła i umieszczona w pojedynczym lochu. Z sąsiednich cel dobiegały potępieńcze wycia i wrzaski innych więźniów, którzy jęczeli i obrzucali sprośnymi obelgami strażników.
Więźniowie, którzy ją rozpoznali, szydzili z niej, pozostali dziwili się, że młoda, bogato ubrana kobieta znalazła się w takim miejscu.
Sancia szalała z wściekłości. Tym razem papież przeholował. Już raz ją wyrzucił, ale teraz przypieczętował swój los. Była pewna, że nawet ze swojego lochu sprawi, iż Aleksander upadnie. Ślubowała sobie, że pozbawi go tronu Ojca Świętego, nawet gdyby miała temu poświęcić życie. Uznała, że ten cel jest więcej wart niż wszystkie pieniądze świata.
Nim przybył Jofre, Sancia zdążyła już wywrócić do góry nogami pryczę i rozrzucić słomę po podłodze. Do desek drzwi przylepiły się kawałki pożywienia, którym w nie rzuciła. Rozlała także wodę, a nawet wino.
Ku zdumieniu Jofre podeszła do niego i objęła go ramionami.
— Mężu, musisz mi pomóc — powiedziała. — Jeśli mnie kochasz, przekaż wiadomość mojej rodzinie. Mój wuj musi się dowiedzieć, jak ze mną postąpiono.
— Naturalnie — obiecał Jofre, trzymając Sancię w objęciach i głaszcząc po włosach. — Zrobię coś więcej, a tymczasem będę spędzał w tym lochu tyle czasu, ile tylko zechcesz.
Jofre podniósł pryczę, po czym oboje na niej usiedli. Objął żonę ramieniem, żeby się uspokoiła.

— Przyniesiesz mi zaraz papier i dopilnujesz, żeby list został szybko doręczony? — spytała.

— Tak — odparł. — Nie umiem żyć bez ciebie.

Sancia uśmiechnęła się, co wzbudziło w nim nadzieję.

— Jesteśmy jednością — powiedział. — Każde działanie przeciw tobie jest działaniem przeciwko mnie.

— Wiem, że nienawiść jest grzechem — stwierdziła Sancia — ale jestem gotowa zbrukać moją duszę nienawiścią, którą żywię do twojego ojca. To, że jest Ojcem Świętym, nie ma znaczenia, bo w moich oczach jest równie zły, jak najgorszy z upadłych aniołów.

Jofre nie bronił ojca.

— Napiszę do mojego brata, Cezara — powiedział. — Jestem pewny, że nam pomoże, niech tylko wróci.

— Cezar? Nie wydaje mi się, żeby był do ciebie przywiązany — zauważyła Sancia.

— Mam swoje argumenty — zapewnił Jofre. — Wierzę, że je zrozumie i wydobędzie cię z tego piekła.

Na odchodnym pocałował ją, a potem trzymał długo w objęciach. Sancia nie opierała się.

W nocy weszli do celi strażnicy i kolejno ją zgwałcili. Zerwali z niej suknię, całowali jej usta, zionęli śmierdzącymi oddechami w jej twarz i wbijali się w nią, mimo że opierała się ze wszystkich sił. Nie obawiali się kary, gdyż została umieszczona tam, gdzie złodzieje i postytutki, a więc przestała być pod ochroną papieża Borgii.

Zanim Jofre przybył rankiem w odwiedziny, Sancia została umyta i ubrana, jednak nie mogła wydobyć z siebie ani słowa. Oczy miała szeroko otwarte, ale nie widziała nikogo. Światło, które kiedyś skrzyło się w jej spojrzeniu, zgasło; promienne, zielone oczy zasnuła szara mgła.

Cezar Borgia panował już nad całą Romanią, jednak dla osiągnięcia ostatecznego celu, czyli zjednoczenia Italii, musiał podbić dalsze państewka. Pozostawało Camerino, rządzone przez rodzinę Varanów, i Senigallia, gdzie panował della Rovere. I oczywiście Urbino pod rządami Guida Feltry. Urbino było zbyt potężne jak na możliwości armii Cezara, jednak musiał się znaleźć jakiś sposób, gdyż zamykało dostęp do Adriatyku i mogło odciąć komunikację z Pesaro i Rimini.

Tak więc kampania Cezara trwała nadal...

Jako pierwszy swój cel obrał małe państewko Camerino. Zebrał armię i wyruszył z Rzymu na północ. Na miejscu miał do niego dołączyć jeden z dowódców hiszpańskich wraz ze swoim oddziałem, który stacjonował w Romanii.

Żeby urzeczywistnić ten plan, należało najpierw poprosić Guida Feltrę o pozwolenie na przejście Vita Vitellego i jego artylerii przez Urbino. Feltra miał więcej kwalifikacji przywódczych niż sprytu. Wiadomo było, że nie darzy sympatią Borgiów. Nie chciał ryzykować natychmiastowego konfliktu, więc zgodził się, próbując tym zamaskować ukryty zamiar, a planował pomóc Alessiowi Varanowi obronić Camerino.

Na nieszczęście księcia szpiedzy Cezara odkryli jego zamiary. Potężna artyleria Vitellego ruszyła na Urbino. Rzymskie oddziały Cezara z jednej, a armia północna z przeciwnej strony równocześnie stanęły u bram miasta.

Widząc całą armię papieską i jadącego na ognistym rumaku Cezara w czarnej zbroi, Guido Feltra po prostu uciekł.

Miasto poddało się bez walki — ku zdumieniu Italii i całej Europy, gdyż do tego dnia potężny książę Urbino miał opinię niepokonanego.

Zgodnie z planem Cezar pomaszerował z armią na Camerino. Bez pomocy Guida Feltry miasto poddało się prawie bez oporu.

Po zdobyciu Urbino i Camerino już nic nie mogło odwieść Cezara od zamiaru zaprowadzenia rządów papieskich we wszystkich miastach-państwach całej Italii.

Popołudniowe słońce wisiało nad Florencją jak parująca, czerwona kula. Miasto tego lata dusiło się od upałów. W powietrzu unosiły się roje much. Mimo much wszystkie okna pałacu *signorii* były pootwierane, lecz nawet najlżejszy powiew nie chłodził dusznego wnętrza. Członkowie *signorii* pocili się i denerwowali, modląc się, żeby nieprzyjemna narada jak najprędzej się skończyła, a oni mogli wrócić do domów i z kielichem zimnego wina w ręku zanurzyć się w chłodnej kąpieli.

Najważniejszą sprawą do rozważenia był raport Niccola Machiavellego, specjalnego wysłannika do Watykanu. Raport zawierał przesłanki co do przyszłości ich miasta.

Z coraz większym niepokojem patrzyli na rozwój sytuacji. Cezar Borgia podczas ostatniej kampanii zagroził samej Florencji, więc obawiali się, że następnym razem nie da się tak tanio opłacić.

Machiavelli podniósł się z miejsca, witając członków *signorii*. Miał na sobie kubrak z perłowoszarego atłasu, a błyszcząca biała koszula mimo upału wyglądała nienagannie.

— Ekscelencje — rozpoczął kasandrycznym tonem — wiecie już, że Urbino padło, ponieważ książę dał się zaskoczyć. Niektórzy mówią, że został zdradzony, lecz jeśli tak rzeczywiście było, to znaczy, że na to zasłużył. Guido Feltra jawnie spiskował przeciw Borgiom, więc ci się odwzajemnili. Można to nazwać przypadkiem honorowego oszustwa. — W trakcie swego wywodu chodził tam i z powrotem po sali. — Jakie są atuty Cezara Borgii? Ma potężną, dobrze zorganizowaną armię i lojalnych dowódców. Mieszkańcy wszystkich podbitych miast i księstw wiedzą, że żołnierze go uwielbiają. Podporządkował sobie Romanię, a ostatnio Urbino. Zagroził Bolonii, a teraz, przyznajmy to otwarcie, zagraża nam. — Zasłonił oczy dramatycznym gestem, chcąc podkreślić wagę tego, co miał zamiar powiedzieć. — Nie możemy liczyć na to, że Francuzi pokrzyżują jego plany. Co prawda, podejrzewają Borgiów o spowodowanie buntu w Arezzo i nie podobały im się sztuczki

Cezara w stosunku do Bolonii i naszego miasta, ale pamiętajmy, że Ludwik nadal potrzebuje papieskiego poparcia w przetargach z Hiszpanią i Neapolem, a biorąc pod uwagę siłę i sprawność armii Cezara, pozycja Borgiów jest mocna. — Machiavelli ściszył głos. — Teraz zdradzę wam sekret. Cezar spotkał się w tajemnicy z Ludwikiem. Pojechał do niego w przebraniu, bez asysty. Zdając się całkowicie na łaskę króla Francji i prosząc o przebaczenie za błąd Vitellego w Arezzo, naprawił wszelkie zachwiane stosunki między Francją i papiestwem. Jeśli teraz zaatakuje Bolonię, to według moich przewidywań król go poprze. Jeśli zaś zaatakuje Florencję, król może się sprzeciwić, ale to nie jest pewne.

Z fotela podniósł się spocony *signore*, ocierając lnianą chusteczką czoło. Widać było, że jest zmartwiony.

— Machiavelli mówi nam, że nie da się zatrzymać Cezara Borgii i że ci spośród nas, szczęśliwcy, którzy mają rezydencje w górach, powinni uciekać z miasta.

— Myślę, że nie jest tak źle, ekscelencjo — zapewnił go Machiavelli. — Nasze stosunki z Cezarem są jak dotąd przyjazne, a, co więcej, Cezar czuje sympatię do naszego miasta. Musimy wziąć pod uwagę jeszcze coś, co może zachwiać proporcje w tym równaniu. Cezar Borgia podbił i upokorzył sporą liczbę niebezpiecznych ludzi, odbierając im ich ziemie. I choć to prawda, że armia jest mu wierna, a żołnierze go uwielbiają, nie ręczyłbym za jego kondotierów, którzy są porywczy, zawistni i nieprzewidywalni, słowem, zdolni do wszystkiego. Obawiam się, że któregoś dnia obrócą się przeciw niemu i spróbują go pokonać. Cezar Borgia, stając się najpotężniejszym człowiekiem w Italii, stworzył legion nieprzejednanych wrogów... do którego nikt z nas nie chciałby należeć.

Spisek zakiełkował w Magioni — zamku na terytorium Orsinich. Na czele stanął Giovanni Bentivoglio z Bolonii. Był wielkim, atletycznie zbudowanym mężczyzną o grubych rysach i szpakowatych, falujących włosach. Chętnie się uśmiechał i potrafił mówić przekonująco. Miał jednak swoje ciemne strony. Nim osiągnął pełnoletność, należąc do szajki bandytów, zabił przynajmniej stu ludzi. Później się uspokoił, a w końcu został sprawiedliwym władcą Bolonii. Dopóki nie został upokorzony przez Cezara, wydawało się, iż wyzbył się na zawsze złych instynktów: nieopanowania i żądzy krwi.

Bentivoglio zorganizował spotkanie w swoim zamku w Bolonii. Zaprosił na nie między innymi księcia Guida Feltrę, niskiego, krępego mężczyznę, uciekiniera z Urbino. Feltra mówił bardzo cicho. Ci, którzy go znali, słuchali bardzo uważnie — wiedzieli, iż każde słowo Guida Feltry jest złowieszcze.

Wśród spiskowców znaleźli się kondotierzy armii Cezara: Paolo i Franco Orsini. Pierwszy z nich był szaleńcem, drugi — książę Graviny, leciwy prefekt Rzymu, zyskał miano okrutnika, albowiem obnosił zatkniętą na oszczepie głowę jednej ze swoich ofiar jeszcze przez wiele dni po bitwie. Orsini zawsze byli skorzy do spiskowania przeciw Borgiom.

Nie można się było im dziwić, że są wrogami Cezara. Zaskakiwał natomiast udział w spisku dowódców, którzy kiedyś wiernie mu służyli — Olivera da Fermo, a zwłaszcza samego Vita Vitellego. Obaj dowodzili dużymi grupami wojska i byli wystarczająco blisko naczelnego wodza, żeby się zorientować, iż jego strategia wojenna jest ryzykowna i że wielokrotnie stawia go w niebezpiecznej sytuacji.

Spiskowcy opracowali plan. Uzgodnili, że przede wszystkim postarają się pozyskać sojuszników. Kiedy to osiągną, spotkają się po raz wtóry, żeby zorganizować oddziały i zdecydować, gdzie i kiedy zaatakują Cezara. Wyglądało na to, że dni Borgii są policzone.

Cezar nie miał pojęcia o narastającym zagrożeniu. Siedział przy ogniu w nowej kwaterze w Urbino, delektując się doskonałym porto z piwnic Guida Feltry, kiedy wszedł adiutant z meldunkiem, że przybył niejaki Niccolo Machiavelli z Florencji.

Cezar kazał wprowadzić go do pokoju. Widząc bladą, zmęczoną twarz przybysza, wskazał mu wygodny fotel i nalał kielich porto.

— Cóż takiego sprowadza gwiazdę florenckiej dyplomacji ciemną nocą do Urbino? — spytał z uprzejmym uśmiechem.

— Szczerze mówiąc, żywotne interesy, Cezarze. Zaproszono Florencję do udziału w szeroko zakrojonym spisku przeciw tobie. Wśród spiskowców jest kilku twoich najlepszych dowódców. Niektórych z nich mógłbyś podejrzewać, ale jednego z pewnością nie. Mam na myśli kapitana Vita Vitellego. — Machiavelli wymienił nazwiska pozostałych spiskowców, którzy spotkali się w Magioni.

Cezar był zdumiony, ale nie stracił zimnej krwi.

— Czemu mi o tym doniosłeś, Niccolo? — spytał. — Czy wstrzymanie mojej kampanii nie leży w interesie Florencji?

— Stanęliśmy przed nie lada dylematem, Cezarze. Który diabeł jest lepszy: konspiratorzy czy Borgiowie? — odparł Machiavelli. — Podjęcie decyzji nie było łatwe, w końcu zapadła na posiedzeniu Rady Dziesięciu. Przekonałem ich, że jesteś rozsądny, a cele, do których dążysz — przynajmniej te publicznie głoszone — brzmią racjonalnie. Wierzę, że dotrzymasz umowy z Francją, iż nie zaatakujesz Florencji. Co do spiskowców: Paolo Orsini jest półwariatem. Wszyscy Orsini lekceważą zarząd Florencji, a twój przyjaciel, Vito Vitelli, pogardza całym miastem, nie wiadomo dlaczego. Wiemy natomiast, że Orsini i Vitelli byli jedynymi, którzy podczas ostatniej kampanii nalegali, żebyś zaatakował Florencję, ale odmówiłeś. Uznaliśmy to za dowód lojalności z twojej strony, który znacznie zaważył na naszej decyzji. Gdyby cię pokonali, usunęliby z tronu twojego ojca — wówczas mielibyśmy wojowniczego papieża z ich wyboru, co byłoby dla nas katastrofalne.

W przeciwieństwie do ciebie nie zawahaliby się zaatakować, a nawet splądrować Florencji. Co więcej, powiedziałem Radzie, że ci ludzie nie potrafią dochować tajemnicy. Natomiast ty, wiedząc o spisku, sprawnie rozprawisz się z konspiratorami. — Na twarzy Machiavellego pojawił się chytry uśmieszek. — Powiedziałem im więc: „Ostrzeżmy go sami, może kupimy sobie w ten sposób jego wdzięczność".

Cezar roześmiał się i poklepał Florentczyka po plecach.

— Na Boga, Machiavelli, jesteś niezrównany... po prostu niezrównany. Twój cynizm jest prawdziwą rozkoszą, a szczerość wprost oszałamiająca.

Cezar działał błyskawicznie, zdając sobie sprawę z niemal beznadziejnej sytuacji. Wycofał wierne sobie oddziały z Urbino i Camerino i przesunął je na północ do potężnych fortec w Romanii. Musiał kimś zastąpić oddziały kondotierów, którzy go zdradzili. Jego wysłannicy jeździli po kraju w poszukiwaniu doświadczonych dowódców i oddziałów dobrze wyszkolonych najemników, w miarę możliwości wyposażonych w działa. Planował zaciągnąć słynną piechotę Vala di Lamone'a, najlepszą w całej Italii, pochodzącą z okolic Faenzy — państewka, które od czasu podbicia go przez Cezara było dobrze zarządzane, a jego poddani dobrze traktowani. Poprosił również Ludwika o wsparcie wojsk francuskich.

Tydzień później Machiavelli wysłał Radzie Dziesięciu wiadomość następującej treści: „Bardzo prawdopodobne, że król Francji wesprze Borgię własnymi oddziałami, a papież da mu pieniądze. Opieszałość poczynań wrogów Cezara pozwoliła mu wyjść z trudnej sytuacji. Według mojej oceny teraz jest już poza ich zasięgiem, gdyż zainstalował w ważnych miastach garnizony i zaopatrzył na wypadek oblężenia wszystkie fortece".

Wkrótce spiskowcy również się zorientowali, że sytuacja uległa zmianie. Intryga zaczęła upadać. Pierwszy złamał się Bentivoglio. Przybył do Cezara, prosząc o przebaczenie i przysięgając posłuszeństwo. Z kolei Orsini wyraził chęć pogodzenia się, a przy tym wydania pozostałych spiskowców, gdyby nie poszli jego śladem. Tylko Guido Feltra trzymał się z dala.

Skończyło się na tym, że Cezar spotkał się ze swoimi wrogami i zaoferował im wspaniałomyślne warunki. Po pierwsze — zapewnia ich, że nie zostaną ukarani. Nie może jednak ustąpić, jeśli chodzi o Camerino i Urbino, które znalazły się pod kontrolą spiskowców. Oba miasta muszą do niego wrócić. Bentivoglio może zatrzymać Bolonię, ponieważ papież, za namową króla Francji, zawarł z nim układ. W zamian Bentivoglio zobowiąże się dostarczyć na następną kampanię lance i konie, prócz tego oddział żołnierzy.

Kondotierzy: Orsini, Vitelli, Gravina i da Fermo obejmą poprzednie stanowiska w armii Cezara.

Warunki zostały zaakceptowane. Kiedy po sześciu tygodniach przybyły wojska francuskie, Cezar odesłał je Ludwikowi z podziękowaniem.

W Rzymie papież bez wiedzy Cezara podjął kroki mające na celu pomóc synowi. Wiedział, że nie może ukarać Franca i Paola Orsinich, dopóki żyje kardynał Antonio Orsini, który, będąc głową rodziny, zadbałby o krwawy odwet, a papież nie chciał zaryzykować straty następnego syna. Posłał kardynałowi uprzejme zaproszenie do Watykanu, uzasadniając to zamiarem zaproponowania wysokiego stanowiska kościelnego jednemu z kuzynów kardynała.

Antonio Orsini miał złe przeczucia, mimo to nie odmówił.

Papież przyjął go wystawną kolacją, na której podano półmiski rozmaitych delikatesów i kilka gatunków wina. Rozmawiali przyjaźnie na tematy polityczne i wymieniali dowcipy o wspólnych kurtyzanach. Wydawało się, że czuli się dobrze w swoim towarzystwie. Postronny obserwator nie umiałby odgadnąć, co skrywały serca obu świątobliwych mężów.

Podczas kolacji kardynał, zawsze czujny i niedowierzający

Borgiom, nie pił wina, obawiając się, że może być zatrute. Widząc, jak papież je z apetytem, sam również raczył się obficie, poprosił tylko o świeżą wodę. W przezroczystym płynie widać by było każde podejrzane zamącenie.

Gdy po skończonym posiłku papież zaprosił gościa do swego gabinetu, kardynał nagle złapał się za brzuch i zgięty wpół runął na podłogę. Oczy wyszły mu z orbit, upodabniając się do oczu męczenników na freskach zdobiących ściany apartamentów papieża.

— Nie piłem wina — wycharczał.

— Za to jadłeś czarną kałamarnicę — odparł papież.

Tego samego wieczoru kardynał Orsini został w asyście papieskich halabardników odwieziony z Watykanu na miejsce, gdzie miał być pochowany. Następnego dnia, podczas mszy w kaplicy papież wzniósł mody za duszę kardynała, wysyłając ją do nieba z osobistym błogosławieństwem.

Następnie papież polecił konfiskatę majątku kardynała — w tym jego pałacu — gdyż kampania Cezara potrzebowała nowych funduszy. Halabardnicy zastali w pałacu matkę kardynała, siwowłosą staruszkę, którą wyprowadzili na ulicę.

— Muszę mieć moją służbę! — krzyczała przestraszona, potykając się i podpierając laseczką.

Po chwili na bruku znaleźli się jej służący.

Tej nocy w Rzymie padał śnieg, wiał silny wiatr i było bardzo zimno. Nikt nie udzielił schronienia starej kobiecie, gdyż obawiano się, że papież mógłby okazać niezadowolenie.

Dwa dni później papież odprawił jeszcze jedną mszę świętą — tym razem za duszę matki kardynała Orsiniego. Staruszkę znaleziono martwą, skuloną na progu czyjegoś domu, z laską przymarzniętą do kościstej ręki.

W grudniu Cezar wybrał się do Senigallii. Po drodze zatrzymał się w Cesenie, żeby zobaczyć, jak sprawuje się jej gubernator, Ramiro da Lorca, który odpowiadał za miasto. Cezar dowiedział się o niezadowoleniu obywateli z jego rządów.

Ostatnie doniesienia o brutalności da Lorki zmusiły Cezara do zwołania wiecu na głównym placu miasta. Postanowił przesłuchać go w obecności mieszczan, w celu skonfrontowania jego zeznań.

— Doszło do mnie, że w okrutny sposób karzesz obywateli. Czy to prawda? — zapytał Cezar.

Da Lorca miał rozwichrzone rude włosy, wymykające się spod futrzanej opaski na głowie. Z grubych, zaciśniętych warg wydobywał się głos tak cienki, że można było pomyśleć, iż to pisk.

— Nie byłem bezpodstawnie okrutny, ekscelencjo — zapewnił. — Niewielu chce mnie słuchać, a jeszcze mniej stosuje się do moich rozkazów.

— Słyszałem, że młody giermek został na twój rozkaz żywcem wrzucony do ognia rozpalonego na placu, a ty przytrzymywałeś go nogą!

Da Lorca zawahał się.

— To było nie bez powodu...

Cezar stał wyprostowany z ręką na mieczu.

— Chciałbym się dowiedzieć, z jakiego...

— Chłopak był bezczelny... i niezdarny — tłumaczył się da Lorca.

— Gubernatorze, oceniam twoje argumenty za niewystarczające — powiedział surowo Cezar.

Wiedział, że Ramiro kontaktował się ze spiskowcami, planując zastawić na niego pułapkę. W obecnym stanie rzeczy najważniejsza była jednak życzliwość ludzi. Każde nieuzasadnione okrucieństwo osłabiałoby władzę Borgiów na opanowanych przez Cezara terenach w Romanii. Musiał ukarać da Lorcę sprawiedliwie.

Na rozkaz Cezara został wtrącony do zamkowego lochu. Następnie Cezar mianował swego wiernego przyjaciela Zappitta nowym gubernatorem Ceseny. Dał mu sakiewkę złotych dukatów wraz ze szczegółowymi instrukcjami.

Ku zdziwieniu mieszczan, po wyjeździe Cezara z Ceseny Zappitto uwolnił da Lorcę z więzienia. Byli z tego powodu niezadowoleni, gdyż okrutnik uniknął kary, z drugiej jednak strony cieszyli się, że ich nowy gubernator ma litościwe serce.

W dzień po świętach Bożego Narodzenia mieszkańcy Ceseny zobaczyli galopującego przez rynek konia. Na koniu siedział przywiązany do niego da Lorca, jeszcze w świątecznej, ozdobnej, czerwono-złotej pelerynie. Był bez głowy.

Wszyscy zgodnie uznali, że zwolnienie z więzienia nie przyniosło mu szczęścia.

Cezar przygotowywał się do ataku na Senigallię rządzoną przez rodzinę della Rovere. Już od dawna myślał o zajęciu owego portu, położonego nad Adriatykiem. Dał swoim zaufanym oddziałom rozkaz wymarszu w stronę wybrzeża; po drodze miały się połączyć z oddziałami byłych spiskowców. Kondotierzy, którzy byli wobec niego lojalni, i ci, którzy należeli do spisku, okazywali zadowolenie, że znów są razem. Obie grupy, zgodnie z rozkazem, maszerowały w pełnej harmonii w stronę wybrzeża.

Kiedy dotarły do Senigallii, miasto poddało się bez oporu, lecz dowódca twierdzy, Andrea Doria, oświadczył, że podda się tylko Cezarowi.

W trakcie oczekiwania na spotkanie Cezar przegrupował swoje wojska tak, żeby jego najwierniejsze oddziały znalazły się najbliżej miasta, oddziały innych dowódców zaś w dalszej odległości od bram.

Z rozkazu Cezara jego wierni dowódcy na czele małego oddziału piechoty spotkali się na zewnątrz bram Senigallii, oczekując na rytuał poddania twierdzy. Byli wśród nich również Paolo i Franco Orsini, Oliver da Fermo i Vito Vitelli.

Na polecenie Cezara cała grupa wkroczyła do miasta, żeby spotkać się z komendantem w jego pałacu i omówić warunki poddania.

Po wjeździe grupy do miasta bramy zostały zamknięte. Cezar żartował, że to zapewne ze strachu, iż armia papieska opanuje miasto w trakcie uzgadniania warunków kapitulacji.

Cezar powiódł wszystkich do pałacyku, gdzie zasiedli w ośmiokątnej sali przyjęć, do której prowadziło czworo drzwi. Ściany sali miały kolor śliwki, na środku stał wielki stół, a przy nim krzesła wyściełane aksamitem, także w śliwkowym kolorze.

Rozmowy toczyły się w swobodnej atmosferze, pito miejscowe wino z kryształowych kielichów, szybko dopełnianych przez służbę. Wszyscy byli w dobrych humorach — udało się uniknąć walki, a Paolo i Franco Orsini, Oliver da Fermo i Vito Vitelli, niedawni spiskowcy, cieszyli się z przyjęcia ich z powrotem, zwłaszcza że uczestniczyli w kampanii, która rozwijała się pomyślnie.

Cezar wyszedł na środek sali. Odpiął miecz i poprosił, żeby nim nadejdzie komendant Doria, poszli za jego przykładem, gdyż będą omawiać traktat pokojowy. Zrobili to ochoczo, oddając broń jednemu z adiutantów Cezara. Tylko Vito Vitelli czuł się zaniepokojony. — bramy miasta zamknięto, a oddziały obecnych w sali dowódców zostały daleko za murami.

— Zajmijcie swoje miejsca, panowie — rozkazał Cezar. — Jak wszyscy wiecie, Senigallia jest znanym portem, ale od dziś będzie jeszcze słynniejsza. Zasłużyliście na nagrodę i zaraz ją otrzymacie. Już!

Na tę komendę do sali wtargnęło z czterech stron ze dwa tuziny uzbrojonych mężczyzn. W ciągu niespełna minuty Paolo i Franco Orsini, Oliver da Fermo i Vito Vitelli zostali przywiązani do swoich krzeseł.

Oczy Cezara pociemniały.

— W nagrodę, panowie, przedstawiam wam mojego przyjaciela, don Micheletta — powiedział.

Micheletto ukłonił się i uśmiechnął. Nienawidził zdrady. Adiutant podał mu jego garotę, a on kolejno, jednego po drugim, udusił nielojalnych dowódców. Pozostali patrzyli na to z przerażeniem.

Po powrocie do Rzymu Cezar został serdecznie przywitany przez mieszkańców i papieża, który spotkał go u bram miasta. Od czasu podbicia Romanii Cezar uśmiechał się częściej; obaj z ojcem nie mieli wątpliwości, że w niedługim czasie cała Italia znajdzie się pod ich panowaniem.

Prowadził z ojcem sekretne rozmowy o tiarze papieskiej dla siebie, a przynajmniej o koronowaniu się na króla Romanii. Wpierw jednak należało zdobyć Toskanię, której do tej pory ojciec nie pozwalał ruszać.

Wieczorem, gdy Cezar odpoczywał w swoich komnatach, wspominając w dobrym humorze swoje zwycięstwa, przyniesiono mu skrzynkę z dołączonym liścikiem. Przysłała ją Izabela d'Este, siostra władcy Urbino, którego usunął ze stanowiska.

Swego czasu również listownie prosiła go o zwrot dwóch cennych posągów, skonfiskowanych przez niego wraz z całym zamkiem; jeden z nich przedstawiał Kupidyna, drugi Wenus. Pisała, że mają dla niej wartość pamiątkową, nie wspominając przy tym o swojej pasji kolekcjonowania antyków.

Poczuł się zobowiązany, ponieważ była szwagierką Lukrecji, więc jeszcze tego samego dnia kazał służbie zwrócić owe posągi. Teraz czytał, iż jest wdzięczna za jego wspaniałomyślność i prosi, żeby przyjął coś w rewanżu.

Była to spora skrzynka, owinięta jedwabnymi wstążkami, zawiązana złotą kokardą. Kiedy ją otwierał, poczuł się podniecony jak niegdyś w dzieciństwie, gdy dostawał niespodziewany prezent. Podniósł ostrożnie wieko i zobaczył, że zawierała około stu różnego rodzaju masek. Były wśród nich karnawałowe — ze złota, wysadzane klejnotami; atłasowe — czerwone i żółte; tajemnicze, czarne maski inkrustowane srebrem, i jeszcze inne — symbolizujące twarze świętych, demonów i smoków.

Cezar przymierzył je wszystkie, sprawdzając, jak w nich wygląda. Bawił się mnogością swoich wcieleń, które po kolei oglądał w lustrze.

Miesiąc później Cezar i Aleksander spotkali się w komnatach papieskich, czekając na Duarte, który właśnie wrócił z podróży do Florencji i Wenecji.

Aleksander z zapałem opowiadał Cezarowi o swoich planach upiększenia Watykanu.

— Nie tak łatwo było namówić Michelangela, żeby narysował projekt zupełnie nowej bazyliki. Chcę stworzyć coś wspaniałego ku chwale chrześcijańskiego świata.

— Nie znam jego kwalifikacji jako architekta, ale posąg Kupidyna, który kupiłem, świadczy o tym, że jest wielkim artystą.

Do komnaty wszedł Duarte. Przywitał się z Aleksandrem, całując papieski pierścień.

— No i jak, Duarte, dowiedziałeś się, czy Wenecjanie są łajdakami i czy obywatele Florencji po epizodzie w Senigallii znów uważają mnie za ludożercę i podstępnego dusiciela niewinnych? — spytał Cezar.

— Nie, Cezarze, skłaniają się ku opinii, że postąpiłeś tak, jak powinieneś, i że zrobiłeś to sprytnie i zręcznie. Popisowy podstęp, jak mówią. Lud kocha zemstę. Im bardziej szokująca, tym lepiej.

Twarz Duarte sposępniała, gdy zwrócił się do papieża.

— Wasza Świątobliwość, niebezpieczeństwo nie zostało zażegnane.

— Na jakiej podstawie tak sądzisz, Duarte? Usłyszałeś

złowieszcze plotki czy odkryłeś jakąś katastrofalną prawdę? — spytał Aleksander.

— Spiskowcy nie żyją — powiedział Duarte — ale zostały ich rodziny, targane wściekłością i chęcią zemsty. — Spojrzał na Cezara. — Nie mogą zmierzyć się z twoją armią, ale nigdy ci nie przebaczą, a ponieważ papież cię popiera, również jest narażony na niebezpieczeństwo.

28

W Ostii kardynał Giuliano della Rovere krążył po swoich komnatach, gotując się z wściekłości. Przed chwilą otrzymał wiadomość, że Cezar Borgia zdobył Senigallię i teraz rządził w mieście, które należało do rodziny della Rovere. Ale nie to było najgorsze.

Kiedy Cezar opuścił miasto, żeby wrócić do Rzymu, żołnierze, których zostawił w obrębie murów, splądrowali i rozgrabili całe miasto. Zgwałcili wszystkie kobiety. Nie oszczędzili nawet ślicznej, słodkiej Anny, kuzynki kardynała, która miała dopiero dwanaście lat.

Furia kardynała była tak wielka, że nie mógł się nawet modlić. Stanął na trzęsących się nogach przy biurku i napisał list do Ascania Sforzy. „Jeśli dobro, które w nas tkwi, jest zbyt wątłe — zło będzie królowało. Musimy dla chwały Boga i Kościoła świętego naprawić krzywdy, które zostały wyrządzone". Wyznaczył czas i miejsce, gdzie mieli się spotkać.

Trzymał wosk nad świecą, patrząc, jak czerwone krople miarowo spadają na złożony pergamin. Wziął do drżącej ręki pieczęć i wycisnął na ciepłym wosku wizerunek ukrzyżowanego Chrystusa.

Miał już wezwać posłańca, gdy raptem poczuł w głowie ostre ukłucie. Ból był tak dotkliwy, że rzucił go na kolana. Objął głowę dłońmi. Chciał krzyknąć, ale to, co zobaczył, odjęło mu mowę.

Jako żywo widział sztandar papieski, biały, z wyhaftowanym bykiem Borgiów, leniwie powiewający na wietrze. W pewnym momencie sztandar upadł, a pędzący tabun koni rozniósł go na kopytach. Kardynał podniósł głowę i rozejrzał się dookoła. Nie było dalszego ciągu — wizja się skończyła. Zrozumiał od razu: byk Borgiów został zabity.

Dźwignął się z kolan i oparł o biurko, poruszony swoją wizją. Kiedy drżenie nóg ustąpiło, ponownie ujął pióro i napisał więcej listów. Opieczętował je i nad każdym zmówił modlitwę. Jeden z nich był do króla Neapolu, kolejne do Fortunata Orsiniego, który od śmierci kardynała Antonia został głową rodziny Orsinich, do kardynała Coroneta w Rzymie, do kardynała Malavoglii w Wenecji, do Cateriny Sforzy we Florencji, a ostatni do królowej Izabeli Hiszpańskiej.

Najwyższy czas, żeby położyć temu kres...

Jofre zszedł długą, spiralną klatką schodową do piwnic zamku Świętego Anioła. Robił to codziennie od kilku tygodni. Minął śpiących strażników, którzy z dnia na dzień coraz mniej na niego zważali, i zatrzymał się przed małą, brudną celą na rogu korytarza.

Wewnątrz, na wysłanej słomą prostej pryczy siedziała Sancia milcząca jak posąg. Jej ciemne włosy były potargane i skołtunione. Jofre patrzył na nią i łzy płynęły mu po twarzy, ale ona go nie widziała.

Strażnik otworzył zamek. Jofre wszedł do celi, usiadł koło żony i ujął jej rękę, zimną i bezwładną.

— Sancio, nie opuszczaj mnie — błagał. — Nie poddawaj się bez walki. Wysłałem list do twojego wuja. Jestem pewny, że wkrótce tu przybędzie i upomni się o ciebie. Nie pojechałem sam po niego, bo bałem się, że tymczasem coś ci się stanie.

Sancia zaczęła cichutko śpiewać.

Jofre wiedział, co musi zrobić, lecz nie wiedział, jak tego dokonać. Od dnia, w którym jego ojciec wtrącił Sancię do lochu, był bez przerwy obserwowany, z wyjątkiem chwil, kiedy schodził do piwnic zamku Świętego Anioła.

Cezar dopiero co wrócił. Zapewnił brata, że w najbliższym czasie skłoni papieża, żeby uwolnił Sancię.

Jofre spojrzał na żonę i łzy ponownie napłynęły mu do oczu. Jeśli się nie pospieszy, Sancia uwolni się sama — na zawsze.

W tym momencie podszedł do niego strażnik i wymienił jego imię. Jofre nie poznał go, chociaż głos wydał mu się znajomy. Strażnik miał niebieskie oczy i gęste, czarne włosy; poważne rysy twarzy znamionowały siłę.

— Czy ja cię znam? — spytał Jofre.

Młody człowiek wyciągnął rękę na powitanie i wtedy Jofre go poznał.

— Vanni — powiedział, obejmując go. — Jak się tu przedostałeś przez straże?

Przybysz uśmiechnął się.

— Przebranie zdało egzamin, prawda? Teraz spieszmy się, rozmowa zajmie nam trochę czasu, a mamy go niewiele.

Kilka dni później, w porze gdy pomarańczowe słońce znikało za horyzontem wiejskiego krajobrazu, pod wielką stajnią spotkali się dwaj mężczyźni, obaj odziani w kardynalskie szaty; wyższy dawał instrukcje czterem siedzącym na koniach mężczyznom. Jeźdźcy mieli na sobie płaszcze z kapturami, a na twarzach maski.

— Macie zrobić dokładnie tak, jak wam kazałem — pouczał ten wyższy. — Nie możecie zostawić żadnych śladów. Powtarzam: absolutnie żadnych. Zakończcie to... ostatecznie.

Czterej jeźdźcy pogalopowali przez piaszczyste wydmy w kierunku gospodarstwa starej kobiety, zwanej Noni. Wyszła im naprzeciw powoli, powłócząc nogami. W ręku trzymała wiklinowy koszyk.

Jeden z jeźdźców wychylił się z siodła i szepnął jej coś do ucha. Kobieta kiwnęła głową, rozejrzała się na prawo i lewo, po czym podreptała na tył chałupy. Po chwili wróciła, przynosząc z ogrodu garść ciemnych jagód. Weszła do kuchni, wsypała jagody do małego, skórzanego woreczka i zaniosła je czekającemu na zewnątrz jeźdźcowi.

— *Grazie* — powiedział uprzejmie, po czym wyciągnął miecz i jednym ciosem rozpłatał jej czaszkę na dwoje.

Kilka minut później chata Noni z jej ciałem wewnątrz paliła się wysokim płomieniem.

Jeźdźcy ruszyli w stronę wydm.

W dzień ceremonii uczczenia zwycięstw Cezara i jedenastej rocznicy objęcia tronu papieskiego przez Aleksandra papież obudził się z uczuciem niepokoju. W ciągu nocy przewracał się w pościeli, nie mogąc zasnąć. Kiedy rankiem siadł na brzegu łóżka i sięgnął ręką do szyi, żeby dotknąć amuletu i zmówić modlitwę — nie znalazł go na swoim miejscu. Sięgnął ręką po raz wtóry i znów trafił na nagą skórę szyi. Roześmiał się sam z siebie. Amulet musiał mu się przesunąć na plecy, kiedy się w nocy wiercił. Niepodobna, żeby zginął, gdyż łańcuszek został zlutowany przed tylu laty i do dzisiejszego dnia ani razu nie spadł mu z szyi. Mimo to zniknął. Aleksander był zmartwiony — wezwał wszystkich służących, a także Duarte, Cezara i Jofre, jednak mimo usilnych poszukiwań we wszystkich komnatach amuletu nie znaleziono.

— Nigdzie się stąd nie ruszę — powiedział papież, zaplatając przed sobą ręce w geście uporu.

Zapewnili go, że nie ustaną w poszukiwaniach, dopóki amulet się nie znajdzie. Przeszukają cały teren, bazylikę, a nawet lasek.

Gdy do wieczora amuletu ciągle nie udawało się odnaleźć, a kardynał Coroneto zawiadomił Aleksandra, że wszyscy na niego czekają, papież zgodził się wziąć udział w uroczystości.

— Jeśli nie będę go miał na szyi do jutra rana, przestanę zajmować się sprawami Kościoła — ostrzegł.

Uroczystości odbywały się w podmiejskim pałacyku kardynała Coroneto. Nie padało, więc ustawiono stoły w przepysznym ogrodzie, nad brzegiem jeziora. Fontanny zraszały krystalicznie czystą wodą różowe płatki lilii wodnych. Jedzenie było wyśmienite. Podano półmiski drobnych, genueńskich krewetek w sosie ziołowo-cytrynowym, dziczyznę w sosie z jagód jałowca i wspaniałe naleśniki z owocami i miodem. Uroczystość uświetniali artyści: zespół taneczny z Sycylii i bard neapolitański śpiewający pieśni ludowe.

Wino lało się strumieniami. Pito ze srebrnych pucharów, stale uzupełnianych przez krążącą służbę. Grubas Coroneto, metropolita rzymski, podniósł w górę puchar, wznosząc toast na cześć Borgiów. Trzydziestu bogatych, wpływowych Rzymian, uczestników przyjęcia, także podniosło kielichy i spełniło toast.

Aleksander przestał myśleć o własnych troskach. Był w wyśmienitym humorze, śmiał się i dowcipkował z synami. Cezar siedział po jednej stronie ojca, Jofre po drugiej. Podczas kolacji papież objął ich za szyje i przez dłuższą chwilę trzymał w serdecznym uścisku. Wtedy właśnie Jofre wyciągnął rękę do Cezara, jak gdyby chcąc mu coś powiedzieć, i przypadkiem, a może rozmyślnie, potrącił jego rękę z kielichem. Krwistoczerwone wino rozlało się po złocistym jedwabiu koszuli.

Podbiegł lokaj, żeby wytrzeć plamę, ale Cezar go odprawił.

Biesiada trwała w najlepsze, lecz Aleksander zaczął odczuwać narastające zmęczenie. Było mu bardzo gorąco. Przeprosił uczestników za swoją niedyspozycję. Cezar również czuł się dziwnie, ale nie zwracał na to uwagi, zmartwiony ojcem, który pocił się i zbladł jak ściana.

W drodze do Watykanu dostał wysokiej gorączki. Mówił z najwyższym wysiłkiem. Natychmiast wezwano nadwornego lekarza.

Doktor Michele Marruzza po zbadaniu papieża pokręcił niepewnie głową.

— Myślę, że to malaria — powiedział do Cezara. Przyjrzał mu się bliżej i dodał: — Ty też nie wyglądasz dobrze, Cezarze. Połóż się zaraz do łóżka. Wrócę rano, żeby się wami zająć.

Następnego ranka okazało się, że zarówno ojciec, jak i syn są poważnie chorzy. Obaj mieli wysoką gorączkę.

Doktor Marruzza nie był pewien, czy ma do czynienia z malarią, czy z trucizną. Zadysponował bezzwłoczne upuszczenie krwi za pomocą pijawek, które przyniósł ze sobą. Cezar zobaczył słój, po którego dnie pełzały długie, cienkie pijawki podobne do pasemek brązowych nici.

Gęste, czarne brwi doktora Marruzzy ściągnięte w jedną kreskę świadczyły o nadzwyczajnym skupieniu. Sięgnął metalowymi szczypczykami do słoika i ostrożnie wyjął jedną pijawkę. Położył ją na blaszanym talerzyku, żeby pokazać Cezarowi.

— To najlepsze pijawki w Rzymie — obwieścił z dumą. — Są bardzo drogie. Kupiłem je w klasztorze Świętego Marka, gdzie je hodują.

Cezar skrzywił się z obrzydzenia, patrząc, jak lekarz przystawia pijawki, jedną po drugiej, do szyi papieża. Pierwsza z nich szybko pociemniała od krwi, cienki tułów pęczniał, robił się coraz krótszy i grubszy. Nim lekarz przystawił czwartą, pierwsza była już tak gruba, iż wydawało się, że pęknie — zrobiła się okrągła, purpurowa jak malina. Odpadła od szyi na przygotowaną czystą, jedwabną chusteczkę.

Cezar czuł narastające mdłości, podczas gdy doktor, zachwycony pijawkami i własnym kunsztem, ciągnął wykład:

— Przed przystawieniem należy je wygłodzić. Wypiją z twojego ojca złą krew i skutkiem tego pomogą mu wyzdrowieć.

Kiedy Marruzza uznał, że upuścił już wystarczająco dużo krwi, poodrywał pijawki od szyi papieża.

— Wasza Świątobliwość poczuje się teraz lepiej — oznajmił.

Gorączka rzeczywiście spadła, lecz Aleksandrowi zrobiło się zimno. Miał wilgotną skórę i był trupio blady.

Marruzza odwrócił się do Cezara.

— Twoja kolej, synu — powiedział, wyjmując ze słoika następne pijawki.

Cezar, krzywiąc się z niesmakiem, odmówił. Nie dowierzał nowoczesnej medycynie, prócz tego chciało mu się wymiotować.

Mimo optymizmu doktora, wieczorem stan papieża znacznie się pogorszył; zaczęto się obawiać, iż Aleksander może umrzeć.

Cezar spał w swoich komnatach na górze. Kiedy się obudził, Duarte poinformował go, iż jego matka, Vannozza, była u papieża. Wyszła zapłakana. Miała zamiar odwiedzić Cezara, ale wolała go nie budzić.

Cezar uparł się, że chce zobaczyć ojca. Ponieważ nie mógł chodzić, zniesiono go i posadzono na fotelu obok łóżka chorego. Podniósł bezwładną dłoń ojca i ją pocałował.

Papież leżał na plecach. Brzuch miał rozdęty fermentującymi toksynami, a płuca pełne gęstego śluzu, utrudniającego oddychanie. Co pewien czas zapadał w drzemkę. Był na ogół otępiały, lecz miewał chwile krystalicznej jasności umysłu.

Otworzył oczy i zobaczył bladą, wycieńczoną twarz Cezara, którego zawsze lśniące, kasztanowate włosy teraz zmatowiały. Rozczulił go wyraz troski w oczach syna.

Pomyślał o swoich dzieciach. Czy dobrze wychował synów? Czy nie rozmiękczył ich i nie osłabił, chroniąc przesadnie mocą ojcowską i papieską?

Przypomniał sobie wszystkie grzechy popełnione wobec dzieci. Stanęły mu przed oczami tak wyraźnie, jak nigdy dotąd. W ułamku sekundy pojął wszystko. Znał już odpowiedzi na wszystkie pytania.

Zwrócił wzrok na Cezara.

— Synu, byłem niesprawiedliwy wobec ciebie. Proszę, żebyś mi przebaczył.

Cezar patrzył na ojca z mieszaniną ostrożności i współczucia.

— O czym mówisz, ojcze? — spytał z taką czułością, że papieżowi łzy zakręciły się w oczach.

— Mam na myśli władzę przynoszącą zło — powiedział Aleksander, oddychając z trudem. — Nigdy ci tego nie wytłumaczyłem do końca. Przestrzegałem cię przed nią, zamiast zachęcić do dokładnego poznania. Nie powiedziałem ci, że władzę wolno egzekwować tylko wówczas, gdy służy miłości. — Z piersi papieża wydobył się świst.

— Jak to zrobić, ojcze? — spytał Cezar.

Aleksander miał moment jasności umysłu. Ujrzał w wyobraźni scenę z dalekiej przeszłości: był młodym kardynałem — siedział w swojej komnacie, przekomarzając się z dwoma synami i córką, podczas gdy najmłodsze dziecko bawiło się na dywanie. Oddychał teraz łatwiej.

— Jeśli niczego nie kochasz, wówczas twoja władza ulega zwyrodnieniu, staje się groźna. Jest niebezpieczna, gdyż jej skutki mogą obrócić się przeciw tobie.

Miał następną wizję. Zobaczył syna jako wodza armii papieskiej, jawiły mu się bitwy, które wygrał, krwawe jatki, brutalne morderstwa i spustoszenie podbitych ziem.

Usłyszał, że Cezar coś mówi. Zdawało mu się, że głos syna dociera z dużej odległości, z głębi czasu.

— Czy władza nie jest cnotą? Czy nie pomaga zbawieniu dusz wielu ludzi?

— Mój synu — wymamrotał Aleksander. — Władza dla samej władzy nie jest cnotą. To puste egzekwowanie woli jednego człowieka wobec drugiego.

Cezar ujął rękę papieża.

— Ojcze, odpocznij chwilę, mówienie cię wycieńcza.

Aleksander uśmiechnął się do syna. W jego intencji uśmiech miał być promienny, lecz pojawił się jedynie grymas. Nabrał tyle powietrza, na ile pozwalały mu niewydolne płuca, i powiedział:

— Władza bez miłości stawia człowieka bliżej zwierząt niż aniołów.

Skóra na ciele papieża zaczęła sinieć, lecz gdy wezwano Marruzzę, Aleksander odprawił go gestem ręki.

— Spełniłeś swoje zadanie — powiedział. — Znaj swoje miejsce. — Zwrócił się ponownie do syna, walcząc z opadającymi powiekami, które robiły się coraz cięższe. — Cezarze, mój synu, czy kochałeś kogoś bardziej niż siebie samego? — spytał.

— Tak, ojcze.

— Kogo tak kochałeś?

— Moją siostrę — wyznał Cezar ze łzami w oczach, spuszczając głowę. Miał uczucie, że jest na spowiedzi.

— Lukrecja — wyszeptał Aleksander i uśmiechnął się, gdyż to imię brzmiało w jego uszach jak muzyka. — Tak — westchnął. — To był mój grzech, a twoje przekleństwo. To jej zasługa.

— Powiem jej, jak ją kochasz, bo nie wybaczy sobie, że jej tu nie było.

— Powiedz, że była najcenniejszym kwiatem mojego życia, a życie bez kwiatów jest jałowe. Potrzebujemy piękna bardziej, niż jesteśmy w stanie to sobie wyobrazić.

Cezar przyjrzał się papieżowi. Pierwszy raz dostrzegł w nim człowieka, jakim w istocie był: obarczonego wadami, niepewnego siebie. Chciał dowiedzieć się wszystkiego o tym człowieku, o swoim ojcu, z którym nigdy dotąd nie rozmawiał otwarcie.

— Ojcze, a czy ty kochałeś kogoś bardziej niż siebie?

Aleksander z najwyższym wysiłkiem zmusił się do mówienia:

— Tak, mój synu, o tak... — powiedział to z bezbrzeżną tęsknotą.

— Kogo tak kochałeś? — powtórzył pytanie Aleksandra.

— Moje dzieci. Wszystkie moje dzieci. Myślę, że to był jeszcze jeden mój błąd. Ktoś, kto sprawuje urząd Ojca Świętego powinien bardziej kochać Boga.

— Ojcze — zapewniał Cezar — kiedy ujmowałeś złoty kielich, gdy wznosiłeś oczy ku niebu, serca wiernych napełniały się miłością do Boga.

Ciałem Aleksandra zaczęły wstrząsać drgawki, kaszlał i dusił się, mimo to wyznał z autoironią:

— Kiedy wznosiłem kielich, gdy spożywałem chleb i piłem wino, symbole ciała i krwi Chrystusa, zawsze wyobrażałem sobie ciała i krew moich dzieci. Jak Bóg Chrystusa, ja stworzyłem moje dzieci i jak On składałem z nich ofiarę. Dopiero teraz zobaczyłem rozmiar mojej arogancji. — Zachichotał szyderczo, co skończyło się atakiem kaszlu.

— Ojcze, jeśli chcesz, żebym ci przebaczył, to już to zrobiłem. Jeśli zależy ci na mojej miłości, to wiedz, że zawsze cię kochałem...

— Gdzie jest Jofre? — spytał nagle Aleksander, marszcząc brwi.

Duarte wyszedł, żeby go przyprowadzić.

Niebawem zjawił się Jofre i stanął zaraz przy progu. Patrzył zimno i twardo, bez najmniejszych objawów współczucia.

— Zbliż się, synu — powiedział Aleksander. — Uściśnij mi rękę.

Ktoś pomógł Cezarowi odsunąć się od łóżka. Jofre niechętnie ujął rękę ojca.

— Pochyl się nade mną, synu — poprosił papież. — Chcę ci coś powiedzieć...

Jofre zawahał się, lecz posłuchał ojca.

— Zrobiłem ci krzywdę, synu, a nie wątpię w to, że jesteś moim synem. Dopiero dziś dostrzegam, jak głupio postępowałem. — Przez mgłę przesłaniającą mu oczy niewyraźnie widział twarz syna.

— Nie mogę ci przebaczyć, ojcze, bo z twojej winy nie mogę przebaczyć sobie samemu — odparł Jofre.

— Wiem, że już jest za późno, ale nim umrę, chciałbym, żebyś to usłyszał z moich ust — powiedział papież. — To ty powinieneś zostać kardynałem, gdyż byłeś najlepszym spośród nas.

Jofre pokręcił głową.

— Ojcze, nawet mnie nie znasz.

Aleksander uśmiechnął się przewrotnie, gdyż widział wszystko tak wyraziście, że nie mógł się pomylić.

— Gdyby nie było Judasza, Jezus pozostałby cieślą, wiódłby życie kaznodziei, którego niewielu by słuchało, i umarłby ze starości — powiedział. Zachichotał, gdyż życie wydało mu się nagle absurdalne.

Jofre wybiegł z komnaty.

Cezar wrócił na swoje miejsce u boku ojca. Trzymał go za rękę, dopóki nie poczuł, że stała się lodowato zimna.

Aleksander znajdował się już w stanie śpiączki. Nie mógł usłyszeć cichego pukania do drzwi ani zobaczyć Giulii Farnese, która weszła do komnaty. Zdjęła czarną pelerynę z kapturem i czarny welon, po czym zwróciła się do Cezara.

— Nie mogłam pogodzić się z myślą, że nie zobaczę Ojca Świętego, nim umrze. — Pochyliła się nad Aleksandrem i ucałowała jego czoło.

— Jak ci się powodzi? — spytał Cezar.

— Chcę, żebyś wiedział — powiedziała, nie zwracając uwagi na jego pytanie — że ten człowiek był moim życiem, treścią mojego istnienia. Miałam mnóstwo kochanków... od wielu lat... przeważnie chłopców... żółtodziobów, tyranów, zarozumialców. On — powiedziała, patrząc na Aleksandra — mimo wszystkich swoich wad był prawdziwym mężczyzną. — Rozpłakała się. — Żegnaj, mój ukochany. — Zabrała pelerynę i welon i pospiesznie wyszła z pokoju.

Godzinę później wezwano spowiednika, który udzielił papieżowi ostatniego namaszczenia.

Aleksander czuł, że ogarnia go wielki spokój — twarz Cezara rozmyła się i znikła...

Ujrzał oślepiające oblicze śmierci. Widział samego siebie... jak idzie skąpany w świetle przez cytrusowy gaj nad Lago di

Argento, przesuwając w palcach złote paciorki różańca. Jakież to były czasy... nigdy nie czuł się równie szczęśliwy...

Ciało papieża szybko sczerniało i spuchło do tego stopnia, że trzeba było użyć siły kilku ludzi, żeby je wtłoczyć do trumny. Musiano zabić wieko gwoździami, gdyż niezależnie od tego, jakim ciężarem je obciążano, trumna ciągle się otwierała.

Papież Aleksander, mocarz za życia, okazał się mocarzem nawet po śmierci.

29

W noc śmierci papieża uzbrojony tłum wylał się na ulice Rzymu, bijąc i mordując mieszkańców pochodzenia hiszpańskiego, zwanych Katalończykami, oraz ograbiając ich domy.

Cezar, młodszy i silniejszy od papieża, zmagał się z chorobą w swoim zamku w Rzymie. Od wielu tygodni leżał w łóżku, będąc na krawędzi śmierci. Mimo wysiłków lekarzy nie mógł odzyskać sił. W końcu Duarte zmusił doktora, żeby wbrew oporowi Cezara przystawił choremu pijawki.

Przez następne dni Cezar był zbyt osłabiony, żeby wstać, nie mógł więc podjąć kroków w celu zabezpieczenia swojego majątku. Podczas gdy rodziny władców, których ziemie zdobył, spotykały się na naradach i zawiązywały nowe sojusze — on sam z trudem utrzymywał się na granicy świadomości. Jego wrogowie szybko utworzyli własne armie i odzyskali Urbino, Camerino, Senigallię i inne miasta, obejmując z powrotem rządy. Cezar nie był w stanie zareagować. Nie podjął walki nawet wówczas, gdy rodziny Colonnów i Orsinich wspólnym wysiłkiem wysłały do Rzymu wojsko, w celu wywarcia wpływu na elekcję nowego papieża.

W ubiegłych latach Cezar wraz z ojcem opracowali strategię

postępowania w przypadku śmierci Aleksandra, mającą zabezpieczyć ich skarby, tytuły i latyfundia. W chwili rzeczywistej próby syn papieża był zbyt chory, żeby ów plan wprowadzić w życie.

Gdyby Cezar dysponował pełnią sił, błyskawicznie skoncentrowałby wierne sobie oddziały, zespolił swoich sprzymierzeńców i zadbał o to, żeby twierdze w Romanii miały odpowiednie zaopatrzenie i obronę. W obecnym stanie zdrowia nie mógł niczego przedsięwziąć. Zwrócił się do swojego brata, Jofre, ale ten odmówił. Był pogrążony w żałobie — nie po ojcu, lecz po swojej żonie.

Sancia umarła, nim dało się ją uwolnić z lochu.

Cezar za pośrednictwem Duarte próbował zebrać wojsko w pobliżu zamku, lecz Kolegium Kardynałów, nad którym nie miał już władzy, zażądało, żeby wszystkie oddziały wojskowe natychmiast opuściły Rzym. Orzekło, że najważniejszą sprawą jest wybór następnego papieża, obecność zaś jakichkolwiek obcych oddziałów mogłaby wpłynąć na elektorów. Orzeczenie kardynałów było tak stanowcze, że poddały mu się nawet rodziny Colonnów i Orsinich. Wkrótce wszystkie wojska wymaszerowały z miasta.

Kolegium Kardynałów cieszyło się ogromnym autorytetem. Cezar zwrócił się o pomoc do Francuzów i Hiszpanów, lecz ci z powodu zasadniczej zmiany sytuacji nie kwapili się, by interweniować w jego sprawie przed ogłoszeniem werdyktu świętego Kolegium.

Duarte komunikował się często z Cezarem, informując go o warunkach przetargowych ze strony jego wrogów.

— Nie są tak straszne, jak można by się spodziewać — mówił. — Pozwalają ci zatrzymać cały osobisty majątek, natomiast miasta i ziemie, które zdobyłeś, muszą wrócić do poprzednich władców.

Wrogowie byli nie tyle szczodrobliwi, co ostrożni. Cezar nie umarł, więc książęta, których ogołocił z posiadłości, obawiali się go. Podejrzewali nawet, że symuluje chorobę po to, żeby wciągnąć ich w pułapkę, tak jak to zrobił w Senigallii.

Co więcej, mieszkańcy miast Romanii okazali się zadowoleni z rządów Cezara. W odróżnieniu od poprzednich władców był sprawiedliwy i wielkoduszny. Za jego panowania warunki ich egzystencji bardzo się poprawiły. Gdyby zrzekł się dobrowolnie prawa do tych ziem, możliwość buntu ludności znacznie by się zmniejszyła.

Cezar zwlekał z odpowiedzią, lecz zdawał sobie sprawę, że jeśli nie zdarzy się jakiś cud, będzie musiał się zgodzić. Nie miał alternatywy.

Wieczorem zmusił się, żeby zasiąść za biurkiem. Pierwszą rzeczą było napisanie listu do Cateriny Sforzy we Florencji. Skoro już musi oddać zdobyte zamki, to przynajmniej niech ona będzie pierwszą, która odzyska swoją własność. Potem napisał rozkaz natychmiastowego zwrócenia Imoli i Forli Caterinie i jej synowi. Jednak następnego dnia, czując się nieco lepiej, schował list wraz z rozkazem do szuflady. Postanowił poczekać na rozwój wydarzeń.

— Papież nie żyje! Papież nie żyje! — krzyczeli heroldowie na ulicach Ferrary. Na wpół obudzona Lukrecja wstała z łóżka i wyjrzała przez okno. Zanim zdołała oprzytomnieć — gdyż wydawało jej się, że to zły sen — stanął przed nią Micheletto. Przyjechał konno z Rzymu bez postoju, drżał z zimna i wyczerpania. Wiadomość wyprzedziła go o włos.

— Miguel? — wykrzyknęła Lukrecja. — Czy to prawda? Ojciec umarł?

Micheletto zwiesił głowę ze smutkiem. Lukrecja milczała, choć miała wrażenie, iż jej krzyk słychać w całej Ferrarze.

— Kto to zrobił? — zapytała, dziwiąc się, że potrafi mówić z takim spokojem.

— Papieża zabrała malaria — odparł Micheletto.

— Wierzysz w to? — spytała. — Cezar też tak sądzi?

— Twój brat również zachorował. Ledwie wywinął się śmierci.

Zaczęła szybko oddychać.

— Muszę do niego pojechać — powiedziała. Ojciec nie żył, brat jej potrzebował. Czym prędzej wezwała damę dworu. — Przygotuj mi czarną odzież — poleciła dziewczynie.

Micheletto stanowczo zaoponował.

— Twój brat prosi, żebyś trzymała się z dala od Rzymu, nie chce narażać cię na niebezpieczeństwo. Na ulicach grasuje pospólstwo, które wszczyna rozruchy, plądruje i kradnie. Nie będziesz tam bezpieczna.

— Miguel, nie uda ci się utrzymać mnie z dala od niego... od moich dzieci... od popatrzenia na ojca, zanim spocznie pod ziemią na zawsze... — Dopiero teraz zaczęła płakać.

— Twoje dzieci są bezpieczne. Zostały zabrane do Nepi — spokojnie tłumaczył Micheletto. — Na razie znajdują się pod opieką Adriany, a wkrótce ma przybyć Vannozza. Kiedy Cezar wyzdrowieje, przyjedzie do Nepi i wówczas się spotkacie.

— A ojciec? — spytała. — Co z ojcem?

Micheletto wyobraził sobie, jak by się czuła, gdyby zobaczyła sczerniałe, rozdęte szczątki doczesnej powłoki papieża. Skoro on sam nie mógł pozbyć się przerażającego wspomnienia, to jak zareagowałaby na ten widok wrażliwa kobieta?

— Możesz modlić się za ojca, nie wyjeżdżając z Ferrary — powiedział Micheletto. — Bóg wysłucha cię, gdziekolwiek będziesz.

Do sypialni weszli Ercole d'Este i Alfons. Podeszli do Lukrecji, chcieli ją pocieszyć, lecz ich wysiłki były bezowocne. Poleciła Michelettowi udać się na spoczynek, żeby mógł następnego dnia wrócić do Cezara. Kazała przekazać bratu wiadomość, że udaje się do Nepi i tam będzie czekała na jego wezwanie.

Ercole i Micheletto wyszli, lecz ku zdumieniu Lukrecji jej mąż został w sypialni. Począwszy od ślubu, Alfons nie tylko nie pławił się w rozkoszach małżeńskich, lecz nawet z rzadka z nią rozmawiał. Wolał bawić się kolekcją broni palnej i spędzać czas w towarzystwie kurtyzan. Lukrecja zaś w ciągu dnia wysłuchiwała skarg prostych ludzi, a wieczorami przyjmowała w swoich komnatach artystów, poetów i muzyków. Teraz Alfons stał przed nią pełen współczucia.

— Chciałbym podzielić twój smutek, księżno — powiedział. — Chyba że mój widok sprawia ci dodatkowy ból.

Lukrecja nie była w stanie myśleć ani podjąć jakiejkolwiek decyzji. Nie mogła usiąść lub zrobić choćby kroku. Skończyło się na tym, że padła zemdlona i wszelka myśl ją opuściła.

Alfons podniósł żonę i usiadł na łóżku. Nie położył Lukrecji, lecz trzymając ją w ramionach, łagodnie kołysał.

— Rozmawiaj ze mną, Synku — powiedziała, gdy otworzyła oczy. — Zajmij mnie czymkolwiek, żebym tylko nie myślała o tamtym. — Łzy sprawiłyby jej ulgę, ale nie potrafiła się rozpłakać.

Alfons spędził z nią całą noc, a potem wszystkie następne dni i noce. Doceniała jego troskliwość, lecz nic nie mogło ukoić jej bólu.

Wybór nowego papieża stał się naglący. Cezar wiedział, że za wszelką cenę musi pokonać Giuliana della Rovere, odwiecznego wroga Borgiów. Jego faworytem był kardynał Georges d'Amboise, popierany, jak należało oczekiwać, również przez kardynałów francuskich. Większość włoskich kardynałów nie chciała słuchać Cezara, stojąc po stronie della Rovere. Cezar próbował przekonać kardynałów hiszpańskich, żeby głosowali na d'Amboise'a, ale ci mieli własnego kandydata. Mógł liczyć tylko na garstkę dawnych, lojalnych przyjaciół.

Florentczycy uwielbiali hazard, szczególnie zaś lubili się zakładać o wybory papieża. Nie licząc prywatnych zakładów pomiędzy ludźmi, głównymi bukmacherami były florenckie banki. Ogólna suma zakładów przyprawiała o zawrót głowy.

Szanse wygranej d'Amboise'a oceniano na jeden do pięciu, della Rovere dawano wyższe, bo jeden do trzech. Wydawało się, że nikt inny się nie liczy, gdyż zakłady na innych przyjmowano w stosunku nieprzekraczającym jeden do dwudziestu. Wybory bywały jednak nieprzewidywalne. Wielokrotnie zdarzało się, iż ogólny faworyt konklawe po jego zakończeniu pozostawał nadal tylko kardynałem.

Tak się stało i tym razem. W pierwszej turze ani d'Amboise, ani della Rovere nie zdobyli wystarczającej liczby głosów.

Dopiero po dwóch następnych głosowaniach z komina Watykanu wydobył się biały dym. Ku zdumieniu wszystkich kolegium wybrało starego, słabowitego kardynała Francesca Piccolominiego. Cezar odetchnął z ulgą, a nawet był zadowolony.

Piccolomini został namaszczony jako papież Pius III. W przeszłości miewał odrębne zdanie niż Aleksander, lecz był uczciwym, szlachetnym człowiekiem. Cezar wiedział, że potraktuje Borgiów sprawiedliwie i będzie ich ochraniał na tyle, na ile będzie mógł — jeśli oczywiście nie będzie to kolidowało z interesem Kościoła świętego. Niebezpieczeństwo w postaci wrogiego papieża zostało jakimś cudem zażegnane.

W ciągu następnych tygodni po wyborze Piusa III Cezar stopniowo odzyskiwał siły; najpierw chodził po swoich komnatach, potem spacerował po ogrodzie, w końcu zaczął wyjeżdżać na białym rumaku na wycieczki po okolicy. Przemyśliwał nad możliwością zachowania swoich zdobyczy w Romanii i szansami pokonania wrogów.

Któregoś dnia po powrocie z długiej, krzepiącej wycieczki zastał czekającego nań Duarte Brandao.

Mina Duarte świadczyła o zmartwieniu.

— Przynoszę złe wieści, Cezarze. Pius Trzeci nie żyje. Jego pontyfikat trwał zaledwie dwadzieścia siedem dni.

Po śmierci Piusa perspektywy Cezara przedstawiały się marnie. Możliwość ochrony ze strony następnego papieża lub choćby jego poczucie sprawiedliwości pozostawały co najwyżej pobożnymi życzeniami. Wrogowie Cezara zauważyli to samo i działali szybko. Orsini przekonali Colonnów do stworzenia wspólnego frontu przeciw Cezarowi.

Cezar z kilkoma wiernymi oddziałami wycofał się do zamku Świętego Anioła uznawanego za twierdzę nie do zdobycia. Odesłał Vannozzę do Nepi, uważając, że życie jest cenniejsze niż karczmy i winnice.

Kardynał Giuliano della Rovere był nie do pokonania. W okresie od ostatniego konklawe stał się ogólnym faworytem. Żadnego innego kandydata nie brano pod uwagę. Wraz ze zbliżającym się terminem następnego konklawe banki początkowo przyjmowały zakłady na niego w tym samym stosunku co poprzednio, lecz wkrótce jego szanse oceniono jeszcze wyżej — na jeden do dwóch. Cezar uznał, że klęska jest nieuchronna, zatem musi zebrać wszystkie siły, żeby przygotować się na spodziewany cios.

Cezar Borgia doprowadził do spotkania z kardynałem della Rovere i zaproponował układ, grożąc w przypadku odmowy wykorzystaniem swojego wpływu na kardynałów francuskich i hiszpańskich oraz militarną potęgą zamku Świętego Anioła.

Cezar zobowiązał się poprzeć della Rovere w nadchodzących wyborach pod warunkiem, że będzie mógł zatrzymać twierdze i miasta w Romanii. Prócz tego zażądał godności *gonfaloniere* i stanowiska kapitana generalnego.

Dla pewności, że kardynał dotrzyma obietnic, Cezar zażądał publicznego ogłoszenia warunków umowy. Della Rovere zgodził się, nie chcąc, żeby cokolwiek stanęło na drodze do wyborów.

Poparcie Cezara sprawiło, że della Rovere został wybrany po najkrócej trwającym konklawe, jakie zachowało się w pamięci współczesnych — w pierwszym głosowaniu, chwilę po zamknięciu bramy Kaplicy Sykstyńskiej.

Wzorem dla kardynała della Rovere, podobnie jak i Cezara, był Juliusz Cezar. Nic dziwnego, że jako papież przybrał imię Juliusza II. Jakże długo czekał na ten cud... ileż miał pomysłów na zreformowanie Kościoła...

Papież Juliusz II, mimo iż nie najmłodszy, miał doskonałą kondycję, a stanowisko, na które czuł się powołany, sprawiło, że stał się pogodniejszy. Jak na ironię losu jego zamiary zbudowania kościelnego państwa zbiegały się z dążeniami Aleksandra i Cezara; on również zamierzał zjednoczyć wszystkie lenna papieskie i ustanowić centralny rząd. Jedyną różnicę stanowiło to, że w jego planie nie było miejsca dla Borgiów.

Po objęciu tronu Juliusz zastanawiał się, jak powinien postąpić z Cezarem. Nie zależało mu na wywiązaniu się z umowy, gdyż nie przykładał wagi do własnego słowa, lecz doceniał możliwość wykorzystania władzy i stanowiska, by stawić czoło różnym wrogom. Obawiał się zwłaszcza Wenecjan, w tym samym stopniu co Borgiów, lecz zdawał sobie sprawę, że Cezar byłby silnym sprzymierzeńcem przeciw ekspansji Wenecjan w Romanii. W związku z tym zapewnił Cezara, że choć w przeszłości byli nieprzyjaciółmi, nic nie stoi na przeszkodzie, żeby teraz zgodnie współpracowali.

Tymczasem Cezar szukał sposobów na umocnienie własnej pozycji. Utrzymywał ścisłe kontakty z dowódcami swoich twierdz i miast, zapewniając ich, iż pomimo zadawnionej niechęci nowego papieża, jego własna pozycja jest niezachwiana. W celu jej umocnienia skomunikował się ze swoim przyjacielem Machiavellim, szukając poparcia we Florencji.

Spotkali się w grudniu, w ogrodach Belwederu, pewnego rześkiego dnia. Przeszli wśród szpalerów wysokich cedrów i usiedli na zmurszałej, kamiennej ławeczce, podziwiając rozciągające się w dole wieże, wieżyczki, ogrody, twierdze i kościoły Wiecznego Miasta. Wiatr wywiał cały kurz i dym;

na tle czystego, błękitnego nieba marmurowe i terakotowe domy wyglądały jak rzeźby.

Machiavelli zauważył, że w trakcie rozmowy narastała ekscytacja Cezara. Gestykulował gorączkowo, śmiał się zbyt często i zbyt głośno. Machiavelli pomyślał, iż, być może, ciągle jeszcze nie jest w pełni zdrowy.

— Spójrz na to wszystko, Nicco — perorował Cezar, wskazując ręką na miasto. — Kiedyś to było miasto Borgiów, ale obiecuję ci, że wróci do nas. Odzyskanie straconych twierdz nie będzie trudniejsze niż niegdyś ich zdobycie. Obrona tych, które zachowałem, nie stanowi problemu. Mam silnych i wiernych dowódców. Ludność ich popiera, a ja tymczasem stworzę nową armię, składającą się z zagranicznych najemników i piechoty Vala di Lamonte'a. Kiedy Rzym zobaczy, że znów mam władzę nad Romanią, wszystko, co tutaj widzisz, wróci do mnie. Nie przeczę, iż papież Juliusz był kiedyś moim wrogiem, ale to już przeszłość. Złożył publicznie świętą przysięgę. Przysiągł przed obywatelami, rządem i hierarchami Kościoła, że będzie mnie popierał. Jestem nadal *gonfaloniere*. Rozmawialiśmy nawet o związku małżeńskim, który połączyłby nasze rodziny: mojej córki, Luizy, z jego kuzynem, Franceskiem. Idą nowe czasy, Nicco. Nowe czasy!

Gdzie się podział ów genialny, zimnokrwisty dowódca, którego kiedyś podziwiałem? — zastanawiał się Machiavelli. Musiał przyznać, że Cezar mu imponował. Machiavelli miał się za jego przyjaciela, lecz gdy zastanawiał się nad tym, jaki raport złoży *signorii*, miał na uwadze tylko dobro Florencji. Wieczorem wyruszył w drogę powrotną. Jechał bez wytchnienia, chcąc wrócić, nim będzie za późno. Tym razem jego pogląd, który przedstawił radzie, zasadniczo różnił się od poprzedniego.

Zebrali się w kameralnej sali, używanej przez wąskie grono najbardziej wpływowych osobistości rady. Wstał zza stołu, nie tak wytwornie ubrany jak zawsze, i przemówił bez dramatyzmu — po prostu nie był w swojej zwykłej formie. Miał posępną twarz, gdyż napawało go odrazą do samego siebie to, co musiał za chwilę powiedzieć.

— Ekscelencje, popieranie Cezara Borgii byłoby szczytem głupoty. Wprawdzie Ojciec Święty, papież Juliusz Drugi, publicznie obiecał uznać podboje Cezara i uczynić go *gonfaloniere*, ale jestem przekonany, że ten papież czuje się mniej zobowiązany do dotrzymania słowa niż ja do wyjścia z tego pokoju północnymi, a nie południowymi drzwiami. Nadal nienawidzi Borgiów. Wkrótce zdradzi Cezara, w głębi serca już to postanowił. Wracając do Cezara: zauważyłem w nim zastraszające zmiany. Człowiek, który niegdyś nawet drgnięciem powieki nie zdradziłby swoich intencji, teraz karmi rozmówców opowiadaniami o rzeczach, które planuje, lecz których nigdy nie osiągnie. Ekscelencje, Cezar Borgia schodzi do grobu... Florencja nie może pójść jego śladem.

Machiavelli się nie mylił. Kiedy papież Juliusz przekonał się, że zagrożenie zarówno ze strony Wenecji, jak i sił Cezara okazało się przesadne, od razu zerwał ugodę. Zażądał, żeby Cezar natychmiast poddał wszystkie zamki. Kiedy Cezar to zrobił, kazał go aresztować i wysłał do Ostii w asyście uzbrojonego strażnika i starego kardynała, chcąc być pewnym, iż rozkaz został wykonany.

Cezar Borgia przekazał pierwsze dwie twierdze, a do dowódców pozostałych napisał listy z zawiadomieniem, że zmuszono go do zwrócenia zamków ich poprzednim właścicielom. Miał nadzieję, że zawiadomienia nie będą respektowane, przynajmniej przez pewien czas. Potem poprosił starego kardynała o pozwolenie na wyjazd do Neapolu będącego w owym czasie pod kontrolą Hiszpanii. Kardynał uwierzył, iż Cezar postępuje zgodnie z rozkazami papieża. Wiedząc, że dopóki znajduje się poza terytorium Romanii, nie może sprawić kłopotów, odprowadził go do portu w Ostii i wsadził na galeon płynący do Neapolu.

W Neapolu Cezar miał nadzieję wykorzystać ostatnią kartę. Tą kartą był Gonsalvo de Cordoba.

Hiszpanie w tym czasie niepodzielnie panowali w Neapolu, na który mieli znaczniejszy wpływ niż na jakiekolwiek inne miasto w Italii. Cezar bezzwłocznie zwrócił się o pomoc do Ferdynanda i Izabeli, ufny, iż są sprzymierzeńcami Borgiów. Powiedział de Cordobie, że z ich pomocą, on, Cezar, wraz z wiernymi mu ludźmi będzie mógł bronić się w swoich twierdzach nieskończenie długo i zmusi Juliusza do zawarcia godziwych warunków pokoju i ich dotrzymania.

De Cordoba zgodził się przedstawić monarchom hiszpańskim prośbę Cezara. Przebywając na terytorium pod protektoratem Hiszpanów, poza zasięgiem papieża Juliusza, Cezar czuł się bezpiecznie. Czekając na odpowiedź Ferdynanda i Izabeli, słał gońców do swoich dowódców, namawiając ich, żeby nie poddawali fortec. Zaczął również tworzyć oddziały najemników, którzy mieli walczyć u boku Hiszpanów pod dowództwem de Cordoby.

Czekał trzy tygodnie, lecz odpowiedź nie nadchodziła. Cezar niecierpliwił się, pełen złych przeczuć. Nie mógł dłużej zwlekać, musiał coś przedsięwziąć!

Pojechał konno przez nadbrzeżne wzgórza koło Neapolu do hiszpańskiego obozu wojskowego. Wartownik zaprowadził go do kwatery sztabu i zameldował komendantowi jego przybycie.

Gonsalvo de Cordoba podniósł się zza zarzuconego mapami biurka. Uśmiechnął się, widząc gościa, po czym uściskał go serdecznie.

— Wyglądasz na zmęczonego, *amigo*.
— Owszem — przyznał Cezar. — Staram się utrzymać moje twierdze i zaangażować nowe oddziały, ale muszę mieć poparcie twojego króla, a potem będę potrzebował ciebie i twoich ludzi.
— Nie ma odpowiedzi, Cezarze — de Cordoba rozłożył ramiona. — Ale jutro w południe przypłynie galeon z Walencji. Być może przywiezie to, na co czekasz.

— Mówisz: „nie ma odpowiedzi". Czyżbyś wątpił w to, ze chcą mi pomóc?

— To nie takie proste, Cezarze. Wiesz o tym dobrze — odparł de Cordoba. — Moi monarchowie muszą wziąć pod uwagę wiele czynników. Papież jest twoim zaprzysięgłym wrogiem, a przy tym jest twardy i mściwy.

— Co do tego nie ma wątpliwości — przytaknął Cezar. — Jednak Ferdynand i Izabela od niepamiętnych czasów okazywali nam przyjaźń. Mój ojciec był ich orędownikiem, umożliwił im małżeństwo i był ojcem chrzestnym ich pierwszego dziecka. Ja również zawsze występowałem po ich stronie...

De Cordoba położył rękę na ramieniu Borgii.

— Uspokój się, Cezarze — powiedział. — Wiem to wszystko. Ich Wysokości również o tym pamiętają. Mają cię za lojalnego przyjaciela. Jutro po południu powinniśmy znać ich odpowiedź, w której, jeśli Bóg tak zrządzi, będzie rozkaz dla mnie, żebym stanął z całą moją armią u twojego boku.

Cezar poczuł się pocieszony zapewnieniami de Cordoby.

— Jestem pewny, że tak zdecydowali, Gonsalvo, a potem będziemy musieli szybko działać.

— Oczywiście. Na razie lepiej nie zwracać niczyjej uwagi, dopóki nie będziemy gotowi. Wszędzie są szpiedzy, nawet wśród robotników w tym obozie. Musimy znaleźć odosobnione miejsce na nasze spotkania. Znasz tę starą latarnię na wybrzeżu, na północ od obozu?

— Nie — odparł Cezar — ale ją znajdę.

— Dobrze — powiedział dowódca. — Spotkamy się tam jutro o zachodzie słońca i ułożymy plan działań.

Następnego dnia, w porze, gdy złota tarcza słońca chowała się za horyzontem, Cezar powędrował brzegiem morza, na północ od portu, wzdłuż linii pobielałych pali, do starej, kamiennej latarni.

Zbliżając się, ujrzał de Cordobę, który wyszedł z wnętrza i stanął na progu.

Cezar nie mógł powstrzymać palącej ciekawości. Zawołał jeszcze z daleka:

— No i co, Gonsalvo? Jakie są wieści?!

Dowódca hiszpański położył palec na wargach.

— Ciszej, Cezarze — powiedział stłumionym głosem. — Wejdź do środka. Musimy być ostrożni.

Kiedy znaleźli się w ciemnym wnętrzu latarni, Cezar został błyskawicznie obezwładniony przez czterech mężczyzn. Rozbroili go i mocnym sznurem związali mu ręce i nogi. Potem zdarli maskę z jego twarzy.

— Zdradziłeś mnie, Gonsalvo? — spytał Cezar.

De Cordoba zapalił świecę. Cezar zobaczył, że otacza go przynajmniej tuzin uzbrojonych żołnierzy hiszpańskich.

— Nie zdradziłem cię, Cezarze — odparł. — Spełniam rozkaz króla i królowej. Doceniają to, że zawsze byłeś ich przyjacielem, lecz mają na uwadze twój sojusz z Francją. Uznali, że władza Borgiów się skończyła, a teraz rządzi papież Juliusz, który jest twoim wrogiem.

— *Dios mio!* — wykrzyknął Cezar. — Zapomnieli, że w moich żyłach płynie hiszpańska krew.

— Przeciwnie, Cezarze. Nadal uważają, że jesteś ich poddanym, i na tej podstawie kazali mi odesłać cię Hiszpanii. Udzielają ci azylu... w walenckim więzieniu. Przykro mi, przyjacielu, ale Ich Królewskie Wysokości są gorliwymi katolikami. Wierzą, że Bóg i Ojciec Święty będą zadowoleni z ich decyzji. — De Cordoba odwrócił się, żeby odejść, lecz coś mu się przypomniało. — Musisz wiedzieć, że Maria Enriquez, wdowa po twoim bracie Juanie, oskarżyła cię formalnie o jego zamordowanie, a jest kuzynką króla.

Cezar poczuł się zdradzony przez wszystkich. Nie odezwał się więcej.

De Cordoba rzucił krótki rozkaz. Cezar został wyniesiony na zewnątrz i bezceremonialnie wrzucony na grzbiet muła. Walczył rozpaczliwie, ale był związany. Następnie pod osłoną nocy w asyście de Cordoby i żołnierzy został zawieziony do obozu hiszpańskiego.

O świcie następnego dnia, nadal spętanego Cezara zakneblowano, po czym zawinięto w całun i umieszczono w drewnianej trumnie. Trumnę zamknięto, zawieziono wozem do portu i załadowano na hiszpański galeon płynący do Walencji.

Cezar oddychał z trudem. Trumna była tak ciasna, że nie mógł się poruszać. Ze wszystkich sił starał się nie wpaść w panikę, gdyż bał się, że zwariuje.

De Cordoba wybrał ten sposób transportu, nie chcąc, żeby wierni Cezarowi Neapolitańczycy dowiedzieli się, iż został aresztowany. Miał wystarczającą liczbę żołnierzy, żeby zapobiec próbie uwolnienia Cezara, lecz — jak to ujął, zwracając się do swojego porucznika — „Po co ryzykować?". Tak zaś każdy portowy szpieg ujrzy jedynie trumnę ze zwłokami jakiegoś hiszpańskiego nieszczęśnika, którego doczesne szczątki wracały do kraju na wieczny spoczynek.

Po godzinie żeglugi kapitan kazał wyciągnąć Cezara z trumny i wyjąć knebel z ust więźnia. Następnie rozdygotanego i nadal spętanego Borgię wepchnięto do magazynka na rufie.

Było tu ciasno i brudno, lecz przynajmniej nie tak duszno jak w trumnie, bowiem w drzwiczkach znajdował się otwór wentylacyjny.

Na morzu Cezar raz dziennie otrzymywał porcję robaczywych sucharów i wody. Marynarz, który go karmił, stary wilk morski, okazał się na tyle życzliwy, że najpierw stukał sucharami o deski pokładu, żeby wytrząsnąć z nich robaki, dopiero potem łamał je na kawałki i wkładał Cezarowi do ust.

— Żal mi cię, że jesteś związany — wyznał Cezarowi. — Kapitan tak zarządził. Masz być skrępowany, dopóki nie dopłyniemy do Walencji.

Cezar cierpiał katusze spowodowane burzami na morzu,

obrzydliwym jedzeniem i przebywaniem w ciasnym, śmierdzącym pomieszczeniu. W końcu, po wielu dniach podróży, galeon zawinął do Villanueva del Grao. Jak na ironię, był to ten sam port, z którego przed sześćdziesięciu laty wyruszył do Włoch Alonso Borgia, stryjeczny dziadek Cezara, późniejszy papież Kalikst.

Ruchliwy port roił się od żołnierzy Ferdynanda i Izabeli. Dalsze ukrywanie więźnia nie miało sensu. Cezar został ponownie wrzucony na grzbiet muła i kamienistym gościńcem, biegnącym wzdłuż portu, zawieziony do wysokiego zamczyska, pełniącego w owym czasie funkcję więzienia. Tym razem nie stawiał oporu.

Został osadzony w małej celi na szczycie wieży i dopiero tu, w asyście czterech strażników, zdjęto mu więzy.

Podniósł się, masując poocierane przeguby, i rozejrzał wokół. Dostrzegł zardzewiałą miskę na jedzenie i cuchnące wiadro na odchody. Na podłodze leżał poplamiony materac. Czy miał tu spędzić resztę życia? Był przekonany, że gdyby nawet, to ta reszta będzie krótka, gdyż jego bogobojni przyjaciele, Ferdynand i Izabela, chcąc zadowolić papieża i wdowę po Juanie, z pewnością skażą go na tortury i śmierć.

Mijały dni i tygodnie. Cezar siedział w celi na podłodze, starając się zachować sprawność myślenia metodą liczenia różnych rzeczy: liczył, ile razy otworzy się judasz w drzwiach celi, ile karaluchów krąży po ścianach i ile plam zrobiły muchy na suficie. Raz w tygodniu mógł przez godzinę spacerować po ciasnym dziedzińcu zamkowym. W niedziele przynoszono mu miskę stęchłej wody, żeby mógł się umyć.

Zastanawiał się, czy takie życie jest lepsze niż śmierć. Na razie nie potrafił tego rozstrzygnąć, lecz nie wątpił, iż niebawem będzie wiedział.

Tygodnie przechodziły w miesiące, a jego sytuacja się nie zmieniała. Chwilami zdawało mu się, że oszalał — gdy zapominał, gdzie jest, wyobrażając sobie, że spaceruje nad brzegiem Lago di Argento lub przekomarza się z ojcem. Starał się nie myśleć o Lukrecji, mimo to niekiedy wydawało mu się, że jest z nim w celi, pociesza go, gładzi po włosach i całuje.

Miał teraz dość czasu, żeby myśleć o ojcu. Starał się zrozumieć jego ambicje i dążenia bez obwiniania go o popełnione błędy. Czy był w istocie tak wielki, jak Cezarowi się zdawało? Doszedł do wniosku, że związek z Lukrecją okazał się genialnym posunięciem, gdyż umacniał więź rodzinną, mimo to nie mógł mu tego wybaczyć, gdyż zbyt wiele ich to kosztowało. Czy on sam nie powinien wyrzec się tej miłości? Nie potrafił sobie wyobrazić takiego wyboru, mimo iż przez nią nie mógł prawdziwie pokochać kogokolwiek innego. A biedny Alfons? W jakim stopniu zazdrość Cezara zdecydowała o jego śmierci? Tej nocy płakał — zarówno nad sobą, jak i nad mężem siostry. To z kolei przypomniało mu jego drogą Karolinę. Jak ona go kochała...

Tej samej nocy postanowił, że wyzwoli się z uczucia do Lukrecji i będzie żył godnie z Karoliną i ich córeczką, Luizą... jeśli tylko Bóg pomoże mu wyjść z obecnej sytuacji.

Przypomniał sobie słowa ojca sprzed lat, kiedy to mu wyznał, że nie wierzy w Boga, w Marię Dziewicę i świętych. „Grzesznicy mówią, że nie wierzą w Boga, gdyż obawiają się kary po śmierci. Próbują w ten sposób zaprzeczyć prawdzie". Papież wziął w swoje dłonie ręce Cezara i mówił dalej: „Ludzie tracą wiarę, synu. Nie wytrzymują okrucieństw świata, więc negują istnienie wiecznego, kochającego Boga, nie wierzą w jego nieskończone miłosierdzie. Nie wierzą w Kościół święty. Człowiek wierzący powinien być aktywny. Nawet święci byli ludźmi czynu. Nie mam na myśli świętych mężów, którzy zamknięci w klasztorach biczują się i zastanawiają nad pogmatwanymi losami ludzkości. Ci nie robią nic dla żywego Kościoła, nie pomagają mu przetrwać we współczesnym świecie. W rezultacie tacy ludzie jak ty i ja muszą podjąć się spełnienia tego istotnego obowiązku. Mimo to — tu papież podniósł ostrzegawczo palec — nasze dusze mogą na jakiś czas powędrować do czyśćca. Ukojenie, którego doznaję, kiedy się modlę i kiedy spowiadam się z grzechów, wynagradza mi wyrzuty sumienia z powodu straszliwych rzeczy, które nieraz muszę robić. Nie zwracaj uwagi na to, co mówią humaniści, wyznawcy greckiej filozofii, twierdzący, że poza ludzkością nie istnieje nic innego. Istnieje Wszechmogący Bóg, który jest rozumny i miłosierny. To jest podstawa naszej wiary. Musisz w to wierzyć. Żyj w grzechu, spowiadaj się lub nie, ale nie wolno ci stracić wiary".

Słowa papieża były w owym czasie niezrozumiałe dla Cezara. Teraz, mimo iż jego wiara była zachwiana, wyspowiadał się Bogu ze wszystkich grzechów. Z dawnych czasów najgłębiej wryły mu się w pamięć inne słowa ojca: „Synu, przyszłość Borgiów spoczywa w twoich rękach. Jesteś moją największą nadzieją".

Którejś nocy, po dwunastej, Cezar zauważył, że drzwi do jego celi cicho się otwierają. Myślał, że to dozorca z jakąś spóźnioną usługą, lecz ku jego zdumieniu na progu stanął Duarte Brandao. W ręku trzymał zwój liny.

— Duarte, na Boga, co ty tu robisz? — spytał Cezar. Serce zabiło mu mocniej na widok nieoczekiwanego gościa.

— Pomagam ci uciec, przyjacielu — odparł Duarte. — Spiesz się. Musimy natychmiast wyruszyć.

— A co ze strażnikami?

— Przekupiłem ich, zawsze byłem w tym mistrzem — odparł Duarte, rozwijając linę.

— Mamy się po niej spuścić na dół? — spytał zatroskany Cezar. — Wydaje mi się za krótka.

— I jest za krótka — powiedział zadowolony z siebie Duarte. — Lina jest dla zmyłki... żeby nie podejrzewano strażników. Ich dowódca będzie przekonany, że uciekłeś za jej pomocą. — Duarte przywiązał koniec liny do żelaznej klamry w ścianie, po czym wyrzucił zwój poza okno. Odwrócił się do Cezara. — My wyjdziemy łatwiejszą drogą.

Zeszli w dół po spiralnych schodkach i wydostali się z zamku przez małe drzwi na tyłach budynku. Nie było widać żadnego strażnika. Duarte pobiegł do miejsca, nad którym zwisała lina. Kończyła się wysoko nad ziemią. Sięgnął do kieszeni płaszcza i wydobył coś, co wyglądało jak butelka z terakoty.

— Kurza krew — wyjaśnił. — Rozleję trochę na ziemi, pod liną, a z reszty stworzę ślad, prowadzący na południe. Pomyślą, że zraniłeś się przy zeskoku, a potem powlokłeś się w tamtym kierunku, ty zaś pojedziesz na północ.

Przecięli jakieś pole i wdrapali się na szczyt wzgórza, gdzie mały chłopiec przytrzymywał za uzdę dwa osiodłane konie.

— Dokąd się wybierasz, Duarte? — spytał Cezar. — Mało jest bezpiecznych miejsc na świecie, zwłaszcza dla ciebie i dla mnie.

— Masz rację, Cezarze, bardzo mało — przyznał Duarte — ale ciągle jeszcze jest parę takich. Pojedziesz do zamku twojego szwagra, króla Nawarry. Oczekuje cię. U niego będziesz bezpieczny.

— A ty, Duarte? — spytał Cezar. — Dokąd pojedziesz? W Italii cię zabiją, w Hiszpanii, po dzisiejszej akcji, tak samo. Francuzom nigdy nie ufałeś, oni tobie zresztą też, wobec tego dokąd?

— Niedaleko stąd, nad brzegiem morza czeka na mnie mała łódź — powiedział Duarte. — Pożegluję do Anglii.

— Do Anglii, sir Edwardzie? — Cezar zrobił figlarną minę.

Duarte był zaskoczony.

— Wiedziałeś? Od jak dawna?

— Ojciec podejrzewał cię od lat — odparł Cezar. — Nie boisz się, że król nie przyjmie cię przyjaźnie lub skończy z tobą ostatecznie?

— Może i tak będzie, ale Henryk Tudor jest bystrym, praktycznym władcą, który skupia wokół siebie zdolnych ludzi, żeby mu służyli radą. Wiem, iż niedawno próbował się dowiedzieć, gdzie przebywam. Dał do zrozumienia, iż jeśli wrócę na jego służbę, uzyskam amnestię, a może nawet przywróci mi dawny status, który, muszę przyznać, był całkiem znośny. Może to być pułapka, ale czy mam inne wyjście?

— Nie wydaje mi się. Ale, Duarte, czy dasz radę żeglować samotnie taki kawał drogi?

— Och, pływałem już znacznie dalej, Cezarze. W dodatku, w ciągu tych wszystkich lat polubiłem samotność. — Milczał przez chwilę. — Robi się późno, przyjacielu. — Westchnął. — Musimy się rozstać.

Uściskali się na szczycie wzgórza, oblanego jasnym światłem księżyca.

— Duarte, nigdy o tobie nie zapomnę — zapewnił na pożegnanie Cezar, wypuszczając przyjaciela z objęć. — Szczęśliwej drogi i pomyślnych wiatrów!

Odwrócił się, wskoczył na konia i odjechał w kierunku Nawarry, nim Duarte zdążył dostrzec łzy płynące po policzkach Cezara Borgii.

30

Cezar podróżował nocami, unikając miast, w obawie iż zostanie złapany przez hiszpańskich żołnierzy, którzy po jego ucieczce przeczesywali okolice. W ciągu dnia spał po lasach, w końcu brudny i wyczerpany dotarł do Nawarry położonej na północnym cyplu Półwyspu Iberyjskiego.

Duarte uprzedził króla o jego przybyciu, tak że Cezar został bez zwłoki wpuszczony przez bramę i zaprowadzony do przestronnej komnaty z widokiem na rzekę. Kiedy się wykąpał i przebrał w przygotowane dla niego szaty, żołnierz zaprowadził go do królewskich apartamentów.

Jan, król Nawarry, wysoki, ogorzały mężczyzna, noszący krótko przystrzyżoną brodę, objął go serdecznie i rzekł:

— Drogi szwagrze, cieszę się, że cię widzę. Wiem o tobie wszystko od Karoliny. Mamy tu od czasu do czasu potyczki z buntującymi się baronami, ale to nie zmąci spokoju twojego ducha ani nie zagrozi twojemu bezpieczeństwu. Odpoczywaj, odpręż się i baw się dobrze. Możesz tu zostać tak długo, jak tylko zechcesz. — Obejrzał Cezara od stóp po czubek głowy. — Na Boga, zaraz wydam dyspozycję mojemu krawcowi, żeby ci uszył odpowiednie stroje — dodał.

Cezar poczuł ogromną wdzięczność dla człowieka, który

ratował mu życie, mimo że do tej pory nigdy się nie widzieli. Nie chciał za żadną cenę pozostawać jego dłużnikiem, mając poczucie winy z powodu opuszczenia Karoliny i pozostawienia jej we Francji na tak długi czas.

— Jestem szczerze zobowiązany Waszej Wysokości za gościnę — powiedział Cezar — lecz chciałbym brać udział w tych, jak je nazywasz, potyczkach. Mam spore doświadczenie w sztuce wojennej. Byłoby mi miło, gdybyś zechciał je wykorzystać.

Król Jan uśmiechnął się.

— Nie mam nic przeciwko temu. Słyszałem o twoich wyczynach. — Wyjął miecz i dotknął nim ramienia Cezara. — Mianuję cię dowódcą armii królewskiej. Muszę cię ostrzec, że poprzedni dowódca został w zeszłym tygodniu posiekany na kawałki. — Roześmiał się, ukazując rząd olśniewająco białych zębów.

Cezar, skrajnie wyczerpany, spał nieprzerwanie przez dwie doby, lecz kiedy się zbudził, ubrał się w zawczasu przygotowany kompletny strój, włożył zbroję, przypasał miecz i ruszył na inspekcję wojsk, którymi miał dowodzić. Zaczął od kawalerii, konstatując z zadowoleniem, że składała się z dobrze wyszkolonych, zawodowych żołnierzy, mających dobrych dowódców. Wiedział, że będzie się dobrze sprawiała w bitwie.

Z kolei dokonał inspekcji artylerii. Liczyła dwadzieścia cztery działa, starannie utrzymane, w dobrym stanie. Artylerzyści, podobnie jak kawaleria, sprawiali wrażenie zahartowanych w bojach wojaków. Nie mogli się równać z oddziałem Vita Vitellego, ale wyglądali na wystarczająco dobrych.

Gorzej prezentowała się piechota. Składała się w większości z miejscowych wieśniaków, pełniących okresowo służbę wojskową. Mieli dobre chęci, ale byli źle uzbrojeni i wyraźnie źle wyszkoleni. W razie trudności w grę wchodziła tylko kawaleria i artyleria.

Parę następnych tygodni minęło spokojnie. Nie pamiętał, kiedy ostatnio czuł się równie szczęśliwy... może w okresie spędzonym z Karoliną lub podczas pobytu nad Lago di Argento — ale to było coś innego. Od dawna nie czuł się tak bezpiecznie. Nie musiał prowadzić machinacji przeciw nikomu ani nikt nie knuł spisku przeciw niemu.

Król Jan okazał się uroczym gospodarzem, co więcej, wydawał się zadowolony z towarzystwa Cezara. Był serdeczny — Borgia nie obawiał się zdrady z jego strony. Spędzali całe dnie na konnych przejażdżkach lub na polowaniach. Cezar czuł do niego to, czego brakowało mu w stosunkach z braćmi. Wieczorami, po kolacji, siadywali przy ogniu i dyskutowali o przeczytanych książkach, o sposobach dobrego rządzenia i o odpowiedzialności władców. Stoczyli nawet walkę zapaśniczą, lecz Cezar, mimo że wygrał, nie czuł się prawdziwym zwycięzcą, podejrzewając, iż atletyczny, a przy tym rycerski król poddał się, żeby mu zrobić przyjemność.

— Myślę, iż nadszedł czas, żebym posłał po żonę i córkę, gdyż od chwili kiedyśmy się rozstali, pisywałem do niej i posyłałem im prezenty, lecz ilekroć miałem zamiar je sprowadzić, zawsze powstawał nowy kryzys, nowe zagrożenie, które naraziłoby je na zbyt wielkie niebezpieczeństwo — wyznał pewnego wieczoru Cezar.

Brat Karoliny był uradowany. Spełnili toast za powodzenie jej przyjazdu. Przebywała w owym czasie w Château de la Motte, w Delfinacie. Wróciwszy do komnaty, Cezar wziął pióro i napisał do żony list:

„Najdroższa Karolino!
Od dawna marzyłem, żeby móc cię zawiadomić, iż nadszedł czas, że możemy się połączyć. Przybądź do Nawarry wraz z *la petite Louise*. Jan jest serdecznym przyjacielem, a tutejsza sytuacja pozwala na to, że wreszcie będziemy wszyscy razem. Wiem, że czeka cię długa i uciążliwa podróż, lecz kiedy tu się znajdziesz, nigdy już się nie rozstaniemy.

Twój kochający
C."

Nazajutrz rano królewski goniec wyjechał z listem. Cezar wiedział, że miną miesiące, nim Karolina zdoła do niego dotrzeć, mimo to cieszył się na myśl, że to w końcu nastąpi.

Parę dni później, kiedy spotkali się na kolacji, Jan miał ponurą minę.

— Co się stało, szwagrze? — spytał Cezar.

Król był tak rozwścieczony, że przez dłuższy czas nie mógł wykrztusić słowa. Kiedy doszedł do siebie, opowiedział Cezarowi o przyczynie swojej furii.

— Od wielu miesięcy mam kłopoty z hrabią Louisem de Beaumonte'em. Jego ludzie kradną po wsiach bydło i zboże, co jest nieszczęściem dla chłopów. Jego biskup, pod pozorem, że spełnia misję kościelną, spotyka się z moimi oficerami, proponując im pieniądze i majątki ziemskie w zamian za to, że mnie zdradzą. Teraz posunął się jeszcze dalej, lecz tym razem przeholował. Dziś jego żołdacy puścili z dymem jedną z moich wiosek, pozabijali mężczyzn i, oczywiście, zgwałcili wszystkie kobiety. Tym razem to nie była przypadkowa napaść pijanych najemników, Cezarze. Beaumonte ma apetyt na sporą część moich ziem. Stosuje taktykę siania terroru. Będzie szantażował wieśniaków, dopóki — dla uratowania życia i mienia — nie opuszczą mnie i nie zaczną jego popierać.

Cezar wielokrotnie spotkał się ze zdradą. Znów pojawiła się w jego życiu jak smok wypełzający z czeluści, lecz tym razem zagrażała jego przyjacielowi. Znał ją jak zły szeląg, więc zaczął się obawiać o Jana.

Król rąbnął pięścią w stół, przewracając kielich z winem.

— Skończę z tym! Natychmiast! Jako władca Nawarry jestem odpowiedzialny za bezpieczeństwo poddanych. Nie pozwolę, żeby żyli w strachu. Jutro poprowadzę atak na jego zamek w Vianie. Wykurzę go stamtąd albo zabiję.

— Jesteś prawdziwym królem, Janie. Powinieneś uderzyć, ale nie wolno ci zrobić tego osobiście, bo to zbyt niebezpieczne.

Bitwa będzie ciężka, a tobie nie wolno ryzykować, gdyż jesteś protektorem swoich poddanych. Jestem ci szczerze wdzięczny za to, co dla mnie uczyniłeś, gdy nie miałem żadnych szans na przyszłość. Proszę, żebyś mi pozwolił poprowadzić atak. Mam duże doświadczenie. Robiłem to wielokrotnie, zawsze z pomyślnym wynikiem.

Logika Cezara trafiła królowi do przekonania. Przystał na jego propozycję, po czym spędzili kilka godzin na studiowaniu planów fortyfikacji Viany i omawianiu strategii walki.

Cezar obudził się przed świtem. Wojska królewskie czekały w pogotowiu. Jego koń, nerwowy, gniady ogier, przebierał niecierpliwie kopytami. Armia pomaszerowała przez pola i wzgórza, przeprawiając się po drodze przez liczne strumienie, w końcu dotarła na przedpole zamku Louisa de Beaumonte'a.

Cezar przyjrzał się fortecy. Miała wysokie i solidne mury, lecz Cezar miewał do czynienia ze znacznie wyższymi i solidniejszymi. Nie mogły się równać z Forli i Faenzą. Zadanie wyglądało na łatwe.

Rozwinął swoje wojska w sposób, jak czynił to wielokrotnie, po czym przywdział lekką zbroję i przygotował się do boju. Postanowił osobiście poprowadzić szarżę kawalerii, która, zważywszy na niewielką wartość piechoty, miała odegrać kluczową rolę.

Przypominając sobie praktyki Vita Vitellego, rozstawił działa wokół zamku i ubezpieczył je oddziałami kawalerii i piechoty, po czym kazał najpierw bombardować górne partie murów. Miało to na celu zabicie lub wyeliminowanie z walki jak największej liczby broniących, żeby zminimalizować ryzyko strat własnych ludzi.

Bombardowanie było skuteczne. Z każdą salwą szczyty fortyfikacji kruszyły się coraz bardziej; kamienne bloki rozpryskiwały się na wszystkie strony; dochodziły jęki obrońców — rannych lub spadających z murów.

Po godzinie ostrzału Cezar uznał, że czas zmienić taktykę. Kazał przetoczyć działa na jedną stronę zamku i skupić ogień na wąskim, piętnastometrowym odcinku murów, przez który chciał poprowadzić szarżę kawalerii.

Zamek nie miał tak mocnej konstrukcji jak te, z którymi Cezar miał do czynienia w Italii. Po każdej salwie w murze powstawały coraz to dalsze pęknięcia. Cezar wiedział, że zbliża się czas ataku. Dał rozkaz kawalerii, żeby się przygotowała do szarży. Oficerowie przekazali rozkaz żołnierzom. Każdy z jeźdźców wziął pod pachę śmiercionośną lancę i przysposobił się do ataku. Oprócz lanc, wszyscy kawalerzyści byli uzbrojeni w miecze, więc nawet bez koni przedstawiali potężną siłę uderzeniową.

Cezar wsiadł na swojego gniadosza i przygotował lancę. Sprawdził, czy miecz lekko wychodzi z pochwy i czy ma przy siodle kolczastą maczugę jako rezerwową broń w przypadku, gdyby stracił konia i zgubił miecz.

Czuł wzbierającego w nim ducha walki. Tym razem nie była to jednak zwyczajna, jeszcze jedna bitwa w celu zdobycia miasta. Król Jan był wobec niego serdeczny i gościnny, uratował mu życie, stał się jego przyjacielem.

Wiedział aż nazbyt dobrze, do czego potrafi się posunąć taki ziejący nienawiścią człowiek jak Beaumonte — jeżeli się go nie poskromi. Musiał z nim skończyć; był to winien królowi.

W tym momencie rozległ się znajomy okrzyk: „Wyłom! Wyłom!". W murze widniał wielki, postrzępiony otwór, pozwalający na swobodną szarżę kawalerii.

Cezar poczuł przypływ energii. Odwrócił głowę w stronę swoich oddziałów i rzucił rozkaz do ataku. Opuściwszy przyłbicę, spiął konia ostrogami i popędził w kierunku wyłomu.

Galopując w stronę murów, nagle zorientował się, że dzieje się coś niedobrego. Nie słyszał za sobą tętentu kopyt. Nie zatrzymując konia, obejrzał się wstecz.

Cały oddział kawalerii stał bez ruchu. Z przerażeniem skonstatował, że ani jeden żołnierz nie ruszył za nim.

Czas naglił. W każdej chwili do wyłomu mogły dotrzeć odwody obrońców, które bez szarży kawaleryjskiej będą nie do pokonania.

Cezar zatrzymał konia. Odwrócił się ku kawalerzystom, podniósł przyłbicę i krzyknął:
— Atakujcie, tchórze!
Oddział stał jak skamieniały.
W ułamku sekundy pojął wszystko. Ci łotrzy zostali przekupieni. Zdradzili swojego króla... jego przyjaciela i zbawcę — Jana z Nawarry.
Zdecydował, że będzie lojalny, nie oglądając się na innych. Opuścił przyłbicę, ścisnął mocniej lancę i samotnie popędził w stronę wyłomu.
Wewnątrz panował chaos, wszędzie unosiły się kłęby kurzu. Z przeciwka nadbiegali obrońcy zbrojni w piki, oszczepy i miecze. Pogalopował prosto na nich. Dwóch zdołał zabić lancą, pozostali rozbiegli się, po czym otoczyli go kołem.
Walczył z nimi, trzymając w jednej ręce miecz, w drugiej maczugę. Przeciwnicy, przecinani mieczem lub roztrzaskiwani maczugą, zwalali się na ziemię jeden po drugim. Nagle koń pod nim padł. Cezar potoczył się, unikając tym sposobem dźgnięć ostrych pik. Zerwał się na równe nogi. Maczuga gdzieś przepadła, ale został mu miecz, którym zadawał ciosy na wszystkie strony.
Nieprzyjaciół było jednak wielu — po prostu zbyt wielu. Nagle wszyscy znaleźli się tuż przy nim. Kłuli go, siekali, rąbali. Poczuł ostry ból, gdy grot oszczepu wbił mu się w pachę. Z powodu upływu krwi słabł coraz bardziej. Usłyszał kojący głos: „...od broni, z bronią w ręku" i przypomniała mu się Lukrecja. Osunął się na ziemię i wszystkie jego myśli się rozpłynęły.
Cezar Borgia umarł.

EPILOG

Uroczystość żałobna dla uczczenia Cezara Borgii, byłego kardynała, księcia i *gonfaloniere*, odbyła się w Rzymie. Poprowadził ją sam papież Juliusz, w asyście kardynała Jofre Borgii, brata Cezara. Po ceremonii urna z prochami została umieszczona pod wielkim pomnikiem w kościele Santa Maria Maggiore. Złośliwi mówili, że papież chce mieć oko na Cezara nawet po jego śmierci.

Jednak Micheletto, który jakimś cudem ocalał, na polecenie Lukrecji wykradł prochy. Umieścił je w złotej urnie, po czym nocą pojechał z nimi do Ferrary.

Następnego dnia Lukrecja wyruszyła w długą drogę do Lago di Argento. Towarzyszyła jej świta arystokratów i zbrojny poczet, w sumie około trzystu jeźdźców.

Wzdłuż brzegów jeziora stał rząd namiotów. Mieszkali w nich, jak za dawnych czasów, pokutnicy z kopalni w Tolfie i kochanki kilku wyższych rangą duchownych, wylewające do wody łzy skruchy. Ludzie Lukrecji kazali im się wynosić.

Ze wzgórz nad jeziorem widać było strzeliste wieże Rzymu. Lukrecja przypomniała sobie czasy, kiedy grzeszyła z bratem, a przy tym cierpiała męki ze strachu, że ktoś obcy może poznać ich rodzinną tajemnicę. Podobnie jak inni grzesznicy, przybyła wówczas nad jeziorem, chcąc się oczyścić ze swych kazirodczych inklinacji. Wierzyła, że magiczne wody zmyją z niej pokusy, bowiem jezioro miało sławę przynoszenia ulgi, reformowania winowajców.

Jednak ojciec kazał jej zapamiętać na zawsze, że nie ma nic bardziej fałszywego od grzesznika szukającego odkupienia. „Taki człowiek jest — mawiał papież ze swoim figlarnym, łobuzerskim uśmieszkiem — jawnym przykładem słabego charakteru, poddającego się wiejącym z różnych stron wiatrom".

Teraz odpoczywała po podróży w złocistym namiocie, czując, że srebrzyste wody jeziora przynoszą jej taki spokój, jakiego do tej pory jeszcze nigdy nie zaznała. Ojciec i brat nie żyli. Jej przyszłość rysowała się jasno: urodzi więcej dzieci, pomoże rządzić Ferrarą, będzie sprawiedliwa, a przede wszystkim litościwa. Nie dorówna ojcu i bratu w skali światowych sukcesów, ale to nie miało znaczenia — w zamian będzie taka, jacy oni nigdy nie byli. Pomyślała z bólem, że żaden z nich nie był w głębi serca litościwy. Przypomniała sobie, jak Cezar ukarał Filofilę, rzymskiego satyryka, który płodził sprośne wiersze o rodzinie Borgiów. Jakie to teraz miało znaczenie? Czy słowa mogą szkodzić? Czy ktoś naprawdę w nie wierzył?

Przywiozła prochy Cezara do Lago di Argento, jak gdyby jego doczesne szczątki nadal były narażone na grzeszne pokusy, a może po to, by odbyły pielgrzymkę w celu odpokutowania za jej własne cielesne grzechy, jedyne grzechy, jakich się dopuściła i jakich już nie popełni. Była pewna, że w ostatecznym rozrachunku zostanie zbawiona.

Wróciła wspomnieniami do swojego ojca, pełna wobec niego ciepłych uczuć. Był kardynałem Kościoła świętego, kiedy się urodziła, potem, gdy już był papieżem, namiestnikiem Chrystusa i dbałym, kochającym ojcem. Czy miał na sumieniu tyle grzechów, że jego dusza będzie się smażyła przez wieczność w piekle? Jeśli ona, Lukrecja, była miłosierna, to czy Wszechmocny Bóg może być inny? Przypomniała sobie słowa ojca, kiedy rozpaczała z powodu zamordowania jej męża przez

Cezara: „Bóg wybaczy obydwóm, gdyż inaczej jego istnienie nie miałoby sensu. Któregoś dnia, gdy losy świata dobiegną końca, znów będziemy wszyscy razem".

O zmierzchu powierzchnia jeziora nabrała srebrzystego blasku. Lukrecja poszła powoli w stronę małego mola, gdzie z Cezarem kąpali się i nurkowali, kiedy byli dziećmi. Pamiętała, jak mawiał: „Nie, tu jest za płytko" albo „Nie bój się, uratuję cię". Później, gdy mieli już za sobą pierwsze doświadczenia życiowe i gdy obudzili się z dziecinnych marzeń, mawiał: „Jeśli jest coś, w czym mogę ci pomóc, możesz na mnie liczyć". Przypomniała sobie jego zaklęcie, kiedy widziała go ostatni raz: „Gdybym zginął, musisz żyć dla mnie". Przyrzekła mu to.

Szła powoli wzdłuż mola. Nim dotarła do końca, zapadający zmierzch otulił ją migotliwą poświatą. Znad ciemnej linii cedrów wstawał blady księżyc. Lukrecja zdjęła wieko urny i wsypała prochy Cezara do Lago di Argento.

Później, kiedy wróciła na brzeg, zauważyło ją kilkoro pokutników, powracających ze wzgórz po dniu spędzonym na modlitwie i ekspiacji.

Młoda, urodziwa dziewczyna zwróciła się do towarzyszącego jej mężczyzny, wskazując palcem Lukrecję:

— Kim jest ta piękna kobieta?

— Lukrecja d'Este, szlachetna i wspaniałomyślna księżna Ferrary — odparł. — Nie słyszałaś o niej?

POSŁOWIE

Kiedy poznałam Maria Puza, zaskoczył mnie fakt, że nie miał w sobie nic z opisywanych przez niego postaci. Mario, którego znałam, był mężem, ojcem, kochankiem, mentorem i prawdziwym przyjacielem. Był życzliwy i wielkoduszny, naturalny, całkowicie otwarty, rzetelny, dowcipny i bystry. Lojalność i uczciwość postaci z jego książek miały pierwowzór w jego osobistych cechach; nikczemność charakterów wywodziła się z gnębiących go koszmarów sennych. Był nieśmiałym, cichym, szlachetnym człowiekiem, który z rzadka wypowiadał się na temat innych. W ciągu dwudziestu wspólnie spędzonych lat pracowaliśmy razem, razem się bawiliśmy i razem omawialiśmy nowe pomysły.

Maria fascynowała Italia epoki renesansu, a zwłaszcza dzieje rodu Borgiów. Był przekonany, że byli pierwszą w dziejach świata zbrodniczą rodziną i że ich działania były bardziej perfidne niż te, które opisywał w swoich książkach o mafii. Wierzył, iż papieże byli pierwszymi donami, zaś najpotężniejszym z nich — papież Aleksander.

Przez większość naszych wspólnie spędzonych lat Mario opowiadał mi epizody z życia Borgiów. Ich wybryki szokowały go, a zarazem bawiły — wiele z nich uwspółcześnił i wprowadził do swoich książek o mafii.

Lubił podróżować, więc często wyjeżdżaliśmy na wycieczki. Po wizycie w Watykanie, w tysiąc dziewięćset osiemdziesiątym trzecim roku, był tak oczarowany Włochami — ich pięknem, romantyką, a także kuchnią — tak zafascynowany ich historią, że postanowił napisać o nich książkę. Taka była geneza sagi rodu Borgiów, choć mówił o niej jako o „kolejnej historii rodu". Wprawdzie napisał w tym okresie kilka innych powieści, jednak za każdym razem — gdy opuszczała go wena twórcza albo gdy czuł zniechęcenie do pracy — wracał do książki o Borgiach, znajdując w niej wytchnienie i inspirację.

— Chciałbym napisać książkę na podstawie tego materiału i zarobić dużo pieniędzy — powiedział któregoś dnia, leżąc swoim zwyczajem na tapczanie w pracowni i patrząc w sufit.

— Czemu tego nie robisz?

— Kochanie, nim doszedłem do czterdziestu ośmiu lat, byłem zapoznanym pisarzem — odparł. — Napisałem dwie książki, które krytycy ocenili jako wartościowe pod względem literackim, ale zarobiłem na nich zaledwie pięć tysięcy dolarów. Dopiero gdy napisałem *Ojca chrzestnego*, stać mnie było na utrzymanie rodziny. Byłem zbyt długo biedny, żeby w tym wieku zaryzykować coś innego.

W tysiąc dziewięćset dziewięćdziesiątym drugim roku przeszedł atak serca. Zapytałam go ponownie:

— Wrócisz do książki o Borgiach?

— Najpierw muszę napisać dwie powieści o mafii, dopiero potem zabiorę się za Borgiów — powiedział. — Co więcej, lubię obcować z tymi postaciami. Nie jestem pewny, czy mam ochotę się z nimi rozstać.

Podczas pobytu w Malibu, gdzie dochodził do zdrowia po operacji serca, ilekroć miał gorsze samopoczucie lub pragnął jakiejś odmiany, czytał książki na temat włoskiego renesansu i gryzmolił na papierze kolejne strony książki o Borgiach, które czytałam, po czym nad nimi dyskutowaliśmy.

Mario był niezwykle dowcipny i miał własne, osobliwe spojrzenie na świat.

Któregoś dnia, pracując w swoim studio, powiedział:

— Lukrecja była dobrą dziewczyną.

Roześmiałam się.

— A reszta rodziny? — spytałam. — Wszyscy byli łotrami?

— Cezar to patriota, który miał ambicję zostać bohaterem. Aleksander był zaślepionym ojcem, prawdziwą głową rodziny — powiedział. — Podobnie jak szereg innych ludzi spowodowali wiele zła, ale to nie znaczy, że sami byli źli. — Tego dnia w dobrych humorach dyskutowaliśmy długo na ten temat, po czym Mario napisał rozdział o papieżu i Cezarze, kłócących się o kwestię, czy ten ostatni ma zostać kardynałem.

Mario był domatorem. Zgadzał się pójść gdzieś na kolację tylko wtedy, gdy przyjeżdżał Bert Fields — wybitny historyk, a przy tym prawnik Maria, jeden z jego najlepszych przyjaciół. Kiedy się spotykaliśmy, czy na Wschodnim, czy na Zachodnim Wybrzeżu, rozmowa zawsze schodziła na temat Borgiów. Obaj, Bert i Mario, byli w równym stopniu ubawieni i zaszokowani władzą i perfidią Borgiów.

— Kiedy w końcu napiszesz o nich książkę? — pytał za każdym razem Bert.

— Pracuję nad nią — odpowiadał Mario.

— Sporo już napisał — dodawałam, a Bert się cieszył.

Z biegiem czasu Mario często dzwonił do Berta. Opowiadał mu kolejne części książki, dyskutując nad nimi i pytając o różne szczegóły. Po każdym z takich telefonów rozmawialiśmy na temat Borgiów, po czym Mario z nową energią wracał do pracy nad historią rodziny.

— Pomogę ci skończyć książkę o Borgiach — zaproponowałam mu któregoś dnia. Było to w tysiąc dziewięćset dziewięćdziesiątym piątym roku, po szczególnie interesującej dyskusji na temat istoty miłości, stosunków międzyludzkich i zdrady.

— Dopóki żyję, nie będę z nikim kolaborował — odparł z uśmiechem.

— W porządku — powiedziałam — ale co zrobię z nieskończoną książką? — spytałam spokojnie, mimo wewnętrznych obaw.

Roześmiał się.

— Dokończysz ją — rzekł.

— Nie będę potrafiła. Nie pamiętam tego wszystkiego, co mi opowiedziałeś. — Starałam się zachować spokój, choć nie mogłam sobie wyobrazić życia bez Maria.

Poklepał mnie po ramieniu.

— Potrafisz. Znasz całą historię. Napisałem już bardzo dużo, a przecież rozmawiamy o niej od wielu lat. Dopiszesz tylko brakujące fragmenty. — Dotknął mojego policzka i dodał: — Opowiedziałem ci wszystko, co sam wiem.

Dwa tygodnie przed śmiercią Mario był w pełni władz umysłowych, mimo że stan jego serca się pogarszał. Któregoś dnia, gdy siedzieliśmy w jego pracowni po obu stronach biurka, Mario sięgnął do dolnej szuflady i wyjął z niej plik żółtego, poliniowanego papieru, zapisanego ręcznie czerwonym atramentem. Przeszło mi przez głowę, że to materiały od Omerty, lecz to było coś innego.

— Przeczytaj — powiedział, wręczając mi pakiet papieru.

Rzuciłam okiem na tekst i zaczęłam płakać. To był ostatni rozdział książki o Borgiach.

— Doprowadź to do końca — powiedział. — Przyrzeknij mi.

Przyrzekłam.

Polecamy powieści Maria Puzo

OJCIEC CHRZESTNY

Don Vito Corleone jest Ojcem Chrzestnym jednej z sześciu nowojorskich rodzin mafijnych. Tyran i szantażysta (słynne powiedzenie „mam dla Ciebie propozycję nie do odrzucenia"), a zarazem człowiek honoru, sprawuje rządy żelazną ręką. Jego decyzje mają charakter ostateczny. Wśród swoich wrogów wzbudza respekt i strach, wśród przyjaciół – zasłużony, choć nie całkiem bezinteresowny szacunek. Kiedy odmawia uczestnictwa w nowym, intratnym interesie – handlu narkotykami – wchodzi w ostry, krwawy konflikt z Cosą Nostrą. Honor rodziny może uratować tylko Michael – najmłodszy, ukochany syn Vita, bohater wojenny. Czy okaże się godnym następcą Ojca Chrzestnego?

OSTATNI DON

Podczas chrzcin swoich wnuków rządzący twardą ręką don Domenico Clericuzio, głowa najsilniejszej amerykańskiej rodziny mafijnej, podejmuje decyzję o wyjściu z przestępczego podziemia. Chce, by odtąd jego krewni zajęli się legalnymi interesami i stali integralną częścią społeczeństwa. Szefom innych klanów mafijnych składa ofertę nie do odrzucenia – przejmą wszystkie jego intratne interesy, poza hazardem, on zaś będzie inwestował ich pieniądze, pobierając adekwatne wynagrodzenie. Mijają lata i do głosu dochodzą dawne niesnaski i nierozwiązane konflikty. Krwawe wydarzenia z przeszłości odciskają się piętnem na członkach rodu Clericuzio. Dante Santadio, brzydki, nielubiany wnuk Dona, psychopata i mordercza, marzy o objęciu władzy po dziadku. Zazdrości wysokiej pozycji w Rodzinie i powodzenia u kobiet swemu stryjecznemu bratu, przystojnemu Crossowi De Lena, współwłaścicielowi i zarządcy wielkiego kasyna w Las Vegas. Walka obu mężczyzn o przywództwo zagrozi spokojnej egzystencji Clericuzich, ale... ostatni don przewidział i tę sytuację.